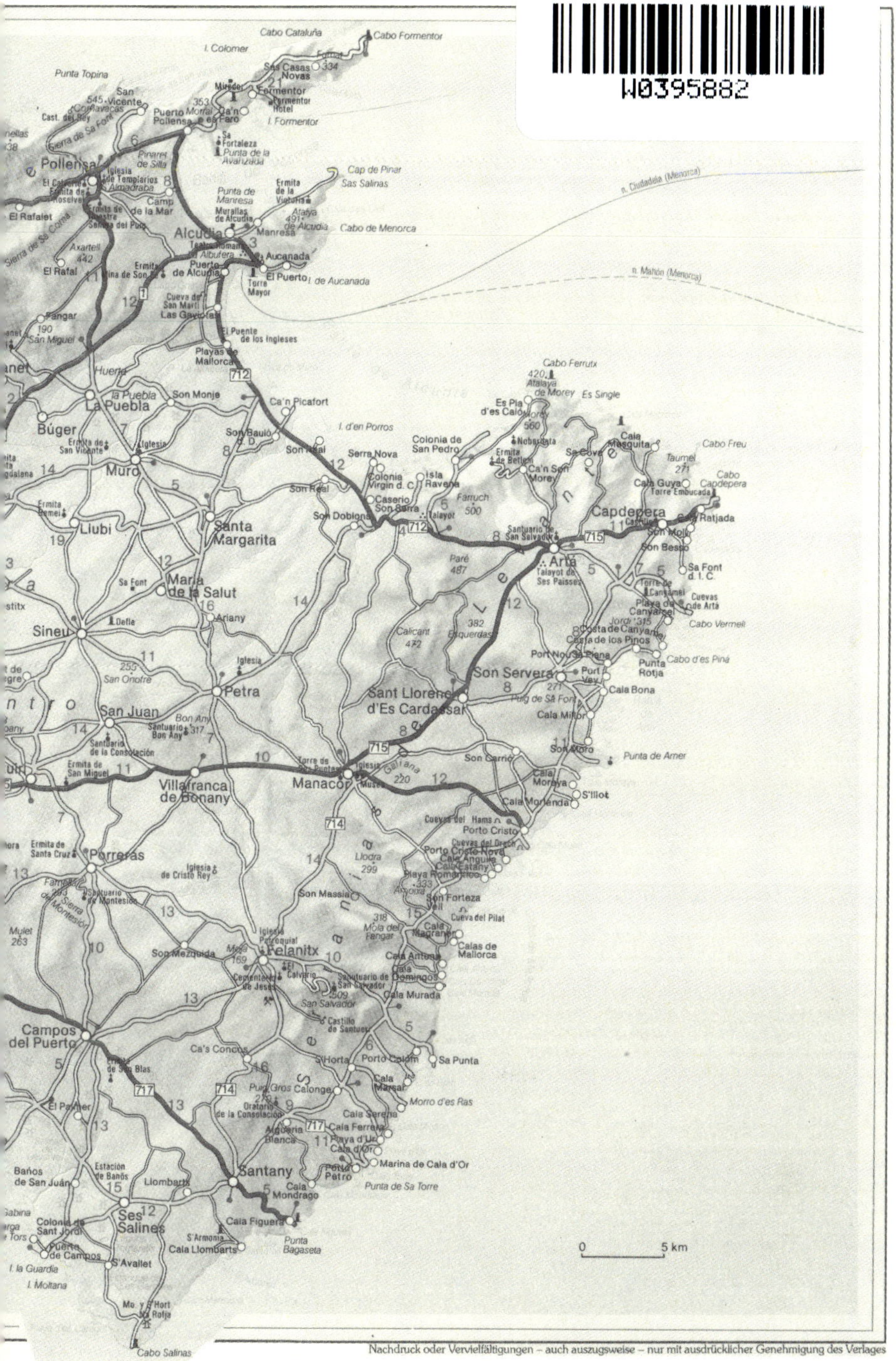
Cabo Cataluña
Cabo Formentor
I. Colomer
Punta Topina
Sas Casas Novas
334
San Vicente
545
Cast. del Rey
Sierra de Sa Font
Puerto Pollensa
Mirador
Formentor
Hotel Formentor
Ca'n Fa Faro
I. Formentor
Pollensa
Pinaret de Silla
Sa Fortaleza
Punta de la Avanzada
Cap de Pinar
Sas Salinas
Ermita de la Victoria
Punta de Manresa
Murallas de Alcudia
Atalaya 491 de Alcudia
Cabo de Menorca
n. Ciudadela (Menorca)
El Rafalet
Camp de la Mar
Alcudia
Manresa
Sierra de Sa Coma
El Rafal
Aucanada
El Puerto
I. de Aucanada
Puerto de Alcudia
Torre Mayor
n. Mahón (Menorca)
Cueva de San Martí
Las Gaviotas
Fangar
190
San Miguel
El Puente de los Ingleses
Playas de Mallorca
712
Huerta
La Puebla
Son Monje
Ca'n Picafort
Búger
Son Bauló
Son Real
I. d'en Porros
Cabo Ferrutx
420
Atalaya de Morey
Es Single
Es Pla d'es Caló
560
Colonia de San Pedro
Serra Nova
Muro
Colonia Virgin d. C.
Isla Ravena
Cala Mesquita
Cabo Freu
Taumel 271
Cabo Capdepera
Cala Guya
Torre Embucada
Capdepera
Cala Ratjada
Son Moll
Son Bessó
Sa Font d. l. C.
Ermita Bemei
Lluby
Santa Margarita
Caserio Son Serra
Son Dobiona
Farruch 500
Santuario de San Salvador
715
Artá
Talayot de Ses Paisses
Paré 487
María de la Salut
Sa Font
Ariany
Torre de Canyamel
Cuevas de Artá
Playa de Canyamel
Cabo Vermell
Sineu
Defla
Calicant 472
382 Esquerdas
Costa de Canyamel
Costa de los Pinos
Jordi 315
Port Nou
Sa Pleta
Punta Rotja
Cabo d'es Piná
255
San Onofre
Iglesia
Petra
Son Servera
Port Vey
271
Cala Bona
San Juan
Bon Any
Santuario Bon Any 317
Sant Llorenç d'Es Cardassar
Puig de Sa Font
Cala Millor
Santuario de la Consolación
Ermita de San Miguel
Villafranca de Bonany
Manacor
Torre de Ses Puntes
Iglesia
Galiana 220
Museo
Son Carrió
Son Moro
Punta de Amer
Cala Moreya
S'Illot
Cala Morlanda
714
Cuevas del Hams
Porto Cristo
Ermita de Santa Cruz
Porreras
Iglesia de Cristo Rey
Llodra 299
Cuevas del Drach
Porto Cristo Novo
Cala Anguila
Cala Estany
Playa Romántica
Son Massia
Son Forteza Vell
Cueva del Pilat
Santuario de Montesión
Sierra de Montesión
Mulet 263
318 Mola del Fangar
Cala Magraner
Calas de Mallorca
Iglesia Parroquial
Felanitx
Son Mezquida
Cala Antena
Calvario
Cementerio de Jesús
Santuario de San Salvador 509
Cala Domingos
Cala Murada
San Salvador
Castillo de Santueri
Campos del Puerto
Ca's Concos
s'Horta
Porto Colom
Sa Punta
Ermita de San Blas
717
Puig Gros
Calonge
Cala Marsal
Morro d'es Ras
Oratorio de la Consolación
El Palmer
Alquería Blanca
Cala Serena
Cala Ferrera
Playa d'Or
Cala d'Or
Marina de Cala d'Or
Porto Petro
Punta de Sa Torre
Baños de San Juan
Estación de Baños
Llombarts
Santany
Cala Mondrago
Ses Salines
Colonia de Sant Jordi
Cala Figuera
Puerto de Campos
S'Armonia
Cala Llombarts
Punta Bagaseta
S'Avallet
I. la Guardia
I. Moltana
Mo y S'Hort
Sa Rotja
Cabo Salinas
0
5 km

HELGA SCHWENDINGER

ERZHERZOG LUDWIG SALVATOR

HELGA SCHWENDINGER

ERZHERZOG LUDWIG SALVATOR

DER WISSENSCHAFTLER AUS DEM KAISERHAUS

Die Biographie

Amalthea

Wien, April 98

Bildnachweis

Bildteil

Österr. Nationalbibliothek, Wien: 3, 4, 5, 7, 9, 10, 12, 13, 14, 16
Museo de Mallorca, Archivo Fotográfico J. Juan Tous: 26, 27
Privat: 1, 2, 6, 8, 11, 15, 17, 18, 19, 20, 21, 22, 23, 24, 25, 28

Textteil

4. Kap. Reisepaß: HHSTA
4. Kap. Karte: privat
5. Kap. Widmung: privat
18. Kap. Hoftraueransage: Handschriftensammlung der ÖNB
18. Kap. Schriftprobe: privat

Vorsatz

Karto + Grafik Verlagsgesellschaft mbH, Frankfurt

Umschlag und Herstellung: VerlagsService Dr. Helmut
Neuberger & Karl Schaumann GmbH, Heimstetten
Umschlagfoto: Aus dem erzherzoglichen Werk »Die Balearen«
Satz: Fotosatz Völkl, Puchheim
Gesetzt aus 10/12 Punkt Palatino
Druck und Bindung: Wiener Verlag, Himberg bei Wien
Printed in Austria 1991
ISBN 3-85002-314-1

Inhalt

Vorwort

»Die wirklichen Erlebnisse liegen im Gebiet des Unausgesprochenen und Unaussprechlichen. Was sich sagen läßt, kann niemals ganz wahr sein. Kleide einen Gedanken in Worte, und er verliert alle Bewegungsfreiheit. Unser Wissen ist allemal besser als unsere Rede.»

Egon Friedell

Seit man auf der Insel Mallorca versucht, vom Meer- und Sonnenparadiesimage wegzukommen, und sich dem Qualitätstourismus zuwendet, findet auch ein Österreicher, der »ungekrönte König« dieser Baleareninsel, in verstärktem Maße Beachtung: Erzherzog Ludwig Salvator (1847–1915) aus der Sekundogenitur (Toskana) des Hauses Habsburg-Lothringen.

1867 betrat er die Insel zum ersten Mal, 1913 verließ er sie, um den Verlauf eines Krieges, der bald vorüber sein sollte – tatsächlich wurde der Erste Weltkrieg daraus –, in seinem nordböhmischen Schloß Brandeis an der Elbe, in der Nähe von Prag, abzuwarten. Zurückkehren sollte er in seine Wahlheimat nicht mehr; zur Heimat war sie ihm in den langen Jahren, die er auf Mallorca verbrachte, geworden.

Geboren in Florenz, gestorben in Brandeis – dazwischen fast fünfundvierzig Jahre unter des Südens Sonne, glückliche, zufriedene, erfüllte Jahre eines Mannes, der zu leben verstand, für den seine hohe Stellung weder Belastung noch Entschuldigung für ein untätiges Dasein bedeutete. Seine Möglichkeiten nutzend war er ein profilierter Schilderer mittelmeerländischer Schönheiten geworden, zeit seines Lebens getrieben von dem Verlangen zu sehen, zu reisen, zu beschreiben, zu lernen, zu verstehen und zu bewahren.

Bis vor wenigen Jahren war dieser österreichische Erzherzog im deutschen Sprachraum weitgehend unbekannt. Zwar wurden ihm in Gelehrtenkreisen die ihm gebührende Achtung und Wertschätzung erwiesen, aber als Erzherzog aus dem habsburgischen Hause war er den Verfassern von Nachschlagewerken und Genealogien bestenfalls ein paar Zeilen wert. Lediglich wenigen Antiquariatsbesitzern und Sammlern bibliophiler Kostbarkeiten waren Name und Person dieses Toskanerprinzen vertraut.
Die bislang einzige deutschsprachige Biographie verfaßte der Reisebuchverleger Leo Woerl aus Leipzig. Diese wurde im eigenen Verlag 1899 unter dem Titel »Erzherzog Ludwig Salvator aus dem österreichischen Kaiserhause als Forscher des Mittelmeeres« publiziert. Neben einer kurzen Biographie widmete sich Woerl den bis 1898 von Erzherzog Ludwig Salvator verfaßten Werken, die er einzeln besprach und auszugsweise wiedergab. Diesem Buch, von der zeitgenössischen Presse umjubelt und zigfach rezensiert, hätte ein zweiter Band folgen müssen, um das Werk Ludwig Salvators in seiner Gesamtheit darzustellen. Bis heute fehlt eine Arbeit, die es sich zur Aufgabe macht, Person und Werk vorzustellen und mit Auszügen aus der Primärliteratur zu dokumentieren.
Im spanischsprachigen Raum ist der österreichische Erzherzog seit längerem kein Unbekannter mehr. Seine Popularität beschränkt sich allerdings auf die balearische Inselgruppe und hier vor allem auf Mallorca. 1948 erschien die erste umfassende Biographie über den »Archiduque errante«, den umherirrenden Erzherzog, aus der Feder des mallorquinischen Dichters und Malers, Bartolomé Ferrá, der den Erzherzog in seiner Jugend persönlich gekannt hatte. Das größte Aufsehen erregte viele Jahre später Juan Marchs »S'Arxiduc. Biografía

ilustrada de un príncipe nómada« (Der Erzherzog. Illustrierte Biographie eines Nomadenprinzen), erschienen 1983 bei José J. Olañeta in Palma bzw. Barcelona. Juan March, Bankierssohn und Besitzer des einst erzherzoglichen Anwesens Son Galceran, verfügte über alle Vorteile, die sich ein Verfasser eines Buches nur wünschen kann: unerschöpfliche finanzielle Möglichkeiten, einen Stab von Mitarbeitern, Kontakte zu allen maßgeblichen Stellen sowie die Mithilfe der Mallorquiner, die es als Ehre ansahen, von March konsultiert zu werden, und ihm bereitwillig Zugang zu den Quellen ermöglichten. Die optimalen Voraussetzungen waren gegeben – um so enttäuschender ist das Ergebnis dieser mühevollen, jahrelangen Arbeit: ein chronologisch abgefaßtes, schwer zu lesendes, weil oft verwirrendes Elaborat, das den Erzherzog als homosexuellen, lebenshungrigen Habsburgerprinzen, der auch Bücher schrieb, vorstellt, und das bei seinem Erscheinen innerhalb der Familien, die selbstverständlich mit dem Inhalt nicht einverstanden waren, große Kontroversen auslöste. Ihre Nennung im Vorwort, die sie quasi zu Mitschuldigen stempelte, war ihnen mehr als unangenehm. Das Ergebnis war der einvernehmliche Entschluß aller Familienmitglieder, von nun an Briefe und Dokumente des Erzherzogs unter Verschluß zu halten und deren Bearbeitung zu untersagen. Eine Entscheidung, die bis heute Gültigkeit hat und bis jetzt lediglich einmal – nach größten Schwierigkeiten, zahlreichen familiären Beratungen und dem Zufall als Hilfe – aufgehoben wurde, um das vorliegende Buch, das auf einer Dissertation basiert, zu ermöglichen. Juan March hat mit seinem Buch, das ohne Zweifel eine Fülle von Materialien beinhaltet, der Wissenschaft keinen guten Dienst erwiesen: die Türen zu den Quellen sind nun verschlossen.

Ich möchte die Gelegenheit nützen, um mich bei allen, die zum Entstehen dieser Arbeit beigetragen haben, zu bedanken:

- die Mitarbeiter der von mir benützten Bibliotheken, Archive und Museen in Österreich, Deutschland und Spanien (unter ihnen Dr. Lorenzo Pérez, Dr. K. P.Decker, Fausto

Roldán Sierra, Leida Pukkits de Paladini, Dr. Springer, Dr. Thomas)
- Doña Maria aus Valldemossa, die mich gleich einem achten Kind in ihre Familie aufgenommen und mir gezeigt hat, was mallorquinische Gastfreundschaft bedeutet
- Hans-Dieter Henrich aus Gelnhausen bei Frankfurt, ein engagierter Erzherzog Ludwig Salvator- Sammler, der mich in seine über Jahre hindurch gesammelten Schätze Einblick nehmen ließ

Auch sollen meine Freunde Erwähnung finden, die mir in den letzten Jahren unermüdlich zur Seite standen, sei es nun bei der Korrektur des Textes (Ernst), beim Entziffern beinahe unleserlicher Briefstellen (Alexandra), beim Übersetzen (Susi und Marek) und – was mir viel wichtiger war – indem sie mich, wenn ich am Gelingen der Arbeit zweifelte, seelisch wieder aufrichteten (mein besonderer Dank gilt hierbei Manolo Ripoll). Sie haben sich in dieser Zeit als wahre Freunde erwiesen.

Ich widme dieses Buch der Insel Mallorca und ihren Bewohnern und möchte es mit einem Gedicht von Rubén Darío beginnen:

MIRAMAR

Hay no lejos de aquí un archiduque austriaco
que las pomas de Ceres y las uvas de Baco
cultiva, en un retiro archiducal y egriego.
Hospeda como un monje
y en su hospedaje es regio.
Sobre las rocas se alza la mansión señorial
y las isla le brinda ambiente imperial.
Es un pariente de Juan Orth. Es un atrida
que aquí ha encontrado el cierto secreto de su vida.
Es un cuerdo. Aplaudamos al príncipe discreto
que aprovecha la orilla del mar en secreto.

Übersetzung:
Nicht weit von hier gibt es einen österreichischen Erzherzog, der in erzherzoglicher Zurückgezogenheit die Äpfel der Céres und die Trauben des Bácchus kultiviert.
Er ist untergebracht wie ein Mönch, und seine Herberge ist königlich.
Der herrschaftliche Wohnsitz erhebt sich über den Felsen, und die Insel bietet ihm kaiserliches Ambiente.
Er ist ein Verwandter von Johann Orth. Er ist ein Atride, der hier das bestimmte Geheimnis seines Lebens gefunden hat.
Er ist ein Gescheiter. Applaudieren wir dem klugen Fürsten, der die Welle des Meeres im geheimen genießt.

Wien und Palma, im Sommer 1991 Helga Schwendinger

1.

Unverstanden und bewundert

Ludwig Salvator in den Augen der anderen

»Ich wäre gerne dieser Erzherzog gewesen, dem die halbe Küste gehörte und den die Kaiserin Sisi mit ihrer Yacht besuchte.«[1]

Juan Carlos I., König von Spanien

In einem Interview vom 13. August 1989 deklarierte sich der König von Spanien, Juan Carlos I., als Bewunderer der Schönheiten der mallorquinischen Landschaft und des glasklaren Meeres. Für ihn, der mit seiner Familie jedes Jahr die Ferien im Palast Marivent nahe Palma verbringt, bedeuten die Aufenthalte auf der Insel Entspannung und Abstand von Repräsentation und Verpflichtung. Ihm ist es nur während kurzer Zeit vergönnt, sich – ohne Rücksichtnahme auf Protokoll und Etikette – wie ein spanischer Bürger zu fühlen. Sein weitschichtig Verwandter, Erzherzog Ludwig Salvator, hatte sich zeit seines Lebens darüber hinweggesetzt: »Dieser ungekrönte Fürst von Mallorca, der das größte und beste landschafts- und volkskundliche Werk über die Balearen verfaßt hat, war ein Gelehrter und Sonderling. Er besaß eine Yacht, mit der er im Mittelmeer kreuzte, aber er trug altmodische und abgeschabte Anzüge, fuhr in der Eisenbahn dritter Klasse, hatte die Manschetten mit Spagat zusammengebunden und schleppte sich mit einer vorsintflutlichen Reisetasche ab, während sein Diener in der ersten Klasse reiste und kein Gepäck trug. Zur Uniform, die er nur an Kaisers Geburtstag anzog, trug er gelegentlich einen Regenschirm.«[2]

Seine absonderlichen Eigenarten und sein »unerzherzogliches« Auftreten stießen am Wiener Hof auf wenig Verständnis. Daran änderte auch die Tatsache nichts, daß der Erzherzog jedes Jahr zur anläßlich des Geburtstages von Kaiser Franz Joseph stattfindenden Familienfeier von irgendwoher anreiste, um zumindest an diesem einen Tag im Jahr seine Verbundenheit mit dem regierenden Herrscherhaus und seiner Familie unter Beweis zu stellen: »Am Geburtstag des Kaisers [1887] findet in Ischl ein großes Familiendiner statt, an dem 25 Mitglieder des Erzhauses teilnehmen. Unter ihnen auch der Onkel Franz Salvators, Ludwig Salvator, der Sonderling unter den Erzherzogen, der auf den Balearischen Inseln haust. Er schreibt gelehrte und anmutige Werke über seine Wahlheimat und übersendet sie stets Elisabeth, die er sehr verehrt. Der Erzherzog und die Kaiserin sind ungewöhnliche Menschen, und darum finden sie sich. Über Ludwig Salvator lächelt sonst die ganze Familie. Er heiratet nicht und führt ein freies Leben. Für Äußerlichkeiten hat er gar nichts übrig. Seine Uniform ist ein Sack, er besitzt nur einen einzigen Waffenrock. Auf seiner Jacht hat er einen kommunistischen Staat im kleinen gegründet, in dem völlige Gleichheit herrscht. Er teilt alles, Quartier und Essen, mit der Mannschaft, er verrichtet gleich ihnen die niedrigsten Dienste an Bord und kleidet sich nicht anders als sie. Aber sonst ist er ein hochgebildeter Mensch, der wissenschaftliche Interessen hat, in deren Dienst er seinen Besitz und seine Würde stellt.«[3]

Kaiserin Elisabeth, selbst von schwierigem Charakter und unkonventioneller Lebensart, eine heimatlose »Möve« voll von Sehnsüchten und von einer sich im Alter ins Krankhafte steigernden Ruhelosigkeit, war eine der wenigen »verwandten Seelen« im Kreise der starren, in Tradition und Konvention verharrenden kaiserlichen Familie. Das Kopfschütteln der greisen Habsburger mag beiden gegolten haben. Erherzog Ludwig Salvator hatte den Vorteil, nicht direkt mit ihnen konfrontiert zu sein. Der Kaiser hatte seinem Statthalter von Böhmen ein Jahr Urlaub gegeben, noch ein Jahr und noch viele Jahre. Innerhalb der Familie gab es auch ohne ihn genug Sorgenkinder. Ludwig Salvator, als Soldat völlig ungeeignet, ein

fähiger, von seiner Aufgabe aber gelangweilter Beamter, konnte ausbrechen, konnte als »Ahnvater der Aussteiger« ein ihm adäquates Inseldasein führen. Kaiserin Elisabeth flüchtete sich einige Male zu ihm – wie er dem Meer und den Wellen verbunden, voll von Reiselust und Abenteuersinn. 1893 wollte Kaiserin Elisabeth zu den Azoren, mit der »Greif« stand ihr jedoch kein gutes Schiff zur Verfügung: »Einmal fährt er auf eine flache, sandige Küste auf, erst die Flut macht ihn wieder flott und man kann Alicante erreichen, wo Erzherzog Ludwig Salvator wartet. Wie immer, kommt er verwahrlost an Bord, in einem Kleid, das er seit Jahrzehnten trägt, mit struppigem Bart, aber er ist ein interessanter Mensch, der in seinem Leben viel gesehen, gelernt und gelesen hat und ganz aus der sonstigen Prinzenschablone herausfällt. Das passt der Kaiserin und darum hat sie ihn gern.«[4]
Laut eigenen Aussagen kam auch Leopold Wölfling als Besucher des »gelehrten Erzherzogs« nach Mallorca. Leopold Wölfling, aus dem Kaiserhaus ausgetreten und als Bürgerlicher ein karges Dasein fristend, schätzte als Erwachsener seinen zum Sonderling abgestempelten Onkel, vor dem er sich als Kind gefürchtet hatte, wegen dessen weichen, empfindsamen Herzens und seiner Gabe des amüsanten Erzählens. Wölfling fühlte sich seinem Onkel wesensverwandt und war ihm in Freundschaft zugetan: »Im Charakter, besonders aber in der Sprache, war sein Bruder Ludwig [die Rede war von Johann Orth] ihm sehr ähnlich, nur, daß er praktisch veranlagt war. Ludwig kümmerte sich wenig um seine Familie. Wenn es sein mußte, kam er nach Wien, wo er ständig seine Uniform aufbewahrt hielt, zu der er aber gar nicht paßte, und die ihn in eine äußerst reizbare Stimmung versetzte. War er doch das legère Leben des Sich-gehen-lassens in jeder Beziehung gewohnt, das die zwanglose Lebensweise an Bord seiner Yacht ›Nixe‹, während unzähliger Reisen und in Miramar, seiner Besitzung auf der Insel Mallorca, erlaubte. Er hatte dort ein einfaches Landhaus erbaut und sich eine Art Harem angelegt. Wie ein alter Patriarch hauste er da mit seinen vielen Frauen und unzähligen Kindern, die halb nackt herumliefen und zur Mit-

tagszeit durch ein Pfeifensignal, das er selbst anzugeben pflegte, zum gemeinsamen Mahle herbeigerufen wurden. Für die umliegende Landbevölkerung, in deren Adern das Blut der verwegenen arabischen Korsaren, der Spanier und der Provencalen kreiste, war er das geistige Oberhaupt, zu dem sie in den verschiedensten Angelegenheiten sich Rat holen kamen, um so mehr als er das eigenthümliche Idiom dieser Insel vollständig beherrschte.

Trotz der Nachlässigkeit mit seinem Äußeren, das seine von Natur aus unvorteilhafte Erscheinung noch betonte, war er von unheimlicher Pünktlichkeit. Wenn bei einer der festlichen Gelegenheiten eine Zusammenkunft, sagen wir für 6 Uhr fixiert war, so konnte man, wenn sich um 5.55 Uhr die Flügeltüren öffneten, unfehlbar sicher sein, daß es Onkel Ludwig war, der hereinkam – nonchalant, liebenswürdig, reserviert. Er begrüßte alle und zog sich alsbald in eine Fensternische zurück, wo er dann unbeweglich auf den Hof hinabblicken konnte. Vermutlich waren seine Gedanken auf hoher See, die ihm angenehmer war als das spiegelnde Parkett der Hofburg und der ganze höfische Krimskrams.«[5]

Auch Leopold Wölflings Schwester, Luise von Toskana, die – kurzfristige – Kronprinzessin von Sachsen, glaubte, Ähnlichkeiten zwischen sich und dem Onkel feststellen zu können: »Ich glaube, daß auch ich einiges von meines Onkels unendlicher Liebe zur Natur geerbt habe, da ich nie so glücklich bin, als wenn ich allein mit der Natur sein kann, weltvergessend selbst ein Stück Natur.«[6]

Ebenso wie ihr Bruder schilderte sie Ludwig Salvator als das, was er war oder sein wollte: ein einfacher, bedürfnisloser Mann, der als Gleicher unter Gleichen anerkannt werden wollte und sich nicht im geringsten darum kümmerte, wie man bei Hofe über ihn dachte: »Mein Onkel Erzherzog Ludwig Salvator ist ein ebenso außergewöhnlich begabter und gescheiter Mann, wie eine selten originelle Persönlichkeit. Sein Leben brachte er in wissenschaftlichen Studien zu, und er ist eine anerkannte Autorität auf dem Gebiete der Geographie, Naturwissenschaften und Botanik [...] Daselbst [auf Mallorca]

führt mein Onkel ein ideales, einfaches Leben, wie es voll und ganz seinem Geschmack entspricht und darin besteht, daß er genau das tut, was er will und mag. Er lebt wie ein Bauer, trägt nur Sandalen und weite, leinene Hosen. Seine Hautfarbe ist von der Sonne dunkel kupferrot gebrannt. Unermüdlich arbeitet er in seinem paradiesisch schönen Garten und seinen herrlich gelegenen Weinbergen. Seine unendliche Liebe zur Natur stimmt mit seinen heidnischen Theorien überein, und ich kann ohne Scheu sagen, daß er ein Sonnenanbeter ist. Mein Onkel Ludwig steht auf freundschaftlichstem Fuße mit den Bewohnern der Insel. Fremde sind ihm verhaßt, und er flieht sie und wird von ihnen nie gesehen. Sehr mit der verstorbenen Kaiserin Elisabeth befreundet und geistesverwandt, besuchte ihn letztere oft in seiner Bergeinsamkeit.«[7]
Erzherzog Ludwig Salvator lebte, reiste und arbeitete, wie er es für richtig hielt. Seine Eigenwilligkeit und die vielzitierte Nachlässigkeit im äußeren Erscheinungsbild wurden kritisiert oder belächelt. Auch hohe Ehrungen wissenschaftlicher Institutionen und der Respekt, der ihm von der gelehrten Welt gezollt wurde, änderten daran nicht viel. In Kronprinzessin Stephanies Beschreibung ihres Verwandten mischten sich Entsetzen mit einer gewissen Sympathie für Ludwig Salvator:[8]
»Wenn er erschien, sah er so verwahrlost aus, daß er allgemeines Entsetzen hervorrief; sein Bart und seine Haare waren struppig und hingen in langen Strähnen herunter. Als er die ›Miramar‹ in Galauniform betrat, war er vollkommen ungepflegt. Wiewohl sein Äußeres grotesk war, kam man leicht darüber hinweg, da sein Humor und überlegener Geist gewinnend wirkten.«[9]
Die Wiener Hofburg mußte einen Außenseiter mehr akzeptieren, beeindruckt bestenfalls von dessen wissenschaftlicher Tätigkeit und vielleicht von einigen – im geheimen – beneidet ob seiner Freiheiten, seiner Liebe zum Mittelmeer, zu den balearischen Inseln und deren Bewohnern, an denen sein ganzes Herz hing. Er, der sich vom ersten Augenblick an in die Insel verliebt hatte, in die jahrhundertealten Olivenbäume, die Sonnenuntergänge am Meer, die jungen Mallorquinerin-

nen, auch in die Knaben und Männer, hatte sich die Freiheit und die Zeit genommen, zu träumen und zu reisen, sich sein Leben nach eigenem Gutdünken zu gestalten. Eine Freiheit, die man ihm auch von Wien aus nicht nehmen konnte und die er erst am Ende eines langen, vollen Lebens aufgeben mußte, als er sich aufgrund der Kriegsereignisse dem kaiserlichen Willen beugen und auf sein Schloß Brandeis an der Elbe im kalten, grauen Nordböhmen zurückkehren mußte, um dort zu sterben.

Sein Wunsch, sein Leben auf Mallorca zu beenden, und der Traum, dort begraben zu werden, »damit die Sonne mit ihrem goldenen Licht seinen Grabhügel überfluten könnte«,[10] sollte nicht in Erfüllung gehen: »statt dessen fällt ein trüber Schein durch die Fenster der Kapuzinerkirche auf sein Grabmal, und nicht die blaue Himmelskuppel wölbt sich über ihn, sondern düstere, steinerne Gewölbe«.[11]

Im Tode siegte das Zeremoniell über seine Wünsche. Doch selbst nach seinem Ableben bereitete er der Wiener Hofburg durch das Hinterlassen seines gesamten Vermögens an seinen langjährigen Sekretär und Freund aus Mallorca, Antonio Vives y Colom, und dessen Nachkommen, eine Überraschung. Skandalumwittert, wie sein Leben war, blieb er auch im Andenken »seiner« kaiserlichen Familie, die ihn schon zu Lebzeiten nicht verstanden hatte oder verstehen wollte: »Ludwig Salvator ist das pazifistische Mitglied einer kriegerischen Familie, der Intellektuelle einer militärischen Klasse, der Schlichte unter den Intriganten, der ewig Ledige in der Gesellschaft, in der die Ehe aus politischen Motiven die Norm war.«[12]

Seine wahre Persönlichkeit versteckte der Erzherzog vergleichbar einem »Einsiedlerkrebs in einer Muschel«. Auch dem mallorquinischen Volk, das ihm in Freundschaft zugetan war, gelang es nicht, ihm näher zu kommen. Selbst auf der Insel, wo er heimisch geworden war, blieb er unverstanden, wurde belächelt, und die einfachen Leute schüttelten den Kopf über diesen Exzentriker. Viele seiner Eigenheiten bildeten den Inhalt von Anekdoten, die sich bis heute gehalten haben. Das Unverständnis der Mallorquiner läßt sich leicht erklären, wurden sie doch – wie bereits dreißig Jahre zuvor mit Fréderic Chopin und George Sand – mit einer Welt konfrontiert, die mit dem einfachen bäuerlichen Leben, das sie führten, wo sich die Zustände des Mittelalters noch in der sozialen Gliederung der Insel spiegelten, nichts gemein hatte:

Der Erzherzog hatte in seinem privaten »Fürstentum« von Miramar eine Gruppe unterschiedlichster Menschen um sich versammelt: Künstler, Maler und Dichter, Gelehrte verschiedener Nationalitäten, unter ihnen Juden und Orientalen, »zumeist von der Dekadenz der Jahrhundertwende angekränkelte Bohemiens, kurz Sonderlinge, die der Erzherzog auf seinen wiederholten Reisen um die Welt wie ein Raritätensammler aufgelesen hatte. Dieser exzentrische, weltfremde oder vielmehr in sein weltentrücktes Dasein verbohrte, geistig überfeinerte Hof, wohl das interessanteste Gefolge, mit dem sich ein Fürst jemals umgeben hat, bestand im Norden Mallorcas von den Siebzigerjahren des vergangenen Jahrhunderts bis zum Ausbruch des großen Krieges. Nach dem Abgang des Erzherzogs im Sommer des welthistorischen Jahres 1914 haben sich die exotischen und absonderlichen Untertanen, die das kleine Fürstentum bevölkerten, in alle Winde zerstreut.«[13]

Da prallten die Gegensätze aufeinander: ein Mallorca, wo Tradition und Sittenstrenge herrschten, und ein kleines Fürstentum, in dem alle die gleichen Freiheiten besaßen, keine Standes- und Klassenunterschiede herrschten, wo die Menschen ein der Schönheit der Natur, der Kunst und der Liebe gewidmetes Leben führten: »Das von Lebenslust, Daseinsfreude und Sinnlichkeit überschäumende Fürstentum Miramar, aufgeklärt, von einer pantheistischen Liebe zu Kunst und Natur beseelt, über Vorurteile erhaben, von Leuten aus allen Herren Ländern bevölkert, und als Hintergrund dazu die ganze übrige Insel mit ihren mittelalterlichen Überlieferungen und ihrer Abgeschlossenheit ergaben einen pathetischen, schroffen Kontrast.«[14]

Erzherzog Ludwig Salvators Naturschwärmerei entwickelte sich zu einer beinah schrullenhafte Liebe zu Pflanzen und Tieren: »Ein Tier, das er gekauft hat, stirbt an Altersschwäche auf seinen Besitzungen. Ein Pferd lebte dort zwanzig Jahre lang; die Hunde schlafen in den Vorhallen, bis sie an Altersschwäche sterben. Wenn er einen kranken Baum sieht, läßt er ihn pflegen, als ob es ein Mensch wäre, und die Menschen leben dort sicherer als die Fische im Meer.«[15]
Inmitten von Pinien, Mandelbäumen und den oft bis zu tausend Jahre alten Olivenbäumen, die schon vor ihm George Sand zu Ausrufen des Entzückens veranlaßt hatten, wurde sein Sinn für die Natur und deren Schönheiten noch verstärkt.
Ludwig Salvator liebte die Bäume. Man erzählt sich auf Mallorca, daß diese Liebe ihn zum Kauf einiger Güter nahe Miramar geführt haben soll. In Hörweite des Erzherzogs habe ein mallorquinischer Bauer auf seinem Grund und Boden mit dem Fällen eines hundertjährigen Baumes begonnen. Um diesem – in den Augen des Erzherzogs – Frevel Einhalt zu gebieten, hat Ludwig Salvator kurzentschlossen das gesamte Gut gekauft. Auf solche Art soll er noch weitere Anwesen erstanden haben.[16]
Es war sein Verdienst, daß dieses Fleckchen Erde an der bizarren Nordwestküste Mallorcas unbeschadet bis in unsere Zeit herübergerettet werden konnte, und somit bestätigte sich Santiago Rusiñols These: »Beim Anblick eines vernachlässigten Ortes voll natürlicher Schönheiten pflegt man zu sagen:
– Wenn das den Engländern gehören würde!
Es wäre besser zu sagen:
– Wenn das dem Erzherzog gehören würde!
Wenn den Engländern ein schöner Ort gehört, bedeutet dies das Errichten von Seilbahnen, Hotels und Häusern der Langeweile, wo die ganze Schönheit zerstört wird. Wenn er aber dem Erzherzog gehört, bedeutet dies Sorge um das Werk der Natur, getragen von feinsinniger Liebe.«[17]
Daran hat sich bis heute nicht viel geändert. Zwischen den

ehemals erzherzoglichen Gütern haben sich einige wenige Menschen auf der Suche nach Ruhe und Abgeschiedenheit angesiedelt. Hinzugekommen sind die »modern« gewordenen Aussteiger, die den Spuren ihres Ahnvaters folgen.
Und was ist geblieben? Geblieben sind »sein heutiges Ansehen in der balearischen Bevölkerung, die ihn liebevoll-ehrerbietig den S' Arxiduc nennt, einige wenige Exemplare seines umfassenden schöpferischen Werkes, viele verkrüppelte Biographien, die ihm als vorurteilslosen Menschen der Liebe mit Brüchen und Widersprüchen nicht gerecht werden und ihn in die vermottete Kiste der abgehalfterten Statthalter der Donaumonarchie mit ihren Skandalen und Skandälchen gesteckt haben.«[18]
Zahlreiche Denkmale und Straßenbezeichnungen erinnern an den ungekrönten Fürsten Mallorcas. Beinahe jede größere Ortschaft auf den balearischen Inseln kann mit einer »Calle del Archiduque Luis Salvator« aufwarten. Auch in Palma gibt es eine; dort befindet sich ein Denkmal zu Ehren Ludwig Salvators: ein Obelisk ohne Inschrift, bis heute nicht offiziell eingeweiht und nur »Insidern« in seiner Bedeutung bekannt.
Der kleine Ort Valldemossa, wo der Erzherzog gelebt hat, ließ vor wenigen Jahren eine Büste seines wohl berühmtesten »Sohnes« im Garten des Kartäuserklosters aufstellen, wo sie neben denen von Santiago Rusiñol und Rubén Darío, ebensowenig beachtet wie diese, an den österreichischen Prinzen erinnert.
Vor gut fünfundzwanzig Jahren wurde vom damaligen Bürgermeister des Dorfes und Eigentümer des Gutes Son Moragues, Luis Cilimingras, in den Räumen des »Museo Municipal«, einer Art Heimatmuseum, eine Gedenkstätte errichtet. Dort sind die erzherzoglichen Bücher und einige Erinnerungsstücke an Ludwig Salvator in stärkerem Maße Sonne, Wind, Staub und dem Verfall ausgesetzt als der Aufmerksamkeit der zu Tausenden durchziehenden Touristenschar.
Auch den Geschichtsschreibern hat der Erzherzog ein reiches Betätigungsfeld hinterlassen. Es bedarf einer Menge Arbeit,

»sein unangepaßtes Leben der umfassenden Liebe und der wahr gewordenen Träume geradezubiegen und auf seine wissenschaftlichen Leistungen zu reduzieren«.[19]
Dieses Buch soll ein Beitrag dazu sein.

2.
Zwischen Florenz und Brandeis
Die erzherzogliche Familie

Der Vater

Leopold II. Johann Josef Franz Ferdinand Karl, kaiserlicher Prinz von Österreich, Erzherzog von Toskana, königlicher Prinz von Böhmen und Ungarn, Erzherzog von Österreich, kaiserlich-königlich österreichischer General der Kavallerie und Inhaber des Infanterieregiments Nr. 71, wurde am 3. Oktober 1797 als ältester Sohn Großherzog Ferdinands III. (1769–1824), dem Bruder von Kaiser Franz II. (I.), und dessen erster Gemahlin, Maria Ludovica, Prinzessin beider Sizilien (1773–1802), geboren. Als sein Vater am 18. Juni 1824 fünfundfünfzigjährig starb, folgte er diesem im Alter von 27 Jahren auf den Thron der Toskana. Von Jugend an hatte der Fürst, der aufgrund der politischen Unruhen während der Koalitionskriege in seiner Heimat, in Wien, später in Salzburg und Würzburg aufgewachsen war[1], Interesse an den physikalischen Wissenschaften und der italienischen Literatur gezeigt, wofür ihn die Akademie von Crusca zu ihrem Mitglied ernannte. Während seiner Regierungszeit wurden auch die gesammelten Schriften des Astronomen Galileo Galilei aus dem 17. Jahrhundert, dessen »Dialog« erst 1835 vom Index gestrichen worden war, durch Eugen Alberti herausgegeben.
Obwohl auf die Aufgabe eines regierenden Fürsten der Toskana nicht vorbereitet, entwickelte sich Leopold II. (mit Hilfe der teilweise vom Vater übernommenen Minister und Berater) zu einem souveränen, vor allem in wirtschaftlichen Belangen fortschrittlich agierenden Herrscher: »In wirtschaftlicher Hinsicht dankt ihm die Toskana die Einführung der Gewerbefrei-

heit und freien Konkurrenz, die Herabsetzung der Grundsteuern und vor allem aber eine Reihe von großen öffentlichen Gebäuden, welche dadurch, daß sie ausgedehnte Landstrekken ungesunden Sumpfbodens der Kultur zuführten und bewohnbar machten, gleich wie die Erschließung von Bergwerken, am Lande für alle Zeiten neue und reiche Ertragsquellen sicherten.«[2]
Die Toskana erlebte unter diesem Habsburger einen ungeheuren Aufschwung. Der Begründer des Freihandels, der Engländer Cobden, äußerte sich bei einem Bankett anläßlich seiner Italienreise im Jahre 1847: »Ich bereise nunmehr seit acht Monaten fast alle Länder Südeuropas und muß bekennen, daß ich den Zustand des toscanischen Volkes vorzüglicher finde als jenen aller anderen von mir besuchten Völker.«[3]
Trotz einer langanhaltenden wirtschaftlichen Blüte wurden die Rufe der Toskaner nach Reformen immer lauter, und es gelang der Umsturzpartei, alle Völker Italiens aufzuwiegeln und Leopold II., der ab dem 7. Juni 1833 in zweiter Ehe mit Maria Antonia von Neapel-Sizilien verheiratet war, von seinem Thron zu vertreiben. Die erste Gemahlin Leopolds, Maria Anna, die dritte Tochter des königlichen Prinzen Maximilian von Sachsen (* 15. November 1799, ab dem 28. Oktober bzw. 16. November 1817 verheiratet), hatte drei Mädchen zur Welt gebracht und war am 24. März 1832 verstorben.
Noch einmal konnten sich die Habsburger in der Toskana behaupten, und 1849 kehrte Leopold II. als Landesvater nach Florenz zurück, bis die Ereignisse des Jahres 1859 den für ihn verhängnisvollen Umsturz brachten und er sich, vor die Wahl gestellt, ein Bündnis mit Sardinien einzugehen oder abzudanken, für die zweite Möglichkeit entschied. Am 21. Juli 1859 legte Leopold II. offiziell seine Regierungsgeschäfte nieder und machte seinem Neffen Viktor Emanuel[4], dem er als Zweijährigem 1822 während eines Brandes im erzherzoglichen Palast Poggio Imperiale das Leben gerettet hatte, als Regent Platz.
Der älteste Sohn Leopolds II., Ferdinand (IV.), wurde nominell zum Großherzog der Toskana erklärt, konnte aber trotz

Interventionen seines Vaters den florentinischen Thron nie besteigen. 1860 beschloß die Landesversammlung die Absetzung der Sekundogenitur des Hauses Habsburg-Lothringen, das seit dem Aussterben der Medici 1737 die Toskana regiert hatte, und nach einer Volksabstimmung erfolgte die Vereinigung der Toskana mit dem neu gegründeten Königreich Italien.

Die Toskana war damit für Habsburg verloren.

»Die Lage der großherzoglichen Familie war keine beneidenswerte, zudem die Abreise so unerwartet und rasch beschlossen werden mußte, sogar die Kinderwäsche für die kleine Prinzessin Marie Antoniette[5] mußte unterwegs angeschafft werden. Die einzig schönen, herrlichen Gobelins, seltene Bilder großer Meister, der Hausschmuck, Emails, Gold- und Silberservice, Schätze von unnennbarem Wert, wurden in den Palazzo Pitti zurückgelassen.«[6]

Die Familie fand auf ihren böhmischen Gütern, Brandeis an der Elbe und Schlackenwerth, eine neue Heimat in einem freilich bescheideneren Rahmen als der prunkvolle Palazzo Pitti mit seinen Boboli-Gärten es gewesen war.

Leopold II. zog sich ins Privatleben zurück und hielt sich vor allem in der kleinen Stadt Schlackenwerth auf, die ihn per 23. Februar 1861 zu ihrem Bürgermeister wählte: »Die treuherzige Herablassung, welche seiner Familie eigen ist, und das Interesse, welches er am Wohle Aller nahm, die ihm nahe standen, gewannen ihm das Herz jener schlichten Einwohner, welche, um ihm auf ihre einfache Art die Liebe und Verehrung, die sie für ihn hegten, zu bezeugen, ihn zu ihrem Bürgermeister wählten. Und der gute Fürst verschmähte es nicht, ihrem Wunsche nachzukommen: er nahm das ihm angebotene Amt an und versah es gewissenhaft, überhäufte die Stadt mit Wohlthaten und trachtete dem ihm treu ergebenen Lande auf jede Weise zu nützen. So verbrachte er ein Jahrzehnt in jener Zurückgezogenheit, umgeben von der liebevollen Pflege der Familie, immer seinen Gleichmuth bewahrend, Alles mit christlicher Ergebung hinnehmen.«[7]

Wie einst in seiner Toskana, setzte sich Leopold II. nun für das kleine Schlackenwerth in Böhmen ein, ließ das Rathaus renovieren, die Straßen der Stadt neu pflastern, das Gymnasialgebäude reparieren und wiedereröffnen und eine Apotheke errichten: »Leopold II. und Maria Antonia haben sich eben dadurch das schönste Denkmal nicht nur in Schlackenwerth, sondern in der ganzen Umgebung errichtet; denn durch die Wiedereröffnung der hiesigen Lehranstalt ist so manchem Sohne unbemittelter Eltern die Gelegenheit gegeben, den Grund zu seinem künftigen Lebensglücke zu legen, darum werden die Namen dieses edlen wahrhaft christlich frommen Fürstenpaares in dankbarer Erinnerung fortleben von Geschlecht zu Geschlecht.«[8]

Vor allem nach der Brandkatastrophe von 1866 hatte sich Leopold II. den Bewohnern Schlackenwerths gegenüber als sehr großzügig erwiesen.

Auf einer Romreise, die Leopold II. gemeinsam mit seiner Gemahlin ab November 1869 unternommen hatte, starb der letzte regierende Großherzog der Toskana in der Nacht vom 27. auf den 28. Jänner 1879. Zunächst in Rom aufgebahrt und begraben, fand er seine letzte Ruhestätte in der Toskanergruft bei den Kapuzinern in Wien.

Die Mutter

Maria Antonia oder Antonietta, wie sie auch genannt wurde, wurde am 19. Dezember 1814 als Tochter des Königs Franz I. von Neapel-Sizilien und dessen zweiter Gemahlin, der Infantin María Isabel von Spanien, in Palermo geboren.

Am 7. Juni 1833 heiratete sie im Alter von neunzehn Jahren den um siebzehn Jahre älteren, verwitweten Großherzog der Toskana, Leopold II., und gebar ihm zehn Kinder.

Die Florentiner sollen ihre neue Landesmutter herzlich empfangen und ihr von Anfang an Sympathie und Wohlwollen entgegengebracht haben. Mit ihrer Leutseligkeit und ihrem freundlichen Wesen konnte sie sowohl das Volk als auch die Hofkreise für sich einnehmen.

In ganz anderem Licht gesehen wurde die Großherzogin von einer ihrer Enkelinnen, Luise von Toskana, der Kronprinzessin von Sachsen, die wenig schmeichelhaft bemerkte: »Meine Großmutter Marie Antoinette hatte zehn Kinder, wovon mein Vater [Ferdinand IV.] der älteste ist. Ich erinnere mich wohl ihrer, jedoch glich sie ihrer außergewöhnlichen Mutter [María Isabel von Spanien] weder an Körper noch Geist. Sie war steif und kalt, von unnahbarer Etikette und eine bigotte Katholikin, vollkommen in den Händen der Kirche und ihrer Diener. Trotzdem war sie geistvoll. Ich erinnere mich wohl unserer Angst, wenn wir sie besuchen mußten, und da sie sehr geizig war, bekamen wir fast gar nichts zu essen.«[9]

Religiös war die Großherzogin sicherlich, ob sie eine »bigotte Katholikin, vollkommen in Händen der Kirche« war, mag eine Übertreibung ihrer Enkelin sein. Leopold Wölfling, der ältere Bruder von Luise, beschrieb seine Großmutter in freundlicherem Ton: »Alljährlich fuhr sie nach Rom, um am Grabe des Großvaters zu beten und den Papst zu besuchen, den sie, abgesehen von seiner Stellung als Haupt der katholischen Christenheit, als primus inter pares der depossedierten Monarchen betrachtete. Den Quirinal ignorierte sie vollständig. Sie lebte höchst einfach, und ihre Mahlzeiten hätten kaum einem Vögelchen genügt.«[10]

Einige Jahre nach dem Tode ihres Gatten 1870 zog sich die Großherzogin an den Traunsee zurück, »wo sie in der reizenden Villa in ›Orth‹ ruhige Tage verlebt und in der Übung religiöser und mildtätiger Werke Trost sucht für die schmerzlichen Erinnerungen der Vergangenheit, öfter erfreut durch Besuche ihrer zahlreichen Kinder und Enkel«.[11]

Die Besitzungen nahe Gmunden, Schloß Orth und die Villa Toskana, hatte ihr jüngster Sohn, Johann Nepomuk Salvator, 1876 bzw. 1878 als Witwensitz für seine Mutter gekauft und testamentarisch übereignen lassen. Dort wohnte die Großherzogin vor allem im Sommer, daneben hatte sie in Volosca eine Villa gemietet. Die Villa Toskana war »echt italienisch, kühl, kalt, mit dem Überfluß an Fenstern und einer großen Mittelhalle, für nordischen Gebrauch fast unbewohnbar. Doch die

Einrichtung im einzelnen wunderhübsch und paßte zu gut zu der lebhaften Frau mit der griechischen Nase und dem weißen Haar in der Witwenhaube. Stets hatte sie einen Schal um die Schultern gelegt, von dem sie sich nie trennte.«[12]

Bis zu ihrem Tode am 7. November 1898 glaubte Maria Antonia, daß ihr verschollener jüngster Sohn am Leben sei und bedachte ihn wie ihre Söhne Ferdinand und Ludwig (Karl Salvator war am 18. Jänner 1892 verstorben) testamentarisch. Vierundachtzigjährig starb die Großherzogin auf ihrem Witwensitz bei Gmunden und wurde wie ihr Gemahl in der Wiener Kapuzinergruft beigesetzt.

Eine umfassende, in italienischer Sprache abgefaßte Korrespondenz zwischen Maria Antonia und ihren Kindern (insbesondere mit Ludwig und Johann) gibt Aufschluß über das große Interesse, das die Mutter am Leben ihrer Familienmitglieder nahm. Die Umgangssprache der Familie war das Italienische, denn Maria Antonia »sprach fast gar kein Deutsch, sondern ein altertümliches Französisch voll eigenartiger Redewendungen, dafür aber als Neapolitanerin ihre Muttersprache mit einer solchen unheimlichen Geschwindigkeit und in so ausgesprochenem Dialekt, daß es manchmal nicht möglich war, ihr zu folgen«.[13]

Von ihren zehn Kindern haben sie lediglich vier überlebt: Ferdinand IV., Maria Isabella, Maria Luise und Ludwig Salvator, »dessen schriftstellerische Tätigkeit die hohe Frau mit großem Interesse bis an ihr Lebensende verfolgte«[14] und den sie auch einige Male auf Mallorca besuchte.

Die Geschwister

Aus der ersten Ehe des Vaters mit Maria Anna Carolina, der ältesten Tochter des Prinzen Maximilian von Sachsen, stammten drei Töchter:

Maria Carolina
* 19. November 1822, † 5. Oktober 1841

AUGUSTE FERDINANDE
* 1. April 1825, † 26. April 1864
Sie heiratete am 15. April 1844 den Prinzen Luitpold von Bayern (12. März 1821–12. Dezember 1912) und gebar ihm vier Kinder:
Ludwig: * 7. Jänner 1845, verheiratet mit Erzherzogin Maria Theresia von Österreich-Este (* 2. Juli 1849)
Leopold: * 9. Februar 1846, verheiratet mit Erzherzogin Gisela von Österreich (* 12. Juli 1856), einer Tochter von Kaiser Franz Joseph I. und Kaiserin Elisabeth
Therese: * 12. November 1850, Äbtissin des königlichen Damenstiftes zur Heiligen Anna in München
Arnulph: * 6. Juli 1852, verheiratet mit Prinzessin Therese von Liechtenstein (* 28. Juli 1850)

MARIA
* 9. Jänner 1827, † 18. Mai 1834

Aus der zweiten Ehe des Vaters mit Maria Antonia, der Tochter des Königs von Sizilien, Franz I., und dessen zweiter Gemahlin, Maria Isabella, Prinzessin von Spanien, stammten fünf Söhne und fünf Töchter, von denen nur sechs das Erwachsenenalter erreichten:

MARIA ISABELLA
* 21. Mai 1834, † 16. Juli 1901

Am 10. April 1850 vermählte sie sich mit Franz de Paula, Graf von Trapani (13. August 1827–24. November 1892), einem Stiefbruder von König Ferdinand II. beider Sizilien. Aus dieser Ehe entstammen zwei Töchter:
Maria Antonia: * 16. März 1851, verheiratet mit dem Prinzen Alphons, Graf von Caserta
Maria Carolina: * 20. März 1856

FERDINAND IV. SALVATOR
* 10. Juni 1835, † 17. Jänner 1908

Verheiratet ab dem 24. November 1856 in erster Ehe mit Anna Maria, Tochter des Königs von Sachsen (4. Jänner 1836–10. Februar 1859), und Vater einer einzigen Tochter:
Maria Antoniette: * 10. Jänner 1858. Von ihrer Stiefschwester Luise als ein »selten begabtes Mädchen mit reizendem Dichtertalent«[15] beschrieben, starb sie in jungen Jahren in Cannes an der Schwindsucht.
Verheiratet ab dem 11. Jänner 1868 in zweiter Ehe mit Alice, der Tochter des Herzogs Karl III. von Parma (27. Dezember 1849–16. Jänner 1935), die ihm zehn Kinder schenkte:
Leopold Ferdinand (= Leopold Wölfling): * 2. Dezember 1868
Louise Antonie (= Kronprinzessin von Sachsen): * 2. September 1870
Joseph Ferdinand: * 24. Mai 1872
Peter Ferdinand: * 12. Mai 1874
Heinrich Ferdinand: * 13. Februar 1878
Anna Maria: * 17. Oktober 1879
Margarethe Maria: * 13. Oktober 1881
Germania (* 1884)
Robert Ferdinand (* 1885)
Agnes Maria (* 1891)

Ferdinand war nach der Abdankung seines Vaters nominell zum Großherzog der Toskana ernannt worden, ohne diese Funktion je ausgeübt zu haben, da der Friedensvertrag von Solferino jegliche Hoffnung auf Rückkehr zunichte gemacht hatte. Von Kaiser Franz Joseph I. wurde ihm daraufhin die Residenz in Salzburg, das ehemalige Schloß des Erzbischofs, als Unterkunft angeboten. Ferdinand IV. hatte in den sechziger Jahren in Lindau am Bodensee, dem »Schwäbischen Meer«, einen Besitz erworben »und dort eine große und zwei kleine Villen erbaut, sowie ein Stallgebäude errichtet. Der Komplex grenzt an den See, von wo man eine prachtvolle Aussicht auf die liebliche Bucht von Bludenz hat, auf das Rheintal mit den Vorarlberger, Graubündener und Appenzeller Vorbergen und dem mächtigen Säntis.«[16]
Auch hatte er nach dem Tode seines Vaters die Besitzung

Schlackenwerth in Böhmen, ein dreistöckiges Schloß mit weitläufigem Park und einer Meierei, geerbt, wo die Familie gerne die Sommermonate verbrachte, was den Kindern große Freude bereitete. Ferdinand IV., der den Kronprinzen Rudolf auf dessen Orientreise begleitete, führte nach der Flucht aus der Toskana ein beschauliches Leben im Kreise seiner Familie, unterbrochen von diversen Jagdausflügen oder Verwandtenbesuchen. Laut Schilderung seiner beiden ältesten Kinder, Leopold Ferdinand und Luise, war Ferdinand IV. ihnen ein strenger, aber zugleich liebevoller Vater, an dem sie sehr hingen. Spartanisch war die Erziehung Ferdinands IV. gewesen, spartanisch war auch die seiner Kinder: »Wir waren ja keineswegs verweichlicht. Ein hartes Bett, eine einzige Decke Sommer und Winter, ein dünnes hartes Kopfkissen und jeden Morgen Abduschen mit eiskaltem Wasser, waren die Prinzipien, die mein Vater – mit vollem Recht – als hygienisch betrachtete. Er selbst lebte nicht anders und verachtete jede Art von Verweichlichung und das, was man irrtümlich Komfort nennt.«[17]

Der Großherzog, an das Versprechen, das er dem Kaiser gegeben hatte, gebunden, nie wieder nach Florenz oder in die Toskana zu reisen, blieb mit Leib und Seele Florentiner. Als Umgangssprache bediente man sich des florentinischen Italienisch, auch suchte »Nando«, wie die Familie ihn nannte, seine Dienstboten unter den Italienern. Ihn, der zum regierenden Fürsten erzogen worden war, trafen die veränderten Lebensumstände sicher am härtesten. Seiner Herrscherpflichten entledigt, widmete er sich der Verwaltung seiner Güter, unter anderem der toskanischen, die im Besitz der Familie geblieben waren.

MARIA THERESIA
* 29. Juni 1836, † 5. August 1838

MARIA CHRISTINA
* 5. Februar 1838, † 1. September 1849

KARL SALVATOR
* 30. April 1839, † 18. Jänner 1892
Verheiratet ab dem 19. September 1861 mit Maria Immakulata Klementina, Tochter des Königs beider Sizilien, Franz II. (14. April 1844–18. Februar 1899), und Vater von zehn Kindern:
Maria Theresia: * 18. September 1862, verheiratet mit Erzherzog Carl Stephan (* 5. September 1860)
Leopold Salvator: * 15. Oktober 1863, verheiratet mit Blanca (* 7. September 1868), Tochter von Carlos de Bourbon, Herzog von Madrid
Franz Salvator: * 21. August 1866, verheiratet mit Marie Valerie (* 22. April 1868), der jüngsten Tochter von Kaiser Franz Joseph I. und Kaiserin Elisabeth
Karolina Maria Immakulata: * 5. September 1869, verheiratet mit dem Prinzen August Leopold von Sachsen-Coburg und Gotha, Herzog zu Sachsen
Albrecht Salvator: * 22. November 1871, † 27. Februar 1896
Maria Antonia Immakulata: * 18. April 1874, † 14. Jänner 1891
Maria Immakulata Raineria: * 3. September 1878, verheiratet mit Herzog Robert von Württemberg (* 14. Jänner 1873)
Rainer Salvator: * 27. Februar 1880, † 4. Mai 1889
Henriette Maria Immakulata: * 20. Februar 1884, † 13. August 1886
Ferdinand Salvator: * 2. Juni 1888, † 28. Juli 1891

Erzherzog Karl Salvator, der sich nach der Flucht aus der Toskana in Österreich niedergelassen hatte, residierte in den Wintermonaten in Wien, wo er in der Alleegasse ein Palais besaß, und im Sommer in der Villa »Buchberg« in Traunkirchen/Oberösterreich. Karl Salvator, Inhaber des Infanterieregiments Nr. 77 und ab 1876 Ritter des Ordens vom Goldenen Vlies, war von Jugend an militärisch und technisch interessiert. Zusammen mit Major Ritter Georg von Dormus arbeitete er an der Entwicklung des Maschinengewehrs Skoda (Salvator-Dormus), das einige Jahre lang in der österreichisch-ungarischen Armee verwendet wurde. Karl Salvator fiel wie seine jüngeren Brüder Ludwig und Johann durch sein unkonventionelles Verhalten auf: »Erzherzog Karl Salvator [...] floh gleichfalls Prunk und Pracht, aber in einer anderen Richtung (als Johann Orth). Seine Art, das Alltagslos zu suchen, bestand darin, daß er sich unter das gewöhnliche Volk mischte; er tat es in Wagenabteilen dritter Klasse auf der Eisenbahn und auf den Verdecksitzen der Omnibusse. Er lernte auch ein Handwerk [...], die Schlosserei, und soll es darin zu einer großen Fertigkeit gebracht haben. Die Polizei liebte ihn nicht besonders, da seine Gewohnheiten ihr viel zu schaffen gaben. Indessen traf niemals eine ihrer Befürchtungen ein. Vielleicht ein Verräter an dem erzherzoglichen Ideal, blieb seine Verräterei auch auf dieses Gebiet beschränkt. Er starb, wie er gelebt hatte – ein harmloser Mensch, der niemals störend in die Kreise der anderen drang.«[18]

MARIA ANNA
* 9. Juni 1840, † 13. August 1841

RAINER SALVATOR
* 1. Mai 1842, † 14. August 1844

MARIA LUISA ANNUNZIATA
* 13. Oktober 1845, † 27. August 1917
Ab dem 31.Mai 1865 verheiratet mit Karl Fürst von Isenburg-Birstein (29. Juli 1838–4. April 1899) und Mutter von neun Kindern:
Leopold: * 10. März 1866
Antoinette: * 10. November 1867
Marie: * 24. Juli 1868, † 19. März 1919 (Flecktyphus), unter dem Namen Michaela Schwester von der Kongregation des Heiligen Joseph
Franz Joseph: * 1. April 1869
Karl: * 18. Februar 1871, Ehrenritter der Malteser
Viktor: * 29. Februar 1872, Dr. phil. h. c. der Universität Innsbruck
Alfons: * 6. Februar 1875
Elisabeth: * 18. April 1877

Adelheid: * 31. Oktober 1878, als Schwester Dolores in der Benediktinerabtei St. Scholastika in Dourgne-Tarn
Die jüngste Schwester Ludwig Salvators heiratete in Brandeis den einzigen Sohn Prinz Viktors von Birstein, Karl II., Fürst von Isenburg. Karl hatte das Gynmnasium in Wittenberg besucht und anschließend Rechtswissenschaften in Göttingen studiert. Nach einem längeren Aufenthalt in der Schweiz übernahm der junge Fürst die Regierungsgeschäfte seines Vaters.
Seit seinem Übertritt zur katholischen Kirche im Jahre 1861 gehörte das Fürstenhaus dem katholischen Glauben an.
Karl, der am 18. August 1867 zum Ritter vom Goldenen Vlies ernannt wurde, gründete bei Birstein ein Dampfsägewerk, um die wirtschaftliche Situation der Gebirgsbewohner zu verbessern. Neben einer hervorragenden Bildung zeichneten ihn Fachkenntnisse in der Forstwirtschaft aus. Karl II. war Mitglied des Preußischen Herrenhauses und der Ersten Kammer der Stände in Hessen. Außerdem war der Fürst schriftstellerisch tätig. So schrieb er u. a.:
»Die Parteien im deutschen Reichstag und die Sozialdemokratie« (Mainz 1877),
»Was rettet die Gesellschaft? Ein Wort über die soziale Gefahr der Gegenwart« (Mainz 1881), und
»Die Notlage des Grundbesitzes und Vorschläge zu deren Beseitigung« (Offenbach 1895).
Am 4. April 1899 erlag der Fürst einem Herzleiden in Schlakkenwerth, von wo aus er nach Birstein überführt wurde. Seine Gattin starb 1917 in Hanau und wurde ebenfalls in Birstein beigesetzt.

Johann Nepomuk Salvator (»Orth«)

Der jüngere Bruder Ludwig Salvators, Johann Nepomuk Salvator, kam 1852 zur Welt und wurde 1911 (als Johann Orth) für tot erklärt. Sein spektakulärer Austritt aus dem Kaiserhaus, seine Verbindung mit der Tänzerin Milli Stubel und zuletzt sein legendenumwobenes Verschwinden in Südamerika haben ihm zu einem größeren Bekanntheitsgrad verholfen, als die jahrzehntelange wissenschaftliche Arbeit seines Bruders Ludwig Salvator.

Ein intelligenter, hoffnungsvoller junger Mann war er gewesen. Fortschrittlich, reformbegeistert, den österreichischen Hochadel geringschätzend, journalistisch tätig, ehrgeizig und in der Bulgarienfrage unklug agierend, war ein Konflikt mit dem Kaiser vorprogrammiert, der im Jahre 1889 kulminierte und mit dem Verzicht Johanns auf alle erzherzoglichen Privilegien und der Annahme des Namens Orth endete. Oft wurde Johann Orth mit dem Kronprinzen Rudolf verglichen: »Zwei kaiserliche Prinzen, beide Reformatoren, beide über ihre Umwelt und über ihre Lebensverhältnisse verbittert, beide gescheitert. Die Überlieferung läßt sie auch gemeinsam schuldig werden. Sie schreibt dem Erzherzog Johann einen lebhaften Anteil an den letzten, unaufgeklärten Absichten des Thronfolgers zu, sich darauf stützend, daß der Kapitän Johann Orth nach der Katastrophe von Mayerling Österreich für immer verließ. Sein Tod, gleichfalls Deutungen und Fabeln aller Art preisgegeben, schuf in der Tat ein eigenartiges Gegenstück zu Rudolfs Untergang.«[19]

Umstände, Tag und Ort des Todes des Erzherzogs sind bis heute ungeklärt und geben Anlaß zu Spekulationen und Vermutungen. Der Hof ließ ihn per 6. Mai 1911, einundzwanzig Jahre nach dem Unglück, für tot erklären.

Viele wollten Johann Orth begegnet sein, in Südamerika, Australien, Deutschland und Ostindien. Er solle unter falschem Namen gelebt haben, unter anderem bei seinem Bruder Ludwig auf den Balearen.

Ein eigens dorthin geschickter Versicherungsagent – es war dies Alexander Roda-Roda – kehrte unverrichteter Dinge nach Wien zurück. Der Erzherzog blieb verschollen, die Umstände seines Verschwindens sind bis heute nicht geklärt.

Anmerkung: Eine graphisch dargestellte Genealogie befindet sich im Anhang, Seite 312/313.

3.

Düster und steif wie der Palazzo Pitti

Kindheit und Jugend des Erzherzogs

»Hinaus, hinaus auf's weite Meer
Treibt mich ein mächtig Sehnen,
Doch weil ich keine Flügel hab'
Muß ich sie mir entlehnen«[1]

Kaiserin Elisabeth I. von Österreich

Am 4. August 1847 wurde Leopold II. und Maria Antonia der zweitjüngste Sohn geboren, den sie auf den Namen Ludwig Salvator Maria Josef Johann Baptist Dominik Rainer Ferdinand Karl Zenobius Anton tauften.

Die Kinderjahre verbrachte der Erzherzog gemeinsam mit seinen Eltern und Geschwistern in Florenz. Luise von Toscana erzählte aus ihrer Kindheit: »Der Hof meines Großvaters [Leopold II.] war düster und steif, wie der Palazzo Pitti selbst, und mein Vater [Ferdinand IV.] und seine Geschwister wurden streng nach der Etikette erzogen. Um fünf Uhr morgens mußten die Kinder den Eltern ›Guten Morgen‹ sagen, und zwar mit besonderem Zeremoniell. Von den Erziehern und Erzieherinnen begleitet, wurden die Prinzen und Prinzessinnen in das Vorzimmer der elterlichen Wohnung geführt, woselbst sie sich steif aufstellten. Auf der einen Seite die kleinen Prinzen, auf der anderen die Prinzessinnen, hinter ihnen die betreffenden Erzieher und Erzieherinnen. Schweigend wurde auf den Kammerdiener gewartet, der die Türe öffnen würde, um die Kinder zum feierlichen Guten-Morgen-Handkuß in den Salon der hohen Eltern einzulassen. Schlag fünf Uhr öffneten sich die Flügeltüren, und feierlich schritten die kleinen Prinzen

und Prinzessinnen durch dieselbe und küßten zum Guten Morgen den Eltern die Hand. Nach dieser steifen und schweigenden Begrüßung wurde ein ebenso steifes und schweigendes Frühstück eingenommen, das in Milch, Kaffee und Butterbrot bestand. Nach dieser Mahlzeit kehrten die Kinder mit derselben schweigenden Etikette denselben Weg zurück in die Wohnung, woselbst die Unterrichtsstunden begannen. Um zehn Uhr wurde das zweite Frühstück eingenommen, woselbst alle Familienmitglieder und die Suite teilnahmen.«[2]
Gemeinsam mit seinem jüngsten Bruder, Johann Nepomuk Salvator, erhielt Ludwig Salvator eine ausgezeichnete Erziehung durch den Kammervorsteher Eugenio Baron Sforza, den Cavaliere Lorenzo de Gnagnoni sowie einigen Prager Professoren: »Vom Vater, der von Jugend auf lebhaftes Interesse für physikalische Fragen bekundet und sich auch eifrig mit der italienischen Literatur beschäftigt hatte, erbte er die Vorliebe für Naturwissenschaften und sprachliche Studien, denen er auch bis an sein Lebensende treu blieb.«[3] Im Alter von zwölf Jahren mußte der Erzherzog gemeinsam mit seiner Familie aufgrund der politischen Wirren in Italien von Florenz Abschied nehmen. Das vom Vater erworbene Schloß Brandeis in Böhmen sollte seine neue Heimat werden, in der er sich nicht wirklich wohl gefühlt hat. Zu groß waren die Unterschiede zwischen Schloß Brandeis und dem florentinischen Palazzo Pitti inmitten der Boboli-Gärten, in denen die Kinder nach dem zweiten Frühstück spielen durften. Die folgenden Jahre verbrachte die Familie entweder in Brandeis oder in dem in der Nähe von Karlsbad gelegenen Schloß Schlackenwerth. Der Vater, Leopold II., beschäftigte sich weiterhin mit Literatur, Kunst und den Naturwissenschaften, während die Mutter, Maria Antonia, unter anderem Meßgewänder für die Kirchen von Brandeis und Prerov stickte. Während des Krieges von 1866 verließ die Familie für kürzere Zeit Böhmen und fand ab 6. Oktober 1866 Zuflucht im Landschloß Orth bei Gmunden.

Ludwig Salvator setzte seine Studien in Prag fort, erlernte etliche Sprachen (unter anderem Böhmisch beim Brandeiser Re-

alschullehrer Johann Rokos) und praktizierte als Volontär in der Prager Statthalterei, »um Geist und Formen der Administration des großen Kronlandes kennenzulernen«.[4] Obwohl sich der junge Erzherzog mehr für Naturwissenschaften, Geschichte und Volkskunde als für trockene Akten interessierte, erfüllte er die ihm gestellte Aufgabe zur Zufriedenheit aller: »Mit großem Eifer fügte sich der lernbegierige Erzherzog der ihn gewordenen Aufgabe, und mögen ihn auch die krausen Pfade bureaukratischer Geschäftsordnungen hie und da befremdet haben, so rühmten doch selbst die gewiegtesten Räte der Statthalterei die Schärfe, mit welcher der Prinz jedwede Angelegenheit zu prüfen, in ihre Elemente zu zerlegen und aus den Details und dem Nebensächlichen die eigentliche Hauptaufgabe loszulösen wußte. Das war wohl das erfreuliche Ergebnis einer glücklich geleiteten, sehr gründlichen Erziehung und einer strengen Disziplinierung bedeutender natürlicher Anlagen.«[5]
Als Wohnung stand Ludwig Salvator das Vychynskysche Palais am Altstädter Ringplatz zur Verfügung, wo er unter anderem juridische Vorträge beim Rechtslehrer Prof. Dr. Anton Randa hörte und Studien auf allen Gebieten der Naturwissenschaften und der Sprachen betrieb, so daß er neben den klassischen Sprachen Latein und Griechisch auch Deutsch, Tschechisch, Ungarisch, Italienisch, Französisch und Englisch beherrschte. Später kamen noch Spanisch und Arabisch sowie die mallorquinische und friulanische Mundart hinzu, was ihm bei seinen zahlreichen späteren Reisen zugute kommen sollte. Naturwissenschaftliche Ambitionen, Sprachkenntnisse und Zeichentalent waren das Handwerkszeug für seine reiseschriftstellerische Tätigkeit, denn er »bildete sich zu einem mit allen geographischen, naturwissenschaftlichen und historisch-archäologischen Kenntnissen ausgerüsteten Forschungsreisenden aus«.[6]
Zur Ausbildung eines habsburgischen Erzherzogs gehörten Studienreisen nach England oder in den Mittelmeerraum, die zur persönlichen Bildung oder zu Forschungszwecken unternommen wurden. Ludwig Salvator hatte bereits im

Alter von fünfzehn Jahren erste Reiseaufzeichnungen verfaßt. 1868 veröffentlichte er seine beiden ersten Werke: einen Bericht über Venetien und das umliegende Küstenland, den er seiner Mutter widmete, und ein Buch über Helgoland und Valencia.[7] »Nur wer Spanien kennt, kann sich ein Bild von der sirenenhaften Anziehung machen, die in diesem Lande liegt; [...] Bunt durcheinander spielen jene Bilder in meiner Phantasie, als wären sie aus einer Märchenwelt; ich möchte deren einige fassen, aber fort und fort treiben sie ihren elfenähnlichen Tanz. Und hält man sie auch in allen Einzelheiten in dem Gedächtnis fest, wie kalt und ausdruckslos erscheint Einem das Wort gegen die glühende Wirklichkeit.«[8]

Der Reisebegleiter des jungen Erzherzogs, der zeit seines Lebens unter dem Namen »Ludwig Graf von Neudorf« reiste, war sein ehemaliger Lehrer aus Florenz, Baron Eugenio Sforza. Mit ihm gemeinsam bereiste er zum ersten Mal die balearische Inselgruppe, um ein Buch über Käfer zu schreiben.[9] Der einzige, der die wahre Identität des jungen Mannes von Anfang an kannte, war dessen väterlicher Freund, Francisco Manuel de los Herreros. Er folgte dem Wunsche des ausländischen Gastes nach Wahrung seines Inkognitos, verwendete aber bereits in einem Brief vom 25. November 1867 die Anrede V. A. I. (Vuestra Alteza Imperial = Eure Kaiserliche Hoheit). Auf der Schiffsüberfahrt nach Palma hatten sich die beiden Männer, deren Freundschaft über Jahrzehnte bis zum Tode von Herreros dauern sollte, kennengelernt. Einen Tag später war Ludwig Salvator ins Instituto Balear, dessen Rektor Herreros war, gekommen, um lokale und historische Dokumente für seine Arbeit über die Inseln zu suchen. Der junge Reisende muß einen großen Eindruck auf Herreros gemacht haben: »Es gibt Gefühle, mein Herr, die in Worten nicht wiederzugeben sind, mehr noch, wenn man, wie in meinem Falle, mit der Angst kämpft, nicht alles umschreiben zu können, was in meinen Gedanken ist. Auch wenn ich in Ihnen nicht die Kaiserliche Hoheit sehe, sondern einen vornehmen Herrn, einen mysteriösen und unbekannten Grafen, der die Liebenswürdigkeit hatte, sich meiner zu erinnern, einen Ausländer, der das Land zu kennen wünscht und es durchwandert wie ein gebildeter Reisender, fand ich schon genügend Motive, um mich im Besitz der größten Wertschätzung dessen zu fühlen, welcher, angesehen von seinen respektablen Titeln und trotz seiner Jugend, auch, ohne sich dessen bewußt zu sein, in seinem Geiste und seinem Charakter alles, was mich inspirieren kann, die herzlichste, zutiefst ehrfurchtsvolle Sympathie aufwies.«[10] Von der Schönheit der Inseln angetan, entschloß sich Ludwig Salvator, für einige Monate zu bleiben, um ein groß angelegtes Werk über die Balearen zu verfassen.

Ab dem Jahre 1866 war die Verwendung der Erzherzöge aufgrund der politischen Verhältnisse im Staatsdienst nicht mehr möglich, und eine Beamtenlaufbahn lag Ludwig Salvator ohnehin nicht. Soldat wollte er keinesfalls sein: »Trotz seiner hohen Geburt hat er es nicht weiter als zum Obersten gebracht.«[11]

Er war k.u.k. Oberst und seit 1867 Inhaber des Infanterieregiments Nummer 58 sowie Ritter des Goldenen Vlieses; daneben trug er das Großkreuz des toskanischen Josef-Ordens und des spanischen Ordens Karls III. Er zeigte keine weiteren Ambitionen, eine militärische Laufbahn einzuschlagen.

Der Kaiser, der vor jeder Auslandsreise um Erlaubnis gebeten werden mußte, genehmigte die Übersiedlungspläne seines Cousins, der jährlich 100.000 Kronen aus dem Familienfonds erhielt, nach den Balearen. Schon einige Jahre vorher hatte Ludwig Salvator Prag verlassen und »zog sich nach der stillen Bucht von Muggia [zurück], wo er sich in einer sehr einsamen, anspruchslosen Villa niederließ, welche aber gewissermaßen nur als Absteigequartier gelten mochte, indem sein eigentliches Heim die schöne Nixe [seine Yacht] war«.[12]

Eine Episode aus dem Leben des jungen Erzherzogs zieht sich durch die Sekundärliteratur: seine Beziehung oder Verlobung mit Erzherzogin Mathilde, einer der beiden Töchter von Erzherzog Albrecht. Bei Justin von Prášek, der sein zweibändiges Werk über Brandeis auf Anweisung Ludwig Salvators verfaßt hat, steht zu lesen: »Als junger Mann hat sich Erzherzog Ludwig Salvator mit der Frau Erzherzogin Mathilde, Tochter des Feldmarschalls Erzherzog Albrecht, verlobt, die Erzherzogin ist jedoch im Jahre 1866 zu Weilburg in Niederösterreich vor seinen Augen verbrannt. Nach diesem furchtbaren Ereignis faßte der Erzherzog den Entschluß, nicht zu heiraten und war sein Leben lang diesem Entschluß treu geblieben.«[13] Mathilde, »ein modernes Fräulein, das vielleicht ebenso wie Ludwig etwas freier dachte als damals üblich war«[14], hatte verbotenerweise eine Zigarette geraucht, die sie aus Scham, von ihrem Vater dabei entdeckt zu werden, unter ihrem leichten weißen Gazekleid zu verstecken suchte. Dabei hatte die Robe Feuer gefangen, sie selbst war blitzschnell in eine lebende Fackel verwandelt; sie starb wenig später an den Folgen schwerer Verbrennungen. Daneben existiert die Version, daß die Erzherzogin auf ein Zündholz getreten sei, welches ihr Kleid in Brand steckte.[15] Wie das Unglück nun tatsächlich geschah, ließ sich nicht eruieren. Die Wiener Zeitung berichtete in ihrer Ausgabe vom 23. Mai 1867 von Verbrennungen »aus unbekannter Ursache«. Die »Verlobung« der beiden bleibt eine ins Dunkel gehüllte Begebenheit, über die sich nichts Konkretes in Erfahrung bringen läßt. Brigitte Hamann schildert in ihrer Biographie über Kaiserin Elisabeth Mathilde als Verlobte des Kronprinzen Umberto von Sardinien-Piemont, dem späteren italienischen König: Mathilde, »ein Liebling der Wiener, hätte eine Figur auf dem Schachbrett der großen Politik sein sollen [...] und sollte die mehr als unfreundlichen Beziehungen Österreichs zu Italien verbessern helfen«.[16]

Offiziell verlobt waren Mathilde und Ludwig Salvator demnach keinesfalls, der Begriff »Zuneigung« wird ihr Verhältnis wohl besser beschreiben. Die Ursache für das Verlassen der alten Heimat sowie seiner unstillbaren Reiselust war sicher nicht der frühe Tod seiner Verwandten gewesen. Die Sehnsucht nach dem Meer, nach der Sonne des Südens dürfte bei dem Toskanerprinzen die treibende Kraft gewesen sein.

Die Liebe zu Meer und Schiffahrt war aber auch bei seinen Brüdern Ferdinand IV. und Johann Nepomuk Salvator sowie bei Erzherzog Ferdinand Maximilian, dem Bruder Kaiser

Franz Josephs und späterem Kaiser von Mexiko, zum Ausdruck gekommen: »Das Meer ist ewig anziehend, weil seine Grenzen und seine Tiefe vom Auge unerreicht sind, weil es ein gleicher steter Körper ist, der doch seine ungezählten Tropfen, seine Millionen Wellen hat.«[17]

Die Toskaner, wie sie bei Hof genannt wurden, durch ihr unkonventionelles Leben wenig in die nach spanischem Hofzeremoniell lebende kaiserliche Familie passend, »sind ein eigentümliches Fürstengeschlecht. Die meisten aus ihrer Familie sind nur eigene Wege gewandelt, die fernab von den gewohnten Pfaden der gekrönten Häupter und ihrer Angehörigen führten«.[18] Kein Wunder, daß sie dem Wiener Hof fernblieben und – wie im Falle Ludwig Salvators – dem Kaiser einmal pro Jahr ihren Pflichtbesuch abstatteten.

Reisen unternahmen alle jungen Erzherzöge, die keine eigentliche Aufgabe im Staatsdienst hatten, so exzessiv wie Ludwig Salvator betrieb sie jedoch keiner von ihnen: »Ein Hauptmotiv war die Unzufriedenheit mit der gewohnten Umgebung, mit der strengen, beengten Atmosphäre des Wiener Hofes. Reisen also als Flucht vor der Langeweile und Leere der Gesellschaft des zivilisierten Europas. In fernen, warmen, exotischen, ›primitiven‹ Ländern, in der Einsamkeit des Meeres oder in der Gesellschaft einfacher, natürlicher Menschen wollte man neue, aufregende Eindrücke gewinnen. Den meisten ›reisenden‹ Mitgliedern der Dynastie wurden sowohl unter Metternich als auch in der langen Regierungszeit Kaiser Franz Josephs sinnvolle Aufgaben im öffentlichen Leben verwehrt. Solche Erzherzöge, die ihr Leben mit sinnvollen Beschäftigungen ausfüllen wollten, sahen dafür auf längeren Reisen Möglichkeiten.«[19]

Wie bereits erwähnt, führte eine Reise nach der balearischen Inselgruppe, die fernab der damals üblichen Routen lag und in Mitteleuropa beinahe unbekannt war. Es sollte die wohl entscheidendste Reise im Leben Ludwig Salvators werden. Sie brachte ihn an den Ort, an dem er sich niederlassen würde: nach Mallorca.

Es folgen Jahre des Reisens und der Arbeit, »ein reiches und rühmlich verwerthetes Wanderleben, welches der fürstliche Verfasser führt. Gut mit naturwissenschaftlichen Kenntnissen ausgestattet, empfänglich für alles Gute und Schöne, selbst Zeichner und Maler, versteht es derselbe, allenthalben das Interessanteste herauszufinden und diese Eigenthümlichkeiten mit Griffel und Feder vor Augen zu führen.«[20]

4.

Ludwig Salvator, ein Weltenbummler und Reiseschriftsteller

Zwischen Tradition und Fortschritt

»Von früherer Jugend an dem Studium der Naturwissenschaften mit großem Eifer und besonderer Vorliebe ergeben, mit bedeutenden Geistesgaben ausgestattet und zugleich im Besitze der materiellen Mittel, um sich mit voller Energie und Neigung wissenschaftlichen Zwecken widmen zu können, verfolgte der österreichische Erzherzog Ludwig Salvator ... mit großer Beharrlichkeit und nimmermüdem Fleiße die bewegte Laufbahn eines geographischen und ethnographischen Forschers.«[1]

Da Ludwig Salvator nicht nur ein Sprachtalent war und sich für die Naturwissenschaften interessierte, sondern auch hervorragende Fähigkeiten als Maler und Zeichner aufzuweisen hatte, war er zum Forschungsreisenden und Seemann prädestiniert. »Mit Zeichenstift und Malerpalette wußte Erzherzog Ludwig Salvator ebenso gewandt umzugehen wie mit der Feder, und so wurde er der Illustrator seiner literarischen und wissenschaftlichen Arbeiten.«[2]

Auf all seinen Reisen trug er stets Zeichenblock und Tagebuch bei sich, um seine Beobachtungen an Ort und Stelle zu Papier bringen zu können. Im Vorwort seines Werkes »Tunis« (Prag 1870) heißt es dazu: »Diese Abbildungen sind Photographien der Originalskizzen des Verfassers, wie sie an Ort und Stelle mitten im Gewühl der Menge gezeichnet wurden. Kein Strich wurde zu Hause daran geändert, sie werden daher nur um so besser mit dem ebenfalls in ungeschminkter Ursprünglichkeit belassenen Text zusammenstimmen.«

Eine enge Verbindung von Wort und Bild hielt der Erzherzog für sinnvoll. Wie aus den Vorworten seiner Werke zu entnehmen ist, waren die Illustrationen zur Erläuterung und zum besseren Verständnis des Geschriebenen gedacht. Daß Ludwig Salvator beide Arten der Darstellung beherrschte, braucht nicht extra erwähnt zu werden, doch findet sich kein Hinweis darauf, daß er auf seine Fähigkeiten stolz gewesen wäre. Mit liebenswerter Bescheidenheit schrieb er 1871: »Mögen inzwischen diese Blätter trotz ihrer Unvollkommenheit einerseits Manchem eine willkommene Erinnerung an die buccharische Märchenwelt bereiten und andererseits als ein kleiner Beitrag zur besseren Kenntnis eines der kleinsten, aber nicht unbedeutendsten Winkel des österreichischen Vaterlands eine geneigte Aufnahme finden. Ich für meinen Teil werde den Zweck dieser Seiten als erreicht sehen, wenn sie der mir lieb gewordenen Bucht dazu verhelfen sollten, gehörig gewürdigt zu werden und wenn sie sich recht bald zur Stätte eines neu belebten Verkehrs entwickelte.«[3]

In seinem Werk »Eine Yachtreise an den Küsten von Tripolitanien und Tunesien« klingt es ähnlich: »Das Gesehene und Erlebte während einer Fahrt von Alexandrien bis Kap Bon in schlichten Worten, wie sie an Ort und Stelle in der Kajüte oder unter dem Zelte niedergeschrieben wurden, wiederzugeben, ist der Zweck der folgenden Seiten. Manchen Seefahrer werden sie in den Musestunden windstiller Tage in der Nähe jener Küsten eine vielleicht nicht unwillkommene Lektüre sein, meinen Begleitern Erinnerungsblätter, mir selbst aber ein weiterer Sporn, mit der liebgewordenen Nixe neue fruchtbringende Fahrten zu unternehmen.«[4]

Ein letztes Beispiel für die Nüchternheit und Bescheidenheit, mit der Ludwig Salvator seine »Blätter und Skizzen«, wie er die Arbeiten zum Teil bezeichnete, findet sich im Vorwort der Monographie über Benzert: »Mögen die Freunde Bizertas diese welken Blätter aus meiner Reisemappe, wenn sie auch wertlos sind, als einen Tribut der Anerkennung für das Große, das sie geschaffen haben, nachsichtig hinnehmen.«[5]

Für das breite Publikum waren diese Arbeiten nicht bestimmt, sondern für seine Freunde und Bekannten, denen er sie zum Geschenk machte. Erst die Bekanntschaft mit dem Leipziger

Verleger Leo Woerl machte die Publikation einzelner Werke in größerer Auflagenzahl möglich. Den Großteil seiner Arbeiten ließ der Erzherzog allerdings in Prag bei den Verlegern Heinrich Mercy und später Heinrich Mercy Sohn sowie bei F. A. Brockhaus in Leipzig drucken.

Die Werke sind zum Teil prunkvoll ausgestattet. »Lange bevor der edle Sport des Bibliophilentums wieder dichtere Scharen von Anhängern zu erwerben verstand, hat dieser Prinz seinen Büchern jene äußere Ausstattung in Lettern, Zeichnungen und Einband angedeihen lassen, wie sie nur der subtilste Geschmack zu ersinnen vermag. Es war durchaus keine Freude an Prunk und überladenem Zierat, der sich in Golddruck und Seideneinband ausschwelgt, sondern die stille Feinschmeckerei eines wirklichen Kulturmenschen, der Kultur besaß, ohne damit viel Aufhebens zu machen.«[6]

Gerne weilte der Erzherzog in der Gesellschaft einfacher Menschen, die seiner Meinung nach, trotz der Bescheidenheit und Armut, in der sie gegebenenfalls lebten, ein ausgefülltes Dasein führen können. »Man sieht, wie Genügsamkeit, einfache Sitten und Abgeschlossenheit von der bösen tückischen Welt hinreichen, um selbst in rebellischer Natur Menschenglück zu schaffen.«[7]

»Während meines Aufenthalts auf Helgoland fuhr ich gerne mit den Fischern aufs Meer hinaus, die Gesellschaft jener einfachen Menschen ist einem viel angenehmer, ich möchte sagen auch lehrreicher, als die mancher Gebildeter.«[8]

Ein wirkliches Anliegen des Erzherzogs war es, Landschaften, die, wie er glaubte, zu Unrecht weniger bekannt waren und zu wenig bereist wurden, in das Gedächtnis der Öffentlichkeit zu rufen. Denn seine Aufmerksamkeit lenkte er weniger auf die sogenannten klassischen Kulturzentren, sondern auf die kleinen, unentdeckten Regionen, wie Paxos und Antipaxos im Ionischen Meer. »Klein und scheinbar unbedeutend wurden Paxos und Antipaxos bisher nie selbständig geschildert, sondern bloß bei den vielen Beschreibungen der großen, schönen Nachbarinsel Corfu nebensächlich behandelt, und doch sind es reizende Eilande voll großartiger Schönheiten, die eine grö-

Von der Oesterreichisch-Kaiserlichen,
zu Ungarn Apostolischen, in Böhmen, ~~der Lombardie und Venedig~~, Illyrien,
Galizien rc. Königl. Majestät rc. Unseres Allergnädigsten Herrn wegen werden alle k. k. Civil- und Militär-Behörden, dann geistliche und weltliche Obrigkeiten beauftragt, auswärtige Behörden aber geziemend ersucht, Vorzeiger dieses,

nicht allein aller Orten zu Wasser und zu Lande sicher und ungehindert durchkommen, sich aufhalten sondern auch beförderſamen, geneigten Willen, Schutz und Hilfe nach Erforderniß angedeihen zu lassen, denn hierin geschieht gedacht Ihrer k. k. Apostolischen Majestät Allergnädigster Wille und Wunsch.

Gültig

Gratis.

Für Seine k. k. Apostolische Majestät.
Wien den

Reisepaß des Erzherzogs für das Jahr 1868/69

ßere Würdigung seitens der vielen die übrigen ionischen Inseln besuchenden Fremden verdienen.«[9]
Ein anderes Beispiel ist die Felseninsel Alboran, deren einzig bewohnbares Gebäude der Leuchtturm war, und mit der sich der Erzherzog in der gleichnamigen Monographie beschäftigte: »Vielleicht keine Insel des Mittelmeers wird von so vielen gesehen und von so wenigen betreten, wie Alboran. In der Mitte der Weltstraße von Gibraltar gelegen und so ziemlich in gleicher Breite bleibt sie wohl den meisten Dampfern, die an Cap de Gata vorbeifahren, außer Sicht, wird aber von zahlreichen Seglern und von all den Dampfern, die von Gibraltar gegen Oran und umgekehrt fahren, wahrgenommen.«[10]
Nicht anders verhält es sich mit der nur von Leuchtturmwärtern, den sogenannten Torreros, bewohnten Insel Columbretes: »Dasselbe abgeschlossene Leben mit den wenigen Turm-

wächtern, den einzigen Bewohnern des größeren Felseneilandes, wirkte erholend und begeisternd zugleich, und diese Einsamkeit war mir so lieb geworden.«[11]
Auch befaßte sich der Erzherzog mit vom Verschwinden oder von gravierenden Änderungen betroffenen Gebieten und Völkern, um dem alten Kulturgut zumindest ein schriftliches Andenken zu bewahren. Anzuführen ist in diesem Zusammenhang vor allem die Beschäftigung mit der Volkskunst und den Trachten bestimmter Völker. Man denke zum Beispiel an die 1870–1878 erschienene Zeichnungensammlung »Die Serben an der Adria. Ihre Typen und Trachten«, die der Erzherzog anlegte, da »man hier noch pietätvoll und mit gewissenhafter Strenge an den herkömmlichen Trachten wie an einem ererbten Gut festhält, während in Europa die Nationaltrachten mehr und mehr verschwinden«[12], sowie an das 1905 veröffentlichte Werk »Das, was verschwindet. Trachten aus den Bergen und Inseln der Adria«, wo es in der Einleitung heißt: »Jetzt, wo die Eisenbahn schon nach Gravosa hinabsteigt und der schrille Pfiff der Lokomotive in den einsamsten Bergen der Bocco ertönt, nimmt die Mannigfaltigkeit der Trachten allmählich ab. Jene kostbaren Kleider, die von Generation auf Generation übertragen waren, sind an Sammler verkauft worden; die wertvollen Kleinodien an kunstvollen Waffen schmücken elegante Salons westlicher Reiche oder haben in Waffensammlungen ihren Platz gefunden. Allmählich wird die Tracht vereinfacht und verändert. An die Stelle des reichverzierten Jäckchens tritt ein glattes, die Stelle der durchlöcherten silbernen Knöpfe nehmen einfache glatte ein, und auch bei den Frauen nehmen die Zieraten ab oder werden ganz schmucklose Kleider angezogen. – Es schien mir von Interesse zu sein, ›das, was verschwindet‹ in einer Reihe von Farbbildern wiederzugeben und auf diese Weise aufzubewahren.«[13] Das Bemühen, altes ererbtes Kulturgut zu bewahren, mag auch das Motiv für eine weitere Arbeit Ludwig Salvators, die »Märchen aus Mallorca«, gewesen sein. »Die Zahl der märchenhaften Erzählungen ist auf Mallorca eine ungeheure, und ein großes Feld für Folkloristen steht noch offen, bevor

der nivellierende Wind moderner Kultur das alles weggefegt haben wird.«[14]

Sollte man den Erzherzog aufgrund dieser konservativen Einstellung in puncto Trachten und anderem Kulturgut als einen Reaktionär bezeichnen, würde man ihm unrecht tun. Er versuchte vielmehr, Projekte anzuregen, die zur Erschließung einer Gegend beitragen können. Sehr gut kann man das bei der Lektüre des »besten Seehafens der tunesischen Regentschaft«, Bizerta oder Benzert, über den Ludwig Salvator zwei Werke verfaßt hat, feststellen. Bereits im ersten, »Bizerta und seine Zukunft«, erschienen 1881, weist der Erzherzog auf die Bedeutung dieses Hafens hin, der, in einer Bucht der nordafrikanischen Küste gelegen, durch »das weite vorspringende Kap Bianco gegen die vorherrschenden Westwinde geschützt ist«.[15] Diesem Hafen, der damals »noch abgeschlossen von dem großen Weltverkehre« lag, prophezeite der Erzherzog unter gewissen Bedingungen für die folgenden Jahre eine wichtige Rolle im tunesischen Außenhandel, drückte aber gleichzeitig sein Bedauern darüber aus, daß dadurch das »echt orientalische Gepräge« der Stadt, das ihn »an eine Verwirklichung einer der Szenen aus Tausend und eine Nacht« denken ließ, verloren gehen würde. »Bald wird die morgenländische Poesie Bizerta's vor der alles nivellierenden Weltkultur gewichen sein, dafür möge aber die Stadt jene wichtige Stelle einnehmen, die sie wegen der ihr von der Natur geschenkten günstigen Lage verdient.«[16] Die Vorhersage Ludwig Salvators sollte sich als richtig erweisen, so daß er sechzehn Jahre später in der Vorrede zu »Benzert« mit Genugtuung registrieren konnte: »Vor sechzehn Jahren schrieb ich ein Büchlein unter dem Titel ›Bizerta und seine Zukunft‹. Das darin Vorausgesagte hat sich verwirklicht, und mit einem Gefühle ungewöhnlicher innerer Befriedigung ankerte ich im vorigen Herbste in der Sebra-Bucht. Der Traum war verträumt, statt der offenen, den Nord- und Ostwinden so ausgesetzten Reede war ein idealer Hafen geschaffen, wo Hunderte von Schiffen so geschützt wie in Venedigs Lagunen ankern könnten. Kein Wunder, daß ich eine zeitlang dort verblieb; ich war beschäftigt mit

»Übersichtskarte der bereisten und geschilderten Gegenden«, bis 1898

der Besichtigung der neuen Riesenbauten, gleichzeitig aber auch angelockt von dem allmählich schwindenden Zauber der alten maurischen Stadt.«[17]

Ein weiteres Beispiel für das fortschrittliche Denken des Erzherzogs findet sich in »Die Karawanenstraße von Ägypten nach Syrien«. Während seines Aufenthalts in Ägypten, wo er den Winter verbrachte, dachte er an eine mögliche Bahnverbindung zwischen den beiden Ländern, »ein Gedanke, der mit Rücksicht auf die schlechten gefahrvollen Ankerplätze des an Produkten so reichen südlichen Palästina häufig ventiliert wurde«.[18]

Um sich und andere überzeugen zu können, beschloß der Erzherzog, an Ort und Stelle die Gegebenheiten zu überprüfen. Er ließ eine Karawane mit Pferden und Maultieren aus Jaffa kommen und wanderte entlang der alten Karawanenstraße, die seit der Eröffnung des Suezkanals nur noch von Viehhändlern benutzt wurde. »Ich überzeugte mich auf dieser Wanderung von der Unzweckmäßigkeit der Ausführung einer Bahnstrecke in Folge der starken Sandverwehungen, welchen dieselbe stets ausgesetzt wäre und wodurch die Erhaltung zu kostspielig werden möchte.«[19] Also nahm Ludwig Salvator Abstand von diesem Plan und entwickelte einen anderen: »Die Esbekieh-Träumereien waren verträumt, doch um so lebhafter trat in mir der Gedanke meines alten Ideals auf – die Erbauung eines Hafens in Beyruth und des Hinleitens des ganzen syrischen Handels mittels zwei Hauptbahnadern, wovon die eine die namentlich in Cerealien so reiche süd-syrische Küste, die andere das Jordan-Tal durchziehen würde. Die Hafenbauten von Beyruth wären leichter und mithin weniger kostspielig wie jene in Jaffa, auch sprechen zugunsten Beyruths die bereits dort angesiedelten reichen Handelshäuser, die wichtige Verbindung mit Damaskus und der Binnenhandel.«[20]

Wie schon früher angedeutet, waren es nicht die großartigen Naturschauplätze, die den Erzherzog faszinierten, sondern die kleinen Begebenheiten in der Natur. Anläßlich seines Aufenthaltes in Abbazia, dem Modebad der damaligen Zeit, dem er »Lose Blätter« widmete, schrieb er im Vorwort. »Er [der Gast, der in Abbazia weilt] lese im großen Buche der Natur, das ist eine Lektüre, bei welcher man sich nicht die Augen anzustrengen hat, wie bei der Druckerschwärze, sondern nur Erholung und Genuß schöpfen wird. Sind es Eltern, denen das Bändchen in die Hände gerät, so mögen sie ihren Kindern gleich in den frühesten Jahren diese Liebe zur Natur und diese Freude an der geringsten Kleinigkeit in derselben einprägen, wie sie den Verfasser nie verließ, wie sie sich offenbart im Zittern eines Blattes in der Mittagsbrise, in dem Brechen einer Welle am Strande, im Flattern eines Schmetterlings oder im Summen einer Biene. Auf diese Weise werden sie ihren Nachkommen das beste Mittel zur irdischen Zufriedenheit hinterlassen. Man suche überhaupt in dem bevorzugten Erdenwinkel nur Ruhe und Naturfreuden, lasse die Stunden ruhig dahinfließen, das Herz voll Heiterkeit und Freude, und hebe nur den Blick zu Gott in ewiger Bewunderung für die Schöpfung und die Dankbarkeit für die Glückseligkeit des Augenblicks.«[21]

Die tiefe Religiosität, die im Hause Habsburg durch Generationen festzustellen ist, kommt hier sehr gut zum Ausdruck. Ludwig Salvator suchte in jedem Land, das er bereiste, zuerst die Kirche auf. In seinen Werken bemerkte er mit besonderer Genugtuung, wenn er an hohen christlichen Feiertagen, wie Ostern oder Pfingsten, in einer katholischen Kirche seine Andacht verrichten konnte. Von einem Kirchenbesuch mit Hindernissen in Albany anläßlich seiner Fahrt um die Welt berichtete der Erzherzog: »Es fing an zu dämmern; kein Mensch war auf den Straßen zu sehen außer einem Buben, der durch ein umzäuntes Grundstück ging. Wir riefen ihn an, um ihn zu fragen, welche die katholische Kirche sei. Er zeigte uns das oben erwähnte Gebäude und antwortete auf die weitere Frage, ob man die Kirche besichtigen könne, der Geistliche wohne in einem etwas weiter oben gelegenen, kapellenartigen, von einem Kreuze überragten Gebäude. Wir gingen auf dasselbe zu; die Türen standen offen und kein Mensch war zu sehen – auf einmal erscheint ein bärtiger Mann mit einem alten Zylinder, ein Gewehr ergreifend, in der Türe – es war der Geistliche. Nachdem er uns erblickt und sich von seinem ersten Schrecken erholt hatte, erklärte er sich auf unser Anfragen gerne bereit, uns die Kirche zu zeigen.«[22]

Religiosität, Güte, Milde, Wohltätigkeit, Interesse für Leiden und Sorgen seiner Mitmenschen wie der Untergebenen, Leutseligkeit, Liebenswürdigkeit und eine geringe Wertschätzung von Glanz, Ruhm und Reichtum sind Eigenschaften, die man dem Erzherzog zuschrieb. »Lärmenden Vergnügungen ist der Prinz wenig geneigt; auch in den reisefreien Monaten genügt der Erholung eine kleine Seefahrt, ein Ritt oder eine längere Promenade in selbstgepflegten Gärten oder in wenig besuchten Landschaften; nach Sonnenuntergang verläßt derselbe nur selten sein Haus oder Schiff.«[23]

Wie richtig Leo Woerl, der jahrzehntelang mit Ludwig Salvator in Kontakt stand, ihn einschätzte und beurteilte, läßt sich mit eigenen Aussagen Ludwig Salvators belegen. »Und welche Macht gleicht jener eines geliebten Weibes? Weder Ruhm, noch Macht, noch Gold wirken mit gleicher Kraft auf den sie liebenden Mann. Nur seine Liebe macht ihn glücklich.«[24] Dieses Zitat aus der Beschreibung Cannosas in Süddalmatien sei hier stellvertretend für viele angeführt.

5.

Jene Bilder in meiner Phantasie …

Arbeiten über Monarchie und Mittelmeerraum

Die erste von Ludwig Salvator in deutscher Sprache veröffentliche Arbeit beschäftigte sich mit zwei, geographisch gesehen konträren Punkten, mit Valencia einerseits und der Insel Helgoland andererseits. In »Süden und Norden. Zwei Bilder« (Prag 1868) schilderte der Erzherzog die beiden Orte, die er zuvor aufgesucht hatte.

»Nur wer Spanien kennt, kann sich ein Bild von der sirenenhaften Anziehung machen, die in diesem Lande liegt; ihr kommt selbst Italiens zauberhafte Fülle nie gleich, und man würde sie außer im fernen Orient sonst überall vergebens suchen.

Sind es seine Entwicklung oder die stille Ruhe seiner Landschaften, die Großartigkeit seiner Denkmäler, wo die Maurenkunst und die Gotik wetteifern, oder die südliche Schönheit seiner Gestade? Ich wüßte es selbst nicht zu entscheiden, aber es dünkt mich, daß die Vereinigung von allem dem zu einem harmonischen Ganzen die Ursache jenes Zaubers sei. Bunt durcheinander spielen jene Bilder in meiner Phantasie, als wären sie aus einer Märchenwelt; ich möchte deren einige fassen, aber fort und fort treiben sie ihren elfenähnlichen Tanz. Und hält man sie auch in allen Einzelheiten in dem Gedächtnisse fest, wie kalt und ausdruckslos erscheint einem das Wort gegen die glühende Wirklichkeit.«[1]

Mit diesen schwärmerischen Worten beschrieb der Erzherzog Valencia, wo er einige Zeit verbracht hatte, um die Bauten und Gärten kennenzulernen. Wehmütig nahm er Abschied, die Stadt »verschwindet wie ein Sommernachtstraum«.[2]

Im zweiten Teil des Buches widmete sich der Erzherzog der

Insel Helgoland. »Wenn man von Kuxhafen, wo die mächtig erweiterte Elbe schon meerenähnlich erscheint, eine Strecke gegen Norden hinausfährt, so dauert es nicht lange, daß man am fernen Horizont allmählich eine dunkle, noch in märchenhaften Duft gehüllte Klippe aus den Wogen aufsteigen sieht. Es ist Helgoland, ein Stück deutscher Erde, durch schöpferische Hand in die Nordsee gesetzt und nun von den Briten beherrscht.«[3] Einen Sommermonat verbrachte Ludwig Salvator auf Helgoland, das zwanzig Jahre später Gegenstand einer Reiseskizze werden sollte.

Der Erzherzog schilderte die Lage der Insel, die Einrichtungen, das Leben auf Helgoland, »jeden Winkel des kleinen Felseneilandes eifrig durchkriechend«. Ludwig Salvators besessene Liebe zum Meer, die bis zu seinem Lebensende dauern sollte, kommt in diesem Werk zum Ausdruck: »Man genießt jene träumerische Stille und hat jenes melodische Gefühl innerer Ruhe, das man nur am Meere empfindet, und welches bloß derjenige, der an demselben aufgewachsen ist, dem das traute Element die erste Unterhaltung in den Kinderjahren war, zu schätzen weiß.«[4] Er beschrieb die Häuser, die Fabrik, die Tran bereitet, die Pfähle zum Trocknen der Fische und den Leuchtturm. Die wenigen Bewohner der Insel waren Fischer, die ein bescheidenes, gleichmäßiges, jedoch zufriedenes Leben führten und die der Erzherzog gerne auf Hummer-, Krebs- und Haifischfang begleitete. Bald fühlte sich der Erzherzog auf der Insel heimisch. »Man mag wollen oder nicht, man begegnet sich so immer wieder, daß man wie auf einem Schiff schon nach einigen Tagen jeden einzelnen kennt. Aber gerade dieser Umstand macht mir Inseln und insbesondere kleine so überaus lieb, denn man fühlt sich dort gleich wie zu Hause.«[5] Hier zeigt sich bereits seine Vorliebe für kleine, oft menschenleere Inseln. Eilande wie Helgoland, Paxos und Antipaxos, Alboran, Columbretes, Zante, Ustica, die liparischen Inseln, die Kaymenen und andere waren beliebte Reiseziele des Erzherzogs.

Ein Beleg dafür, daß Ludwig Salvator bereits vor 1868 – zu diesem Zeitpunkt war er einundzwanzig Jahre alt – viel gereist war, findet sich ebenfalls in »Süden und Norden«: »Ich habe an vielen Orten den Sonnenuntergang gesehen, sowohl im Norden wie im Süden, in norwegischen Fjorden wie in albanischen Buchten, im Golfe Neapels und im Angesichte der afrikanischen Küste, hoch auf den Alpen und auf der öden Heide, am atlantischen Ozean und an den Ufern der Ostsee; jedoch dünkt es mich, ihn nirgends so großartig wie in Helgoland gefunden zu haben.«[6]

Seine nächste Reise führte den jungen Erzherzog nach Nordafrika in die Stadt Tunis, der er sein Werk »Tunis. Ein Bild aus dem nordafrikanischen Leben« (Prag 1879) widmete. Er beschrieb darin seine Eindrücke von der Stadt, den Menschen »Muselman und Christ, Neger und Jude, alle im buntesten Gemisch«, die Bazars, »Stätte des lautesten Handelns und Wandelns«, mit ihren Läden, Kaffeehäusern und Barbierstuben, die Moscheen, von denen »manche in ihrem Äußeren wirklich künstlerisch schön, gewöhnlich mit verschiedenfarbigen Marmor- oder mit bunten Fayenceplatten geschmückt sind«, den Palast, »der verödeten Wohnung der einstigen Beys«, die »alte, nun halb verfallene Kaserne La Hasbra«, den maurischen Friedhof und vieles mehr. Von Tunis aus wurden Ausflüge unternommen, nach Bardo, dem Wintersitz des Beys, den Ludwig Salvator folgendermaßen skizzierte: »ein von Wällen umgebenes, unregelmäßiges Schloß, halb neu, halb alt, halb maurisch, halb europäisch, um welches zahlreiche Häuser und Hütten des Gefolges gruppiert sind«.

Ein weiterer Ausflug führte den Erzherzog nach La Goletta, in dem die reichen Tunesier wegen des prachtvollen Strandes ihren Sommersitz aufgeschlagen haben, zugleich aber der Lieblingsaufenthaltsort des damaligen Beys. Dort wohnte Ludwig Salvator einer Gerichtsverhandlung bei, während deren Verlauf nicht »sorgfältige und regelrechte Untersuchung, sondern der augenblickliche Einfall und das launenhafte persönliche Gutdünken eines ungebildeten Herrschers den Ausschlag geben«. Von La Goletta aus führte Ludwig Salvator der Weg nach Karthago, »wo gegenwärtig nur nomadisierende Araber ihre dunklen, von Kamelhaaren verfertigten

Zelte aufgeschlagen oder armselige, aus wenigen dürren Zweigen zusammengesetzte Hütten bewohnten«. Von der ehemaligen Herrlichkeit und dem Glanz dieser Stadt waren nur »hie und da umherliegende zertrümmerte Bogen einer Wasserleitung, einige Steinquarder und Marmorstücke geblieben«.

Auch innerhalb der österreichisch-ungarischen Monarchie gab es Landschaften, die der Erzherzog gerne bereiste, wie zum Beispiel die Küstenbesitzungen an der Adria. Zwei Sommermonate des Jahres 1870 verbrachte er in der Bucht von Bucchari-Porto Ré südlich von Fiume, dem heutigen Rijeka. In dem dazu erschienenen Buch »Der Golf von Bucchari-Porto Ré. Bilder und Skizzen« führt uns der Erzherzog »in die buccharische Märchenwelt ein, um uns einen kleinen Beitrag zur besseren Kenntnis eines der kleinsten, aber nicht unbedeutendsten Winkel des Vaterlandes zu geben«.[7] Der Erzherzog bedauerte, daß diese Bucht im Golf von Fiume trotz ihrer Schönheit und Vorzüge kaum besucht wurde. »Es gibt gewisse Punkte in der Welt, welche durch ein unbegreifliches Mißgeschick dem Gedächtnis der Menschen entschwanden und auf Jahrhunderte fast ganz in Vergessenheit gerieten. Ihre Schönheit blieb unbeachtet, ihre Vorzüge wurden unterschätzt. So verhielt es sich bis in die neueste Zeit mit dem Golf von Fiume. An die hohe Bedeutung, welche schon die Römer diesem wichtigen Busen beigelegt hatten, wurde nicht mehr gedacht.«[8] Ein Triumphbogen aus dem 3. Jahrhundert nach Christus erinnert noch heute an den römischen Ursprung des Hafens, als er noch Tarsatica hieß. Seit 1466 gehörte er mit kurzen Unterbrechungen dem Haus Österreich. In diesem Zusammenhang wies Ludwig Salvator auf die Notwendigkeit hin, diesen Teil des kroatischen Küstenlandes wirtschaftlich zu unterstützen und günstige Verkehrsverbindungen zu Lande wie zu Wasser herzustellen, um in Zukunft auch andere Interessierte an den landschaftlichen Schönheiten dieses Gebietes, den reichen Gesteins- und Pflanzenvorkommen sowie der Anziehungskraft des alten Städtchens Bucchari teilhaben zu lassen. Mit diesem Band wollte der Erzherzog auch die Aufmerksamkeit der Künstler auf diesen Küstenstrich lenken, weshalb er ihn mit zahlreichen Abbildungen, Plänen und Karten illustrierte. »Wenn im Verhältnis zu der geringen Ausdehnung des beschriebenen Gebietes die Zahl der Abbildungen zu groß erscheinen sollte, so wolle man bedenken, daß damit der doppelte Zweck beabsichtigt war, einmal das im Wort Geschilderte auch in bildlicher Darstellung dem Auge vorzuführen, und sodann den Beweis von dem großen Reichtum dieser Gegenden an landschaftlichen Reizen zu liefern, um dadurch auf einen Küstenstrich hinzulenken, der sich in fast gleicher Schönheit gegen 200 Seemeilen nach Süden hin ausdehnt.«[9]

1886 beschäftigte sich der Erzherzog abermals mit dem Golf von Fiume. Während eines längeren Aufenthalts in Abbazia, dem heutigen Opatija, im Jahre 1885, schrieb er sein Buch »Lose Blätter aus Abbazia«. Durch die Unternehmungen der österreichischen Südbahngesellschaft war Abbazia, das die »Perle unter den Seebädern des Adriatischen Meeres« genannt wurde, zum Modebad der Monarchie geworden. Zahlreiche Mitglieder des österreichischen Herrscherhauses, unter ihnen Kronprinzessin Stephanie, die Erzherzöge Josef und Ludwig Salvator sowie Adelige und wohlhabende Bürgerliche verbrachten hier Monate der Erholung und Zerstreuung.

Weitere Arbeiten über dieses Küstengebiet: »Cannosa« (Prag 1897), »Über den Durchstich der Landenge von Stagno« (Prag 1906) und »Der Kanal von Calamotta« (Prag 1910) sowie die zitierten Arbeiten über Trachten: »Das, was verschwindet. Trachten aus den Bergen und Inseln der Adria« (Leipzig 1905) und »Die Serben an der Adria. Ihre Typen und Trachten« (Leipzig/Wien 1870–1878).

Das bevorzugte Reisegebiet des Erzherzogs war zweifellos der Mittelmeerraum, dessen zahlreiche Küstenstriche und Inseln er in seinen Monographien beschrieb.

Levkosia, die Hauptstadt Zyperns, im nordöstlichen Teil des Mittelmeeres gelegen, war eines seiner Reiseziele. »Diesen durch die Geschichte von Jahrtausenden hochinteressanten

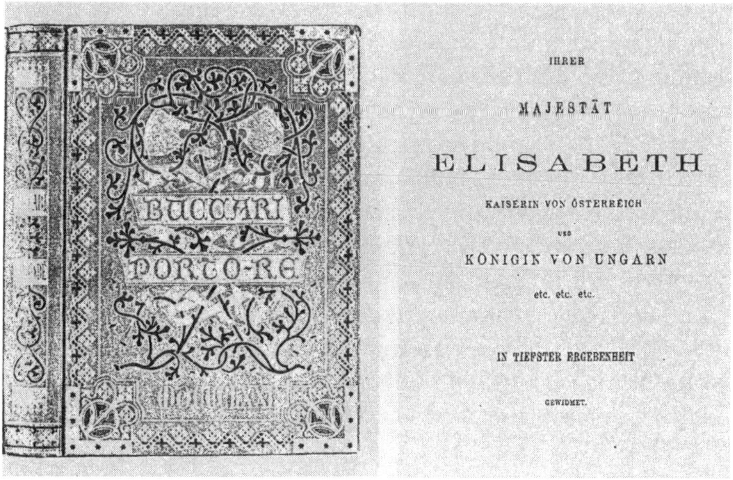

Ludwig Salvator widmete seiner Cousine die Monographie über den Golf von Buccari Porto-Ré

Boden hat Erzherzog Ludwig Salvator zum Gegenstand einer Reiseskizze gemacht, die schon deswegen von hervorragender Bedeutung ist, weil derselbe die Hauptstadt Levkosia noch aus der Zeit der türkischen Herrschaft schildert.«[10]

In dem von Dezember 1872 bis Jänner 1873 geführten Tagebuch gab Ludwig Salvator seine Eindrücke von der 20000 Einwohner zählenden, in der Ebene von Messaria gelegenen Stadt sowie von deren Bewohnern mit ihren Sitten und Gebräuchen wieder. Er beschrieb Moscheen, Heiligengräber, Schulen, Bäder, Gasthäuser, Versammlungslokale, die Bazars als Zentrum des täglichen Lebens und den Palast des griechischen Erzbischofs und erzählte von seinem Besuch beim türkischen Gouverneur. Das letzte Kapitel ist der Industrie und dem Handel gewidmet. »Wenn man nach dem Ersteigen sanfter Hügelwellen Levkosia mit ihren schlanken Palmen und Minaretten und die malerische Gebirgskette in deren Hintergrunde auf der sonnenverbrannten Ebene von Cypern zum erstenmale auftauchen sieht, so glaubt man, ein Bild aus tausend und eine Nacht in Wirklichkeit vor Augen zu haben. Ein Juwel aus Orangengärten und Palmenbäumen in der baumlo-

sen Gegend, eine vermöge ihrer Wälle durch Menschenhand geschaffene Oase. Und so, wie der Gegensatz zwischen Stadt und Umgebung scharf und grell hervortritt, ebenso macht sich auch der Geist des Widerspruchs in der Stadt selbst geltend. Venetianische Festungswerke und gotische Bauten, die nun der Halbmond krönt, auf antikem klassischen Boden; Türken, Griechen und Armenier bunt durcheinander gemengt, untereinander verfeindet, aber durch gemeinsame Liebe zu der nun allen gleich heimischen Scholle vereinigt.«[11]
Vom 1. April bis zum 15. Juni 1873 war der Erzherzog wieder im Mittelmeerraum. Auf seiner Yacht unternahm er eine Fahrt von Alexandrien durch den Golf von Sollum, die Große und die Kleine Syrte, den Golf von Hammamet bis Kap Bon. Diese »Yachtreise in den Syrten«, 1874 in Prag erschienen, führte den Erzherzog erneut nach Nordafrika. Ludwig Salvator verließ am 1. April um fünf Uhr morgens, »bei heiterem Wetter und leichtem Ostwind, die Boje, an der wir in Alexandrien hangen«[12], und erreichte am 15. Juni Hammamet, das er zu den »ausgewähltesten Winkeln Tunesiens, ja ganz Nordafrikas« zählte. Als Hauptgründe dafür nannte er das milde Klima und – schon im 19. Jahrhundert – die reine und gesunde Luft.
Man unternahm Ausflüge zu den Städten an der Küste und den Inseln; einige Landaufenthalte sollten die Eindrücke vervollständigen, so besuchte der Erzherzog von Benghasi aus die zwei Stunden davon entfernt liegende Lethe-Höhle, eine Felsengrotte mit mehreren Kammern, die Ruinen von Leptis Magna und das Amphitheater von Djem. Eingehend schilderte der Erzherzog auch hier nicht nur geographische und architektonische Gegebenheiten ebenso wie klimatische Verhältnisse der Orte, sondern auch das Leben der Bevölkerung und betonte das Charakteristische ihrer Mentalität. So erwähnte er unter anderem den Aberglauben dieser Menschen: »Das Volk ist hier sehr abergläubisch und es wird namentlich viel an den bösen Blick geglaubt; als Verwahrungsmittel dagegen gilt die Hand der Hampse, da die Zahl fünf überhaupt als glückbringend angesehen wird. Man sieht dieselbe an Türen,

in Häusern, kurz überall abgedruckt. Ein Vater, befragt, wieviele Kinder er habe, wird häufig mit ›fünf‹ antworten, wenn er deren auch eine größere oder geringere Anzahl hat. Eine gleich schützende Macht wird auch den Fischen zuerkannt.«[13]
Überschattet war diese Fahrt von einem technischen Gebrechen an der Yacht. Aus diesem Grunde kam es zu einem längeren Zwischenaufenthalt in Tripoli, der nicht eingeplant gewesen war. Der Maschinist wurde nach Malta geschickt, um Ersatzteile zu besorgen und einen neuen Anker zu kaufen. Ludwig Salvator mußte solange in Tripoli warten und nützte die Zeit vom 24. April bis zum 4. Mai zur Besichtigung der Stadt und deren unmittelbarer Umgebung. »Tripoli di Barberia, von den Arabern Tarabulus Garb, das westliche Tripoli genannt, ist auf der ganzen Strecke von Alexandrien bis Cap Bon die größte und bedeutendste Stadt und überhaupt eine der wichtigsten und hübschesten der ganzen nordafrikanischen Küste.«[14]
In diesem Zusammenhang soll auf eine weniger umfangreiche Arbeit Ludwig Salvators über eine Stadt in Tunesien hingewiesen werden, die allerdings erst nach einem weiteren Aufenthalt in Nordafrika im Sommer 1880 zustande kam, geographisch gesehen aber hierher paßt. Es handelt sich um die Monographie der Stadt Bizerta »Bizerta und seine Zukunft«, die schon im Kapitel über den Reiseschriftsteller Ludwig Salvator erwähnt wurde. »Das kleine, unscheinbare Werkchen gibt eine ausführliche Beschreibung von einem der besten Seehäfen der tunesischen Regentschaft.«[15]
Ludwig Salvator erzählte darin die Geschichte dieser Küstenstadt von ihrem phönizischen Ursprung an und unterstrich die Entwicklungsmöglichkeiten aufgrund der günstigen klimatischen Verhältnisse und der damit verbundenen hohen Erträge der Landwirtschaft. Er konnte sich einen wirtschaftlichen Aufschwung der Stadt vorstellen, die nach einer bewegten Geschichte (im 11. Jahrhundert v. Chr. war sie phönizische Kolonie, ab 310 v. Chr. unter der Herrschaft des Tyrannen von Syrakus, dann römisch besetzt, im 7. Jahrhundert arabisch, 1535–1572 spanisch) von 1881 bis 1963 von französi-

schen Truppen besetzt war. »Nun verfällt die maurische Stadt von ehemals, und die französische ›Compagnie du Port de Bizerte‹ baut und parzelliert, schafft neue Einrichtungen, regt den Unternehmungsgeist an. Eine Zukunft will da erwachen, wo früher die tiefste orientalische Indolenz alles verkommen ließ.«[16] Der Erzherzog sollte recht behalten, er konnte sich bei einem weiteren Besuch der Stadt im Jahre 1896 selbst von den Veränderungen überzeugen. In »Benzert«, das anläßlich seines zweiten Besuchs in der nordafrikanischen Stadt entstanden ist, schilderte er das bunte Völkergemisch, die Trachten der Einwohner, das lebhafte Treiben in den Bazaren, die alte Stadt mit ihren Bogengassen, den zinnengekrönten Mauern, den Toren und Plätzen. In den Jahren 1885–1895 war der neue Hafen, der am besten geschützte und größte Nordafrikas, erbaut worden.

Im Kapitel »Winke für Ansiedler« empfahl er die Gegend, warnte aber vor Sonne und Alkohol. Für ihn war Benzert »Venedig mit seinem Zauber, ohne den Reichtum der Architektur, aber mit der Poesie des Orients«.[17]

Über die Eigenarten der Bewohner dieser tunesischen Hafenstadt, ihre vornehme orientalische Distanz, wußte er zu berichten: »Man muß mit den Arabern gelebt haben, mit ihnen sozusagen ein Volk gebildet haben, mit ihren Sitten bekannt sein, um den ganzen Zauber des orientalischen Wesens zu genießen. Man muß wirklich den vornehmen Ernst, den Anstand der arabischen Bevölkerung bewundern, die einen grellen Gegensatz zu dem europäischen Mob bildet. Da gibt es keine Schar von Neugierigen, keinen lästigen Zuschauer, und sitzt der eine oder andere Knabe in der Nähe und schaut er einem dann und wann im Vorübergehen bei der Arbeit zu, ist man verwundert über den Scharfsinn, das richtige Verständnis, die rasche Auffassungskraft dieser begabten, vornehmen Rasse. Man hat kaum einen Strich gezogen, und sie wissen schon, was es werden wird. Und dabei diese Wißbegierde! Sie haben einen ausgeprägten Zug der Lernlust und eine große natürliche Intelligenz. Was dieses Volk mit Bildung zu leisten imstande wäre, das haben die Araber in Spanien und Sizilien bewiesen. Nur dürfen sie nie zu Knechten werden, sie brauchen eine freie Entwicklung.«[18]

1874 unternahm der Erzherzog »Eine Spazierfahrt im Golfe von Korinth«; die Erlebnisse, Eindrücke und Beobachtungen, die er bei der Fahrt längs der Küsten des Korinthischen Meerbusens gewonnen hatte, widmete er dem Kronprinzen Rudolf, der Ludwig Salvator sehr schätzte.[19]

Der Golf von Korinth war vor allem in der Antike von großer Bedeutung gewesen. »Als Seestraße im Herzen von Griechenland, als der gewöhnliche Verbindungsweg zwischen Ost und West, war derselbe das Emporium antiker Zivilisation. Reiche Städte zierten seine Ufer, vor allem Korinth als die herrlichste Hellas'.«[20] Aufgrund der schlechten Unterbringungsmöglichkeiten an der Küste empfahl der Erzherzog, die Fahrt mit der Yacht zu unternehmen. Ludwig Salvator, der sich als »kunstsinniger und verständnisvoller Reisender, als Führer, an dessen leitender Hand es gewiß keinem gereuen wird, wenn auch nur im Geiste, die genußreiche Rundfahrt um diese Küste zu machen«[21], erwies, untersuchte auf dieser »Spazierfahrt« den Gesteinsaufbau der Küste, das Klima, die Vegetation, das Aussehen der einzelnen Ortschaften, die Trachten und vieles mehr. Besonderes Interesse brachte er dem in Planung befindlichen Durchstich des Isthmus von Korinth entgegen, der bereits unter Nero geplant worden war. Eine Karte des beabsichtigten Unternehmens, das ab 1893 das Ionische mit dem Ägäischen Meer verbinden sollte, legte der sorgsam arbeitende Erzherzog dem Band bei.

Den Winter des Jahres 1878 verbrachte Ludwig Salvator in Ägypten, wo er sich angesichts der Hafenbauten von Jaffa und Beirut mit dem Gedanken einer direkten Landverbindung zwischen Ägypten und Syrien beschäftigte. Um sich von der Zweckmäßigkeit eines solchen Unterfangens zu überzeugen, beschloß er, den »kürzesten und geradesten Karawanenweg der Alten, über Wadi el Arisch, selbst kennenzulernen«.[22]

Angesichts eines so hochrangigen technischen Projekts wie des Suezkanals konnte der fortschrittlich denkende Erzherzog nicht untätig bleiben. »Doch wer kann lange auf diesem Boden weilen, auf welchem sich unter unseren Augen die großartigsten Unternehmungen unseres Jahrhunderts entwickelten, ohne an Projekte zu denken.«[23]

Die Erlebnisse der Karawanenreise, die Ludwig Salvator Abend für Abend niedergeschrieben hatte, wurden in »Die Karawanenstraße von Ägypten nach Syrien« zusammengefaßt und veröffentlicht. Der Weg führte den Reisenden durch das Wüstenland von El Kantara über Wadi el Arisch nach Gaza im heiligen Land, »im Lande der Fülle und des Reichtums«, von wo aus er nach einigen Tagen der Rast zum dritten Male zu einer Pilgerfahrt nach Jerusalem aufbrach.

6.
Von Alboran bis Zypern
Inseln unter südlicher Sonne

»Inseln sind die besten Schreibstuben. Sie geben zugleich den Raum und die Grenze der Bewegung, daß das Auge den Fluß nicht zeitversäumend allzuweit verlocken kann. Denn wir dürfen bei der Arbeit ebensowohl der Beschränkung als immerwährender Sehnsucht.«[1]

Alexander von Warsberg

Geographisch betrachtet versteht man unter einer Insel ein vom Wasser umgebenes Landstück, und doch erweckte gerade die Insel in den Menschen von jeher Sehnsüchte und Träume. Der Wunsch, auf eine Insel zu entfliehen, wo alles ganz anders ist, wo fern von Hierarchie und Ordnungen paradiesische Zustände herrschen, läßt sich bis in die Antike zurückverfolgen (Odysseus und Sindbad, der Seefahrer sind nur zwei Beispiele). In der Mythologie, in Sagen und Märchen sind Inseln bevorzugte Schauplätze.
Mit dem Begriff Insel assoziieren wir wenig Land und viel Wasser, Einsamkeit, reiche Vegetation, territoriale Geschlossenheit, mildes Klima und eine in sich geschlossene, der Tradition verhaftete Inselbevölkerung, die sich unabhängig und isoliert vom Festland entwickelt hat. Die Insel vermittelt das Gefühl eines immerwährenden Urlaubs, den Gegenpol zu unserem hektischen städtischen Leben. »Die Isolation als willkommene Flucht aus einer den Menschen einengenden Zivilisation und als Möglichkeit zur freien Entfaltung der Persönlichkeit«[2] ist eine der Verlockungen des Inseldaseins, die vor allem dem am Ende des 20. Jahrhunderts lebenden Mitteleu-

ropäern erstrebenswert erscheint. Auch weckt die in früheren Zeiten nur mittels Schiff erreichbare Insel mit ihrer engen Beziehung zur Unendlichkeit des offenen Meeres die Abenteuerlust des Einzelnen. In »Der Mann, der Inseln liebte« meinte David Herbert Lawrence (1885–1930): »Eine Insel ist nicht besser als ein Festland, wenn sie groß ist. Sie muß im Grunde ganz klein sein, damit sie sich als Insel empfinden läßt.«[3] Den Gedanken, daß eine Insel überschaubar sein muß, um sich auf ihr wohlzufühlen, griff auch Erzherzog Ludwig Salvator in einem seiner ersten Werke auf: »Das Eiland [Helgoland] ist so klein, man mag wollen oder nicht, man begegnet sich so immer wieder, daß man wie auf einem Schiff schon nach einigen Tagen jeden einzelnen kennt. Aber gerade dieser Umstand macht mir Inseln und insbesondere kleine so überaus lieb, denn man fühlt sich dort gleich wie zu Hause.«[4]

Der Erzherzog, der einen Großteil seiner Arbeiten über die Inselwelt des Mittelmeerraumes verfaßte, richtete sein Augenmerk hauptsächlich auf kleine, teilweise auch unbewohnte Inseln, fernab der damals gebräuchlichen Reiserouten, denn »stets war ihm das Kleinste, sonst Unbeachtete genauso wertvoll wie das allgemein Interessante«.[5]

Das »Mare mediterraneum«, das Mittelländische Meer, blieb dabei sein bevorzugtes Reisegebiet: »Kein Meer ist für Österreich so wichtig, in keinem liegt so viel Geschichte und Aufgabe für unser Reich, als das Mittelmeer. Gehorchte doch einst dem Szepter der Habsburger Spanien und Italien, ja sogar Palästina! Was blieb uns für unseren Handelsabsatz, für unsere Schiffahrt als die Küsten der Levante und die Adria? Und doch [...], noch immer ist das Mittelmeer nicht vollständig gekannt und erforscht, und erst jetzt [1899] wendet sich allmälig Industrie, Politik, Kolonial- und wissenschaftliche Bestrebung in höherem Grade den Interessen, der Ausnützung und Forschung des Mittelmeeres und seiner Inseln zu. Es ist ein bedeutsamer und uns Österreicher mit gerechtem Stolz erfüllender Umstand, daß es allen voran ein Prinz aus Habsburgs Hause ist, der sich ganz der wissenschaftlichen Aufgabe widmet, die Inseln des Mittelmeeres zu erforschen

und zu beschreiben, die überhaupt bisher noch keinen Beschreiber gefunden haben.«[6]
Von der Straße von Gibraltar im Westen bis hin zum östlichen Teil des Mittelmeerraumes, sozusagen von »A bis Z«, von Alboran bis Zypern, reichte das Betätigungsfeld des Erzherzogs. Dazwischen liegen die meisten von ihm bereisten und beschriebenen Inseln (Ausnahmen: Helgoland und Tasmanien): Columbretes, die Balearen, Giglio, Ustica, die Liparen, Paxos und Antipaxos, Lefkas, Ithaka, Zante und die Kaymenen, die in den folgenden Kapiteln hinsichtlich ihrer geographischen Lage behandelt werden. Nicht berücksichtigt wurde hiebei neben der im Golf von Valencia liegenden, unbewohnten Insel Columbretes und Zypern (das betreffende Werk des Erzherzogs beschäftigt sich ausschließlich mit der Hauptstadt, nicht aber mit der Insel selbst) auch die in der Straße von Gibraltar, zwischen Almería/Spanien und dem spanischen Stützpunkt Melilla/Marokko liegende winzige Insel Alboran, die heute wie damals von keinem regelmäßig verkehrenden Schiff angelaufen wird. Selbst die im Sommer zwischen Almería und Melilla verkehrende Fähre fährt an der Insel vorbei. Am Ende des vergangenen Jahrhunderts wurde Alboran, dessen Existenz sogar den Spaniern weitgehend unbekannt ist, von elf Personen bewohnt: »Manchmal mag ihnen das Leben einsam vorkommen, aber sie finden Freude an ihrer Familie und an den sie umgebenden Lieben. Die Gewohnheit macht übrigens Alles, und es scheint ihren bescheidenen Bedürfnissen zu genügen, daß sie der Dampfer regelmäßig mit der übrigen Welt in Verbindung setzt [zweimal pro Monat]. Wie viele wichtigere Gegenden hatten bis vor kurzem einen weniger häufigen Verkehr. Ob sie gut miteinander auskommen? Ich hoffe es zu ihrem Besten. Aber wer weiß: Auch die Leute auf Alboran sind Menschen!«[7]
Vor der Erbauung des Leuchtturms, der die Ansiedlung von Turmwärtern notwendig machte, war das pflanzengeographisch zur afrikanischen, gebietsmäßig aber zum spanischen Territorialgebiet gehörende Alboran eine berüchtigte Schmugglerinsel gewesen: »Die Leute [Turmwächter] haben

darum angesucht, dorthin versetzt zu werden. Sie haben den Ort gern und können nicht genug die Gesundheit des Klimas und die Ruhe des Aufenthaltes rühmen. So sieht man, wie es immer auf den Geschmack des einzelnen ankommt; was dem Einen als Ort der Verbannung erscheinen würde, ist für den Anderen ein ersehnter, wünschenswerther Posten.«[8]
Keine der von Erzherzog Ludwig Salvator bereisten und beschriebenen Inseln war zur Zeit seines Aufenthaltes von großer Bedeutung, weder politisch noch wirtschaftlich noch fremdenverkehrsmäßig. Abgesehen von seiner »Heimatinsel« Mallorca beschäftigte sich der Erzherzog ausschließlich mit den »Winzlingen« des Mittelmeeres, von denen man auch heute zum Teil nur wenig Kenntnis hat: »In der Wissenschaft gibt es nicht Kleines, Nebensächliches. Das Allgemeinbild zu gestalten vermag man oft erst nach erschöpfender Erkenntniß des Kleinsten. Ob die Rolle, die [...] Alboran [oder andere kleine Inseln] in der Politik und der Geschichte spielen, noch so gering ist, für die Kenntniß der Kultur und der Natur bieten sie unschätzbares Material. Und so ist nicht nur die Wissenschaft, sondern auch jener Staat, dessen Gebiete der Forscher erschlossen hat, ihm zu Danke verpflichtet. Denn die Wissenschaft ist es ja auch, die Nationen und Menschen verbindet, verbrüdert.«[9]
Für Erzherzog Ludwig Salvator müssen Inseln eine besondere Bedeutung gehabt haben. Er wählte eine Insel als Wohnsitz und viele andere als Reiseziele, Forschungsgebiete und Themen seiner zahlreichen Bücher. Das folgende Zitat könnte von ihm stammen: »Inselfahrten sind Traumfahrten. Man bricht im Hafen eines Kontinents auf, die breite, gesicherte Landmasse im Rücken, und steuert hinaus ins Meer, in dem sich irgendwo, unendlich winzig im Verhältnis zu der salzigen Einöde, ein Eiland aus den Fluten erheben wird.«[10]

7.

Gott Äolus wohnte auf Lipari

Mit den Winden über das Tyrrhenische Meer

»Unbewußt liebt jeder Inselbewohner die Inseln deshalb, weil er zu Recht glaubt, daß der Mensch – besser als jedes andere Stück Land – die begrenzte und überschaubare Welt der vom Meer umgebenen Inseln beherrschen und besitzen kann.«[1]

Federico García Lorca

»Die Liparischen Inseln sind in jenem Winkel des sicilianischen Meeres gelegen, den einerseits die Westküste Calabriens, andererseits die Nordküste Siciliens einschließt. Der Letzteren sind sie näher gerückt und zählen – von den benachbarten Klippen abgesehen – sieben an der Zahl.«[2]

30 bis 80 Kilometer von Sizilien entfernt, spielten diese Inseln einst eine bedeutende Rolle als Vermittler des Handels zwischen Sizilien und dem italienischen Festland. Die Geschichte verlief abwechslungsreich: zunächst unter der Gewalt des Tyrannen Dionysios von Syrakus, unter der Herrschaft Karthagos, um später in das gewaltige Römische Reich eingegliedert zu werden. Schon die Römer sollen in diesen Thermal- und Moorbädern Heilung (u. a. von rheumatischen Erkrankungen) gesucht haben.

Im späten Mittelalter war erneut von dieser Inselgruppe die Rede, als König Robert von Neapel davon Besitz ergriff. Damit war der Niedergang der im Altertum zu hoher Entwicklung und Blüte gelangten Inselwelt besiegelt. Die nominell neapolitanische Herrschaft bot keinen ausreichenden Schutz gegen die Überfälle und Plünderungen seitens der Sarazenen. So

wurde die Stadt Lipari vom Seeräuber Heiraddin Barbarossa in Schutt und Asche gelegt.
Nach und nach wanderten wieder Fischer und Bauern zu (unter anderem auch aus Spanien), aber die Bedeutung der Inseln für die Handelsgeschichte gehörte von nun an der Vergangenheit an. Ende des 19. Jahrhunderts wurde auf diesen Inseln vulkanischen Ursprungs Wein angebaut, eine Tradition, die bis in unsere Tage weitergeführt wird. Auf Salina, der zweitgrößten und fruchtbarsten dieser aus Eruptivgestein bestehenden Inseln, findet man heute eine Unzahl von Weinbergen – Anbaugebiet des berühmten Malvasia, der übrigens auch von Ludwig Salvator auf seinem mallorquinischen Gut La Estaca produziert wurde.
Lipari, die größte der sieben Inseln, die der Gruppe auch ihren Namen gab, diente zu Ludwig Salvators Zeiten als Zwangskolonie für Strafgefangene: »weiß man selbst in Italien nicht viel mehr von Lipari, als daß dort eine gewisse Anzahl unverbesserlicher, öfter abgestrafter Verbrecher in einer Zwangskolonie halbfrei auf Mittel und Wege sinnen, um sich einst an jener Gesellschaft zu rächen, die sie aus ihrem Schosse verbannt hat.«[3]
Es ist also um so erstaunlicher, daß sich der Erzherzog gerade für diese unbedeutenden, vergessenen und offensichtlich wenig attraktiven Inseln im Tyrrhenischen Meer interessierte und sie zum Gegenstand einer achtbändigen Monographie machte: »Er hält es für keine undankbare Aufgabe, manche halbvergessene Gegend gewissermaßen von neuem zu entdecken und vor den Augen des gebildeten Publikums ein Bild zu entrollen, das so viel Unbekanntes und Interessantes nach allen Richtungen hin darbietet, obgleich dieses Gebiet von Neapel oder Palermo aus nach einer Seereise von nur wenigen Stunden zu erreichen ist.«[4]
Der zweite Name der Liparischen Inseln, Äolische Inseln, stammt von Äolus (auch: Aeolus oder Aiolos), Sohn des Hellen, König von Thessalien und Stammvater der Äoler. Von Zeus als Beherrscher der Winde, die in der Phantasie der Hellenen in verschiedenen Gestalten erschienen, eingesetzt,

hatte Äolus seinen Sitz auf diesem sagenumwobenen Archipel. Er gab Odysseus die Winde, verwahrt in einem Schlauch, um ihm die Heimfahrt zu erleichtern. Als Odysseus Gefährten den Schlauch nahe der Insel Ithaka öffneten (Odysseus war vor Erschöpfung eingeschlafen), wurde das Schiff zur Äoloinsel zurückverschlagen. Äolus verweigerte Odysseus daraufhin jede weitere Hilfe. Bei Odysseus ist über diesen Abschnitt seiner Irrfahrten zu lesen: »Aus der Haut eines neunjährigen Rindes, die er abgezogen, verfertigte er [Äolus] einen Schlauch und gab ihn mir. Da hinein hatte er die sausenden Winde und ihre Pfade gebannt. Hatte ihn doch Kronion zum Gebieter der Winde gemacht, sie nach Belieben ruhen und stürmen zu lassen. Mit einer glänzenden, silbernen Schnur band er selbst den Schlauch im hohlen Schiffe zu, damit kein Lüftchen entweichen könnte. Nur den Westwind ließ er hinter uns her wehn, damit er uns mit den Schiffen nach Hause trüge. Doch er sollte seine Absicht nicht erreichen. Wir gerieten durch eigene Torheit in Not.
Neun Nächte und Tage fuhren wir ununterbrochen. Am zehnten Abend zeigte sich schon das Heimatland; wir sahen die Feuerwache ganz in der Nähe. Da übermannte mich Müden der Schlaf; denn ich hatte immer die Segeltaue gehalten und sie keinem Gefährten überlassen, damit wir recht schnell in die Heimat gelangten. Die Freunde aber besprachen sich: sie meinten, ich brächte Gold und Silber nach Hause, Geschenke des Aiolos, des hochherzigen Sohnes des Hippotes, und so sprach mancher zum Nachbarn: ›Es ist erstaunlich, wie lieb und wert Odysseus allen Menschen ist, in deren Stadt und Land er kommt. Er bringt aus Troja herrliche Beutestücke mit; wir aber, die die gleiche Fahrt vollendeten, kehren mit leeren Taschen heim. So hat auch Aiolos ihm Gunst erwiesen und ihm aus Freundschaft dies Geschenk hier gemacht. Laßt uns sehn, was es ist, und wie goldene und silberne Schätze im Schlauch verborgen sind.‹ So redeten manche, und ihr neidischer Anschlag siegte. Sie lösten den Schlauch. Da brachen alle Winde hervor. Alsbald ergriff der Sturm die Jammernden und trieb sie von der Heimat hinweg ins Meer. Ich aber er-

Maria Grimani aus Fanariotatika auf den Ionischen Inseln, gezeichnet von Ludwig Salvator (aus »Paxos und Antipaxos im Ionischen Meer«)

wachte aus dem Schlaf, und mein mannhafter Sinn überlegte, was besser sei, durch einen Sprung vom Schiff den Tod im Meere zu suchen, oder schweigend zu dulden und bei den Lebenden auszuharren. Ich blieb und duldete, verhüllte mein Haupt und lag untätig da. Die Freunde jammerten; die Schiffe aber wurden von der Windsbraut nach Aiolia zurückgeworfen.«[5]

Die Liparischen oder Äolischen Inseln haben ihre einstige Bedeutung bis heute nicht wiedererlangt. Sie liegen abseits des internationalen Tourismus und sind lediglich das Ziel einiger weniger Individualreisender. Ludwig Salvator dienten sie als Anlaufstelle auf dem Weg von oder zu den Balearen: »So ging

es Jahre lang, und jedesmal trachtete ich einen neuen Winkel Schritt für Schritt zu erforschen und neue Bilder zu zeichnen. Auf diese Weise entstanden diese Skizzen und Seiten.
Im entzückenden Meere Siciliens gelegen, fesselten mich diese kleinen Inseln ungemein, ob ich sie während eines Winternordsturmes, wo sie ihren Namen der Eolischen wohl verdienten, oder ob ich sie inmitten der dort besonders zahlreichen Wasserhosen während eines Frühjahrgewitters durchblicken sah, oder ob ich sie im Sommer von Reben umrankt, gleichsam als Smaragde im saphirblauen Meere erschaute. So lernte ich sie unter allen Beleuchtungen und zu allen Jahreszeiten kennen, und immer waren sie mir gleich lieb, und sobald ich meine Beschreibung der Balearen beendet hatte, begann ich mit jener der sieben Liparischen Inseln.«[6]
In diesem nach »Die Balearen« umfangreichsten Werk beschäftigte sich der Erzherzog mit geologischen Bildungen, Mineralien, Tier- und Pflanzenwelt, dem Menschen in allen seinen Lebensbedingungen, Ackerbau, Fischerei, Jagd, Handel, Industrie, Sitten und Religion. Vom statistisch-volkswirtschaftlichen Standpunkt ist Band acht am aufschlußreichsten und interessantesten.
Kapitel eins und zwei behandeln das milde, gesunde Klima sowie die topographisch-physikalischen Verhältnisse, d. h. Mineralien, Fauna und Flora. Dem Besucher zeigt sich eine versteinerte Landschaft mit spärlichem Pflanzenwuchs, wenigen Bäumen und etwas Weinbau. Die Tierwelt ist der Siziliens ähnlich. Kapitel drei ist der Bevölkerung gewidmet, die zu Ludwig Salvators Zeiten 21210 Personen umfaßte; heute sind es etwa 12000. Statistiken geben Auskunft über das Zahlenverhältnis von Frauen und Männern aufgrund der Volkszählungen in den letzten Jahren, über Trauungen, Geburten und Sterbefälle, Berufe, Kriminalität, Schulen und ihre Frequenz, Krankheiten usw. Daneben findet der Leser ethnographische Angaben über Menschentypen, Volkstrachten, Häuserbau, Wohnungseinrichtungen, Sitten und Gewohnheiten, Sprache (sizilianisch mit spanischem Einfluß) und Literatur, Musik und Tanz.

Kapitel vier befaßt sich mit dem Ackerbau, so mit den Bodenausdehnungen, Bebauungssystemen, Bewässerung und Bodenprodukten (in erster Linie Wein, Obst, Korn und Hülsenfrüchte für den Eigenbedarf).

Viehzucht wurde wenig betrieben, wie aus dem Kapitel »Seiden-, Bienen- und Viehzucht« hervorgeht. Von größerer Bedeutung war der Fischfang; die dazu verwendeten Geräte beschrieb und illustrierte der Autor ausführlich.

Aufgrund der günstigen geographischen Lage spielten die Inseln eine wichtige Rolle für die Schiffahrt, auch wenn mit Lipari nur ein einziger Hafenplatz zur Verfügung stand. Wenig Erwähnenswertes findet sich über Bergbau und Industrie, obwohl die Inseln einst über reiche Schwefel-, Alaun-, Borax- und Bimssteinvorkommen verfügt hatten. Auf Lipari baut man heute noch Bimsstein ab, der an Ort und Stelle verarbeitet wird. Dieses seltsam weiße Vulkangestein verleiht der Insel ihre ungewöhnliche Färbung, so daß man im ersten Moment glaubt, alles sei mit Schnee bedeckt.

Doch der Bergbau war im 19. Jahrhundert verfallen, eine erwähnenswerte Industrie hatte sich nie entwickelt. Der Handel beschränkte sich auf die Ausfuhr von Bimsstein, Wein, Rosinen, Kapern, Feigen und eingesalzenen Fischen sowie auf die Einfuhr von Weizen und Mais.

Kapitel elf – Vorläufer heutiger Reiseführer – beinhaltet Notizen über »Communicationsmittel, Wirthshäuser, Post- und Telegraphenverkehr«, Kapitel zwölf enthält eine Auflistung der »Behörden, Einnahmen und Ausgaben, Maasse und Gewichte, Wappen«.

In Heft eins der »Liparischen Inseln« gibt der Erzherzog Auskunft über *Vulcano,* deren Name uns in die griechische Mythologie führt. Auf Vulcano lag die Waffenschmiede der Götter. Vulcánus, der römische Gott des Feuers, wurde von den Etruskern übernommen und später dem griechischen Hephaistos, Sohn des Zeus und der Hera, Gott des Feuers, der Schmiede und Handwerker, gleichgesetzt. Die Schmiede des Hephaistos lokalisierte man in den vulkanischen Gebieten Siziliens und Unteritaliens (Ätna, Liparische Inseln).

Diese 21 km^2 große, heute 300 Einwohner zählende Insel erreicht man als erste, fährt man die Nordküste Siziliens entlang in Richtung Liparische Inseln: »Sie ist wegen ihres großen, noch drohenden Kraters und ihres wilden, abgebrannten, echt vulcanischen Aussehens eine der merkwürdigsten unter denselben. In ihrer klippenstarrenden, häufig in herrlichen Linien sich hinziehenden Gestalt liegt ein eigenthümlicher Reiz, welcher den Beschauer fesselt und Jedem, der sie einmal gesehen hat, unvergesslich in Erinnerung bleibt.«[7] Schwarze Lavastrände, warme, aus dem Meer aufsteigende Schwefelquellen, kochende Thermalquellen, Erdspalten, aus denen die heißen Schwefeldämpfe aufsteigen, sowie drei Vulkane kennzeichnen die wohl bizarrste unter den Liparischen Inseln. Etwas Vegetation, Weinbau, Feigenbäume und die im Mittelmeerraum beheimateten, immergrünen Eichen mit wenigen Häusergruppen dazwischen fand der Erzherzog an der Südküste vor. Durch eine Flachzunge ist die Insel mit Vulcanello, dem alten Vulkan, verbunden. Auf dieser Halbinsel haben sich Mitglieder der »High-Society« ihre Sommervillen im Schatten der Pinien erbaut.

Salina, 26 km^2 groß, heute von 2500 Personen bewohnt, ist nach Lipari die größte, bevölkerungsreichste und fruchtbarste Insel dieser Gruppe. Ihren Namen erhielt sie von einer kleinen Saline, »in welcher das Meerwasser durch eine Öffnung in hiezu geeignete Abtheilungen eingelassen wird. Im Juni wird die äußere Öffnung geschlossen, und man wartet nun die natürliche Verdunstung des Meerwassers ab, welche dadurch befördert wird, daß Arbeiter das Wasser schlagen und es von einer Abtheilung in die andere fließen lassen. Sobald sich eine dichte Salzschicht an der Oberfläche gebildet hat, wird dieselbe mit einem großen hölzernen Stössel, Mataffe genannt, abgebrochen, damit das darunter befindliche Wasser rascher verdunstet. Nach ungefähr 40 Tagen, wenn das Salz vollständig krystallisiert ist, wird dasselbe in Haufen aufgespeichert, ca. 20 Tage im Freien liegen gelassen und sodann in den Magazinen aufbewahrt.«[8]

Landwirtschaft, Fischfang und Weinbau bildeten die Lebensgrundlage der einheimischen Bevölkerung. Die aus zwei durch ein Plateau getrennten Kegeln bestehende Insel war in höheren Lagen dicht bewachsen; dem Erzherzog erschien sie »grünend und lachend«.

Band drei ist der mit 37 km² größten, schönsten und fruchtbarsten Insel *Lipari* gewidmet. Der Hauptort, ebenfalls Lipari genannt, zählt heute an die 4500 Einwohner (die Insel etwa 11000). Der historische Stadtkern mit der Kathedrale, dem Kastell und dem Museo Eoliano, das über die wechselvolle Besiedlungsgeschichte der Liparischen Inseln Auskunft gibt, thront auf einem Felsplateau. Interessant waren die Inseln in erster Linie wegen ihres Obsidianvorkommens, einem vulkanischen Glas, das man zur Herstellung von Werkzeugen und Klingen verwendete.

Der Vulkan sei zwar nicht mehr tätig, noch hätten die warmen Schwefelquellen den vulkanischen Charakter der Insel bewahrt, berichtete der Erzherzog, der mittels einer Fischerbarke Lipari auch von der Meeresseite aus beschreiben konnte, so unter anderem die durch riesige Bimssteinbrüche weiß erscheinende Küste. Die Haupteinnahmequelle der Liparoten war der Weinbau; daneben erwähnte Ludwig Salvator Feigen-, Pflaumen-, Mandel-, Zitronen- und Orangenkulturen sowie Weiden, die zum Aufbinden der Reben verwendet wurden.

Die kleinste, nur 3 km² große Insel Panarea hieß im vergangenen Jahrhundert noch *Panaria*. Ludwig Salvator konnte noch von einem »idyllischen Erdenwinkel« und dem Anmut dieses aus einem 420 Meter hohen Kegel bestehenden Archipels berichten, zu dem noch die unbewohnte Insel *Basiluzzo* (etwa 1000 m²) und etliche riffartige Felseninseln gehörten. Diese waren zur Zeit des Erzherzogs von den Franzosen zur Hälfte weiß gestrichen und als trigonometrische Punkte verwendet worden. Panarias Küste ist zerklüftet und wild; nahe der Küste ist das Meer 2000 Meter tief. Kochende Schwefelquellen, bis zu 100 Grad Celsius heiß, aus Erdspalten strömende Dämpfe und Thermalquellen weisen auf den vulkanischen Ursprung hin. Mit der Armut und der Beschaulichkeit ist es weitgehend vorbei, wie im Polyglott Reiseführer nachzulesen ist: »›Mit Erfolg‹ ist es den Tourismusmanagern geglückt, diese Winzlingsinsel (250 Einwohner), 3,4 km², in ein St.-Tropez italienischer Machart zu verwandeln. Nun leuchten die kleinen Häuser in frischem Hellblau, Gelb, Rosa und Weiß. Farblich dazu abgestimmt sind die Fensterumrahmungen. Um den alten, auf Hochglanz gebrachten Ortskern liegen im Halbkreis die Ferienbungalows, die Luxushotels, die Kneipen und Discos [...]. Nach Sonnenuntergang wird das Leben vom Geglitzer des Jet-set bestimmt.«[9]

Die Idylle dieser Insel, an deren Südspitze sich die Geschichte bis ins 14./13. Jahrhundert vor Christus, in die Bronzezeit also, zurückverfolgen läßt, ist der Eifrigkeit von Ferienmanagern zum Opfer gefallen. 1948 waren dort die Grundmauern von dreiundzwanzig Hütten eines Dorfes freigelegt worden.

Die fünfte Liparische Insel, *Filicuri* (heute: Filicudi), 9 km² groß, bestehend aus einem 773 Meter hohen Kegel mit mehreren Seitenerhöhungen, hebt sich in puncto Vegetation von den übrigen ab. Auf ihr fand Ludwig Salvator nur niedrige Sträucher, jedoch kaum Bäume, und er beschrieb sie als auffallend kahl. Zwei Häusergruppen zwischen Weingärten und mit Getreide bepflanzten Terrassen werden heute von 600 Menschen bewohnt. Eine eingehende Beschreibung ist der »Grotta de Bue Marino« (Grotte des Meeresochsen) im Westen der Insel gewidmet: »Vor der eigentlichen Grotte befindet sich ein Vorhof, der einen prachtvollen Anblick gewährt, welcher nach außen ein viel höheres Spitzbogentor besitzt und ein prächtiges, durchwegs aus Felsengestein bestehendes Gewölbe darstellt. Gleich beim Eintritte in dasselbe wird man auf der rechten Seite mehrere etwas vortretende Felsen gewahr, während zur Linken die Felsen bis unten steil hinabstürzen.«[10]

Eine gewisse Ähnlichkeit mit Filicuri hat die westlichste Insel des Archipels, das 5 km² umfassende *Alicuri* (heute: Alicudi), ein schroff aus dem Meer aufragender, 675 Meter hoher Kegel, fast von runder Gestalt, kahl und felsig. Zwischen Olivenbäumen, Getreidefeldern und Kapernsträuchern standen vereinzelte Häuschen; ein geschlossenes Dorf gibt es auch heute nicht.

»*Stromboli,* der in steter Eruption befindliche Vulcan, gleichsam das von der Natur angezündete Leuchtfeuer, das als Wegweiser auf der Weltstraße von Messina dient, und sicher die interessanteste Insel der Gruppe«[11], schleudert auch heute noch im Abstand von 15 bis 30 Minuten glühende Lavabrokken gegen den Himmel. »Der natürliche Leuchtturm im Tyrrhenischen Meer« ist der magische Anziehungspunkt für die Touristen, welche die 12 km^2 große Insel besuchen: »Melancholie liegt über dem langgestreckten Ort Stromboli hinter dem pechschwarzen Lavastrand. Viele Fenster und Türen der kleinen, weißen Würfelhäuschen sind verrammelt, manche dem Verfall preisgegeben. Nicht die Einheimischen bestimmen den Gang der Dinge. Die wenigen, die geblieben sind, leben zurückgezogen, verdienen mit ihren Läden, Hotels und Restaurants an den Touristen.«[12]

Abgesehen von diesem Naturschauspiel des lavaspeienden Vulkans hat die Insel nicht viel zu bieten: gebildet von einem einzigen, 926 Meter hohen Kegel, kahl, mit wenig Vegetation, etwas Weinbau und einem Ort am Fuße des Berges Struognoli, mit einigen verstreut liegenden, aus leicht rötlicher, schlackiger Lava gebauten Häusern. Für Reisende, die die Einsamkeit unter dem nachts vom Vulkan rötlich gefärbten Himmel suchen, ist sie ein Paradies.

Jahre später beschäftigte sich der Erzherzog erneut mit der Inselwelt im Tyrrhenischen Meer, mit Ustica und Giglio.

Das Ergebnis ausführlicher Beobachtung und gewissenhafter Studien war eine 132 Seiten umfassende Monographie über die 57 Kilometer nordwestlich von Palermo gelegene, 9 km^2 große Insel *Ustica,* erschienen 1888 bei Mercy in Prag.

Und wieder einmal war es eine eher unbekannte, weder in der Geschichte noch in der großen Weltpolitik eine Rolle spielende, kleine Insel, der sich der Verfasser zuwandte: »Allein der fürstliche Autor liebt es, gerade Unbedeutendes durch Studien aller Art zu beleuchten und auf diese Weise zu zeigen, wie selbst scheinbar Unwichtiges durch wissenschaftliche Be-

handlung und gründliche Untersuchung anziehend gemacht werden kann und ebenso die Aufmerksamkeit des Gelehrten wie das Interesse der gebildeten Leserwelt zu fesseln imstande ist.«[13]
Heute bewohnen etwa 1300 Menschen die Insel Ustica. Zur Zeit des Erzherzogs waren es noch 2000, meist von den Liparischen Inseln Zugezogene. Liparioten hatten 1763 die Insel wieder besiedelt, nachdem die einheimische Bevölkerung ein Jahr vorher bei einem Türkenüberfall entweder getötet oder versklavt worden war. Ab 1860 setzte dann eine größere Auswanderungswelle in Richtung New Orleans ein, da die Insel ihre Bewohner nicht ausreichend ernähren konnte. Der Boden war zwar fruchtbar, das Klima für Ackerbau und Viehzucht geeignet, die Fläche dafür aber begrenzt.
Auf seinen zahlreichen Wanderungen über die Insel, während denen er »nichts unbeobachtet läßt, was für den Geologen, den Botaniker, den Zoologen oder den wissenschaftlichen Reisenden überhaupt von Interesse sein könnte«, kam der »fürstliche Autor« (Leo Woerl) zu den Grotten, der einzigen Sehenswürdigkeit auf Ustica, wenn man dem Reiseführer unserer Tage Glauben schenken darf.
An der Küste haben sich in den Konglomeratschichten des Gesteins Höhlen gebildet, die man mit Schiffchen vom Meer kommend befahren kann. Weiters gibt es Tropfsteinhöhlen, die die Bläue des Meeres besonders intensiv wiedergeben.
Zwei Jahre nach seinem Aufenthalt auf Ustica besuchte der Erzherzog erneut eine kleine, im Tyrrhenischen Meer gelegene Insel. Das Ziel dieser Reise war das zu den Toskanischen Inseln zählende *Giglio,* »das zum größten Theile Rom sein Pflaster liefert und welches diesem und Florenz als Badeplatz dient«, »den Vorort Livornos«.[14]
Ludwig Salvator befand sich sozusagen auf »heimatlichem Boden«, war doch Giglio 1562 dem Herzogtum, späteren Großherzogtum Toskana einverleibt worden, dessen letzter regierender Herrscher Ludwig Salvators Vater, Leopold II., gewesen war. Jeder Erstgeborene der Großherzöge der Toskana trug den Titel eines Herren von Giglio.

Giglio, schon von den Etruskern bewohnt, bei den Griechen Aigilion Mikros, bei den Römern Igilium genannt, hat eine wechselvolle Geschichte erlebt: unter anderem war es im Besitz der Republik Pisa, der von Florenz, im 15. Jahrhundert von den Soldaten des Königs von Neapel, Alfonso von Aragon, besetzt, unter der Herrschaft eines Piccolomini, eines Neffen von Papst Pius II., von Heireddin Barbarossa geplündert, verkauft an Eleonora de Toledo, der Gattin des Herzogs von Florenz Cosimo I., bis die Insel schließlich 1562 nach dem Ableben Eleonoras an die Toskana kam.
Um 1900 war die Insel im Begriff, sich zu einem beliebten Urlaubsgebiet zu entwickeln: »Thatsächlich besitzt die ganze Westküste Italiens keinen geeigneteren Platz, wo man im Sommer die Nachmittagsstunden angenehmer im Schatten verbringen könnte als an den sandigen, von Bergen beschützten Ufern der Ostküste von Giglio, und dieser Umstand sichert mit Recht dem Felseneilande eine bessere Zukunft.«[15]
Die große »Völkerwanderung« der sonnenhungrigen Mittel- und Nordeuropäer ist Giglio erspart geblieben, es dient nur in den Sommermonaten Juli und August den Römern als Badeplatz. Hauptanziehungspunkt ist die größte der Toskanischen Inseln, Elba, einst Verbannungsort Napoleons I. Der Erzherzog hatte gemeint, daß Giglio an Bedeutung gewinnen werde, weil der Prinz von Neapel, der das nahegelegene Montecristo besaß, berühmt geworden durch Alexandre Dumas' »Der Graf von Montecristo«, des öfteren seine Besitzungen aufsuchte und in der Folge immer mehr Festlandsbewohner die vorgelagerten Inseln besuchen würden. Heute ist Montecristo ein nur mit Sondergenehmigung zugängliches Naturreservat.
Ludwig Salvator, der »das Felseneiland lieb gewann und [...] ohne es zu merken und zu beabsichtigen, sein Porträt entwarf, etwa so, wie der in Gedanken versunkene Künstler, die Züge des Wesens, das er liebt, ohne es zu wissen skizziert«, verbrachte längere Zeit auf der Insel, beschäftigt mit eingehenden Beobachtungen und Studien. Mit Hilfe einiger Mitarbeiter entstand eine ausführliche Beschreibung von Giglio. Neben den Experten waren es wiederum die Bewohner der

Insel, die durch ihre lokalen Kenntnisse und ihre Gastfreundschaft das Entstehen der Blätter – wie der Erzherzog seine Bücher des öfteren bezeichnete – ermöglichten: »Er [der Besitzer eines kleinen Häuschens] ist überhaupt ein guter, braver, alter Mann. Eines Tages, als ich ihn noch nicht kannte, kam ich in sein Haus, er war jedoch abwesend und die Obhut des ganzen Platzes war seinen Enkeln überlassen, die uns auf das Freundlichste bewirtheten. Kaum hatten wir nach unserer Wegfahrt eine kurze Strecke vom Ufer zurückgelegt, so begegneten wir dem Besitzer in seinem Boote, welches von dessen Sohne gerudert wurde. Es war eine ernste, antike Gestalt. Als ich ihm für die Gastfreundlichkeit seiner Enkel dankte, sagte er mir, ich möge mich öfter erinnern, daß er dort wohne und recht häufig dorthin zurückkehren.«[16]

Zurückgekehrt dürfte der Erzherzog nie wieder sein, doch hat er mit seinem Buch über Giglio eine bleibende Erinnerung an diese kleine Insel geschaffen, und der Abschied fiel ihm schwer: »Aber nun hieß es Lebewohl sagen von den trauten Felsen und südwärts ziehen. Noch ein herzlicher Händedruck von Bekannten, noch ein Winken mit der Kappe aus kaum sichtbarer Ferne und dann saß ich nachdenkend und sprachlos auf der Brücke, bei spiegelglatter See den Canal von Piombino abwärts fahrend. Giannutri kam in die Nähe und ich wagte kaum zurück zu schauen; erst als wir dann vorüber waren, wendete ich meine Blicke. Man sah noch Giglio – doch es dünkte mir wie eine Vision aus dem blauen Meere. Allmälig wurde die Farbe blässer, die Umrisse undeutlicher und die Wahrheit schien mir wie ein Traum aus doppelter Bläue.«[17]

8.

»Nun will ich dir dein Ithaka zeigen, damit du überzeugt bist«

Der Streit um die Heimat des Odysseus

»Jetzo fleh' ich dich an bei deinem Vater (ich fürchte
Immer, ich sei noch nicht in Ithaka, sondern durchirre
Wieder ein anderes Land, und spottend habest du, Göttin,
Mir dies verkündet, um meine Seele zu täuschen):
Sage mir, bin ich denn wirklich im lieben Vaterlande?«[1]

Homer

Die Frage nach dem »lieben Vaterlande« des Odysseus beschäftigte Ende des vergangenen und Anfang des 20. Jahrhunderts die Archäologen. Denn obwohl zahlreiche Stellen in Homers »Odyssee« auf Ithaka als Insel des Odysseus verweisen, ist noch immer nicht sicher geklärt, ob sie tatsächlich die Heimat des Odysseus gewesen ist, in die er nach zwanzigjähriger Abwesenheit zurückkehrte. Eine Grotte im Norden der Insel, sie trägt den Namen »Grotte des Odysseus«, bestätigt die These, wenngleich der Palast des Odysseus bis heute nicht gefunden wurde.

Im Rahmen seiner Mittelmeerreise von 1868 unternahm Heinrich Schliemann (1822–1890), der »Vater der mykenischen Archäologie«, seine erste eigene Ausgrabung in dem Glauben, auf dem Aetos-Berg tatsächlich die Überreste des Palastes des Odysseus entdeckt zu haben. Die Ergebnisse seiner Forschungen faßte Schliemann in der Schrift »Itaque, le Péloponése, Troie. Recherches archéologiques« 1869 zusammen, die er als Dissertationsschrift nach Rostock sandte. Schliemann, geboren am 6. Jänner 1822 in Neubukow/Mecklenburg-Schwerin als Sohn eines protestantischen Pfarrers, war in ärmlichen Verhältnissen aufgewachsen. Er begeisterte sich schon als Siebenjähriger für Homer und dessen Werke. Eine gediegene Schulbildung war ihm verwehrt geblieben, und er mußte sich seinen Lebensunterhalt schon in frühen Jahren selbst verdienen. In den sechziger Jahren des vergangenen Jahrhunderts lebte Schliemann als wohlhabender Großkaufmann im zaristischen Petersburg, wohin es ihn auf Umwegen nach Jahren härtester Arbeit verschlagen hatte. Seine Liebe zu Homer war er treu geblieben, genauso wie der Idee, eines Tages Troja auszugraben. Schliemann, der »mit seinem einfachen Volksgemüt der naiven griechischen Dichtung näher [gestanden sein mag] als die kritische Verstandswelt seiner Zeit«[2], sah sich zeit seines Lebens der Kritik der Fachleute ausgeliefert. Die heftigsten Angriffe kamen vom Berliner Kreis um den Historiker und Archäologen Ernst Curtius (1814–1896), der zwar vornehmlich auf historischem Gebiet tätig war, seine Popularität aber der in zwei Bänden publizierten, geschichtlich aufgearbeiteten Geographie der Halbinsel »Peloponnesos« (1851/52) zu verdanken hatte. Der intellektuell ausgerichtete Berliner Kreis, dem auch der Kartograph Heinrich Kiepert sowie Generalfeldmarschall Helmuth Graf von Moltke angehörten, kritisierte Schliemann und seine Forschungen immer wieder oder strafte ihn mit Nichtbeachtung. Die Wissenschaftler sahen sich mit einem Mann konfrontiert, der nicht aus dem universitären Forschungsbereich hervorgegangen, sondern ein Autodidakt war und den allein seine Begeisterung für Homer zum Archäologen und Forscher werden ließ. Ein laienhaft vorgehender Amateur-Archäologe blieb er in ihren Augen, der sein Leben lang um die wissenschaftliche Anerkennung kämpfen mußte.

Zehn Jahre nach seinem ersten Besuch im Spätsommer des Jahres 1878 kehrte Schliemann für drei Wochen nach Ithaka zurück, »denn gewiß nirgends in der griechischen Welt ist die Erinnerung an das heroische Zeitalter so lebendig und so rein erhalten als hier. Hier mahnt uns jeder kleine Meerbusen, jede Quelle, jeder Fels, jeder Hügel, jedes Olivenwäldchen an den göttlichen Dichter und seine unsterbliche Odysee.«[3] Die Erkenntnisse seiner zweiten Grabungsreihe 1878/79 veröffent-

lichte Schliemann 1881 in Leipzig in dem 900 Seiten umfassenden Band: »Ilios. Stadt und Land der Trojaner«.
Für Schliemann, der mit seiner spektakulären These, Troja liege nicht unter dem Hügel Bunarbaschi (davon war zum Beispiel Curtius überzeugt), sondern unter den Schuttmassen des Hügels Hisarlik, die archäologische Fachwelt überraschte, stand ohne Zweifel fest, daß die Heimat des Odysseus auf Ithaka zu suchen war. Im Gegensatz dazu glaubte Schliemanns Mitarbeiter, der deutsche Archäologe Wilhelm Dörpfeld (1853–1940), den Wohnsitz des Odysseus auf der benachbarten Insel Leukás gefunden zu haben. Dörpfeld hatte, bevor er ab 1881 am Deutschen Archäologischen Institut in Athen tätig war, bei Ausgrabungen in Olympia (1877–1881) mitgearbeitet. Seine präzisen Beobachtungen und Interpretationen von Grabungsbefunden machten ihn zu einem Begründer der modernen Grabungsmethoden. Als Assistent von Schliemann und nach dessen Tod (Schliemann starb 1890 an den Folgen einer Ohroperation) als sein Nachfolger bei den Ausgrabungen von Troja eingesetzt, erwarb sich Dörpfeld große Verdienste um die antike Baugeschichte.
Die Frage »Ithaka oder Leukás« beschäftigte über Jahre hindurch die gelehrte Welt, die sich in zwei Gruppen gespalten hatte, von denen jede glaubte, Odysseus' Wohnsitz nachweisen zu können. Erzherzog Ludwig Salvator hatte sich gegen Dörpfelds Meinung den Ithaka-Befürwortern angeschlossen. In seinem 1903 erschienen Werk »Sommertage auf Ithaka«, dem Ergebnis eines Sommeraufenthalts auf dieser 93 km^2 großen Ionischen Insel, begründete der Erzherzog seine Annahme unter anderem mit der geographischen Lage der Insel, welche durch ihre geschützte Lage leicht zu verteidigen, aber auch bei Sturm und Unwetter von kleinen Schiffen ohne Schwierigkeiten zu erreichen war und somit als einziger möglicher Herrschersitz auf den Ionischen Inseln für den seefahrenden Odysseus in Frage kam. Als dieses Buch von Ludwig Salvator erschien, kannte der Erzherzog Wilhelm Dörpfelds Leukás-Theorie noch nicht, die Kontroverse begann kurz danach, »besonders weil es Dörpfeld gelungen ist, durch einen

Vortrag auch das Interesse Seiner Majestät des deutschen Königs dafür zu erwecken, so daß er Geld und Offiziere für die Vermessung von Leukás bewilligt hat. Hoffentlich wird Seine Majestät die Möglichkeit haben, gegenüber der ohne Zweifel einseitigen Auffassung Dörpfelds auch die von Eurer K. und K. Hoheit gegebenen objektiven Darstellung der Streitfrage kennen zu lernen.« Dr. Hugo Michael, der als junger Gelehrter 1888 gemeinsam mit Dr. Josef Partsch auf den Ionischen Inseln gelebt und geforscht hatte, bekräftigte in diesem Brief vom 18. August 1905 an Erzherzog Ludwig Salvator das große Interesse an der Ithakafrage in Deutschland auch außerhalb der Gelehrtenkreise. Die Karten für Dörpfelds Buch wurden in Deutschland fertiggestellt, den Text verfaßte Hauptmann Walter von Marées aus Charlottenburg.

Bei diesen Vermessungen hätten die Offiziere das gefunden, was ihnen Dörpfeld suggerierte, wetterte der Gymnasialprofessor Dr. Gustav Lang, ein eifriger Verfechter der Ithaka-Theorie und erbitterter Gegner Dörpfelds, in einem Brief an den Erzherzog vom 5. Februar 1906. Lang, der den Erzherzog zu einer Arbeit über Leukás und den dortigen Durchstich ermutigte, »da kein europäischer Gelehrter geeigneter und berufener erscheint [...] der Wissenschaft endlich unverdächtiges Material zu unparteiischer Würdigung und zur endgültigen Lösung des in mehr als einer Hinsicht wichtigen geologischen Problems von Leukás zur Verfügung zu stellen«[4], hatte beide Ithaka-Bände Erzherzog Ludwig Salvators – 1905 waren »Wintertage auf Ithaka« erschienen – gelesen. Durch die dem Werk beigelegte Karte, die genaue Messungen der Meerenge von Daskalio enthält, sah Lang seine Überlegungen bezüglich der früheren Gestalt von Asteris bestätigt: das Meer wäre früher vier bis fünf Meter tiefer gewesen, die Insel dreimal so groß, mit Landungsplätzen im Norden und Süden und Spuren einer alten Besiedlung. Das homerische Asteris als Ort des Hinterhalts für die Freier wäre laut Lang die kleine Insel Daskalio im Westen von Ithaka gewesen, während Dörpfeld es mit Arkudi gleichsetzte und sich darin auch von Ludwig Salvator bestätigt sah. Denn der Erzherzog kannte die Ionischen Inseln seit langem. Er hatte mit seinem Schiff sowohl Daskalio als auch Arkudi, das im Süden der Insel Ithaka liegt, oftmals bereist: »Daß Arkudi, an dem die Fahrenden [= Telemachos und seine Gefährten] unbemerkt während der Nacht vorübersegelten, wegen seiner Lage zur Identifizierung mit Asteris mit seinem Doppelhafen viel besser passe, als das magere Felseneiland von Daskalio, ist nicht in Abrede zu stellen.«[5] Im selben Werk, »Wintertage auf Ithaka«, blieb der Erzherzog zwar seiner Ithaka-Theorie treu, zog aber auch Dörpfelds Ausführungen bezüglich Leukás heran: »Sein Streben nach Unparteilichkeit beweist er dadurch, daß er eine kurze Arbeit, die ich [Wilhelm Dörpfeld] auf seinen [des Erzherzogs] Wunsch über meine eigenen Grabungen auf dem heutigen Ithaka und über meine Leukás-Ithaka-Theorie verfaßt hatte, in sein Werk (S. 301–307) aufgenommen hat. Er wollte damit erreichen, daß der ›Unbefangene nach eigenem Ermessen urteilen würde‹. Ich habe ihm damals für diese loyale Behandlung meinen Dank ausgesprochen.«[6] In diesem Dankschreiben, datiert vom 23. August 1905, erwähnte Wilhelm Dörpfeld auch das jüngst erschienene Buch Langs über Ithaka, das – seiner Meinung nach – viele Fehler und Ungereimtheiten beinhaltete. Dörpfeld, selbst im Besitz des erzherzoglichen Ithaka-Werkes, konnte mit dem zweiten Teil des Buches, den archäologischen Plaudereien, nicht übereinstimmen und gab seiner Hoffnung Ausdruck, im darauffolgenden Frühjahr (1906) nach dem Abschluß seiner Grabungen in Leukás dem Erzherzog die gewonnenen Erkenntnisse und Resultate vorlegen zu können.

Wenige Jahre später (1908) war es Dörpfeld vergönnt, dem von Korfu kommenden deutschen Kaiser Wilhelm II., der 1907 das Schloß Achilleion der Kaiserin Elisabeth gekauft hatte, die Inseln Leukás und Ithaka zu zeigen und die wichtigsten Argumente seiner Theorie darzulegen: »Unter der Sonne Homers hatte ich Ihre Majestäten durch die Inseln des Odysseus geleiten dürfen, durch die Inseln, die von der Natur so mannigfaltig und wundervoll gestaltet und durch die homerischen Dichtungen für alle Zeiten geadelt sind. Es ist mir ver-

gönnt gewesen, Ihren Majestäten die Resultate meiner langjährigen, mir ans Herz gewachsenen Studien über die Heimat des Odysseus und auch weiter über die homerische Erd- und Weltkunde vorzutragen. An Ort und Stelle hatte ich meinen hohen Zuhörern zeigen können, daß Homer uns keine phantastischen Naturbilder vorführt, sondern daß alle seine Schilderungen der Wirklichkeit entsprechen. Wahr und wirklich ist nicht nur die Kultur, die in den Epen geschildert wird, die Waffen, die Kleider, die Geräte, die Bauwerke; wahr und wirklich ist auch der ganze geographische Hintergrund der Ilias sowohl wie die Odyssee; wahr und wirklich, so müssen wir schließen, ist endlich auch der historische Hintergrund, der trojanische Krieg, die archäischen Fürsten, die unglückliche Heimkehr der Helden. Allerdings lächelt heute noch die historische und philologische Wissenschaft über den Homergläubigen, der sogar an die Wirklichkeit der Personen glaubt, aber Hohn und Spott werden wohl bald, daran zweifle ich nicht, anderen Gedanken Platz machen müssen.«[7]
Trotz des kaiserlichen Besuchs und der Anstrengungen Dörpfelds, seine Theorie zu beweisen und die Kollegenschaft von deren Richtigkeit zu überzeugen, ging die wissenschaftliche Auseinandersetzung um Odysseus' Heimat noch lange Zeit weiter. Unter den Anhängern der Dörpfeld-These befand sich auch Prof. Peter Goessler vom K. Württembergischen Landeskonservatorium und Direktor des Museums vaterländischer Altertümer in Stuttgart, der im Frühjahr 1903 die Ionischen Inseln besucht hatte und gemeinsam mit Dörpfeld ein Buch über die Leukás-Ithaka-Frage sowie eine archäologische Ortskunde der Ionischen Inseln verfaßte, wofür auch die Arbeiten des Erzherzog herangezogen wurden: »Speziell das Buch über Levkas habe ich [= Prof. Goessler] mit großem Interesse gelesen, da wir [= Dörpfeld und Goessler] in unserer Gesamtpublikation über die uns liebgewordene Insel auch die modernen Verhältnisse derselben berühren werden.«[8] Ein »halber Gegner der Leukás-Theorie« war laut Dörpfeld auch Prof. Dr. Josef Partsch von der Universität Breslau, ein Kenner der Ionischen Inseln und der antiken Überlieferung. In einem

Brief an Erzherzog Ludwig Salvator vom 17. September 1905, in dem er sich für die Zusendung der beiden Arbeiten über Ithaka bedankte, teilte Partsch dem Erzherzog zwar mit, daß er mit der These seines Freundes Dörpfeld hinsichtlich Odysseus' Heimat nicht übereinstimmen könne, nahm aber später seine Ansicht als mit der Geologie unvereinbar zurück.
1940 starb der umstrittene deutsche Archäologe Wilhelm Dörpfeld, der geglaubt hatte, auf Leukás, in dem an der Ostküste gelegenen Ort Nidrí die Heimat des Odysseus gefunden zu haben, in eben jenem kleinen Ort, in dem er lange Jahre gelebt hatte. Am Kap Agía Kyriakí, wo das ihm von der Regierung geschenkte Haus steht, befindet sich sein Grab. »Es mutet wie Ironie des Schicksals an: Was der zunächst vom naiven Homerglauben geprägte Schliemann freigelegt hatte, behielt seinen wissenschaftlichen Wert: Troja, Mykene, Tiryns, Orchomenos; den Palast des Nestor suchte er zwar vergeblich, aber doch an der richtigen Stelle, beim Pylos in der Südwestpeloponnes. Dörpfelds Identifizierungen dagegen sind fast ausnahmslos gescheitert, er vermeinte [...] Odysseus' Wohnsitz auf der Insel Leukás.«[9] Dörpfelds Annahmen wurden von den modernen Archäologen widerlegt, und er starb, zwar hoch geachtet, aber von der Fachwelt vergessen, auf »seinem« homerischen Ithaka: »Merkwürdig ist, daß Schliemann, der kein Archäologe war, als er seinen Traum Wirklichkeit werden sah, allmählich bei seinen Forschungen immer vorsichtiger wurde; Dörpfeld dagegen neigte mit der Zeit immermehr zu eher romantischen als wissenschaftlichen Schlußfolgerungen.«[10]
Erzherzog Ludwig Salvator vertrat seine Theorie bezüglich der Heimat des Odysseus auch in den »Anmerkungen über Levkas«, erschienen in Prag 1908: »Erst in neuester Zeit, seitdem Wilhelm Dörpfeld in die Welt hinausposaunte, daß sie [die Insel Levkas] das odysseische Ithaka wäre, wurde die Aufmerksamkeit vieler auf Levkas gelenkt. Eine ganze Literatur ist in den letzten Jahren über die Frage Levkas-Ithaka entstanden, mehrere haben Dörpfelds Meinung vertheidigt, andere sind bei der alten Ansicht geblieben und haben das bisher als Ithaka anerkannte Thiaki als die Heimat des Odysseus be-

trachtet. Ich muß auch gestehen, daß bei all meiner Verehrung für Dörpfelds Wissen er mich nicht zu seiner Annahme bekehrt hat. Aber auch wenn Levkas nicht das jonische Ithaka war, so waren es doch jonische Landschaften, denn aus Ithakas Höhe schweift der Blick mit Wohlgefallen auf das benachbarte Levkas, das man an manchen klaren Tagen so nahe zu haben glaubt, daß es einem vorkommt, als müßte man es greifen können.«[11]

Das Positive an diesem wissenschaftlichen Streit sah der Erzherzog in der Tatsache, daß sich die Öffentlichkeit mit dieser kleinen Insel zu beschäftigen begann. Genaue Messungen wurden durchgeführt und kartographisch ausgewertet.

Den Erzherzog interessierte vor allem das 1684 als letzte der Ionischen Inseln von den Venetianern eroberte und der Republik einverleibte Santa Maura – wie es venetianisch hieß –, das, 292 km^2 groß, vom Festland nur durch Meerenge, eigentlich eine Lagune, getrennt ist und durch seine geographische Lage als einzige Insel dieser Gruppe unter dem Druck der Osmanen zu leiden hatte. Auf diesem Leukás befindet sich der Leukadische Felsen (= das Kap Dukato, die Südspitze der Insel), von dem der Sage nach Sappho ins Meer gesprungen sein soll.

In den Jahren 1903–1908 beschäftigte sich Erzherzog Ludwig Salvator vor allem mit der Ionischen Inselwelt. Gekannt hat er ohne Zweifel die Arbeiten eines großen Griechenlandkenners, dessen Reiseschilderungen zu den besten gehören, die im 19. Jahrhundert in deutscher Sprache erschienen sind. Die Rede ist von den Büchern des Freiherrn Alexander von Warsberg (1836–1889): »Alexander von Warsberg hat in seiner köstlichen Schilderung, die Hans Fischer illustrierte, uns so meisterhaft von den Gestalten der antiken Welt umgeben, daß Jeder, der das Buch liest, sich in die Zeit des Odysseus versetzt wähnt.«[12]

Warsberg, geboren in Saarburg bei Trier als Nachkomme eines altlothringischen Geschlechts, übersiedelte 1846 mit seiner Familie in die Steiermark. Schon als Kind zeichnete er sich – wie Erzherzog Ludwig Salvator – durch eine große Begabung für moderne Sprachen aus und interessierte sich lebhaft für die

Naturwissenschaften. Durch die Bekanntschaft mit dem Feldmarschalleutnant und österreichischen Botschafter in der Türkei, Anton Prokesch-Osten (1795–1876), einem Diplomaten aus der Schule Metternichs und Reiseschriftsteller, lernte Warsberg Schönheit und Pracht des Orients kennen und entwickelte sich zu dessen meisterhaftem Schilderer. Ab 1866 im auswärtigen Dienst tätig, bereiste er Griechenland, Kleinasien und Ägypten und wurde 1887 als österreichisch-ungarischer Generalkonsul nach Venedig entsandt. 1878/79 veröffentlichte Warsberg in Wien seine »Odysseeischen Landschaften« in drei Bänden, worin er sich in den beiden ersten mit Korfu, im dritten mit den übrigen Ionischen Inseln beschäftigte. Kaiserin Elisabeth hatte das über 1000 Seiten umfassende Werk dieses großen Kenners Alt- und Neugriechenlands und »glänzenden Stilisten des österreichischen Realismus« gelesen, der sie im Herbst 1885 auf ihrer vierwöchigen Seereise an Bord der »Miramar« durch das östliche Mittelmeer und die Ägäis bis nach Korfu begleitete. Warsberg, zu diesem Zeitpunkt österreichischer Konsul auf Korfu, hatte für die Kaiserin, die Schliemanns Ausgrabungen interessiert verfolgte und sich in die Welt Homers vertiefte, in Gastoúri auf Korfu die Villa Braila gemietet. Später war er Elisabeth auch beim Landkauf und beim Bau des Achíleions behilflich. Dieses, neun Kilometer südlich der Stadt Korfu gelegene, großzügig angelegte Schloß wurde in den Jahren 1890–1891, also erst nach dem Tode Warsbergs, nach dessen Plänen für die österreichische Kaiserin erbaut. Mit dem Achíleion (benannt nach Achill, dem großen Helden der Griechen im Kampf um Troja) erfüllte sich Warsberg einen Traum vom »Königsschloß aus der glücklichen Phäakenzeit«. Die Phäaken sind – nach Homers Sage – ein auf der Insel Scheria beheimatetes Volk, das sich vor allem auf die Seefahrt versteht. Laut der Odyssee hat der dort lebende König Alkonoos den schiffbrüchigen Odysseus bewirtet und reich beschenkt unter seinem Schutz nach Ithaka bringen lassen. 1907–1914 diente das Schloß dem deutschen Kaiser alljährlich als Frühlingsaufenthaltsort. Heute sind im Achíleion ein Museum und ein Spielkasino untergebracht.

Alexander von Warsbergs »Ithaka«, erschienen 1887 in Wien, stand auch im Bücherschrank Erzherzog Ludwig Salvators auf Mallorca und mag ihn zu seinen Arbeiten angeregt haben. Wie viele andere Zeitgenossen beschäftigte auch Warsberg die Frage, ob Ithaka die Heimat des Odysseus gewesen ist. Er glaubte, in Polis die Königsstadt des griechischen Helden gefunden zu haben: »Die Bucht, welche der Hafen dieser ›Stadt‹ war, scheint in ihrer Mündung beinahe zwei Kilometer breit und ebenso lang ins Land eingeschnitten, also groß genug, um einer kleinen Stadt, wie sie auch das alte Ithaka nur gehabt haben kann, und homerischen Ruderschiffen alle Bedürfnisse eines Portes zu befriedigen. Der Fahrzeuge konnte eine gehörige Zahl, mehr als die Flotte, welche nach Troja ging, darin Platz finden.«[13] Warsberg hatte die Kaiserin, die diesen »letzten Griechen« sehr schätzte und verehrte, zweimal – auf den Spuren des Odysseus – nach Ithaka begleitet. Warsberg bevorzugte die kleine Insel Ithaka vor allen anderen, auf der er eine Übereinstimmung der Natur mit der antiken Welt Homers anzutreffen glaubte: »Es war weiche Südluft, wie sie mir so wohl thut. Alles in der Natur hing schwer, ruhte, schlief gleichsam. Eine allgemeine Siesta schien die ganze Welt erfaßt zu haben, und ich nahm dieselbe Stimmung des behaglichen Friedens, die Gemüthsruhe dieser schönen Landschaft in mich auf. So werden wir allmälig, indem wir ausschließlich mit der Natur verkehren und nur sie auf uns wirken lassen, wieder ihr eingeboren und nehmen ihre Eigenschaften und Gesichtsfarben an, ganz wie die darin lebende Fauna und so gefärbt stellte ich mir dann den Menschen vor, wie er im ovidischen goldenen Zeitalter unter Lorbeerbäumen umherwandelte.«[14]

Ähnlich empfand etwa zwanzig Jahre später der Erzherzog nach einem monatelangen Aufenthalt auf der zweitkleinsten Ionischen Insel, welche die gelehrte Welt fast ein halbes Jahrhundert lang beschäftigt hatte und die Wissenschaft in Gegner oder Anhänger der Leukás-Theorie gespalten hatte: »Ithaka dünkt mir immer ein friedliches Land zu sein, bewohnt von friedlichen, angenehmen Menschen, ein Platz, wo man gerne weilt und ruht, ein Platz, nach welchem man, so häufig man auch dort gewesen sein mag, sich immer zurücksehnt.«[15]

So schrieb er 1905. Vier Jahre zuvor, Ende Oktober 1901, hätte ein unliebsames Ereignis dem Erzherzog beinahe die Begeisterung für diese Insel genommen. Am 21. Oktober dieses Jahres hatte Erzherzog Ludwig Salvator mit seiner »Nixe« Korfu mit Kurs auf Ithaka verlassen: »Die ›Nixe‹ glitt auf der spiegelglatten Fläche zwischen der doppelten Bläue des Himmels und des Meeres. Alte bekannte Ufer begrüßte man von Weitem: Die Paxi, wo ich solange geweilt hatte, Parza, mit den herrlichen Citronen- und Orangengärten und den riesigen Cedern; in der Ferne Prevesa, Santa Maura und Sessola und das vorspringende Cap Dukato, über dessen Abstürzen schon die Hügel von Ithaka erschienen. Zur Rechten das dunkle Cephalonien mit Samos stehend, zur Linken die tiefgehenden von Basiliko, erstere für die Südwinde, letztere für die Nordwinde, wie von der Natur geschaffene leicht erreichbare Zufluchtstätten, und vor uns in ihrer ganzen Anmuth die grünenden Abhänge von Ithaka mit kleinen lachenden Ortschaften am Meeresufer, im Grunde tiefer Einbuchtungen von Oelbäumen umsäumt. Dann eine kleine Kapelle auf vorspringender Spitze, Ayos Elias, zunächst eine andere zur Linken, Ayos Andreas, und weithin der große Vorhafen von Vathi, der Golf von Molo [...] Es ist eine rührende Sitte, alle für die Navigation wichtigen Spitzen mit Kapellchen zu krönen, sie haben wohl zunächst alte Tempel ersetzt, nur die Cultur ist verändert, aber es ist dasselbe Bedürfnis der Menschen, immer sich nach oben zu wenden und für die Fahrt vom Himmel Schutz zu erflehen.«[16]

In der regnerischen Nacht vom 23. auf den 24. Oktober wurde diese Idylle von drei kurz zuvor ausgebrochenen Gefangenen gestört, die sich auf die Yacht flüchteten und den Erzherzog in große Aufregung versetzten. Ludwig Salvator hatte zu Recht befürchtet, daß sich die entsprungenen Häftlinge, alle drei zu langjährigen Kerkerstrafen verurteilt, des Schiffes bemächtigen wollten, um Ithaka verlassen zu können. Am Tag darauf

suchte der Erzherzog den Friedensrichter, den Stellvertreter des dortigen Monarchen und den zuständigen Offizier auf, um verstärkten Schutz und Beobachtung zu erbitten, denn »wie ich vom Land wieder an Bord fuhr, zog ich dicht beim Gefängnis vorbei und sah hinter dem eisernen Gitter meine nächtlichen Besucher, die mich gar feindlich begrüßten. Doch seit jenem Tage schlafen wir nicht mehr so sorglos im ruhigen Vathi.«[17]
Später zog es Erzherzog Ludwig Salvator noch des öfteren in die Ionische Inselwelt. Es scheint, daß er dieses zuletzt harmlos verlaufende Abenteuer bald vergessen hatte. Die Faszination, die von Ithaka und deren Nachbarinseln ausging, war stärker.

9.

Zu neuem Licht und Glanz

Perlen des Ionischen Meeres

»Duftig blühend frisches Zante,
›Il fiore di Levante‹,
Liegst du hier im Sonnenglanz
Auf der blauen See gebettet,
Mit Olivengrün umkettet,
Myrthen, Rosen sind dein Kranz.«[1]

Kaiserin Elisabeth I. von Österreich

»Il fiore di Levante«, die Blume des Orients, hatten die Venezianer, die von 1386 bis 1797 die Ionischen Inseln beherrschten, das heutige Sákinthos (auch: Zakynthos, ital: Zante) wegen seiner landschaftlichen Schönheit und malerischen Hauptstadt genannt. 1386 wurden die Ionischen Inseln dem Dogen von Venedig unterstellt, um der türkischen Knechtschaft zu entgehen. 1797 gründete Napoleon die Republik der Ionischen Inseln, »Republik der sieben Inseln« genannt.
»Zakynthos (Zante) ist die reizendste jener sieben Griecheninseln im Ionischen Meer, welche durch Kaiser Paul von Rußland vor hundertundvier Jahren [der Artikel stammt aus dem Jahre 1904] zu einem Freistaate vereinigt wurden. Ein russischer Zar als republikanischer Staatenbürger – wahrlich, eine der witzigsten Antithesen der Weltgeschichte! Und sie hat übrigens noch eine bessere Pointe: Die Oberhoheit der neugegründeten Septinsular-Republik erhielt die Hohe Pforte.«[2]
Mit Hilfe der Engländer gelang es den Ionischen Inseln wenige Jahre später, per 5. November 1815 dem englischen Protektorat unterstellt zu werden. Erst 1863 erfolgte der Wiederanschluß an Griechenland.

Während das Festlandsgriechenland unter König Otto (1832–1862), einem Bayernprinzen, und später unter dem Dänen Georg I. (1863–1913) aus dem Hause Holstein-Glücksburg um Einigkeit und wirtschaftliche Erschließung kämpfte, hatten sich die Ionischen Inseln zum geistigen Mittelpunkt des neuen Griechenland entwickelt: »Die Erinnerungen an König Otto haben mich sehr gefreut. Glücklicherweise ist man jetzt [1910] trotz aller Unruhen fern von antidynastischen Bewegungen. Man sieht und versteht wie viele Opfer der König für Griechenland gethan und hofft, daß er über Alle uns retten wird«, schrieb Prof. Dr. Spyridion P. Lambros am 24. Jänner 1910 aus Athen an den Erzherzog.
Ein berühmter Sohn von Sákynthos war der Nationaldichter Griechenlands – sein bevorzugtes Thema war der griechische Freiheitskampf –, Dionísion Solomós (1798–1857), der Verfasser der griechischen Nationalhymne: »Hier dichtete und sang Solomós 1823 seine hinreißende Freiheitshymne am Ufer des Meeres, den Blick auf Kephaloniens ferne Küste gebannt, wo in Metaxa Lord Byrons Haus stand. Noch heute gilt diese Stelle auf Zante ganz Griechenland heilig.«[3]
Als Solomós zu Ehren in Zante ein Standbild enthüllt wurde, war auch Erzherzog Ludwig Salvator unter den Gästen. Der Festredner, Prof. Lambros, Rektor der nationalen Universität von Athen, bedauerte es damals, dem Erzherzog, der »die Ionischen Inseln zu neuem Licht und Glanz erhebt«, nur wenig Zeit widmen zu können. Jahre hindurch war Lambros ein Mitarbeiter des Erzherzogs gewesen, der auf seinen Reisen (u. a. nach Paris und Venedig) Urkunden und Quellen für die Arbeiten Ludwig Salvators über Parga sammelte, kopieren und photographisch aufnehmen ließ. Auch Lambros hatte sich mit der Ithaka-Frage beschäftigt. Sein umfangreichstes Werk verfaßte der Athener Professor über die Geschichte des Peloponnes in acht Bänden.
Diese weitgehend unbekannte und unerforschte Insel Zante wählte der Erzherzog für die 1904 erschienene, in zwei Bänden über 1000 Seiten umfassende Monographie: »Eure Kaiserl. und Königliche Hoheit befinden sich damit wieder auf

einem, geographisch sehr interessanten Boden«, meinte Vinzenz Haardt von Harthenturn in einem Brief vom 10. März 1902. Haardt von Harthenturn, Leiter der Geographischen Anstalt von Eduard Hölzel in Wien, später k. k. Vorstand I. Classe im militär-geographischen Institut in Wien und Verfasser eines Mittelschulatlanten bemerkte, daß es sich bei Zante um die wissenschaftlich am wenigsten durchforschte Ionische Insel handelte, eine Lücke, die durch die Arbeit des Erzherzogs nun geschlossen werden würde. 1888 hatte sich zwar Partsch in einer Abhandlung dieser Insel angenommen, jedoch gab es für die Öffentlichkeit keine Karten vom Landesinneren, da die britische Admiralität ihre Karten nur für den eigenen Gebrauch anfertigte.

Auch Partsch zeigte sich über das Erscheinen der beiden Zante-Bände hoch erfreut: »So wird nicht nur der Freund anmutiger Landschaft und zauberischer Mittelmeerbilder, sondern auch der nach sicher begründeter Kenntnis und ihrem eindringenden Verständnis begierige Mann der Wissenschaft – sei er Historiker, Nationalökonom, Geograph oder Naturforscher – mit dem dankbaren Gefühl wahrhafter Bereicherung in dies schöne Werk sich vertiefen.«[4]

Der Erzherzog verbrachte einige Monate auf der Insel, »das Land der Griechen mit der Seele suchend«.[5] Mit dem obligaten Zeichenblock und Stift ausgerüstet, wanderte Ludwig Salvator kreuz und quer über die Insel: »Ein jeder ist bestrebt, dem Fremden die Durchwanderung und Durchforschung der heimatlichen Insel zu erleichtern. Besonders groß ist die Freude der Einwohner, wenn sie einem die Schönheiten oder Sehenswürdigkeiten ihrer Ortschaft und ihrer Umgebung zeigen können. Gerne dienen sie als Führer, ob der Weg auch noch so lang und beschwerlich sein mag, ihr Antlitz strahlt Freude und innere Genugtuung, wenn sie sehen, daß das, was sie zeigten, gefallen hat. Ich pflegte immer Führer aus der Gegend selbst, die ich durchwanderte, mitzunehmen, um über den eingeschlagenen Pfad und namentlich über die lokalen Namen volle Sicherheit zu haben. Aber auch die Leute aus der Nachbarschaft gesellten sich gerne hinzu, nur um das Ver-

1 Großherzog Leopold II., Vater Ludwig Salvators und letzter Regent der Toskana

2 Großherzogin Maria Antonia, die Mutter Ludwig Salvators, in späteren Jahren

3 (links) Ludwig Salvator im Kreise seiner Brüder. V.l.n.r. Johann Nepomuk Salvator, Ferdinand IV., Ludwig Salvator und Karl Salvator

4 Der junge Erzherzog in der Uniform eines Hauptmanns der Infanterie mit dem Goldenen Vlies, etwa 1867

5 EH Ludwig Salvator in der Uniform eines Oberst (Inhaber des 58. Infanterieregiments)

6 Der älteste Bruder Ludwig Salvators war nominell Großherzog der Toskana, konnte aber aufgrund der politischen Verhältnisse in Italien den Thron nie besteigen

7 EH Karl Salvator, ein Bruder Ludwig Salvators, mit seiner Gemahlin Maria Immakulata, Prinzessin von Bourbon-Sizilien

8 Fürstin Luisa von Isenburg-Birstein mit ihren Brüdern EH Ludwig Salvator und EH Johann Nepomuk Salvator, dem späteren Johann Orth

9 Luise Antoinette, Nichte Ludwig Salvators, liebte wie ihr Onkel die Natur und ein freies Leben

10 Durch die Ehe der Kaisertochter Marie Valerie mit Ludwig Salvators Neffen, EH Franz Salvator, wurde die Verbindung zwischen den beiden Häusern noch enger

11 EH Ludwig Salvator, ein Neffe Ludwig Salvators, schied 1902 aus dem Kaiserhaus aus und fristete als Leopold Wölfling ein kärgliches Leben

12 Schloß Brandeis

13 Drei als Schriftsteller bewährte Erzherzöge, v.l.n.r. Johann Nepomuk Salvator, Kronprinz Rudolf, Ludwig Salvator

14 Kaiserin Elisabeth I. von Österreich fühlte sich Ludwig Salvator seelenverwandt

gnügen zu haben, mitgehen zu dürfen; so kamen manchmal zehn, vierzehn, ja zwanzig Personen zusammen und war der Platz entfernter, wohin ich meine Wanderungen vornahm, so richteten meine früheren Führer ihre Jagdausflüge derart ein, daß sie mir unterwegs begegnen oder mir entgegenkommen mußten, um sich wieder der Reihe meiner Begleiter anschließen zu können.«[6]

Für den Erzherzog zählte Zante zu den bevorzugten Inseln des Mittelmeeres und könnte, wie er meinte, als Ziel von Vergnügungsreisen an Bedeutung gewinnen. Tatsächlich erfreut sich Sákynthos heute neben Korfu und Kefallinía, der größten und gebirgigsten der Ionischen Inseln, in deren Bucht von Sámi 1571 die Flotte unter dem Kommando des Don Juan de Austria vor Anker lag, um in der entscheidenden Seeschlacht von Lepanto die Türken zu besiegen, großer Beliebtheit als Urlaubsziel.

Neben Anmut und Liebenswürdigkeit der Bewohner faszinierte den Erzherzog die landschaftliche Schönheit dieser 406 km^2 großen, südlichsten Ionischen Insel: »Man muß sie mit einem Boot umfahren, die Wildtauben aus ihren schattigen Winkeln und Höhlen wegfliegen sehen, man muß jeden kleinen, sandigen Strand, jede kleine Einbuchtung, jeden natürlichen Bogen, der wie ein Riesenstrebepfeiler ins Meer vorspringt, umschiffen, um eine Vorstellung von ihren wilden landschaftlichen Reizen zu erhalten. Man muß andererseits ihre Höhe erklimmen, um die lieblichen Bilder betrachten zu können, die sowohl auf der tief eingeschnittenen südlichen Bucht, als auch auf der östlich von Alikiés sich dem Auge entrollen und von dem ewigschönen Hintergrunde umschlossen sind, den die Küsten des Peloponnes, des Festlandes und des benachbarten Cephalonien bilden. Dann wird das kultivierte, für den Landschaftsmaler scheinbar reizlose Eiland zu einer wahren Fundgrube der schönsten Motive.«[7]

»Zante« war eines der wenigen Werke Erzherzog Ludwig Salvators, das auch in den freien Verkauf kam. Dafür sorgte der Leipziger Verleger Leo Woerl, der 1904 beide Bände in seinem Verlag, also parallel zur Auflage von Heinrich Mercy in Prag, herausgab. Die äußere Gestaltung der Zante-Ausgabe läßt auf Heinrich Mercy als Drucker und Herausgeber schließen, während Leo Woerl einen Teil der Auflage, mit seinem Namen versehen, in den Handel brachte. Aus einem Brief vom 20. August 1904 geht hervor, daß Leo Woerl einen Prospekt verfaßt habe und Zahlungsmodalitäten und Abrechnung mit Mercy klären würde. Wie Woerl im Brief vom 10. Juni 1905 an den Erzherzog ausführte, blieb der Verkauf unter allen Erwartungen. Das Buch gelangte zum Preis von 100 Mk. in den Verkauf, wurde aber offensichtlich aufgrund der geringen Nachfrage später auf 30, dann auf 20 Mk. gesenkt.

Im November 1905 hatte Woerl noch 115 Exemplare von Band I und 15 Exemplare von Band II im Verlag liegen. Der hohe Preis und die Unbekanntheit der behandelten Insel dürften für den geringen Erfolg ausschlaggebend gewesen sein.

Die zu Beginn des 20. Jahrhunderts erschienenen Werke Erzherzog Ludwig Salvators über die Ionische Inselwelt bildeten eine Fortsetzung der Beschäftigung mit diesem Gebiet aus den 80er Jahren des 19. Jahrhunderts. Schon 1884/85 hatte der Erzherzog die im Schatten von Korfu stehenden, scheinbar unbedeutenden Insel, Páxos und Antípaxos, heute auch Paxí und Antípaxí genannt, besucht und eingehend studiert.

Sie gehören mit 40 und 6 km^2 Fläche zu den kleinsten Inseln dieser Gruppe und liegen wenige Seemeilen südlich der großen Schwesterinsel Korfu, von der sie lange Zeit politisch abhingen. Páxos und Antípaxos können mit keiner eigenständigen Geschichte aufwarten, auch verfügen sie über keinerlei historische oder archäologische Denkmäler. Dessen ungeachtet richtete der »unermüdliche Freund der Mittelmeerinseln«, Ludwig Salvator, sein Augenmerk auf sie und setzte ihnen ein fast 500 Seiten umfassendes, reich illustriertes schriftliches Denkmal, das 1887 bei Leo Woerl in Würzburg und Wien erschien: »Paxos und Antipaxos im Ionischen Meer«.

Offensichtlich wurde dieses Werk ins Griechische übersetzt, denn der Arzt Dr. Anastase P. Mizzialis aus Páxos sprach in einem Brief vom 4. August 1905 von einer »edition grecque de l'ouvrage Paxos et Antipaxos«, die in Athen gedruckt wurde.

Zeichnung des Erzherzogs aus seinem Buch über Tasmanien, jene Insel, die Kaiserin Elisabeth so gern besucht hätte

Erzherzog Ludwig Salvator und er hätten sich 1885 in Páxos getroffen und er berichtete in Briefen ab 1901, daß er gemeinsam mit Theodore Vellianitis an der Übersetzung arbeitete. Die griechische Ausgabe wäre in einer Auflage von 650 Stück erschienen, versehen mit Daten aus Leo Woerls Biographie über den Erzherzog. Mizzialis erwähnte auch eine von Martelli ins Italienische übertragene Version des Werkes über Páxos und Antípaxos. Auch Gaspar Sabater führte in seinem Buch über den Erzherzog eine griechische Übersetzung an, die unter dem Titel »Paxos Kai Antipaxos« 1905 in Athen mit einem Umfang von 380 Seiten erschienen ist.
Als Mitarbeiter fungierte neben anderen der früher zitierte Alexander Freiherr von Warsberg, »der geistreiche Kenner der jonischen Inseln«, der zu dieser Zeit bereits als Leiter des österreichisch-ungarischen Konsulats auf Korfu tätig war.
In bewährter Art und Weise verfaßte Erzherzog Ludwig Salvator eine umfassende Monographie über die beiden Inseln, die vorher nur in Zusammenhang mit der Nachbarinsel Korfu abgehandelt, nie aber selbständig beschrieben worden waren.

Neben Geschichte, Klima, physikalischen Bedingungen, Bevölkerung, politischen Gegebenheiten, etc. widmete sich der Erzherzog auch den landschaftlichen Schönheiten von Insel und Küsten. Am Ende des Buches zog der Verfasser Rückschlüsse von der Beschaffenheit der Landschaft auf die charakteristischen Figuren der Bevölkerung: »Auf ähnliche Weise, wie Landschaften einer Gegend markirte, charakteristische Silhouetten haben, mit denen in wenigen Strichen man gewissermassen die Physiognomie des ganzen Landes darstellen kann, so sind auch unter der Bevölkerung Figuren, welche den Charakter derselben bezeichnen, und aus denen man auch gewissermassen auf die übrigen schließen kann. Deswegen lasse ich solche am Schlusse des Buches folgen, mit deren Hülfe der Leser in seiner Einbildungskraft die geschilderten Landschaften mit richtigen Staffagen beleben kann.«[8]
Die Bewohner der Insel Páxos und Antípaxos waren wegen ihrer Schönheit berühmt, vor allem die Frauen galten als die schönsten der Ionischen Inseln. Durch wiederholte Einwanderung aus anderen Gegenden Griechenlands (nach verschiedenen Raubzügen der Türken waren die Inseln entvölkert) hatte sich auf diesen beiden Inseln eine besondere Menschenmischung ergeben.
»Wenn bei der Beschreibung der Landschaften der Erzherzog seine Liebe zur Natur und die Erkenntnis ihrer Schönheiten bekundet, so beweist er auch sein sympathisches Verständnis bei seinen Beobachtungen über Charaktere und Volkstypen. Es sind meisterhafte Porträts, die er uns von dem Einsiedler Bojkatika, dem alten Seemann, Kaloger Marinero schlechtweg genannt, von dem Paxioten-Jüngling Nikita, der Wäscherin Maria, der schönen Steinträgerin Tasia, dem alten Kapitän Georgios, dem Sior Checco, dem Fischer Kiki, dem Neffen des Abgeordneten Kanonas, der kleinen Erminia, den beiden auf der Höhe von Agios Karalambos einsam hausenden alten Schwestern, dem Papa Dimitris und den Kindern in dem Hause von Kristaki auf Antipaxos entwirft. Die Gestalten gewinnen Leben, wir sehen sie vor uns und gewinnen Verständnis für die sympathische Feder, mit welcher der feinsinnige

Menschenkenner, der erlauchte Dichter und Maler sie uns schildert.«[9]
Auf gleicher Höhe wie Páxos und Antípaxos, jedoch am Festland, liegt die Stadt Párga, auch »das Ohr von Korfu« genannt, die mit den beiden Inseln historisch eng verbunden ist: »Schöner kann die Lage nicht sein: vor uns das weite offene westliche Meer, das nur die zwei weiten Inseln Paxos und Antipaxos mit den nahen Daskaliáriffen unterbrechen. Im Norden blickt eingehaucht Corfu mit den leiblichen Umrissen von Lefkimo, kaum aus dem Meer emporragend und doch schön in der Zeichnung. Im Süden die langgezogene Küste Levkas mit dem weit sichtbaren hochthronenden Stavrotas, den man neulich zum ithakischen Neriton machen wollte. Wie ein Dolch im südwestlichen Meere herausragend Cap Ducato, wellenumrungen. Hinter uns wie eine die lachenden Abhänge von der übrigen Welt trennende Wand, das ernste, kahle Gebirge von Ayá. So abgeschlossen, so von der Natur begrenzt, konnte ein Winkel kaum sein, in welchem Jahrhunderte hindurch unter Venedigs Schutz der Keim hellenistischer Freiheit loderte.«[10]
Der Stadt und Felsenfestung Párga widmete der Erzherzog zwei groß angelegte Bände mit den Titeln »Parga« und »Versuch einer Geschichte von Parga«, denn »Jahrzehnt folgte auf Jahrzehnt, Jahrhundert auf Jahrhundert. Bücherwürmer, Schimmel und Staub wirken tagtäglich zerstörend. Vor wenigen Jahren noch gut lesbare Urkunden sind nun mehr kaum durch ein geübtes Auge zu entziffern. So schien es mir der Mühe wert, unter den vielen Parga betreffenden Dokumenten in Corfu eine Lese zu machen, aus welcher der Forscher viel besser als wie aus einer mehr oder minder künstlich zusammengestellten Schilderung jener Zeiten sich in den Geist jener Periode vertiefen mag, wo alle Tage Gefahr von draußen drohte und Zwistigkeiten im Inneren herrschten.«[11]
Verläßt man per Schiff die Ionischen Inseln in Richtung Osten, so gelangt man nach der Durchfahrt des Golfes von Patras in den Golf von Korinth, in dem der Erzherzog Mitte der 70er Jahre des 19. Jahrhunderts die in Buchform nachvollzogene

Spazierfahrt unternommen hatte: »Die beste Jahreszeit zum Besuche des Golfes ist vom 1. April bis Mitte Juni, weil man nicht der Winterkälte ausgesetzt ist und auch nichts von der Malaria und vom Vuriá zu befürchten hat, die erst später eintreffen. In dieser Jahreszeit und auch selbst in den hohen Wintermonaten dürfte sich kaum eine Stelle zum Yachtfahren so geeignet finden. Ein seeartiges Meer voll der besten und leicht zugänglichen Häfen und reich an geschichtlichen Reminiscenzen und landschaftlichen Reizen. Auch ist dies die beste Gelegenheit, den Golf im Detail zu besuchen, denn die Unterkunft ist, wenn man nicht gerade in den Hauptplätzen in Häusern von Bekannten einkehrt, fast durchwegs schlecht und schmutzig und die den Postdienst verrichtenden Schiffe, die nur Lepanto, Vostritsa, Galaxidi, Saloma und Korinth berühren, gewähren dem Wanderer im Dampferfluge natürlich nur ein phantasmagorisches Bild der Schönheiten des Golfes. Jene, die kein eigenes Schiff hätten, werden am besten thun, sich eine kleine Yacht in Corfu zu nehmen, wo sie stets vermiethet werden können.«[12]
In diesem Werk beschäftigte sich der Erzherzog auch eingehend mit dem Isthmus von Korinth, dessen Durchstich er mitanregte. Diese Landenge ist die einzige Verbindung zwischen dem Festland und dem Peloponnes. Erst viele Jahre nach dem Besuch Erzherzog Ludwig Salvators konnte dieses Projekt, wofür es schon im Altertum Pläne gegeben hatte, realisiert werden. Mit Tausenden von Arbeitern hatte Kaiser Nero 67 n. Chr. (vor ihm hatte sich schon Caligula 40 n. Chr. mit diesem Plan auseinandergesetzt) mit Grabungsarbeiten begonnen, die aber nach dem Tod Neros wieder eingestellt wurden. Erst 1882 hat man die Arbeit an diesem Kanal (6 km lang, 25 m breit, 8 m tief) in Angriff genommen und 1893 beendet.
Nach einer Rundfahrt durch den Golf, wobei Ludwig Salvator unter anderem auch Delphi, den wohl berühmtesten Kultort der Antike, am Südausläufer des Painaß gelegen, besuchte, ankerte die »Nixe« noch im Hafen von Patras, bevor sie wieder Kurs in Richtung Norden nahm: »An der Festungsspitze angelangt, [= Schloß von Rhion; ein Teil davon diente als Ge-

fängnis für Schwerverbrecher] sah ich vergnügten Herzens meine Aufgabe vollendet; sinnend sass ich auf dem äussersten Ende der Festung und blickte bald nach dem traumhaft sich verbergenden Golfe, bald nach der hinauslockenden See hin. Zugleich dachte ich an den Sieger von Lepanto und an Byron, dem modernen Kämpfer für gleiche Ideen, und das blaue Kriegsbanner, das über meinem Kopfe wehte, galt mir als Zeugnis der endlich erlangten Freiheit, bis mich, gleichsam als höhnische Parodie, das Rasseln der Ketten der Gefangenen aus meinen Träumereien aufrüttelte.«[13]

Wie aus den in diesem Kapitel besprochenen Werken zu erkennen ist, hat Erzherzog Ludwig Salvator die ihm, von Triest oder Mallorca kommend, näher liegenden griechischen Inseln als Reiseziele bevorzugt. Immer wieder führten ihn seine Schiffsreisen zu den Ionischen Inseln, die er auf dem Weg nach Ramleh/Alexandrien, wo er ein Haus besaß, passieren mußte. Den im Ägäischen Meer liegenden Inseln widmete er nur ein kleines Buch anläßlich eines Aufenthaltes auf den Kaymenen, einer Inselgruppe vulkanischen Ursprungs. Über die im Kaldera-Becken zwischen Santorin (Thira) und Thirasia gelegenen, zu den südlichen Kykladen gehörenden winzigen Inseln erschienen 1875 in Prag: »Einige Worte über die Kaymenen«.

10.

Kein Platz auf der »Brindisi«

Eine Weltreise wider Willen

»Mögen diese Blätter manche meiner Bekannten anspornen, den einen oder anderen Winter zu einem ähnlichen Ausfluge zu verwenden, was für sie gesünder, lehrreicher und angenehmer sein dürfte, als das stille Hocken an einem unserer Wintersejours.«[1]

Erzherzog Ludwig Salvator

In achtzig Tagen hat es Erzherzog Ludwig Salvator nicht geschafft, die Welt zu umrunden. Dieser Rekord blieb dem legendären Romanhelden Phileas Fogg in Jules Vernes – übrigens ein Freund Ludwig Salvators – weltberühmtem, 1872 als Fortsetzungsroman in »Le Temps« erschienenen Werk »Le Tour de Monde en quatre-vingt jours« vorbehalten.
Der Erzherzog benötigte dafür knappe fünf Monate. Doch als er von Venedig in Richtung Australien aufbrach, hatte er gar nicht vor, so lange auszubleiben. Geplant hatte er einen Besuch der Weltausstellung von Melbourne, und der australischen Kolonien: »Ich dachte mit dem »Brindisi« der P&O zurückzufahren und hatten schon von Hobarttown aus die Plätze bestellt. Ich war bereits zweimal über den amerikanischen Kontinent gefahren und die Ufer des Stillen Ozeans waren mir wohl bekannt, so daß die Fahrt über Amerika nicht den Reiz des Neuen für mich hatte. Sowie ich in Sydney anlangte, ging ich zur Agentur und man sagte mir, daß der »Brindisi« nach Europa schon voll sei und daß man mir unmöglich Plätze darauf verschaffen könnte. Es blieb daher nichts anderes übrig, als vierzehn Tage zu warten und mit der

»Bockhara«, einem kleinen Schiff der P&O, mit einem der Boote der Orient Linie, deren forcierte Schnellfahrten mir nicht viel Vertrauen einflößten, zu fahren, oder den gewöhnlichen Postweg von New-South-Wales, den Weg über Amerika einzuschlagen. Ich entschloß mich für Letzteres und so fuhr ich eigentlich ohne es zu wollen um unseren Erdball.«[2]
Mit Hilfe seines in schlichten Worten abgefaßten Tagebuches »voll feiner Beobachtungen, geistreicher Reflexionen und farbenreicher Schilderung«[3] können wir diese Reise um die Welt nachvollziehen.
Vor Beginn der Reise mußte Ludwig Salvator wie immer die Erlaubnis des Kaisers in Wien einholen. In einem Brief vom 5.12.1880 hatte er darum gebeten, nach Melbourne fahren zu dürfen. Franz Joseph machte seine Zustimmung davon abhängig, ob der eigenwillige Erzherzog bereit war, in Begleitung eines Kammerherrn zu reisen oder nicht. In seinem Antwortschreiben hieß es dann: »Ist dieses für einen Erzherzog immer schicklich, so ist es bei dieser Reise umso nothwendiger, als Dein Rang bei dem großen Zusammenfluße von Fremden, auch von Österreichern, bei der Ausstellung bald bekannt werden und dein Inkognito ziemlich durchsichtig werden dürfte.«[4]
Der Kaiser wollte mit seiner Erlaubnis warten, bis sich Ludwig Salvator für den Baron Sforza oder jemand anderen entschieden hatte. Der kaiserliche Befehl wurde befolgt, und am 1. Jänner 1881 verließen der Erzherzog und seine aus fünf Personen bestehende Begleitung Venedig, von wo aus sie per Bahn über Bologna (2. Jänner) nach Brindisi (3. Jänner) fuhren.
3.–6. Jänner: Überfahrt mit der ›Bangalore‹ von Brindisi nach Alexandrien (825 Meilen, 76 Stunden)
4. Jänner: Zante in Sicht
5. Jänner: Schiff nähert sich der ägyptischen Küste
6. Jänner: Ankunft in Alexandrien, Zugfahrt nach Suez (224 Meilen, 10 Stunden)
7. Jänner: Abfahrt aus Suez
7. Jänner–1. Februar: Mit dem Dampfer ›Indus‹ wurde die Fahrt auf dem Roten Meer und dem Indischen Ozean fortge-

setzt. Bei ruhiger See und leichter Brise durchschnittlich 12 1/2 Seemeilen in der Stunde zurück. An Deck vergnügte man sich während der etwas langweiligen Überfahrt mit Musik und Tanz.

Am 20. Jänner erreichte man »das an Kokosnuß- und Brotbaumwaldungen reiche Ceylon«, wo Ludwig Salvator in einem kleinen Schiff einen Landausflug unternahm: »Ich blickte erstaunt auf diese seltsame Welt, die sich vor meinen Augen eröffnete. Kokospalmen vor mir, Kokospalmen zu meiner Seite und Kokospalmen hinter mir, über welche, wie in einer Glorie von Hosannah, die katholische Kirche blendend weiß und weit sichtbar emporragte.«[5]

21. Jänner: Abfahrt aus Ceylon

1. Februar: Ankunft in Albany/Australien. Am Abend unternahm die kleine Gesellschaft einen Spaziergang durch das verschlafene Städtchen

2.–5. Februar: Überfahrt nach Glenelg, dem Anlegeplatz von Adelaine (= Adelaide), dessen Hafen für Postschiffe nicht tief genug war.

5. Februar: Weiterfahrt nach Melbourne

7. Februar: Ankunft in Melbourne, dem Veranstaltungsort der Weltausstellung 1881

8.–15. Februar: Aufenthalt in Melbourne mit Besuch der Internationalen Ausstellung, einem der größten Anziehungspunkte der Stadt zu dieser Zeit und der eigentliche Grund für diese weite Reise: »Selbstverständlich steht England, welches zu Hause ist, obenan; dann wie gewöhnlich bei jeder Ausstellung, Frankreich. Österreich ist im industriellen Teil besonders reich vertreten und spielt eine treffliche Rolle; leider hat man auch an der artistischen Ausstellung teilgenommen und zwar mit drei Gemälden und alle drei schlecht.«[6]

Dreißig Jahre später machte sich der Erzherzog Gedanken über den Wert von Weltausstellungen und brachte seine Überlegungen in »Einiges über Welt-Ausstellungen« zu Papier.

Von frühester Kindheit an interessierte sich Ludwig Salvator für diesen »friedlichen Wettstreit der Nationen«, der für ihn

eine weitere Möglichkeit bedeutete, sich Bildung anzueignen: »Ich behaupte immer, nie mit einem Menschen zwei Stunden gesprochen zu haben, ohne von ihm etwas gelernt zu haben; was wird man erst aus Weltausstellungen erlernen!«[7]
Die praktische Ausrichtung und das fortschrittliche Denken stellte der Erzherzog einmal mehr unter Beweis: Weltausstellungen sollten nicht gleichzeitig oder zu knapp aufeinanderfolgend stattfinden, da sie in diesem Falle unvollständig blieben und keine Vergleichsmöglichkeiten bestünden. Ein etwa dreijähriger Abstand schien ihm angebracht, um Industriellen und Künstlern genug Zeit zu geben, sich vorzubereiten. Als sinnvoll bezeichnete er ergänzende Landes- und Regionalausstellungen und Fachausstellungen (nach Spezialgebieten ausgerichtet) mit internationalem Charakter. Er empfahl, einfache, billige Bauten zu errichten und das Geld anstatt in vergängliche Dekorationen zu investieren, besser für ein oder zwei Gebäude zu verwenden, die auch nach Ausstellungsende bestehen blieben, wie der Crystalpalace in Sydemham/England oder die Kunstmuseen für jetzige und retrospektive Kunst in Paris: »Es ist wiederholt Sitte gewesen, bei internationalen Ausstellungen irgendeinen auffallenden Bau auszuführen, der noch nicht dagewesen wäre und der gewissermaßen als Clou der Ausstellung dienen könnte. So wurde der Tour Eiffel in Paris, Rerrins Wheel in Chikago und spätere Nachahmungen von Riesenrädern bei anderen Ausstellungen, die Riesenuhr mit den gigantischen Zeigern in Saint Louis und der Flip Flap bei der franko-britischen Ausstellung von London aufgeführt.«[8]
Daneben sollten »Restaurants, Erfrischungshäuser und Belustigungsplätze« in ausreichendem Maße vorhanden sein. Sie »sollen Ruhepunkte bilden im Laufe des Rundganges, um neue Kraft und Frische zu schöpfen zur weiteren Besichtigung.«
Daneben setzte sich der Erzherzog für ein gewisses Maß von Anstand und Ernst ein, um das Ganze nicht in einen jahrmarktähnlichen Rummel ausarten zu lassen. Nach Meinung Ludwig Salvators »kann nur ein ausgeruhter Körper das, was

er sieht, mit Vorteil geistig in sich aufnehmen.« Drei Stunden Besichtigung am Vormittag, drei Stunden am Nachmittag und dazwischen eine Stunde Mittagspause empfahl er dem Bildungshungrigen.

In der Folge werden einige Beispiele für das früher erwähnte praktische Denken des Erzherzogs angeführt: Pavillons wie das gesamte Ausstellungsgebäude müßten rollstuhlfreundlich angelegt sein (gefordert 1911!); außerdem befürwortete er strenge Sicherheitsvorkehrungen, um die ausgestellten kostbaren Gegenstände wie Juwelen und Kunstobjekte ausreichend vor Brand und Diebstahl zu schützen. Besonders gut würden ihm Diaramen mit lebensgroßen Mannequins oder ausgestopften Tieren gefallen haben, die ebenso wie nachgebaute Berg- und Salzbergwerke, Seidenspinnereien, Schlösser und Städte der Anschaulichkeit von Nutzen wären. Zudem forderte er Übersichtlichkeit bei der Aufstellung der Exponate.

Die Hauptvorteile einer Weltausstellung faßte der Erzherzog in sechs Punkten zusammen:

- Firmen werden in anderen Ländern bekannt, es bieten sich gute Vergleichsmöglichkeiten.
- Handelsverbindungen werden geknüpft zwischen den einzelnen Firmen.
- Der Besucher lernt die Stadt, wo die Ausstellung stattfindet, kennen, und die Reklame für diese Stadt darf nicht außer acht gelassen werden.
- Gewinn für die betreffende Stadt: wird gereinigt, pflegt ihre Denkmäler etc.
- Die Besucher leisten ihren (finanziellen) Beitrag zum Aufblühen der Wirtschaft.
- Das gegenseitige Kennenlernen der verschiedenen Völker könnte die Basis für ein friedliches Nebeneinander bilden: »Wie viele vorgefaßte Meinungen, wie viele Vorurteile werden beim Kennen eines anderen Volkes, beim Leben in seinem Lande abgestreift. Ich behaupte, daß, wenn sich die einzelnen Völker besser kennten, sie sich auch nicht anfeinden würden.«[9]

Das Sichkennenlernen als Grundlage für den Frieden – damit deklarierte sich der Erzherzog als Pazifist, eine zweifellos ungewöhnliche Haltung für ein Mitglied des Kaiserhauses, noch dazu in einer Zeit, als der Erste Weltkrieg vor der Tür stand. Daß es sich in seinem Falle nicht um eine Laune des Augenblicks handelte, bewies Ludwig Salvator unter anderem durch die finanzielle Unterstützung, die er Bertha von Suttner, der Präsidentin der Österreichischen Friedensgesellschaft, zukommen ließ. Die Friedensnobelpreisträgerin des Jahres 1905 nahm die überwiesenen 1000 Kronen freudig entgegen. Zweifellos wird diese Spende vom Wiener Hof als Provokation aufgefaßt worden sein.
Mit dem engsten Mitarbeiter Bertha von Suttners, dem Wiener Dr. Alfred Herman Fried, Schriftsteller und Friedensnobelpreisträger von 1911, der gemeinsam mit der »Friedensberta« ab Februar 1892 die Zeitschrift »Die Waffen nieder« herausgab, stand der Erzherzog in brieflichem Gedankenaustausch. Fried befand sich »in einer tiefen Seelendepression über den entfachten Weltbrand«, als er am 5.8.1914 an Ludwig Salvator schrieb: »Die Hoffnung auf eine friedliche Lösung ist leider ganz geschwunden. Jetzt kommt das Ringen, wie es die Welt noch nie gesehen hat.« Nur drei Tage später verfaßte Alfred Fried einen weiteren Brief an den in Muggia/Triest weilenden Erzherzog, der zweifellos von der Idee eines friedlich miteinander lebenden Europas durchdrungen war: »Die eine Lehre von dem wirtschaftlichen Zusammenhang aller Völker, die wir immer gepredigt haben, hat sich bereits in drastischer Weise erwiesen. Vielleicht wird aus diesem allgemeinen Zusammenprall das einige Europa entstehen. Wenigstens einig bis zur russischen Grenze.«
Arthur Müller, ein »berufsmäßiger Pazifist« – wie er sich selber bezeichnete –, sah seine Gedanken durch Ludwig Salvator ausgedrückt und stimmte mit diesem inhaltlich völlig überein. In einem Brief, in dem er sich für das Buch über die Weltausstellung und das Begleitschreiben bedankte, formulierte es der Wiener so: Vor allem der Satz von der friedensfördernden, menschenverbindenden Wirkung dieser Großveranstaltun-

gen »sollte mit goldenen Lettern an allen Orten der Welt aufgeschrieben werden. Damit haben Eure kaiserliche Hoheit mit kurzen Worten den Kernpunkt der Friedensbewegung gekennzeichnet, denn wenn auch unsere Bestrebungen derzeit noch verlacht werden und Unglauben betreffs der Realisierung begegnen, eines haben sie doch bewirkt: das gegenseitige Verständnis der Völker haben sie schon gewaltig gefördert. Es wird auf unseren Friedenskongressen oft viel unnützes Zeugs zusammengeschwätzt, aber die Hauptsache ist, dass sie überhaupt stattfinden, dass alljährlich Vertreter aller Nationen der Welt zusammenkommen, um sich gegenseitig kennen, schätzen, freundschaftlich lieben zu lernen und vor allem sich zu gemeinsamer Arbeit zu vereinen. Und weiters darf die Wirkung auf die Bevölkerung des Landes, wo der Kongress stattfindet, nicht unterschätzt werden.«[10]

Doch diese optimistischen Gedanken voller Hoffnung auf eine friedliche Zukunft konnten – wie die Geschichte bewiesen hat – die Menschen in unserem Jahrhundert nicht vor den Schrecken und Greueln eines Krieges verschonen. Auch Ludwig Salvator, ein Pazifist aus tiefster Überzeugung, mußte kurz vor seinem Tod den Ausbruch des Ersten Weltkrieges miterleben. »Die wohltuende Wirkung der Völkerverbindung« war auf der Strecke geblieben.

Von diesen Betrachtungen zum Thema Frieden kehren wir nun zum Schauplatz der Ausstellung, nach Melbourne, zurück. Die Reisenden nützten den einwöchigen Aufenthalt zu einer ausführlichen Besichtigung der Stadt:

9. Februar: Besuch der St.-Patricks-Kathedrale, zoologischer Garten, Ausstellung

10. Februar: Ausstellung

11. Februar: Markthalle Eastern Market, Kunstgalerie, Industriemuseum und Bibliothek

12. Februar: Victoria Market, Ausflug in die Umgebung

13. Februar: Hafen

14. Februar: Hurts Laden für Kuriositäten, Armenviertel

»Der Haupteindruck der Stadt mit den riesig breiten Straßen, welche meilenweit bergauf und bergab führen, ist angenehm und heiter; man dünkt sich in Amerika. Die Häuser sind alle sehr solid gebaut, die Magazine, worunter sich namentlich die Wollmagazine durch ihre Größe auszeichnen, sind meist aus schwärzlichem, basaltartigem Stein. Trotz des hellen Sonnenscheins war die Luft kühl, und an Staub kein Mangel.«[11]

15. Februar: Abfahrt von Melbourne in Richtung Hobarttown

16.–18. Februar: Überfahrt nach Tasmanien, der »Garteninsel« oder auch »Insel der Schönheit« genannte (49 Stunden Fahrt, 450 Seemeilen), das, von kleineren Inseln umgeben, im Süden von Australien liegt – von diesem durch eine etwa 200 Kilometer breite Meerenge getrennt.

Zehn Tage verbrachte der Erzherzog in Tasmanien – zehn Tage, in denen er, wie üblich, ein reichhaltiges Besichtigungsprogramm absolvierte. Neben dem täglichen Besuch der Messe frühmorgens standen die katholische und episkopale Kathedrale, das Theater, der Hafen, die Hochschule, das Parlament, das bischöfliche Haus, das meteorologische Museum, das Wasserreservoir, die Bibliotheken und natürlich auch der botanische Garten, von dessen Direktor Ludwig Salvator Samen von verschiedenen Sträuchern und Bäumen Tasmaniens erhielt, auf dem Programm.

Der nimmermüde Forscher durchstreifte die Inseln nach allen Richtungen, um Material für sein 1886 in Prag erschienenes Werk »Hobarttown oder eine Sommerfrische in den Antipoden« zu sammeln. Er behandelte die Geschichte Tasmaniens von seiner Entdeckung im Jahre 1642 bis zur Besitzergreifung durch die Engländer 1804, die die erste Ansiedlung, Hobarttown oder, besser gesagt, Hobart errichteten.

Durch Ludwig Salvators Lektüre angeregt, begann sich auch Kaiserin Elisabeth für diese Insel zu interessieren: »Sie befragt den weitgereisten Erzherzog Ludwig Salvator, den Sonderling, nach dem ihr von Engländern so hoch gerühmten Eiland Tasmanien, und auch er beschreibt es in so glühenden Farben, daß sie immer mehr Lust bekommt, diese Insel zu sehen.«[12]

Kaiser Franz Joseph stand diesen Reiseplänen seiner Gemahlin jedoch ablehnend gegenüber, wodurch die Idee nicht in die Tat umgesetzt wurde.

Das Land, dessen Einwohnerzahl rasch anstieg, nahm ab dem ersten Drittel des 19. Jahrhunderts einen großen wirtschaftlichen Aufschwung: 1857 wurde die erste Telegraphenleitung und Gasbeleuchtung eingerichtet, 1871 die erste Eisenbahnlinie angelegt. Tasmanien hatte bis 1853 als Sträflingskolonie gedient.
In der Einleitung verwies der Autor auf die Entwicklung der australischen Kolonien und die veränderte Einstellung der Kolonisten gegenüber ihrer ursprünglichen Heimat, die sie gar nicht mehr aufsuchen wollten: »Die Kolonie ist nicht mehr die öde, verlassene Gegend, in welcher man nur Geld zu gewinnen trachtet und sich der Hoffnung hingibt, den erworbenen Wohlstand eines Tages in behaglicher Ruhe in der alten Heimat genießen zu können; man hat sie vielmehr immer mehr lieben und schätzen gelernt, und sie ist zu einem zweiten Vaterlande geworden, in dem man zwar nicht geboren ist, wo man aber leben und genießen will.«[13] So kehrten die europäischen Auswanderer auch in ihrer Urlaubszeit nicht nach Europa zurück. Auch die Bewohner Australiens hatten Tasmanien als Ferienziel entdeckt. Die heißen Nordwinde trieben die in Sydney, Melbourne oder Adelaide Lebenden während der warmen Monate aus den Städten in die nahegelegenen Seebäder, von denen sich vor allem Hobarttown aufgrund seiner südlichen Lage, der gesunden Luft, den reichen Waldungen und dem schönen Meeresstrande anbot: »Neu-Seeland liegt schon zu fern und andere für den Sommeraufenthalt geeignete Plätze gibt es weit und breit nicht in der Nähe des australischen Kontinents, mithin ist diese gesegnete Insel jetzt das große summer resort der Antipoden und berufen, es von Tag zu Tag immer mehr zu werden.«[14]
Neben der geschichtlichen Entwicklung wurden Klima, geologische Verhältnisse, Mineralien sowie Pflanzen- und Tierwelt abgehandelt. Daneben entstand ein anschauliches Bild von der Lebensweise, den Sitten und Gewohnheiten der durch die Einwanderung der Weißen verdrängten und zur Zeit Ludwig Salvators schon ausgestorbenen Ureinwohner Tasmaniens.

Den Haupterwerbszweig bildete neben der Zucht von Schafen, Rindern, Schweinen und Pferden der Ackerbau, der aufgrund des günstigen Bodens und Klimas gute Erträge, vor allem aber qualitativ hochwertiges Getreide, hervorbringen konnte.
Statistiken geben Aufschluß über Ernteerfolge, Erträge, den Einsatz von landwirtschaftlichen Maschinen etc. Die Produkte der Insel Tasmanien waren von ausgezeichneter Qualität, so daß sie von den australischen Kolonisten bevorzugt erworben wurden, was sich in einem ausgeglichenen Verhältnis von Export und Import niederschlug.
Im Schlußteil »Ein Kapitel für Auswanderer. Vergangenheit und Gegenwart« gab der weitgereiste Erzherzog Ratschläge aus eigener Erfahrung: »Wie viele Leute können sich dort durch Auswanderung eine glückliche, unabhängige Lage schaffen! Für den British Farmer mit geringem Kapital und großer Familie, für den Halbsold-Offizier, für den kranken oder geschwächten Anglo-Indier kann man keinen geeigneteren Platz finden. Die Ähnlichkeit mit dem Mutterlande, die gleichen Sitten, sowie die englischen Namen der Countries heimeln ihn an. Tatsächlich gibt es viele solche Familien in Tasmanien und wenn man bei ihnen auch nicht große Reichtümer antrifft, so findet man bei ihnen im allgemeinen Bequemlichkeit und Überfluß. Überhaupt kann man Tasmanien als die Vollkommenheit eines zurückgezogenen Landlebens betrachten.«[15]
Statistische Tabellen über die Höhe von Löhnen, Gehältern und anderen Einkünften, Preise der Nahrungsmittel, des Bodens etc. sollten dem noch unschlüssigen Auswanderungswilligen die Entscheidung erleichtern. »Will der Auswanderer sich nicht der Agrikultur oder Viehzucht widmen, so bleibe er lieber zu Hause. Hat er aber etwas Kapital und Lust und Liebe zum Landleben, dann frisch hinaus nach dem glücklichen Tasmanien.«[16]
Am letzten Februartag des Jahres 1881 war Ludwig Salvators »Sommerfrische in den Antipoden« zu Ende. Mit dem Zug setzte er seine Reise um den Erdball nach Launceston fort, wo

er sich einen Tag später nach Melbourne einschiffte. In einer anderen australischen Stadt, Sydney, wurde der Habsburger, der auf das friedliche Zusammenleben der verschiedenen Nationalitäten so viel Wert legte, Zeuge eines ihn empörenden rassistischen Zwischenfalls: »Junge Leute, welche auf einem Buggy fuhren, begingen die Schandthat, nach zwei harmlosen Chinesen, welche ruhig ihres Weges gingen, mit der Peitsche zu schlagen. Diese remostrirten dagegen und warfen Steine. Ich erhob energisch meine Stimme gegen jene Impudents, welche erschrocken in Carrière verschwanden. Kaum sahen die Chinesen, daß Jemand da sei, der ihre Partei nimmt, so hörten sie auf Steine zu werfen und zogen ruhig dahin. Man sieht aber daraus, wie lebhaft der Antichinism auch in Australien sich geltend macht.«[17]

Die Tage während dieser langen Reise waren ausgefüllt mit Besichtigungen, Ausflügen, Tagebuchnotizen, Einkäufen der absonderlichsten Dinge, an denen der Erzherzog Gefallen fand und die seine Besitzungen in ein Kuriositätenkabinett verwandelten (einen Teil davon kann man auf Son Marroig/Mallorca noch heute besichtigen): »Für einen Bumerang verlangte man sieben Shilling, für schöne Lanzen von den Fiji Inseln zehn Shilling das Stück. Ich kaufte zwei von den letzteren, eine australische (New South Wales) Keule und einen Bogen mit Pfeil, sowie einen Häuptlingsstock von den Fiji Inseln. Nachmittags fuhren wir, nachdem wir auf dem Markte einen schönen chinesischen Käfig für 25 Shilling gekauft hatten, zur Bahn ...«[18]

Am 24. März verließ der Dampfer »Zealandia« mit der Reisegruppe um Ludwig Salvator und einem neu hinzugekommenen Mitreisenden, dem Hund Trimmer, Australien in Richtung Amerika. Die Fahrt über den Stillen Ozean wurde von einigen Zwischenstopps, im Hafen von Auckland auf Neuseeland, auf den Sandwichinseln, dem heutigen Hawai, und in Honolulu, unterbrochen. Die Wetterverhältnisse während der Überfahrt waren günstig, die Reise selbst verlief aber recht eintönig und ohne Zwischenfälle. »Schön ist es, auf die lämmernde Flut zu schauen; wie schön ist es überhaupt, eine jede graziös in ihrer Art. Eine Flut von Poesie strömt aus jedem Wellenkamm und Leute gehen oder sitzen auf Verdeck und sagen, sie sähen nichts! Mancher vertieft sich stundenlang in Spiel, um sich zu zerstreuen, und welch schöne Zerstreuung ist es doch, auf die Wellen zu schauen, wenn man sie nur versteht!«[19]

Nicht ganz einen Monat später, am 20. April landete das Schiff in San Francisco, wo der Erzherzog aber keinen längeren Aufenthalt nahm, da er Kalifornien von seinem Besuch im Jahre 1876 noch in Erinnerung hatte, sondern reiste unverzüglich nach New York weiter.

Bei seinem ersten Besuch in Los Angeles hatte sich Ludwig Salvator vor allem für die Bedingungen der europäischen Auswanderer interessiert. Er hatte die Europäer ermuntert, in dieses Land einzuwandern, »welches Fruchtbarkeit des Bodens und Leichtigkeit jeweder industrieller Entwicklung mit Gesundheit des Klimas verbindet; ein Land, wo die Rauheit des Winters wie die Hitze des Sommers unbekannt sind.«[20] Fleiß, Eifer und ein guter Wille seien mitzubringen. »Hat man diese beiden Eigenschaften, so ist die Leichtigkeit, sich eine gute Substanz zu verschaffen, viel größer und hat man noch etwas Kapital dazu, so sind die Chancen, mit Hilfe derselben reich zu werden, unleugbar viel bedeutender als in Europa.«[21]

Das Problem der Auswanderung aus Europa war zu dieser Zeit gerade von großer Aktualität. Die explosionsartig angestiegene europäische Bevölkerung von 140 Millionen Einwohnern im Jahre 1750 auf 225 Millionen im Jahre 1850 hatte in manchen Ländern zur Verarmung breiter Bevölkerungsschichten und zu Hungersnöten geführt. Daß er die Europäer ermunterte, auszuwandern, ließ Ludwig Salvator allerdings im Gegensatz zu den Regierungen der europäischen Staaten eine Außenseiterposition einnehmen, da man im Auswanderer einen Schädling sah, der durch seine Emigration die Arbeitskraft und das militärische Potential seines Heimatlandes schwächte: »Sie [= die Regierung] gingen von der Vorstellung aus, daß die Hauptquelle des natürlichen Wohlstandes eines Staates die Größe der Bevölkerung sei. Eine Auswanderung

großen Umfanges stelle sowohl in militärisch-politischer als auch in wirtschaftlicher Hinsicht eine große Gefahr dar.«[22]
Deswegen reagierten die Potentaten der einzelnen Länder auf diese »Auswanderungsepidemie« mit Paß- und Lizenzzwang, hohen Abzugsgeldern, negativ geprägten Informationen über die bevorzugten Einwanderungsländer, vor allem über Amerika und Teile Deutschlands, die besonders gerne zum Ziel genommen wurden, und verhängten befristete Auswanderungsverbote.[23]
Auch eine große Zahl von Chinesen war in Kalifornien eingewandert (1852 ca. 40.000, das entsprach einem Sechstel der Gesamtbevölkerung). »Vom Unternehmerstandpunkt gesehen, konnte man sich keine willkommeneren Arbeitskräfte wünschen als die fleißigen, geschickten und vor allem billigen Chinesen. Neben den schweren Arbeiten verrichteten sie häufig Tätigkeiten, die allgemein den Frauen vorbehalten sind, und für die im frauenarmen Kalifornien der Pionierzeit nicht genügend Arbeitskräfte vorhanden waren.«[24] Mit Aufkommen des Konkurrenzdenkens und des Neides der Weißen fanden ab den sechziger Jahren des 19. Jahrhunderts in Kalifornien und Australien Anti-Chinese-Meetings statt, und eine massive Propaganda wurde gegen die »gelbe Gefahr« entwickelt, die von Chinesenprogromen über Pressefeldzüge bis hin zu erfolgreichen Beeinflussungen des Parlaments reichte. Den Initiatoren war jedes Mittel recht. Zum wirtschaftlich-sozialen Moment trat der Rassismus; auch – so argumentierte man – könne das Christentum nicht mit einer in Sitte und Gesinnung anderen Organisation zusammenleben, ohne größeren Schaden zu nehmen.[25]
Ludwig Salvator pries dessen ungeachtet die Vorzüge Kaliforniens als Siedlungsland und widmete Klima, Bevölkerung, Ackerbau, Viehzucht, Bienenzucht, Bergbau, Handel, Obstkultur, Aussehen der Häuser und Kirchen und Ausflugsmöglichkeiten eingehende Betrachtungen.
Über die Situation der Einwohner Kaliforniens, ihre Lebensgewohnheiten, Tagesabläufe, Eß- und Trinkkulturen, Kleider, Mentalität, Architektur, Klima und Viehzucht verfaßte

der Erzherzog einen separaten Artikel, der 1880 unter dem Titel »Los Angeles. Eine Blume aus dem goldenen Land. Ein Stück Vergangenheit und ein Stück Gegenwart« erschien.
Die Reisenden wählten anschließend die südlichere Route und fuhren im Schlafwagen über Yuma, Santa Fe, Kansas City und Detroit, um die kalten Gebirgsregionen der Sierra Nevada und der Rocky Mountains zu umgehen.
Schmerzlich empfand der Erzherzog, der ein leidenschaftlicher Biertrinker war, das zu dieser Zeit in Kansas City geltende Verbot der Ausgabe von alkoholischen Getränken. Erst in Quincy bekam er wieder Bier aus dem dortigen Brauhaus zu trinken.
An Bord des Dampfers »Republic« trat die Gruppe am 5. Mai die Rückfahrt nach Europa an und erreichte neun Tage später Liverpool. Auch hier führte Ludwig Salvators erster Weg zum Post- und Telegraphenamt und anschließend in die katholische Kirche. Von England aus reiste er mit kurzen Intervallen über Paris und Turin per Bahn nach Mailand.
Wie wenig »zeremoniell« und hofgemäß das Erscheinungsbild des Weltenbummlers war, der alte, verschlissene Anzüge trug und anstelle von Manschettenknöpfen Spagat verwendete, der »in der Eisenbahn – samt seiner vorsintflutlichen Reisetasche, die er selbst schleppte – dritter Klasse (sein Diener fährt in der ersten und trägt sein Gepäck selbstverständlich nicht selbst) fuhr«[26], geht aus zahlreichen Episoden hervor, die sich auf den verschiedenen Reisen zugetragen haben.
Anläßlich seines Aufenthaltes in Mailand, wo er Dom und Ausstellung besuchte, notierte der Erzherzog in seinem Tagebuch: »Mailand war im Festschmucke. Allerhand Beleuchtungen waren im Zuge. Wir gingen in erster Frühe in den herrlichen Dom zur Messe und brachten den Rest des Vormittags in der Ausstellung, die wirklich gelungen genannt werden kann, zu; wer an Italiens Entwicklung zweifelt, der eile nach Mailand. Namentlich exzellent die Ausstellung in der Kunstindustrie; Venedig, Florenz, Rom stehen in dieser Hinsicht obenan.«[27]
Am 19. Mai verließen die Reisenden Mailand in Richtung Ve-

nedig. So endete nach fünf Monaten diese unfreiwillige Reise um die Welt an ihrem Ausgangspunkt: »Der Abend war prächtig. Venedig schien uns doppelt schön; es gibt Städte, die im Vergleich mit anderen verlieren, Venedig gewinnt. Nach kaum fünf Monaten begrüßten wir wieder den in der Abendsonne funkelnden, die Stadt beherrschenden goldenen Engel und mit den Gefühlen des Dankes zu Gott, dessen Wille uns Alle wieder glücklich zur heimischen Adria zurückgeführt, betraten wir den Marcus-Dom.«[28]

11.
Wer kennt nicht den Zauber des Meeres …
Erzherzog Ludwig Salvators Beziehung zu Schiffahrt und Meer

Hinaus, hinaus auf's weite, blaue Meer,
Hinaus, wo Himmel nur und Welle,
Wo nie das Herz mir bang und schwer,
Zu Schiff, zu Schiff ist meine Stelle!«[1]

Erzherzog Ludwig Salvator

Erzherzog Ludwig Salvators große Liebe galt dem Meer und der Schiffahrt. Er hatte in jungen Jahren das »Kapitänspatent der langen Fahrt« erworben, um selbst am Ruder einer Yacht stehen zu können. Diese enge Beziehung zur Navigation teilte er mit zwei seiner Brüder, Ferdinand IV. und Johann Nepomuk Salvator. Der Ältere der Toskanerprinzen, der in Lindau am Bodensee heimisch geworden war, »hatte seit jeher eine besondere Vorliebe für das Meer. Diese wohl bewog ihn, sich am Bodensee niederzulassen, wo verhältnismäßig viel freies Wasser war. Er baute eine kleine Flotte von drei Segel- und einigen Ruderbooten, und seine größte Freude war, auf dem See längere Ausflüge im Segelboot zu unternehmen. Er war ein leidenschaftlicher Segler, kannte den See mit seinen wechselnden Winden und deren Tücken ganz ausgezeichnet, und war bei allen Kapitänen der Dampfer wohl bekannt. Seine besondere Geschicklichkeit im Manöverieren zeigte er am liebsten um die Mittagszeit, wenn der regelmäßige Westwind am ganzen See eingesetzt hatte und manchmal eine steife Brise wehte, dann liefen im engen Hafen von Lindau, von Bregenz, von Rorschach, von Romanshorn und von Konstanz kommend, österreichische, bayrische, schweizer, württembergische und badische Dampfer ein und bald wieder aus. Sie manöverierten im Hafen, und mitten unter ihnen, oft nur eine Haaresbreite vor dem heranbrausenden scharfen Bug, flog die weiße Schwalbe hin und her; ruhig, sicher, zielbewußt, unbeirrt stand mein Vater [Ferdinand IV.] am Steuer, aufrecht, im dunkelblauen Anzug, die schottische Mütze mit den fliegenden Bändern am Kopf, sein vom weißen Bart umwalltes freundlich-ernstes Gesicht mit den scharfen, klaren, braunen Augen aufmerksam auf den Kurs gerichtet.«[2]

Der Großherzog und sein Segelboot »Amerika« waren auf dem Bodensee zu Hause und den Bewohnern von Lindau aufgrund der oft waghalsigen Wendemanöver eine liebgewordene Attraktion. Ähnlich verhielt es sich mit dem jüngsten Sproß des Großherzogpaares aus der Toskana, Johann Nepomuk Salvator, der wie sein Bruder Ludwig Salvator in Fiume das Patent des »Kapitäns der langen Fahrt« (capitano di lungo corso) erworben hatte.

Nach anfänglichen Segelausflügen am Bodensee und im Salzkammergut erwarb Johann Nepomuk Salvator die Dampfyacht »Bessie«, die er für Fahrten im Mittelmeer verwendete. Die erste größere Schiffsreise führte ihn von Southampton über Gibraltar nach Marseille und Nizza und nach einer Rundfahrt im Ligurischen Meer über Neapel, Messina und Pola nach Venedig. Aus Mangel an Zeit mußte der Kapitän das Schiff wieder verkaufen, seine Liebe zum Meer blieb dennoch weiter bestehen.

Nach seinem Ausscheiden aus dem Kaiserhaus verschrieb sich Johann Nepomuk Salvator endgültig der Seefahrt, und aus einer Freizeitbeschäftigung wurde binnen kurzem harter Broterwerb. Anfang Februar 1890 hatte er die Absicht, bei einem Hamburger Makler das Segelschiff »Saint Margaret«, einen hochseetauglichen Dreimaster, der bisher Baumwolle nach Europa gebracht hatte, zu erwerben. Um den Kaufpreis aufbringen zu können, mußte Johann Nepomuk Salvator einen Teil seiner Möbel und andere Gegenstände veräußern und Schloß Orth mit einer Hypothek belasten. Durch seinen Austritt hatte er das Recht auf alle finanziellen Zuwendungen wie Apanage und Mittel aus dem Familienfonds verloren. Also mußte sich der Erzherzog, der ab 1889 unter dem Namen Johann Orth auftrat, nach einer Arbeit umsehen. Die »Saint Margaret« sollte ihm dabei helfen. Unter dem Kommando des Kapitäns Sodich aus Fiume verließ das Schiff, beladen mit Zement, den Hafen von London und nahm Kurs auf Südamerika, wo es auch ohne Schwierigkeiten ankam. Johann Orth trat die Überfahrt in der Funktion des zweiten Kapitäns an, übernahm dann nach einer Auseinandersetzung mit Sodich das Kommando und – lenkte die »Saint Margaret« in den Untergang. Beim Auslaufen aus dem Hafen von La Plata am 12. Juli 1890 wurde das Schiff, das in Valparaiso Salpeter laden sollte, zum letzten Mal gesehen. Dann verlor sich seine Spur und die seines Kapitäns in den Gewässern des ständig von Weststürmen umbrausten Kap Hoorn.

Abgesehen von den Toskanerprinzen begeisterten sich nur wenige Mitglieder des Kaiserhauses für die Seefahrt. Der Kaiser, Franz Joseph I., war – ebenso wie sein Sohn Rudolf – als Seemann ungeeignet, er zog einen festen Boden unter den Füßen allen Ozeanen vor und betrachtete Seereisen als unliebsame Notwendigkeit im Rahmen von Repräsentationspflichten. Die einzige größere Seereise im Laufe seines langen Lebens führte ihn 1869 zur Eröffnung des Suezkanals an Bord der »Greif« nach Port Said.

Die österreichisch-ungarische Yacht »Greif (II.)« wurde wesentlich öfter von seiner Gemahlin, Kaiserin Elisabeth, benützt, die großen Gefallen an Reisen zu Wasser fand und an Bord dieses Schiffes unter anderem nach Korfu und Madeira reiste. Ihrer Liebe zum Meer gab die Kaiserin in vielen ihrer Gedichte Ausdruck:

»Seh' ich am fernen Horizont
Ein weisses Segel gleiten;
So möcht' ich mit!
Seh' ich auf schäumend' Wellenross
Die Möve lustig reiten;
So möcht' ich mit!

Seh' ich den Fischer, seebereit
Den schweren Anker lichten;
So möcht' ich mit!«[3]

Neben der Greif standen dem Kaiserhaus zahlreiche andere Raddampfyachten zur Verfügung, die allesamt als Staatseigentum der Kriegsmarine unterstellt waren. Der Kaiser selber besaß kein Schiff. Eine gern verwendete Yacht war die vom Bruder des Malers Anton Romako, Joseph Romako, konstruierte, in England gebaute »Miramar«, ebenfalls ein Raddampfer. Kronprinz Rudolf reiste damit zweimal in den Orient (1. Orientreise 1881, 2. Orientreise gemeinsam mit seiner Gemahlin Stephanie 1885), Elisabeth wiederholt nach Korfu. Diese Schiffe der Kriegsmarine standen den einzelnen Mitgliedern des Kaiserhauses (Kaiser Franz Joseph, Kaiserin Elisabeth, dem Kronprinzen Rudolf und seiner Gemahlin sowie den Erzherzögen Albrecht, Karl Stefan, Rainer, Karl Ludwig, Wilhelm u. v. a.) für deren Vergnügungsreisen zur Verfügung und wurden auch für Bildungs-, Forschungs- und Aufklärungsfahrten herangezogen. Das wohl bekannteste Schiff war die Fregatte Novara, die Erzherzog Ferdinand Maximilian 1851 für seine Mittelmeerkreuzfahrt verwendete. Sie brachte ihn ins große mexikanische Abenteuer und später – als Leichnam – von dort zurück in die Heimat. In den Jahren 1857–1859 führte die Novara unter der Leitung von Ferdinand von Hochstetter die erste Weltumsegelung eines Schiffes mit Deutsch als Dienstsprache durch. Erzherzog Ferdinand Maximilian hatte bereits im Alter von achtzehn Jahren, entgegen der habsburgischen Tradition beschlossen, Seemann zu werden und in der k. k. Marine zu dienen. Später wurde er Oberbefehlshaber der österreichisch-ungarischen Kriegsmarine, reformierte und modernisierte die Flotte und unterstrich seine Beziehung zum Meer noch mit dem Bau des Schlosses Miramar bei Triest mit Blick auf die Adria. 1859 kaufte er die Insel Lacroma, das heutige Lokrum, nahe der Stadt Dubrovnik, wo er eine halbverfallene Abtei wiederaufbauen und einen prachtvollen Garten anlegen ließ.

Außer Ferdinand Max hatten sich noch zwei andere Erzherzöge der Seefahrt verschrieben: Karl Stefan, der Sohn von Erzherzog Karl Ferdinand und Erzherzogin Elisabeth, und Leopold Ferdinand (später Leopold Wölfling) aus der Toskanalinie, die beide die 1854 errichtete Marineakademie von Fiume (heutiges Rijeka) absolvierten. Während Leopold Ferdinand, der in seinen Erinnerungen von der Zeit als Kadett erzählte, die Ausbildung nicht beendete, konnte Karl Stefan seiner Begeisterung für den Yachtsport als Vizeadmiral der k. k. Kriegsmarine Rechnung tragen. Er nahm an den Regatten des k. k. Yachtgeschwaders teil und bereiste Mittelmeer und Atlantik.

Zu den Mitgliedern des 1886 als Union Yacht Club gegründeten Yachtgeschwaders mit Sitz im Zentralkriegshafen von Pola, das ab dem 9. August 1891 offiziell anerkannt und zur Führung der Kriegsflagge ermächtigt worden war, zählten neben vielen Angehörigen europäischer Herrscherhäuser auch der Chef des Generalstabs Franz Conrad von Hötzendorf und der amerikanische Millionär William Vanderbilt. Unter den Gründungsmitgliedern des 1895 bereits 230 Mitglieder und 54 Yachten zählenden Clubs befanden sich auch Erzherzog Ludwig Salvator und seine Yacht Nixe.

Im Jahre 1887 hatte Heinrich von Littrow, k. k. Linienschiffskapitän, königlich-ungarischer Seeinspektor und Dichter, in Abbazia den ersten Segelklub (Union Yacht Club Quarnero) mit hochseetüchtigen Yachten gegründet, eine Vereinigung, welche bereits ein Jahr später 70 Mitglieder zählte und 1891 dem k. k. Yachtgeschwader einverleibt worden war. In der Zentralausschußsitzung vom 21. Dezember 1887 war der »UYC Zweigverein Quarnero« anerkannt worden. Unter den Mitgliedern dieses Clubs an der mondän gewordenen österreichisch-ungarischen Riviera waren die Familien Hammer-Purgstall und Reininghaus sowie John Whitehead.

Die Hälfte der Mitglieder des neu gegründeten Clubs in Pola waren aktive oder ehemalige Seeoffiziere, weshalb man sehr eng mit der Kriegsmarine in Verbindung stand. Die Gründung dieses Segelclubs entsprach nicht nur dem Bedürfnis

einiger Reicher und Offiziere nach dem gesellschaftlichen Leben in einem exklusiven Club, in dem strenge Aufnahmeregelungen herrschten und die Uniform das gängige Kleidungsstück war, sondern sollte auch dazu beitragen, das öffentliche Interesse an der Seefahrt zu vergrößern.
Um das Geschwader wie auch um die Marine im allgemeinen hatte sich vor allem Franz Ferdinand verdient gemacht, der zwar selber keine Yacht besaß, sich aber in starkem Maße für das Seewesen einsetzte: »Ein glückliches Zusammentreffen mehrerer Umstände bewirkte, daß die geringe Anteilnahme von Öffentlichkeit und Regierungsstellen an der Flotte einer echten Anteilnahme wich. Das war vor allem das fühlbare Wohlwollen des Erzherzog-Thronfolgers für die Kriegsmarine. Das Interesse Franz Ferdinands an maritimen Fragen war auf seiner Weltreise 1892/3 geweckt worden. Obwohl er nie auf einem Kriegsschiff Dienst gemacht hatte, wurde er 1902 zum Admiral ernannt. Wie andere Mitglieder des Erzhauses in gleicher Position vor ihm, setzte er sich tatkräftig für den Ausbau und die Verbesserung und k. und k. Kriegsmarine ein. Ihm ist es zu verdanken, daß man in Österreich-Ungarn endlich zur Kenntnis nahm, Seemacht müsse mehr sein als bloßer Schutz der Küsten, und das die k. und K. Marine in den letzten Jahren ihres Bestehens an das Niveau anderer Seemächte angeglichen wurde.«[4]
Vielleicht auch deshalb war das Verhältnis zwischen dem Thronfolger und Erzherzog Ludwig Salvator ein sehr gutes.
»Den auf den Balearen lebenden Erzherzog Ludwig Salvator schätzte Franz Ferdinand sehr, schon weil ihn mit jenem maritime Interessen verbanden und weil er gleich dem Thronfolger eine Vorliebe für Dalmatien hatte, das er Jahr für Jahr besuchte. Da Erzherzog Ludwig Salvator der Fürstin von Hohenberg sehr achtungsvoll entgegenkam und sich auch für die Kinder des Thronfolgers interessierte, lud dieser den um sechzehn Jahre älteren Junggesellen, der in seinen abgetragenen Zivilkleidern sehr wenig repräsentativ wirkte, doch gerne zu sich ein. Er freute sich stets auf die Unterhaltung mit diesem hochgebildeten [...] Prinzen.«[5]

Trotz der Bemühungen des Thronfolgers entwickelte sich die Vergnügungsschiffahrt nicht wie erwartet. Für Erzherzog Ludwig Salvator lag die Ursache in der »Kontinentalität der Monarchie«, in dem Umstand, daß der Mensch etwas, das ihm nicht von Kindheit an vertraut ist, als nicht notwendig erachtet. Er versuchte, seinen Landsleuten das Neue, Unbekannte schmackhaft zu machen: »Der Wandertrieb ist dem Menschen angeboren. Nur die sogenannte Zivilisation, die vielen Pflichten, die sich der Mensch auferlegt, brachten ihn zum seßhaften Leben und auf keine Weise kann man diesem natürlichen Instinkt so nachgehen, wie mit Hilfe der Jacht. Man kann die eigene Arbeit, sei sie literarischer, sei sie künstlerischer, sei sie wissenschaftlicher Art, an Bord haben, mit allen hiezu erforderlichen Hilfsmitteln sich derselben tätigst widmen und dabei doch von Zeit zu Zeit das Auge mit neuen Bildern ergötzen, ich möchte sagen zugleich auch den Geist damit erfrischen. Durch neue Spaziergänge, durch neue Ausfahrten wird ein Mittel zum Ausruhen während der Arbeit geschaffen, was man bei einem festen Wohnsitz vergeblich suchen würde.«[6]
Für Erzherzog Ludwig Salvator, der sich nur am offenen Meer, an Bord eines Schiffes, wirklich wohlfühlte, gab es keinerlei Zweifel; er wußte, was es heißt, Seemann zu sein: »Ich habe nie einen am Horizont dahinziehenden Dampfer sehen können, ohne eine unbeschreibliche Sehnsucht zu empfinden, weiter zu fahren. Dieser dem Menschen angeborene Wandertrieb scheint sich zu akzentuieren beim Anblick des Mittels, ihn zu verwirklichen und wenn der Dampfer allmählich am Horizont verschwindet und man schließlich nur wie ein Wölkchen die Rauchsäule gewahrt, verträumt man die Träume und sehnsuchtsvoll schaut der Blick auf dem weiten grenzenlosen Meere.«[7]
Kaum von einer Reise ans Festland zurückgekehrt, packten ihn erneut Sehnsucht und Wanderlust: »Wie häufig und unter wie vielen Himmelsstrichen habe ich am Meeresufer geträumt! Sehnsüchtig auf die Flut hinausblickend, auf diese Straße der Welt, und gewünscht, sie möge einen weiterführen

zu anderen Gestaden! Und doch schien mir der Augenblick immer neu zu sein; mit gleicher Sehnsucht blicke ich immer auf die blaue Ferne wie in meinen Kinderjahren. Die angeborene Wanderlust macht sich immer mehr geltend, wenn auch noch so schön und verzaubernd der Strand sein mag, wo ich weile.«[8]

Die Wogen des Meeres erschienen ihm wie Gefährten, mit denen er sich unterhalten konnte: »Kein Schiff weit und breit am Horizont zu sehen, nur Phantasieschiffe gleiten dahin und trotz alledem kein Gefühl der Einsamkeit, wie auf einer Bergeshöhe; die Welle ist da und die scheint in einer Riesenumarmung die ganze Welt zu umfassen. Häufig habe ich den Wogen zugehört und gar oft schienen sie mir Gespräche von lieben entfernten Bekannten zu lispeln. Stundenlang habe ich denselben zugehört und immer schienen sie mir was Neues zu sagen.«[9]

Um seine Träume Wirklichkeit werden zu lassen, um dem »Dämon des Wandertriebes«, der ihn fortwährend weitertrieb, folgen zu können, kaufte der Erzherzog 1872 die auf der Werft Stabilimento tecnico, der späteren Whitehead-Torpedofabrik (Robert Whitehead war der Erfinder des Torpedos), in Fiume die Yacht »Nixe«, die der deutsche Ingenieur für Maschinen- und Schiffsbau, Otto Schlick aus Hamburg, konstruiert hatte. Das Schiff war 49 Meter lang, 135 Tonnen schwer und wurde von einer dreizylindrigen Dampfmaschine angetrieben. Mit dieser kombinierten Segeldampfyacht bereiste der Erzherzog jahrelang das Mittelländische Meer, in Begleitung von etwa zwanzig Männern und Frauen, Hunden und Katzen, Vögeln, Affen und allerlei anderen Tieren, so daß das Schiff gelegentlich als »Arche Noah« bezeichnet wurde. Besucher rühmten die Sauberkeit an Bord genauso wie den Komfort und die Eleganz der geräumigen Kabinen und großen bequemen Salons, zeigten sich aber gleichzeitig überrascht von Ludwig Salvators »Menagerie«, die sich an Bord tummelte. Die bunt zusammengewürfelte Reisegesellschaft des Erzherzogs, unter der sich auch ein Geistlicher befand, erregte in den Häfen stets großes Aufsehen, und allerlei wurde gemunkelt über skandalöse Vorkommnisse an Bord. So berichtete zum Beispiel Graf Crenneville über das Einlaufen der »Nixe« in den Hafen von Korfu am 8. November 1900 an den Grafen Gotuchowski nach Wien. »Seine Kaiserliche und Königliche Hoheit bewahrte während Höchstseines Aufenthaltes in Corfu das strengste Incognito, welches auch von den Lokalbehörden respectirt wurde und beehrte nur meine Frau am 6. d. M. mit Höchstseinem Besuche. Nicht unterlassen kann ich zu berichten, daß die aus zwei Damen, einem jungen Mädchen und einer jugendlichen Persönlichkeit, deren Geschlecht trotz männlicher Kleidung zu Tage tretenden weiblichen Formen und wallenden Haupthaare nicht gut definirbar erschien, bestehende Reisegesellschaft Sr. K. u. K. Hoheit bei ihren Spaziergängen durch die Stadt nicht unbedeutendes Aufsehen erregte.«

Für den Betrieb des Schiffes waren etwa fünfzehn Mann verantwortlich, die zum Teil zwanzig Jahre lang im Dienste des Erzherzogs standen.

Kapitän war Rafael Vich y Rossello aus Mallorca.

An Bord waren alle gleichgestellt, teilten sich die Arbeit untereinander, nahmen die Mahlzeiten gemeinsam ein und hatten in der spanischen Sprache eine Verständigungsmöglichkeit. Trotz der spartanischen Lebensweise erinnerten sich die Matrosen auch noch nach dem Ausscheiden aus dem Dienst beim Erzherzog gerne an die gemeinsamen Reisen. H. Dahms aus Lübeck etwa, der vom 14. Mai 1900 bis zum 14. Juli 1901 als erster Maschinist auf der »Nixe« tätig war und danach als Prüfungsbeamter für Anwärter der kaiserlichen Marine sowie für Kapitäne und Maschinisten der Handelsmarine und als Navigationslehrer an der Maschinistenschule von Lübeck tätig war, dachte wehmütig an die Zeit auf der See zurück. In einem Brief vom 4.2.1903 an Gino Vives, schreibt er: »offen gestanden am liebsten würde ich wieder mit Ihnen [Erzherzog Ludwig Salvator] zusammen auf See herumfahren. Denn meine schönsten Erinnerungen sind die, welche ich von der ›Nixe‹ mitgenommen habe und so gemütlich und angenehm werde ich es leicht nicht wieder treffen.«

Diese Zeichnung Ludwig Salvators entstand anläßlich seiner unfreiwilligen Reise um die Welt 1881 (aus »Los Angeles in Südcalifornien. Eine Blume aus dem Goldenen Lande«)

Das Schiff und seine Besatzung bildeten eine kleine Welt für sich, voll von Erinnerungen an gemeinsame Fahrten: »Da liegt sie, wie sie monatelang lag, geschützt vor Wind und Welle vor dem stillen A. [Abbazia]. So sieht man sie vom Wege zum Alten Hafen aus dem tiefen Schatten der Eichen, die das Ufer zieren, sie selbst vom Sonnenglanze erleuchtet. Welche Reihe von Erinnerungen ruft ihr Anblick wach! Ein Schiff ist überhaupt wie eine selbständige kleine Welt, ähnlich einer ländlichen Heimstätte hat es obendrein den Vortheil, daß sich an dasselbe Erinnerungen knüpfen an die Gegenden, die es durchsegelte. Darum fortwandern und immer reicher wird der Kranz der Erinnerungen. Das Schiff wird dann zum Kaleidoskop, durch welches sich in der Fantasie die tausentfältigen Bilder wiederholen. Es ist ein Landhaus, aber nicht mit abrutschenden Hängen, dem verwilderten Garten und den verdorrenden Waldriesen, die man mit Wehmuth fallen sieht, sondern ein Landhaus inmitten ewiger Jugend, denn nur das Meer bleibt auf unserem Erdball ewig jung, und noch dazu ein Haus, das man weiterbewegen kann, sobald man der genossenen Aussicht satt wurde.«[10]

Nach dem Aufenthalt an der dalmatinischen Küste konnte der Erzherzog noch acht Jahre lang die Fahrten mit seiner »Nixe« genießen – bis zu jenem für ihn und das Schiff verhängnisvollen 4. Juli 1894. An diesem Tag hatte die Nixe die Bucht der Foradada unterhalb des Gutes von Son Marroig auf Mallorca in Richtung nordafrikanische Küste verlassen. Durch den Kanal von Dragonera, vorbei an San Telmo, ging es hinaus aufs offene Meer. Am Steuer stand Rafael Vich y Rossello, ein mallorquinischer Kapitän, der jahrelang Amerikafahrten kommandiert hatte, ein erfahrener Seemann also. Ludwig Salvator, der immer selbst am Ruder seiner Yacht gestanden war und dem »es ein unbehagliches Gefühl war, einen verhältnismäßig unbekannten Menschen an Bord seiner vertrauten ›Nixe‹ zu haben«, hatte sich überreden lassen, einen Berufskapitän anzuheuern, um selber mehr Ruhe zu haben. Der Erzherzog genoß »dieses freie Gefühl auf der Flut in vollem Genusse der frischen belebenden Luft, welche die Brise auf offener See noch klärt und genussreicher macht«.[11]

Nachdem er die letzten Anweisungen über die Einfahrt in die Bucht von Algier erteilt hatte, stieg der Erzherzog in seine Kajüte hinab. Wenig später lief das Schiff bei Kap Caxine auf ein Riff und sank. Die Mannschaft konnte sich in die Beiboote retten und überstand die Kollision ohne größere Verletzungen. Sofort wurden neapolitanische Taucher beauftragt, ein Paket mit Geld zu suchen, brachten aber lediglich Bücher, Briefe, ein Fernrohr und ähnliche Dinge ans Ufer: »das erste, das sich meinen Augen [der Erzherzog] offenbarte, war Vives Bild

[Antonio Vives, Sekretär und Freund des Erzherzogs], eine alte Photographie, die ihn noch als ganz jungen Mann darstellt. Da Du in Wirklichkeit nicht bei mir bist, so erscheinst Du wenigstens im Bilde, dachte ich mir, um mir Gesellschaft zu leisten! [.....] Wie kommt es, daß Du, der schon in allen Weltgegenden mit mir gereist, gerade diesmal nicht mitwarst? Und doch bin ich froh, daß Dir dies erspart blieb; aber wäre Dein scharfes Auge, Dein kluger, erfahrener Blick da gewesen, das Alles hätte sich gewiss nicht ereignet! Und Du warst doch vor meiner Abfahrt wieder an das Ufer gekommen, um mitzufahren. Denn es war Dir bange, mich allein zu lassen. Heute ist Dein Geburtstag. Du feierst ihn im Kreise Deiner lieben fröhlichen Kinder, und alle denken an mich und freuen sich über meine glückliche Ankunft in Algier, die ich Euch telegraphisch mitgetheilt habe; denn ich wollte Dir die Freude des heutigen Tages nicht verderben. Ich aber sitze nun hier, verlassen, ohne auch nur einen Schirm zu haben – denn all' mein Hab und Gut, alles liegt unten in der Tiefe – unter sengender Sonne am einsamen Strand. Ich blickte auf die Boote, mit denen wir so viel zusammengefahren sind; es war mir zu beklemmend zu Muthe, um weiter dort zu verweilen; ich fuhr nach Algier, um die Bergung des Schiffes mit Schiaffino zu besprechen; denn ich hatte noch einen Strahl der Hoffnung. Wird es mir gelingen?«[12]

Es gelang nicht. Trotz mannigfaltiger Bemühungen konnte die »Nixe« nicht gehoben werden, das Schiff war an zwei Stellen am Kiel gebrochen, und die Taucher konnten nur weniges retten. Trotz des schweren Verlustes versuchte der Erzherzog, dem Geschehenen auch eine positive Seite abzugewinnen: »Aber ein Trost erfüllt mich! Meine ›Nixe‹ sollte nicht wie ein anderes Schiff enden, durch Alter gebrochen, in den Arsenälen abgetakelt und zu Eisenbahnschienen oder Häuserschwellen umgegossen werden, nein, sie sollte ganz, mit allem was sie enthielt, zu ihrem Element zurückkehren, als echte Nixe zum Meere, und im Angesichte derselben afrikanischen Küste, wo ich sie in jugendlicher Frische vollendet zum erstenmal anlangen sah, sollte sie aus meinen Augen verschwinden, und während die weissen Mönche der Wüste auf der Höhe von Notre Dame d'Afrique Gebete für die im Meere Verblichenen singen und die Brise weithin ihr andachtsvolles Gemurmel trägt, sinkt die ›Nixe‹ in die Tiefe, und an der Stelle, wo sie sich vor Kurzem hoch erhob, bleibt nur für wenige Secunden ein Wirbel, aus dessen Mitte die Mastspitzen emporragen.«[13]

Nachdem alle Formalitäten erledigt waren, kehrte die Besatzung der »Nixe« nach Mallorca zurück. Geblieben waren nur die Erinnerungen an all die Reisen, die an Bord dieser Yacht unternommen worden waren, und im Bewußtsein aller »lebte« die »Nixe«, die dem Erzherzog viel mehr bedeutete als eine Konstruktion aus Eisen und Holz, weiter: »Ich komme mir so unbeholfen am Lande vor, wie ein Einsiedlerkrebs, der seine Schnecke verlor, die ihm seit Jahren als Gehäuse diente, und nun schüchtern umherkrabbelt, eine verlassene Murex oder eine Purpura suchend, in welcher er sich wieder einnisten könnte. Denn das Boot war für mich kein blosses Bewegungsmittel, es war das eigentliche Haus, in welchem ich mich wirklich heimisch fühlte; denn ich hatte das Gefühl, dass ich jederzeit damit wegreisen könne. Jetzt aber, wenn ich Nachts erwache, und denke, dass ich kein Boot mehr habe, mit dem ich fortwandern kann, so wird mir bange zu Muthe, ein Gefühl der Furcht, der Angst bemächtigt sich meiner, das Zimmer kommt mir wie ein Gefängniss vor, und ermattet wieder einschlummernd wiederholen unbewusst meine Lippen automatisch die Worte: ›Ein Schiff, ein Schiff!‹«[14]

Nach Bekanntwerden des Unglücks erreichten den Erzherzog von allen Seiten Briefe voll Anteilnahme über den Verlust des Schiffes, aber auch Schreiben voll Freude über den glimpflichen Ausgang der Katastrophe: »Das Schicksal der armen Nixe geht mir sehr nahe! Das Andenken an die trauten Räume dieses schmucken Schiffes sind mir unvergeßlich« schrieb zum Beispiel der Landesgerichtsvizepräsident von Prag, Ladislaus Málek Edler von Werthenfels, der seine Laufbahn als Bezirksrichter von Brandeis begonnen hatte, am 18. August 1894 an Erzherzog Ludwig Salvator.

Auch in Catarina Fiedler, der Tochter eines Triestiner Malers, mit dem der Erzherzog befreundet war, wurden wehmütige Erinnerungen an ihre Besuche an Bord der »Nixe« wach: »Alles hat also die liebe Nixe bis auf die wenig geretteten Sachen mit sich in ihre Heimat genommen, wie viele Blicke gab ich den Dardanellen Krügen auf der Credenz, oft durchgehe ich im Geiste ihre lieben Räume, am öftesten waren wir im Speissalon, von da gings in Ihre kleine Schlafcabine dieser vis a vis war die Ihres Dieners; wie nett war der kleine Salon bei Ihrer winzigen Cabine mit dem Bücherkästchen, wie reizend war es auf Deck und die Badecabine.«[15]
Der Erzherzog, dem »der Dämon des Wandertriebes keine Rast gönnte«, den es unaufhaltsam in die Ferne zog, erwog schon bald den Kauf einer neuen »Nixe«. Aus zahlreichen Schiffen, die ihm zum Kauf angeboten wurden, wählte er die achtzehn Jahre alte Dampfyacht »Hertha« des Fürsten Johann II. von Liechtenstein, die 1877 in der Norddeutschen Werft in Kiel vom gleichen Schiffsbauer wie die »Nixe«, von Otto Schlick, konstruiert worden war.
Schon am 24. August 1894 fragte Ludwig Salvator beim Fürsten wegen eines Verkaufs an. Das Antwortschreiben vom 10. September 1894 aus der fürstlichen Liechtensteinschen Hofkanzlei in Wien an Ludwig Salvator behandelte eingehend die vom Erzherzog gestellten Fragen:
Der Preis betrug 80.000 Gulden, wovon 10.000 sofort, der Rest in Jahresraten zu je 10.000 Gulden bezahlt werden sollte. Das Schiff war zu diesem Zeitpunkt nicht versichert. Kapitän Medanich bezog 200 Gulden im Monat, auf Reisen Diäten in der Höhe von 3.50 (im Inland in Silber, im Ausland in Gold). Sollte ihm der neue Besitzer kündigen, stünde ihm eine Abfertigung von zwei Jahresgehältern zu; der Schiffskoch bezog 45 Gulden monatlich. Der Kessel war nicht erneuert worden, aber bei der Prüfung 1892 für in Ordnung befunden (elf Seemeilen pro Stunde, Dampfdruck von fünf Atmosphären). Der Kohleverbrauch betrug bei voller Kraft zehn Tonnen in einem Zeitraum von vierundzwanzig Stunden. Die Kohledepots hatten ein Fassungsvermögen von siebzig Tonnen.

Der Erzherzog entschloß sich daraufhin zum Kauf der »Hertha«. Es wurde vereinbart, daß der Kapitän das Schiff nach Mallorca bringen, die Mannschaft der »Nixe« an Bord nehmen und in Triest den Maschinisten zur Überwachung der Fahrt mitnehmen sollte. Die Kosten der Probefahrt von Fiume nach Mallorca wurden dem neuen Besitzer in Rechnung gestellt. Am 20. November 1894 lief die Yacht zum ersten Mal in die Bucht der Foradada auf Mallorca ein.

Erzherzog Ludwig Salvator war wieder Besitzer einer eigenen Yacht: »Also Hertha ist die Ihre geworden! bleibt der Name? ... Nixe ... würde ich es taufen.«[16] Ludwig Salvator war der gleichen Meinung wie Catarina Fiedler und suchte um die Umbenennung des Schiffes an. August Freiherr von Alber-Glanstätten, der Präsident der k. k. Seebehörde in Triest, antwortete mit einem positiven Bescheid, da in der gleichen Schiffskategorie kein Schiff mit dem Namen »Nixe« eingetragen war.

Im Lloyd's Register of Shipping/London des Jahres 1899 erschien H. I. H. The Archiduke Ludwig Salvator/Zindis bei Triest als Besitzer der »Nixe« im Yachtregister Nr. 183.

Die erste große Reise mit dem neuen Schiff dürfte der Erzherzog nach Cannosa in Dalmatien, dem heutigen Trsteno, an der Ostküste des Adriatischen Meeres gelegen, geführt haben. Mit schwärmerischen Worten gab er seine Liebe zum Meer, die er durch den Besitz der »Nixe II« wieder auskosten konnte, Ausdruck:

»Wer kennt nicht den Zauber des Meeres, wer hat nicht die Macht seiner Anziehung gespürt, ewig verschieden in Bewegung, in Färbung und Stimmung! Und wer aus dem Becher dieser Wonne getrunken hat, der kann sich davon nicht trennen, und diese Liebe nimmt, wie jeder edlere Trieb, mit jedem Jahre zu statt mit den Jahren zu schwinden. Das Meer stärkt, kräftigt und veredelt. Wie viele edle Gedanken hat das Meer nicht erweckt! Und selbst in seinen Gefahren liegt etwas Gutes, sie stählen den Charakter und bringen die Seele dem Schöpfer näher. Und wie schön ist dieses Leben auf dem Meere, im vollen Genusse von Sonne und Welle! Wer es einmal erprobte, der vermag es nicht wieder aufzugeben, die Barke wird zum wahren Hause.«[17]

In den folgenden Jahren unternahm der Erzherzog mit der »Nixe« unzählige Reisen im Mittelmeerraum, und der Anblick des in einem Hafen vor Anker liegenden Schiffes mit den Flaggen von Mallorca, Spanien und Österreich-Ungarn war wieder ein vertrautes Bild geworden. Für den Erzherzog, der fand, »daß das Meer, gleich einem Spiegel, immer nur jene Stimmungen und Gemüthszustände reflectiert, die uns beherrschen, wenn wir es betrachten«[18], war das Meer lebensnotwendig, es war seine Leidenschaft. Gewiß nicht zufällig lagen daher alle seine Besitzungen, die er selber bewohnte, an der Küste mit Blick auf das offene Meer: Zindis bei Triest, Ramleh bei Alexandria sowie Miramar und Son Marroig auf der Insel Mallorca.

Am Ende seines Lebens mußte sich der Erzherzog von seinem »Haus«, seinem Schiff, trennen, um sich auf kaiserlichen Wunsch nach Brandeis an der Elbe zu begeben. Im August 1914 erreichte ihn eine Beistellorder der K. u. K. Seetransportleitung in Triest: »Infolge Mobilisierungsbefehl hat die Dampfyacht ›Nixe‹ zur Übergabe für den Dienst der Kriegsmarine sofort bereitgestellt zu werden. Die Bereitstellung ist der Übernahmskommission des Seebezirkskommandos in Triest umgehend zu melden. Der Präsens der Übernahmskommission wird Ort, Tag und Stunde der Übernahme bestimmen.«[19]

Tatsächlich wurde die »Nixe« nie der Kriegsmarine einverleibt, sondern blieb während des Krieges im Hafen von Porto Pí auf Mallorca. Andreas Lekatzas und Jeanne Billing, die beide eine Zeit lang im Dienste des Erzherzogs gestanden waren, kauften das Schiff, das am 22. September 1925 verpfändet wurde. Das Beiboot der inzwischen verschrotteten »Nixe II« behielt Erwin Hubert, ein Mitarbeiter Ludwig Salvators.

12.

Aller gesellschaftlichen Pflichten ledig

Touristen auf Mallorca

»Als Gott die Welt erschuf – das ist inzwischen weithin bekannt –, da machte er den Himmel und die Erde. Und er schuf die Sonne, den Mond und die Sterne. Er war seines Werkes zufrieden und zeigte es den Engeln des Himmels. Die Engel betrachteten alles mit Aufgeschlossenheit. Doch dann meinten sie, daß dieses Werk verdient hätte, durch eine besondere Schöpfung gekrönt zu werden. Gott ging in sich und sprach: Wohlan denn, so will ich unter dieser meiner Sonne Eilande schaffen. Mal mit steilen Felsen und lieblichen Tälern. Mal mit weiten Stränden und verträumten Buchten. Mit stolzen Ritterburgen und stillen Klöstern. Mit lebendigen Straßen und verschlafenen Gassen. Ein Eiland von sanfter Ausgewogenheit, jungfräulicher Unberührtheit; das andere von verwegenem Charakter mit einer urwüchsigen wilden Landschaft. Die Menschen aus allen Ländern der Erde sollen kommen und unter dieser Sonne glücklich sein. Und Gott ging hin und schuf die Inseln der Balearen. Er schuf Mallorca, Ibiza, Formentera, Menorca ...«[1]

Hans Cornelius/Othmar Baumli

Und sie kamen, die Menschen aus allen Ländern der Erde, um unter dieser Sonne glücklich zu sein. Anfangs vereinzelt, heute reisen sie in Massen nach Süden, nach der abgeschiedensten Inselgruppe – vom unbewohnten Alboran abgesehen – im Mittelmeer. Zweihundert Kilometer vom spanischen Festland und dreihundert von der nordafrikanischen Küste entfernt liegt der 150 Inseln und Inselchen umfassende Archipel im westlichen Mittelmeer, an der Grenze Europas. Das Bewußtsein der Bewohner, Europäer zu sein, setzte sich erst mit dem Eintritt Spaniens in die Europäische Gemeinschaft durch.

Ihren Namen haben die Balearen von den »balearii«, den gefürchteten heimischen Steinschleuderern (griechisch: ballein = schleudern) der Antike. Früher zählte man nur Mallorca und Menorca zu dieser Gruppe, Ibiza und Formentera gehörten zu den Pityusen, den Pinieninseln. Heute bilden beide Inselgruppen die von Madrid aus verwaltete Provinz Balearen mit dem Zentrum Palma.[2]

Die entscheidenden Verbesserungen im Transportwesen im 19. Jahrhundert, die Möglichkeiten von Eisenbahn und Dampfschiff, bewirkten eine Zunahme der Reisetätigkeit, die aber nach wie vor den höheren Gesellschaftsschichten vorbehalten war.

Bildungsreisen waren in Mode gekommen. Maler, Schriftsteller und Gelehrte reisten nach Italien, an die Ursprungsstätten der Antike, wie Johann Wolfgang von Goethe. Vergnügungsreisen und Kur- und Badeaufenthalte erfreuten sich unter der finanzkräftigen Oberschicht großer Beliebtheit. Zunächst beschränkte man sich auf die Gebiete innerhalb der österreichisch-ungarischen Monarchie – das dalmatinische Küstenland zum Beispiel wurde zu einem begehrten Urlaubsziel, auch fand man an der Côte d'Azur mit ihren mondänen Seebädern und an der Schweiz großen Gefallen. An die Balearen dachte zu dieser Zeit noch niemand, man wußte nicht einmal, daß sie existierten. Bis sich eine außergewöhnliche, unkonventionelle Französin entschloß, auf der fernen Insel Mallorca, der terra incognita, einen Winter zu verbringen. Das war im Jahre 1838. Die Französin hieß: Baronin Aurore Lucie Dudevant, besser bekannt unter ihrem Künstlernamen George Sand. Ihr Begleiter war der polnische Komponist Frédéric Chopin, Liebling der Pariser Salons, ein empfindsamer, zu diesem Zeitpunkt siebenundzwanzigjähriger, an Lungenschwindsucht leidender, äußerst schwieriger Mann, von dem George Sand schrieb: »Chopins Talent ist das tiefste, reichste, gefühlvollste, das je existiert hat. Er hat einem einzigen Instrumente die Sprache des Unendlichen gegeben und hat oft in einigen Reihen, die ein Kind zu spielen vermöchte, Gedichte von unendlicher Erhabenheit, Dramen von unendlicher Kraft zusammengefaßt. Er hat niemals großer materieller Hilfsmittel bedurft, um auszusprechen, was er in sich trug. [.....] Von der Menge wurde er nicht verstanden; er wird es noch nicht, und es werden bedeutende Fortschritte im Geschmack und im Verständnis der Kunst notwendig sein, ehe seine Werke populär werden können. Aber der Tag wird kommen.«[3]

Eine Reise von Paris nach Mallorca war in dieser Zeit mit großen Strapazen verbunden, einem Abenteuer vergleichbar. George Sand, die dem Klatsch und der Betriebsamkeit von Paris entwischen wollte, reiste gemeinsam mit ihren Kindern, dem an Rheuma leidenden Maurice, der sich im milden Klima erholen sollte, und Solange im Oktober 1838 aus Paris ab und besuchte unterwegs noch einige Freunde. In Perpignan traf man – wie vereinbart worden war – Chopin, der mittels Postkutsche vier Tage lang ohne Unterbrechungen unterwegs gewesen war. Die Reise wurde per Wagen, später per Schiff fortgesetzt. Der Raddampfer »El Mallorquin« verkehrte einmal die Woche zwischen Barcelona und Palma und benötigte für die 200 Kilometer lange Strecke etwa achtzehn Stunden. Am 4. November ging das Quartett im Hafen von Palma an Land, angelockt von der Attraktivität des Südens, des blauen Meeres, der Olivenhaine und Oleanderblüten, der Myrthe und den Zitronenbäumen. George Sand suchte einen ruhigen Aufenthaltsort, um ungestört arbeiten zu können (sie schrieb an »Lélia« und »Spiridion«), und um ihre Kranken in einem milden Klima von ihren Leiden zu heilen: »Was mich angelangt, so habe ich mich auf den Weg gemacht um ein Ruhebedürfnis zu stillen, das ich damals stark empfand. Da es uns in dieser Welt, die wir uns gezimmert haben, an Zeit für alles mangelt, dachte ich, daß sich ein ruhiger, abgelegener Schlupfwinkel finden lassen müßte, wo ich keine Karten zu schreiben, keine Zeitungen zu lesen und keine Besuche zu empfangen brauchte; wo ich ständig mein Hauskleid tragen könnte, wo der Tag zwölf Stunden hätte, und wo ich aller gesellschaftlichen Pflichten ledig wäre, wo ich mich freimachen könnte von

der geistigen Unrast, die uns Franzosen so plagt, wo ich mich ein oder zwei Jahre etwas mit geschichtlichen Studien beschäftigen und gemeinsam mit meinen Kindern die Grundzüge der französischen Sprache erarbeiten könnte.«[4]
Allerdings stimmten ihre Vorstellungen vom beschaulichen Leben im Süden nicht mit der Wirklichkeit überein. Schon bald wurde sie mit unüberwindlichen Schwierigkeiten des Alltags konfrontiert, die ihr rasch die Freude am Aufenthalt auf Mallorca nahmen. Da war zunächst die Frage der Unterkunft zu klären. Palma verfügte zu dieser Zeit über kein Hotel oder Gasthaus. Daran änderte sich auch in den folgenden Jahren nichts. 1865 schrieb der Professor an der Universität Heidelberg und Naturforscher Dr. H. A. Pagenstecher in seinen 1867 in Leipzig erschienenen Erinnerungen: »Freilich Fremde kommen kaum, die Capitäne bleiben auf ihren Schiffen, die Spanier wohnen bei Freunden.«
Das erste Luxushotel auf Mallorca, das über Badezimmer und reich dekorierte Salons verfügte, das »Grand Hotel«, wurde erst im Jahre 1903 erbaut. Ein 1891 von Pedro de Alcantara Peña, einem Freund Erzherzog Ludwig Salvators, publizierter Reiseführer der balearischen Inseln führte sechs »fondas con hospedaje« (Gasthaus mit Verpflegung) und sechs »casas de huéspedes« (Familienpensionen) an.
Die wenigen Fremden, die Mitte des vergangenen Jahrhunderts auf die Insel kamen, fanden bei der einheimischen Bevölkerung Unterkunft: »Gastfreundliche Leute findet man überall; am besten wohnt man in den Ortschaften bei den Geistlichen, die Fremde sehr freundlich aufnehmen. Auch in den isolirt stehenden Predios [Güter] wird man, wenn man dem Eigenthümer bekannt ist, eine treffliche Unterkunft finden, und bei der großen Zuvorkommenheit der mallorquinischen Herren wird jeder Fremde sich dieselbe leicht in Palma verschaffen können. Aber auch selbst die einfachen Bauern wetteifern, Reisende aufzunehmen, und möge dies auch als Beweis dienen, daß es mir [Erzherzog Ludwig Salvator] bei meinen vielen Kreuz- und Querwanderungen durch die ganze Insel nie geschah, an einer Hausthür vergeblich zu

klopfen. Ja, ich wohnte häufig wochenlang bei Bauern, wo ich mit allen Aufmerksamkeiten überhäuft wurde, und nicht im Stande war, sie zur Annahme irgend einer Belohnung zu bewegen.«[5]

George Sand hingegen dürfte weniger gute Erfahrungen mit der Gastfreundschaft der Mallorquiner gemacht haben als der österreichische Erzherzog dreißig Jahre später. Zunächst fand sie in Palma und in »Son Vent« (Haus des Windes) bei Establiments, später im Kartäuserkloster von Valldemossa, das mit 15. August 1835 säkularisiert worden war, und das man seither mieten konnte, Unterkunft. Die von Chopin und George Sand bewohnte, ärmlich möblierte Zelle bestand aus drei Zimmern, die noch vom Weihrauchgeruch der kurz vorher ausgezogenen zwölf Mönche und des Priors erfüllt war.

Zwei Welten prallten hier aufeinander: die exaltierte französische Schriftstellerin, die, wie ein Mann gekleidet und Zigarre rauchend, nachts durch den Korridor der Cartuja eilte, deren kranker und um vieles jüngerer männlicher Begleiter weder ihr Ehemann noch der Vater ihrer Kinder war, die nicht in die Messe ging und deren Tochter ebenfalls in Hosen herumlief und – die konservative, in ihrer Tradition verhaftete, streng gläubige (mitunter abergläubische) Bevölkerung eines kleinen Dorfes in den Bergen auf einer Insel an der Grenze Europas. Die Konfrontation war unvermeidbar – der in der Nacht klavierspielende, von hartnäckigem Husten geplagte und blutspuckende Chopin erschien den einfachen Bauern als Personifizierung des Teufels – und hatte eine wenig schmeichelhafte Charakteristik der Mallorquiner durch George Sands spitze Feder zur Folge: »Reisende pflegen über das glückselige Leben der Südländer viele schöne Worte zu machen. Sie sehen ihre Gesichter und malerischen Trachten am strahlenden Sonntag und halten die Ideenarmut und den Mangel an Voraussicht für den Inbegriff des heiteren Landlebens. Das ist ein Irrtum, dem auch ich verfallen war, von dem ich aber geheilt bin, vor allem seitdem ich Mallorca gesehen habe. Es gibt nichts Erbärmlicheres und Elenderes auf der Welt als diesen Bauern, der nur beten, singen und arbeiten kann und niemals denkt. Sein Gebet ist eine leere Formel ohne Sinn für seinen Verstand; seine Arbeit ist eine Muskeltätigkeit, zu deren Erleichterung ihm sein Kopf bei besten Willen nicht verhelfen kann; und sein Gesang ist der Ausdruck jener düsteren Melancholie, die ihn unversehens überkommt und deren Poesie uns beeindruckt, ihm selbst aber nie bewußt wird. Erweckte ihn nicht die Eitelkeit von Zeit zu Zeit aus seiner Erstarrung, um ihn zum Tanz zu treiben, würde er die Festtage verschlafen.«[6]

Tatsächlich wurde den beiden Gästen das Leben auf der Insel nicht immer leicht gemacht. Lebensmittel mußten sie zu erhöhten Preisen einkaufen. Das einheimische Dienstmädchen stahl die Vorräte, und nach wenigen Monaten verjagte man sie gar. Madame George Sand übersah allerdings, daß allein das äußere Erscheinungsbild ihrer kleinen Reisegesellschaft eine Provokation für die Bewohner von Valldemossa, die nicht an Fremde gewöhnt waren, darstellen mußte, ihr Gezeter und Gespött über das bodenständige Essen, die schlichte Hauseinrichtung und die Arbeitsweise der Bauern nicht zum gegenseitigen Verständnis beitragen konnten.

Liest man André Grasset de St. Saveurs – Grasset war zu diesem Zeitpunkt französischer Konsul auf den Balearen – 1807 erschienenen Bericht über eine Reise auf die Balearen sowie die Schilderung der mallorquinischen Bräuche und Sitten zu Beginn des 19. Jahrhunderts, so kann man sich die Rückständigkeit vorstellen, in der sich die Insel befand. In den knapp dreißig Jahren bis zum Besuch der Französin dürfte sich kaum etwas geändert haben, so daß ihre Klagen über die abenteuerliche Kutschenfahrt von Palma nach Valldemossa, die jedes Mal über einen anderen Weg führte, weil er zum Beispiel nach Regenfällen weggespült oder unpassierbar war, durchaus auf Verständnis stoßen.

Trotz ihrer Empörung und Wut über die Menschen fand sie schwärmerische Worte für Kloster und Landschaft: »Die Kartause war so schön unter ihren Efeuranken, das Tal so wundervoll in seiner Blütenpracht, die Luft so rein in unseren Bergen, das Meer so blau am Horizont! Es ist der schönste Ort, an

dem ich je gewohnt habe und einer der schönsten, den ich je sah.«[7]
»Ich habe nie etwas Reizenderes und gleichzeitig Melancholischeres gesehen als diese Landschaft, wo Steineiche und Johannisbrotbaum, Pinie und Olivenbaum, Pappel und Zypresse die verschiedenen Farbtöne ihrer Blätter in tiefen Lauben vermischen, wahre Abgründe von Grün, und wo der Bach unter üppigem Buschwerk von unvergleichlicher Anmut hinabeilt.«[8]
Aufgrund des schlechten Gesundheitszustandes von Chopin wurde der Aufenthalt, der wegen des rauhen, regnerischen Wetters, des Nebels und der Feuchtigkeit in der Klosterzelle für ihn fast unerträglich geworden war, im Februar 1839 vorzeitig abgebrochen. Mehr tot als lebendig wurde der Komponist nach Frankreich zurückgebracht, wo er noch ein Jahrzehnt leben sollte. Er starb im Oktober 1849 – die Beziehung zu George Sand war schon lange zu Ende gegangen – und wurde am Friedhof von Père Lachaise in Paris neben Vincenzo Bellini beigesetzt. Seine »Genesungsfahrt« nach Valldemossa hatte seiner ohnehin schwachen Konstitution schwer zugesetzt, dennoch behielt er die Zeit in der Cartuja in angenehmer Erinnerung und sprach gerne von diesem Aufenthalt wie in einem Brief vom 15. November 1838 an Jules Fontana: »Ich bin in Palma, zwischen Palmen, Zedern, Kakteen, Oliven-, Orangen- und Zitronenbäumen, Aloen, Feigen- und Granatapfelbäumen, etc. Alles, was der Garten der Pflanzen in einem Treibhaus besitzt. Der Himmel ist türkisfarben, das Meer blau, die Berge smaragdfarben und die Luft ist paradiesisch. Den ganzen Tag scheint die Sonne. Alle Menschen kleiden sich wie im Sommer, und es ist heiß [.....] während der Nacht hört man stundenlang Gitarrenklänge und Gesänge. Die Balkone sind enorm, und die Weinranken winden sich oberhalb des Kopfes; die Architektur ist arabisch. Genauso wie die Stadt, alles ist eine Spiegelung Afrikas. Mit einem Wort: ein liebliches Leben!«
Vor 150 Jahren hat man Chopin, einen der genialsten Komponisten, von der Insel vertrieben, heute pflegt man das Anden-

ken an ihn, und ein ganzer Ort lebt davon, daß er dort einen Winter seines Lebens zugebracht hat. Die Cartuja von Valldemossa ist zur Kultstätte geworden, zu der die Touristen in Scharen pilgern. Stolz zeigt man heute die Partituren und Briefe des Meisters, das Pleyelklavier, an dem er seine berühmt gewordenen Präludien, Scherzi, Mazurken und Nocturnes komponiert hat, die Totenmaske und einen Gipsabdruck seiner Hand. Im Sommer zelebriert man das »Festival de Chopin« – Klavierabende zur Erinnerung an die beiden ersten Touristen, die nach Mallorca kamen: »An ihnen hat man nicht viel verdient damals, wogegen zu unserer Zeit [um 1935] die Kassen schon überliefen vom Strom der Fremden, und vor allem die Eintrittskasse der Kartause, wo das extravagante Paar seiner Kunst, Liebe und Sünde gepflogen: man zeigt die Zellen. So machen sie wieder gut, was sie verbrochen haben. Der Nachruhm ist immer einträglicher als der Ruhm.«[9]
George Sands »Un hiver à Majorque«, das sie erst nach dem Verlassen des Landes schrieb aus Angst, die Bewohner würden sie bei lebendigem Leib verbrennen, wenn sie vom Inhalt erführen, ist trotz seiner Kritik an den Mallorquinern ein »Bestseller« geworden und wird noch heute in Übersetzungen an die Touristen verkauft (deutsch: Ein Winter auf Mallorca).
Die Anregung dazu erhielt die Schriftstellerin von der Arbeit des José Buenaventura Laurens, der, von Montpellier kommend, am 22. September 1839 in Palma eintraf. Laurens, seines Zeichens Künstler, Schriftsteller, Maler, Professor der schönen Künste und Sekretär des medizinischen und chirurgischen Instituts in Montpellier, bewohnte einige Monate später dieselbe Zelle wie George Sand: »aber ich habe kein anderes für sie charakteristisches Zeichen gefunden, als eine Pfeife, mit einem langen Mundstück und ihr Andenken, das nie vergehen wird.«[10] Laurens veröffentlichte seine Reiseerinnerungen, versehen mit zahlreichen Lithographien von seiner Hand, 1840 in Paris unter dem Titel: »Souvenirs d'un voyage d'art a l'île de Majorque ornés de cinquante-cinq planches lithographiées par J. B. Laurens.«

Zwei Jahre später, 1842, veröffentlichte George Sand in Paris ihre Erinnerungen an Mallorca. Danach wurde es wieder still auf der »Insel der Ruhe«. Zwanzig Jahre vergingen. Dann reiste der österreichische Erzherzog Ludwig Salvator auf die Balearen, und erst durch ihn wurden die Inseln ins Bewußtsein der Europäer gerückt. Er brachte sie dem Kontinent ein Stückchen näher: »[Ludwig Salvator] verliebt in Mallorca mit seiner ganzen Seele und allen seinen Gefühlen [.....] war der erste Protagonist unserer Insel, der eigentliche Entdecker ihrer Schönheit [.....] durch ›Die Balearen‹ begann Europa, seine Aufmerksamkeit auf uns zu richten.«[11]

Nicht nur durch seine Werke über die Balearen hat Ludwig Salvator einen Beitrag zur besseren Kenntnis der Balearen, insbesondere der Insel Mallorca, geleistet. Durch seine Anwesenheit aufmerksam gemacht und neugierig geworden auf die Schönheiten dieser Gegend, kamen bald Freunde und Bekannte. Wenig später wurden Gesellschaftsreisen angeboten. So veranstaltete zum Beispiel die Palmaer Zeitung »La Almudaina« Fahrten, bei denen die erzherzoglichen Güter besichtigt werden konnten. Auch Privatreisende fanden in zunehmendem Maße den Weg nach Mallorca. Viele von ihnen wurden in der von Ludwig Salvator unentgeltlich zur Verfügung gestellten Hospederia untergebracht, einer Art Pension, ein erstes »Hotel« auf der Insel, für die Madò Pila (Madona Picara) zuständig war. Seine Freunde wohnten während ihres Aufenthaltes meist auf einem seiner Güter. Auch Adolf von Jordans, der eine Dissertation über die Vogelwelt Mallorcas verfaßte, wurde diese Gastfreundschaft zuteil, und man bot ihm Son Gual als Wohnsitz an. Gäste wurden in Son Gual, Son Moragues oder Son Galceran untergebracht (alle im Besitz Ludwig Salvators), wo sie sich ungezwungen bewegen konnten und auch Fremde Zutritt hatten. Welche Schwierigkeiten dadurch mitunter entstehen konnten, schildert die folgende Begebenheit, die sich während des Besuches des katalanischen Dichters Mosen Jacinto Verdaguer (1845–1902) in Miramar zugetragen hat: »Am Morgen nach seinem Einzug kam um sieben Uhr ein Trupp ausländischer Besucher im Schlosse an. Die Fremden drangen durch das immer offen stehende Tor ins Innere des Gebäudes und begannen die Gemächer zu besichtigen. Die Tür des Zimmers, in dem Mosen Jacinto schlief, fanden sie natürlich versperrt. Da riefen sie einen Diener herbei und forderten ihn auf, die Tür zu öffnen. Der Diener hielt ihnen vor, daß im Zimmer ein Herr übernachte und es daher nicht möglich sei, einzutreten. Die Touristen beriefen sich erregt auf die Anordnung, daß die Schlösser des Erzherzogs von sechs Uhr früh aller Welt zugänglich sein müßten, und bestanden darauf, das Zimmer mit dem berühmten Bett zu besichtigen. Der Diener sah keinen anderen Ausweg, als meinen Oheim zu benachrichtigen [.....] er sprang aus dem Bett, entriegelte die Tür, lief dann zurück und zog sich in aller Eile die Decke über den Kopf. Die zudringlichen Besucher betraten hierauf das Zimmer, bewunderten das Riesenbett und entfernten sich durch eine andere Tür. So mußte der Nationaldichter Kataloniens zehn Minuten unter der Decke zubringen, um einer allgemeinen Verfügung des Erzherzogs nicht zuwiderzuhandeln, die ihn der Taktlosigkeit jener Leute auslieferte.«[12]

Für viele Reisende bildete ein Besuch in Miramar den Höhepunkt ihrer Fahrt. So berichtete zum Beispiel Nathaniel Baron Rothschild in seinen »Skizzen aus dem Süden«, daß er mit seinem Schiff »Aurora« auf der Fahrt von Barcelona kommend, den Erzherzog besuchte und von diesem »welcher mich schon bei meiner letzten Reise auf das liebenswürdigste empfangen hatte«[13], zu einem Spazierritt entlang der Nordwestküste und einem anschließenden Frühstück in Miramar eingeladen worden war. Zum Abschied schenkte ihm Ludwig Salvator eine Ausgabe der »Balearen«.

War der Erzherzog anwesend, führte er seine Gäste gerne selbst durch die Besitzungen und verwies mit Stolz auf die Schönheit der Insel, die sein Herz im ersten Augenblick erobert hatte und ihn zeit seines Lebens nicht mehr losließ. Ludwig Salvator und Mallorca waren eine glückliche Kombination: Mallorca inspirierte den Erzherzog zu einem enormen Schaffensdrang in vielerlei Hinsicht, und andererseits gäbe es auf Mallorca ohne das Zutun Ludwig Salvators keinen internationalen Tourismus in diesem Ausmaß. Er war der Pionier, der erste, der die Insel wirklich kannte. In Anerkennung seiner Verdienste um die Förderung der Wirtschaft, der Landwirtschaft und des Fremdenverkehrs wurde der Erzherzog 1909 zum Ehrenpräsidenten des »Fomento del Turismo« und 1910 zum »Hijo Ilustre de Mallorca« ernannt. Schon am 6. Juli 1877 hatte er vom Ayuntamiento de Palma den Titel eines »Hijo Ilustre de Palma«, eines Ehrenbürgers der Stadt, verliehen bekommen: »Wer verdient höhere Titel als dieser Erzherzog, der hier der erste war, der den Tourismus begründete, bevor man davon auf den Balearen überhaupt eine Vorstellung hatte. Wer anders als er verdient den Titel des Ehrenbürgers, den man ihm verliehen hat? Wem gebührt es mehr als diesem Fürsten, ständiger Förderer von Wissenschaft und Kunst, der Einheimische und Fremde nach Miramar gebracht hat, Künstler wie Gelehrte und unter dessen Auspizien sie dort gelegt und ihre Arbeiten über die Insel realisiert haben. Höhenkundler wie Herr Martel und alle die Naturforscher, Geologen, Maler und Gelehrten und Künstler sämtlicher Genres und der mit seinen Werken und Arbeiten dazu beigetragen hat, daß man die Balearen in allen Ländern kennt?«[14]

Unter den Reisenden befanden sich immer wieder Maler, die, angelockt vom unergründlichen Licht dieser Mittelmeerinsel, auf der Suche nach einer Möglichkeit waren, dem »Rätsel des Insellichtes« auf die Spur zu kommen, um es auf der Leinwand festzuhalten: »In Mallorca ist das Licht immer, überall und gegenwärtig. Selbst in mondlosen Nächten schimmert das Gebirge, leuchtet das Meer in kleinen Brandungswellen. Es kommt nicht von der Sonne her, sondern aus der unbegrenzten Weite des Himmels. Ausgeschüttet über Felsen und Steine, kriecht es in Höhlen, springt über Klippen, rieselt im Sande und fliesst aus dem schweren Harzduft an den Kiefernstämmen herunter. Man kann es nicht sehen, doch man weiß, daß es da ist. Offenbar wird es in den Farben, denen es die Unbestimmtheit nimmt und den tiefen Schatten gibt. Der Maler verzweifelt auf Mallorca; keine Halbtöne geben sich ihnen, keine Übergänge, nichts bleibt unausgesprochen und nur dem Gefühl überlassen. Die vielen Abwandlungen des Okkers an Häusern und Mauern, zu denen sich das Grau des Staubes, das Graubraun der Felsen und das Braunrot der abgeernteten Felder gesellen, sind nicht zu fassen.«[15]

Einer, dem es gelang, das Licht in seinen Gemälden wiederzugeben, war der durch sein Buch »Isla de la calma« (Insel der Ruhe), eine Huldigung an Mallorca und seine Bewohner, den Mallorquinern besonders nahestehende Schriftsteller und Maler, Santiago Rusiñol y Prats, ein gerngesehener Gast und vier Jahre lang ständiger Bewohner der Insel. Rusiñol, 1861 in Barcelona geboren, gilt als der volkstümlichste und am meisten gelesene Schriftsteller der katalanischen Sprache. 1892 kam er zum ersten Mal nach Mallorca, wo er nach einer Krankheit Ruhe und neue Kraft für seine Arbeit zu finden hoffte. Er schrieb vor allem Theaterstücke und gilt als Maler von Gartenszenen und Porträts als Vorläufer des Modernismus in Spanien.

Am 12. Juni 1931 starb Rusiñol in Aranjuez, dessen Gärten ihn zu einem seiner berühmtesten Gemälde inspiriert hatten, zu »Los jardines de Aranjuez«.

Ein großformatiges Gemälde (3,50 m × 2,50 m), das sich heute in Son Moragues befindet, erinnert an den französischen Maler und Schriftsteller Gaston Charles Vuillier, der es dem Erzherzog zum Geschenk gemacht hatte. Der am 7. Oktober 1847 geborene, französische Künstler verstarb 1915 in Paris (übrigens im selben Jahr wie Erzherzog Ludwig Salvator). Er arbeitete als Zeichner und Illustrator und publizierte als Schriftsteller Bücher wie »Miramar« und »The forgotten islands«. Er kam immer wieder auf die Insel, war Gast in Ludwig Salvators Son Gual, um dort zu malen und »kämpfte« wie seine Malerkollegen mit den Lichtverhältnissen:

»Generationen von Malern und Poeten haben Palma immer wieder als eine Stadt des Lichtes gemalt und beschrieben – eines besonderen Lichtes, das von allen Seiten kommt und keine tiefen, abgründigen Schatten kennt. Dieses besondere Licht von Palma ist kein unwirkliches Wunder, auch keine

Übersteigerung künstlerischer Phantasie, sondern eine schöne, wirkungsvolle und liebenswerte Realität. Sie erklärt sich aus der nach Süden zur Sonne offenen Lage der Stadt an ihrer großen Bucht, die ihr als Spiegel des Himmels zu Füßen liegt. Wo auch die Sonne steht, im Osten über dem Dom, im Süden über dem offenen Meer oder im Westen untergehend über dem Kastell Bellver, immer spiegelt das Meer sie wider und vervielfältigt ihre Strahlen auf seine flimmernd bewegte Weise. Dieser Effekt verstärkt sich noch, wenn sich im Norden dunkle Wolken türmen, während im Süden der blanke Himmel leuchtet. Dann liegt die Bucht wie eine große, blanke Silberscheibe vor der Stadt und es scheint, als würde sie mehr Licht emporstrahlen, als die Sonne selbst herabzusenden vermag.«[16]

Ab 1833 wurde eine regelmäßige Verbindung zwischen Palma und Barcelona per Segelschiff eingerichtet, und ein Jahr später verkehrte der erste Dampfer, »El Balear«, ein hölzernes Radschiff, zwischen Barcelona, Palma und Mahón. Dennoch war eine Reise nach den Balearen noch immer strapaziös.

1906 gründete man die »Sociedad Fomento de Turismo« (Gesellschaft zur Förderung des Tourismus), die es sich zur Aufgabe machte, die Inseln für Reisende attraktiver zu gestalten und geeignete Unterkunftsmöglichkeiten zu schaffen. Gäste wie Santiago Rusiñol, Rubén Dario und Miguel de Unamuno warben für Mallorca, die Inseln kamen in Mode. In den späten zwanziger und dreißiger Jahren – der Erste Weltkrieg hatte die Entwicklung aufgehalten – registrierte Mallorca seinen ersten Touristenboom. Fünfundvierzig Hotels, Pensionen und Gasthäuser standen zur Verfügung, und die Gäste eroberten die Stadt Palma, Buchten und Strände, und vor allem die kleinen Fischerorte. Jedes Jahr kamen mehr: Engländer, Franzosen, Deutsche und Nordamerikaner fanden Gefallen an Mallorca. Vor allem Urlauber mittleren Alters hielten sich aufgrund des milden Klimas längere Zeit auf der Insel auf: alte englische Kolonisten, französische Pensionisten, deutsche Juden und amerikanische Millionäre bevölkerten während der Wintermonate die Strände.

Einer von den vielen, die kamen, war der Schriftsteller Albert Vigoleis Thelen, der 1931–1936 auf Mallorca lebte, bis ihn der Spanische Bürgerkrieg zum Verlassen der »Insel des zweiten Gesichts« zwang. In seinem Mallorca-Roman, für den Thelen 1954 den Fontane-Preis erhielt und der zu den Klassikern der Literatur des 20. Jahrhunderts zählt, beschreibt der Autor das Leben auf der Insel, die zwar schon bekannt und als Urlaubsziel beliebt war, aber noch unberührt und von den großen Massen verschont, still und beschaulich im Mittelmeer lag. Thelen, der als Reiseführer, Übersetzer und auch als Mitarbeiter von Robert von Ranke-Graves tätig war, erlebte Mallorca zu einer Zeit, als es ein Refugium für vor Hitler geflüchtete deutsche Juden war, die im westlichen Stadtteil El Terreno lebten, umgeben von internationaler Gesellschaft. Zu dieser Zeit gab es drei deutschsprachige Blätter, zwei englische, eine nordamerikanische, eine französische und eine viersprachige Zeitung mit dem Titel »Cosmópoli« auf der Insel.
Neben pittoresken Persönlichkeiten, Abenteurern und Gigolos hatten auch Churchill und Chamberlain die Insel für sich entdeckt. Die Festlandsspanier hingegen reisten lieber nach Paris, Rom oder Stockholm, Biarritz oder Monte Carlo. Sie waren wenig informiert über die Inselgruppe und wußten nicht, ob Mallorca die Hauptstadt und Palma die Insel war oder umgekehrt, und ob Mallorca zu den Balearen oder zu den Kanaren gehörte.
Und wieder war es ein Krieg, der die Entwicklung für einige Zeit stoppte: der Spanische Bürgerkrieg. Noch während der Kämpfe begannen die Spanier, ihr Herz für dieses Land zu entdecken. Sie vergaßen ihren Hunger und verbrachten den Sommer auf Mallorca, das von den Unruhen weitgehend verschont geblieben war. Besonderer Beliebtheit erfreute sich die Insel als Ziel vieler Flitterwöchner.
In den fünfziger Jahren begann die zweite Phase des Tourismus mit einem starken Zustrom ausländischer Gäste, der bis heute nicht versiegt ist. Die Hinweise eines Reiseführers aus dem Jahre 1960 muten fast archaisch an: »Die in fast allen Ortschaften des Landes gültige Geschwindigkeistbegrenzung auf

zwölf Kilometer pro Stunde wird von der Polizei ebenso streng kontrolliert wie von den älteren Autos freudig eingehalten. Ob und inwieweit diese Begrenzung überschritten werden darf und auch wird, war nicht zu erfahren; Kenner des Landes versicherten jedoch, daß eine Freizügigkeit hierin wohl mit der sozialen Stellung des jeweiligen Autofahrers zusammenhängen müsse. Die Strassen auf dem Lande sind unübersichtlich, weil kurvenreich, weswegen Hupen vor jeder Kurve oder Engstelle durch das Gesetz geboten wird. Sie sind nicht steil, auch nicht im Gebirge, weil sie jedes Nebental bis zur Sohle ausfahren. Seitliche Schutzmauern sind nicht immer vorhanden oder gerade an den gefährlichen Stellen zerstört oder verfallen, was dem Ausblick in die tief unten liegende Landschaft nur förderlich ist.«[17]

Der »sanfte« Tourismus gehört der Vergangenheit an, der »Ausverkauf« eines der schönsten Flecken unter südlicher Sonne hatte begonnen. Die wirtschaftlichen und sozialen Strukturen veränderten sich, die Insel erwachte aus ihrem jahrhundertelangen Dornröschenschlaf. Mit Hilfe von ausländischem Kapital wurden Hotels gebaut, regelmäßige Charterflüge organisiert und Mallorca in die Abhängigkeit des mittel- und nordeuropäischen Besuchers gedrängt. Der gigantische Devisenzustrom hatte eine Steigerung der Bodenpreise und somit die Vernachlässigung der Landwirtschaft zur Folge. Ausländer kauften die alten Bauernhäuser, die heute als Inbegriff des »anderen« Mallorca zur Vermietung freistehen. Die Lebenshaltungskosten liegen weit über dem Landesdurchschnitt, die Balearen sind heute reichste Provinz Spaniens. Segen oder Fluch?

Daran erhitzten sich die Gemüter. Viele Bauern haben ihr Land verkauft, um vom Erlös eine Bar, ein Restaurant oder einen kleinen Andenkenladen einzurichten, um teilzunehmen am großen Geschäft mit den ausländischen Gästen und stoßen innerhalb ihrer eigenen Familie bei Kindern und Enkeln auf schärfste Kritik:

»Da sitzt er nun der alte Herr, ein König, der sich selbst aus seinem Reich vertrieben hat, inmitten der Auspuffgase, redet nun über die anderen statt über die eigenen Probleme. Er merkt gar nicht, welche Karikatur eines alten Mallorquiners er geworden ist, beliebtes Fotoobjekt der Ausländer, verachtet von der jüngeren Generation und betrogen um den Blick auf das Meer, auf seine Bäume, auf die Küste, die ihm einmal gehört hat.«[18]

Das Rad der Geschichte kann man nicht mehr zurückdrehen, Sonne und Meer sind und bleiben die beiden Wirtschaftsfakten, die Mallorcas Wohlstand begründen.

Langsam setzte ein Umdenken ein, wie die Beispiele der beiden Inseln Cabrera[19] und Sa Dragonera[20] und des Strandes von Es Trenc[21] bewiesen haben. Man beginnt die wenigen noch erhaltenen Windmühlen wieder instandzusetzen. Die Architektursünden in Form der Hotels und Appartementhäuser lassen sich nicht mehr beseitigen, doch greift man heute erfolgreich gegen den Neubau und die Verschandelung der unberührt gebliebenen Landschaft ein. Verläßt man die touristischen Trampelpfade, die Zentren germanischer, englischer oder skandinavischer Lustbarkeit und macht sich auf die Suche nach dem »anderen«, unbekannten Mallorca – in diese Kerbe schlagen jetzt einige Autoren, die das »unbekannte, andere« Mallorca zum Thema ihrer Bücher oder Photobände machen, dabei aber übersehen, daß mit dem Zeitpunkt des Erscheinens ihr »unbekanntes« ein allgemein »bekanntes« Mallorca geworden ist – nach seinem eigenen, persönlichen Mallorca, dann findet man noch jene Schönheit, die sie alle gefangennahm: die Schriftsteller, Maler, Gelehrten und »Aussteiger« wie den Erzherzog Ludwig Salvator: »Ein anderesmal ritt ich auf einem Maulthiere durch das Gebirge, welches das Thal des malerisch gelegenen Orient [kleiner Ort auf Mallorca] umschließt; dann und wann hielt ich an, um ein oder das andere Bild zu zeichnen. Ein junger Kohlenbrenner, der mir als Führer durch die Wälder diente und zugleich der Besitzer des Thieres war, schaute jedesmal wenn ich zeichnete, aufmerksam zu und verwunderte sich nicht wenig, wie sich auf dem weißen Papier allmählich aus wenigen Strichen die Umrisse der Gegend entwickelten; er erkannte einen Berggipfel nach dem anderen, bezeichnete jeden mit seinem Namen und blickte dann bald die Berge, bald das Papier, bald mich mit eigenthümlichen Staunen und mit Befremdung darüber an, wie ein fremder Eindringling die heimatlichen Berge in seinem Skizzenbuche mitforttragen könne. Nach einiger Zeit fragte er auch, wie ich das Bild zu Stande bringe; nachdem ich es ihm so gut wie möglich erklärt hatte, sagte er, wie erfreut darüber, das Geheimniß entdeckt zu haben: ›Ja, jetzt weiß ich es, Sie befehlen den Bergen und diese gehorchen und kommen auf das Bild!‹«[22]

13.

Im Palast des »Bauernschinders«

Ludwig Salvators erstes Domizil auf Mallorca

»Gebaut zur Zierde für eine Mantel- und Degenkomödie.
Alte Paläste von Mallorca, gewaltig weit, großartig
fast venezianisch fast florentinisch und zwischen
levantinisch und calderonisch ...«[1]

Miguel de los Santos Oliver

Zu jener Zeit, als der junge Erzherzog zum ersten Mal nach Mallorca kam, gab es aufgrund der geringen Nachfrage kaum Unterkunftsmöglichkeiten für ausländische Reisende – ein Manko, über das sich schon die französische Schriftstellerin George Sand bitter beklagt hatte. Auch die Hauptstadt Palma bot außer einfachsten Gasthäusern und Privatzimmern kein adäquates Hotel für den Prinzen, das für einen längeren Aufenthalt in Frage gekommen wäre.
Señor Herreros, den Ludwig Salvator auf der Überfahrt von Ibiza an Bord des Postschiffes kennengelernt hatte, übernahm die Aufgabe, eine geeignete Bleibe ausfindig zu machen, in der sich der adelige Forschungsreisende für die Dauer seines Studienaufenthalts einmieten konnte und fand diese in den Räumen des in der Altstadt von Palma nahe der Kathedrale gelegenen Palacio Formiguera: »Wir wollen jedoch zuerst die Calle de la Portella hinab verfolgen. Wir finden rechts das ziemlich einfache Haus des Conde de Espana, links das Haus Formiguera, welches einen alten Vortritt mit langem, steinernem Balkon darbietet, mit sculptirten Sparren am Alero. Ein Rundbogeneingang führt in den links mit einer von achteckigen Pfeilern getragenen Halle geschmückten Hof. Gegen die

Muralla [Stadtmauer] hin, von der das Haus durch ein Gärtchen getrennt wird, hat es einen bedachten Thurm. Rechts auf dem steilen Plätzchen vor der Portella [kleines Stadttor] ist das Haus des Marquez de la Torre, ein kräftiger Bau, der mit einer Escarpenmauer und großen Balkons aus Eisengitter auf die Muralla stößt. Ein Rundbogen führt in den schlichten Hof, von dem eine schöne, moderne Treppe emporführt. Das Innere weist große, sehr hohe, reich mit Bildern geschmückte Säle auf. Dieses und das Haus Formiguera sind zu den am besten gelegenen Häusern Palmas zu zählen.«[2]

Der Palacio des Conde de Santa Maria de Formiguera war zu Anfang des 13. Jahrhunderts erbaut worden und weist sowohl gotische als auch Renaissanceelemente auf.

Unter den Condes de Formiguera gab es neben zahlreichen »guten« aber heute unbekannten auch einen »schlechten« Grafen, den »Conde malo« (zu deutsch: der schlechte Graf; in mallorquin: »compte mal«), der als Bauernschinder traurige Berühmtheit erlangte. Man erzählt, dieser Ramon Burguez, Conde de Formiguera, habe im 17. Jahrhundert einen Bauern aus der Ortschaft Santa Maria ermorden lassen. Daraufhin mußte er vor dem aufgebrachten Volk in die Berge flüchten, wo er eine Finca namens »Galatzo« besaß. Die Inschrift über dem Portal »Don Ramón Burguez Caforteza y Fusrer C. de S. M. de Formiguera, féu esta obra 1688« (Übers.: Don Ramón Burguez Caforteza y Fusrer C. de S. M. de Formiguera erbaute dieses Haus 1688) erinnert noch an die legendären Besitzer. Angeblich hat dieser Unhold bis heute keine Ruhe gefunden.

Unter den gegebenen Möglichkeiten schien Herreros der Palacio de Formiguera für den geplanten Aufenthalt des Prinzen im Winter des Jahres 1871 am besten geeignet zu sein. Durch den Wunsch Ludwig Salvators, ein am Meer gelegenes Haus zu mieten, war die Auswahl äußerst gering gewesen. Um so größer war die Freude Herreros, als der junge Freund seine Wahl akzeptierte und sich für die Räumlichkeiten im Palacio de Formiguera entschied. Um dem Erzherzog einen ersten Eindruck von seiner künftigen Bleibe zu verschaffen, sandte ihm Herreros drei Photographien der zum Meer gerichteten

Fassade sowie einen Grundrißplan des ersten Stockwerkes. Auch bot er an, sich um die Renovierungsarbeiten und den Kauf oder die Miete der Möbel zu kümmern.
Für kurze Zeit war Herreros dann unschlüssig, ob er das richtige Haus für den Erzherzog gewählt hatte, da ihm die verlangte Miete von 100 Duros (526 fl.) als unverschämt hoch erschien, und er schlug das zwischen der Kathedrale und dem erzbischöflichen Palast gelegene Haus des verstorbenen Generals Colubi vor, das dessen Tochter nach dem Tode ihrer Mutter voll möbliert zur Vermietung anbot. Doch der Erzherzog blieb bei seiner Entscheidung für den Palacio de Formiguera, und die Vorbereitungen liefen weiter. Herreros schickte eine Aufstellung aller vorhandenen Möbel und veranlaßte nach jeweiliger Rücksprache mit seinem Auftraggeber die notwendigen Arbeiten. Große Bedeutung wurde von seiten des Erzherzogs den Öfen zugemessen, die aus Barcelona geliefert werden sollten. Eine durchaus sinnvolle Anschaffung, wenn man an die feuchte Kälte in den Wintermonaten denkt.
Señor Ferra, ein Architekt aus Palma, stand Herreros als Bauleiter beratend zur Seite. Unter großem Zeitdruck wurden die Arbeiten wenige Tage vor der Ankunft des neuen Mieters Ende Oktober fertiggestellt, und in den ersten Novembertagen des Jahres 1871 konnte Ludwig Salvator in Begleitung seines Lehrers, Baron Eugenio Sforza, sowie eines Sekretärs und einiger Bediensteter in sein erstes mallorquinisches Heim einziehen.
Sechs bis sieben Monate wollte der damals vierundzwanzigjährige Erzherzog auf Mallorca bleiben – mehr als vierzig Jahre sollten daraus werden. Was als befristeter Studienaufenthalt gedacht war (Ludwig Salvator arbeitete an einem mehrbändigen Werk über die Balearen), wurde zum Inhalt seines Lebens.
Ludwig Salvator hatte eine zweite Heimat, sein ganz persönliches Paradies gefunden und blieb ihm treu, bis die Wirren des vor der Tür stehenden Ersten Weltkrieges ihn zwangen, Abschied zu nehmen. Der Palacio de Formiguera, ein Teil davon

ist heute noch in Besitz der Familie respektive deren Nachkommen, wird nur noch zeitweilig bewohnt, präsentiert sich als prachtvoller, gut erhaltener Stadtpalast mit alten Holzdekken, offenen Kaminen und einem aus dem 16. Jahrhundert stammenden Boden aus Santanyigestein, von dem bereits in der Korrespondenz zwischen Herreros und Ludwig Salvator die Rede ist. Ein sechzehn Meter langer, sechs bis sieben Meter hoher Salon gibt den Blick aufs offene Meer frei und veranschaulicht ob seiner gigantischen Ausmaße den Unterschied zwischen damaligen und heutigen Wohnverhältnissen.
Ludwig Salvator hatte nicht den gesamten Gebäudekomplex gemietet, sondern eine Art Wohnung innerhalb des Palastes, die man über die zweite Treppe im Patio (Arkadeneingang) erreichen kann. Eine detaillierte Schilderung der von ihm bewohnten Räumlichkeiten liegt nicht vor, doch dürfte sich in den letzten hundert Jahren an der Einrichtung nicht viel geändert haben. Einige Möbelstücke, die Herreros in seiner Beschreibung erwähnt, zieren auch heute noch die Zimmer des Palastes. Noch immer sind die »Braseros«, Kohlebecken aus Messing, neben den offenen Kaminen in den größeren Räumen die einzige Heizung und vermögen – heute wie damals – kaum eine angenehme Temperatur zu erzeugen. Daß der Salon allein repräsentiven Zwecken wie Festen oder Empfängen diente, versteht sich von selbst. In den Wintermonaten begnügte man sich mit den niedrigen »Entresuelos« (= Hochparterre), die einfacher zu heizen waren.
Der Palacio de Formiguera bietet eine der wenigen Möglichkeiten, einen alten mallorquinischen Adelspalast mit all seinem Prunk auch innen zu besichtigen, und der Betrachter gewinnt eine Vorstellung von Reichtum und Wohnkultur vergangener Zeiten. Der Erzherzog hatte sich einen prunkvollen Rahmen für seine Arbeitsstätte ausgesucht. Gelegen im Herzen der Altstadt Palmas mit Blick aufs Meer und auf die Kathedrale, einen Steinwurf von den Ruinen der Arabischen Bäder[3] entfernt, nahe dem Kloster Santa Clara, dem »ältesten Frau-

enkloster von der Regel vom Heiligen Franz«, und der Kirche Montesion[4], der am Platz einer Synagoge erbauten Hauptkirche der Jesuiten, hatte er einen geeigneten Rahmen für seinen Aufenthalt und für seine Arbeit an dem mehrbändigen Werk über die Balearen gefunden.

14.

Vorbei an immergrünen Eichen …

Das Landgut Son Moragues

»Ich habe nie etwas Reizenderes und gleichzeitig Melancholischeres gesehen als diese Landschaft, wo Steineiche und Johannisbrotbaum, Pinie und Olivenbaum, Pappel und Zypresse die verschiedenen Farbtöne ihrer Blätter in tiefen Lauben vermischen, wahre Abgründe von Grün, und wo der Bach unter üppigem Buschwerk von unvergleichlicher Anmut hinabeilt.«

George Sand

Verläßt man die Ortschaft Valldemossa in Richtung Deià und Sollér, so erblickt man knapp nach dem Ortsende zur Rechten ein gewaltiges Gebäude, ein typisch mallorquinisches Landhaus aus dem 17. Jahrhundert, nach seinem einstigen Besitzer »Son Moragues« benannt.

Von der Straße, die auf der einen Seiten nach Andratx, auf der anderen Seite nach Sollér führt, zweigt ein schmaler, nur teilweise asphaltierter Weg zu dem in 420 Meter Höhe gelegenen Gut ab. Zur Zeit des Erzherzogs muß dieser Fahrweg, der heute beim Haus endet, benützt worden sein, denn Ludwig Salvator empfahl den Weg von Palma über Son Moragues nach Miramar als eine Abkürzung. In den Balearen hat er den malerischen Ort verewigt: »an ein paar immergrünen Eichen vorbeigehend, erreicht man einen breiten Platz vor dem Hause, wo ein riesiger Celtisbaum steht, einer der größten der Insel. Das Haus ist sehr weitläufig und bildet ein Viereck mit einem mittleren Hof; es schaut gegen Osten auf den Platz, hat sieben Fenster Front und einen Rundbogen-Eingang mit Wappen. Gegen Süden liegt das kleine mauerumschlossene Gärtchen, zu dem eine Doppeltreppe vom ersten Stock hinabführt.«[2]

In diesem Garten steht heute die 1913 in Rom von Giulio Monteverde aus weißem Carraramarmor gefertigte Statue zur Erinnerung an Catalina Homar, die sie kniend und zu Jesus Christus betend zeigt. Die Aufschrift am Sockel: »Venite ad me quia me delicitis« (Übers.: Kommt zu mir, auf daß ihr mich erfreuet.) soll an die Frömmigkeit und den tiefen Glauben der Verwalterin der erzherzöglichen Güter erinnern. Angeblich trägt das Gesicht Jesu Züge des jugendlichen Ludwig Salvator. Die Beziehung zwischen der Tischlerstochter aus Valldemossa und dem Erzherzog wird von den Einheimischen gerne überbewertet. Auch der Hinweis, Catalina sei im Alter von achtundzwanzig Jahren gestorben, entspricht nicht der Wahrheit – tatsächlich wurde sie sechsunddreißig Jahre alt.

»Nach den beiden anderen Richtungen krönt das Haus mit theilweise geböschter Mauer den felsigen Vorsprung, der das Thal beherrscht. Nach der Westseite bietet es eine lange gedeckte Terrasse von achteckigen Säulen, von dortigem Stein, den man Pedra Morta nennt, getragen. Der Hof, mit einem Springbrunnen in der Mitte, zeigt nach zwei Seiten hin rohe Bogenhallen, eine Treppe mit hölzernem Geländer führt unterhalb derselben hinauf. Gegenwärtig wird von mir [der Erzherzog] das Innere, von dem man sagt, daß es so viel Fenster und Thüren enthält, wie das Jahr Tage hat, als Museo Industrial Agricolo der Balearen eingerichtet.«[3]

Dieses Museum wurde nicht realisiert. Nur eine Tafel über dem Eingang mit der Aufschrift »Museo Balear«, blaue Druckbuchstaben auf goldenem Grund, erinnert an den einstigen Plan des Erzherzogs.

Der Garten kann, wie ein Teil des Landgutes, besichtigt werden. Die Touristen werden mit Eselskarren zum »Paellaessen« in das Restaurant von Son Moragues geführt. In den oberen Räumen, an deren Wänden Photographien, Zeichnungen und Erinnerungen an den einstigen Besitzer hängen, finden Hunderte Menschen Platz.

Schon der Erzherzog hatte das Anwesen als Gästehaus benutzt. Der Wiener Maler Erwin Hubert und Kaiserin Elisabeth hatten während ihrer wiederholten Aufenthalte auf Mallorca dort gewohnt. Ludwig Salvator hatte das Gut 1883 von der Familie des Toni Moragues erworben, die es nach dem Tod des Vaters aufgrund der Schulden nicht behalten konnte.
»Die Sitte am Lande zu wohnen und grosse Landsitze zu bauen, hatte sich im 17. und Anfang des 18. Jahrhunderts auch im kleinen Mallorca verbreitet und alle grösseren Gebäude als Landsitze stammen aus dieser Epoche oder wurden wenigsten in derselben erweitert. Sie waren zugleich Nutz- und Vergnügungshäuser, wo alles zum Betriebe der Cultur des dazugehörigen Bodens Nöthige vorhanden war und wo die Familie des Besitzers einige Monate des Jahres, je nach der Lage des Gutes, das für die eine oder andere Jahreszeit geeignet schien, zuzubringen pflegte. Die Güter im Gebirgslande waren namentlich für die Sommerfrische reservirt. Die reicheren Familien hatten mehrere solche Sitze und pflegten mithin ihren Aufenthalt zu theilen; die weniger reichen hingegen, die vielleicht nur ein einziges Gut besassen, dessen Haus die gewünschte Bequemlichkeit zur Beherbergung der Familie darbot, pflegten in demselben den ganzen Sommer zuzubringen; dies war der Fall mit Son Moragues in Valldemossa, der gleichnamigen Familie gehörig.«[4]
Auch die heutigen Besitzer von Son Moragues, eine mallorquinische Familie, bewohnte das Landgut im Sommer und an den Wochenenden, an denen sich meist alle Familienmitglieder einfinden.
»Die Familie Moragues war auch recht zahlreich: der Herr, die Frau aus einer Valencianer Familie und acht Kinder, vier von jedem Geschlechte. Don Toni, so hieß der Herr, war allenthalben beliebt, freundlich und zuvorkommend mit Allen; er führte ein üppiges Leben, unbekümmert, ob die Renten seiner Güter die Auslagen deckten. Er liess auch viel arbeiten; er hatte Passion dafür; nicht blosz, dass er sich freute, Neues zu schaffen und sein geliebtes Son Moragues zu verschönern, sondern er fand auch Vergnügen daran, arme Leute zu unter-

stützen und mit ihnen zu verkehren. Es besteht überhaupt unter den dortigen Adeligen nicht dieser Exclusivismus wie im Norden. Der bei der Krönung der aragonesischen Könige übliche Spruch:[...]

›Ein jeder soviel wie du
Und alle zusammen mehr wie du
Krönen wir dich zum König –‹

scheint in dem Bewußtsein des Volkes fortzuleben. Eine grössere natürliche Brüderlichkeit herrscht unter denselben und diesen Zug besassen Don Toni und seine Familie in reichem Masse.«[5]

In diesem Sinne führen die heutigen Besitzer das Gut weiter, das noch immer landwirtschaftlich genutzt wird. Ausgedehnte Olivenhaine liefern die Früchte zur Gewinnung des Öls, das noch vor wenigen Jahren in der hauseigenen Presse gewonnen wurde. Riesige Schafherden bevölkern das in Terrassen angelegte Weideland. Das Bimmeln der Glöckchen, unterbrochen vom Gebell der fünf schwarzen mallorquinischen Schäferhunde, bildet die Geräuschkulisse von Son Moragues.

Der Wasserreichtum der Finca (Son Moragues besitzt eine eigene Quelle) begünstigte die landwirtschaftliche Nutzung. Die Obst- und Gemüsegärten wurden von dieser Quelle und einer kleineren auf der Höhe der Muntañeta, deren Wasser in einer runden teichähnlichen Anlage gesammelt wurde und wird, bewässert. Zur Belustigung seiner Gäste soll der Erzherzog dort Bootsfahrten veranstaltet haben. Zwischen den Zypressen findet man noch heute den Rest des Taubenhauses sowie eine »künstliche Höhle aus der Zopfzeit, die einst mit Wasserkünsten versehen war, welche jetzt [Ende 19. Jahrhundert] aber verdorben sind, dafür wird sie aber von einer riesigen Epheupflanze umrankt.«[6]

Zur Zeit des Erzherzogs lebten ungefähr zwanzig Personen im Haus, weitere zehn Familien als Köhler in den Bergen. Kleine Häuschen und Backöfen, die zum Teil verfallen sind, erinnern an die Kohlegewinnung, die bis 1957 betrieben wurde. Mit der verstärkten Verwendung von Butangas verlor die Kohle ihre Bedeutung als Energieträger, und die Axthiebe der Köhler verstummten. Bis in die sechziger Jahre des 20. Jahrhunderts aber lebten sie mit ihren Familien den ganzen Sommer über bei ihrem Meiler, der nicht unbeaufsichtigt bleiben durfte. Daraus läßt sich die Existenz der Backöfen erklären, denn das Brot mußte an Ort und Stelle gebacken werden. Die »immergrüne Eiche (encina)« (im Gegensatz zu unserer heimischen Eiche wirft sie die Blätter im Herbst nicht ab), die für die Kohlegewinnung von größter Bedeutung ist, zählt noch immer zu den häufigsten Bäumen von Son Moragues. Auf die Köhlerhäuschen stößt man, wenn man dem »camino del Archiduque« (mallorquin: »Cami de S' Arxiduc«, deutsch: »Reitweg des Erzherzogs«) ins Gebirge folgt: »Man wird von Son Moragues aus am besten das sich hinter Miramar erhebende Gebirge der Sa Talaya veya besteigen, und zwar durch das Tal, welches zwischen Son Moragues und Son Gual liegt, an der Front de S' Abeurada vorbei. Bei der Barrera des Plá des Pouet erreicht man auf gutem Saumpfade ein waldiges Hochtal, durch welches ein Weg führt. Wir wollen aber den zur Linken liegenden einschlagen, um zu dem Mirador de na Torta (655)[7] zu gelangen, der gerade oberhalb der Muntañeta von Son Moragues gelegen, prächtig das ganze Tal von Valldemosa übersieht. Zieht man von hier bis zur Sohle des Hochthales, so führt von hier wieder ein Weg zum Mirador de Can Costa, der mit Zinnen versehen, nicht blosz das Tal von Valldemosa, sondern auch die darunter gelegene Küste überblickt. Von hier hinaufsteigend, gelangt man zur ersten (855), dann zur zweiten höchsten Koppe der Talaya veya (869) die weit und breit das Gebirgsland der Insel und die Ebene bis zum fernen Cabrera übersieht. Es steht dort ein Schutzhäuschen mit Küche. Steigt man von hier gegen das obere Ende des Hochtales, so kommt man, an dem Mirador des Garriguer, welcher gerade oberhalb Miramar liegt, vorüber, zum Stret de Son Gallart[8], durch welchen ein ziemlich steiler Pfad am Fusze von Felsenwänden zur Hospederia hinabführt.

Von der Höhe des S' Estret de Son Gallart zieht ein anderer Weg an Ses tres Osques vorüber, über steile, senkrecht abfallende Wände zum Puig Caragoí (oder Gros) (946), mit herrlicher Aussicht auf das Tal von Deyá und den Hafen von Sollér und über das öde Plá de S'Aridja am Fusze des benachbarten Teix zu den Casas de Sa Neu[9], wo man in früherer Zeit Schnee anzusammeln pflegte, um ihn dann im Sommer zu verkaufen. Durch den schönen Hochwald von immergrünen Eichen der Escayerats, erreicht man das Tal von Sa Coma und mithin Valldemosa und Son Gual aus dessen Turm man schön die Ortschaft, das Meer der Nordküste, das Tal de S' Estret gegen Palma zu, und das am fernen südlichen Meereshorizonte auftauchende Cabrera übersieht.«[10]

Der »Camino del Archiduque«, der, von seinem Namensgeber begangen, in späteren Jahren mittels Maultier zurückgelegt wurde, befindet sich heute in einem sehr schlechten Zustand und ist streckenweise von Büschen überwuchert. Auch das »Es Refugi« auf 867 Meter Höhe, das der Erzherzog als Schutzhütte errichten ließ und das später von Einsiedlern benützt wurde, ist dem Verfall preisgegeben. Als Übernachtungsmöglichkeit für Bergsteiger gedacht, ist es derart verwüstet worden, daß es heute nur noch als Ruine bezeichnet werden kann. Der unvergleichliche Blick auf Son Marroig, die Foradada und Deià bzw. zum Gipfel des Teix (1064 Meter hoch) ist aber auch dem heutigen Besucher noch möglich. Trotz des schlechten Zustandes des Weges, den im vergangenen Jahrhundert Köhler und Kalkbrenner benutzten, lohnt sich diese Wanderung, die zirka acht Stunden in Anspruch nimmt, und die Schönheit der Landschaft läßt alle Strapazen vergessen.

Folgt man dem Weg von Son Moragues in Richtung Deià, stößt man auf der Höhe von Can Costa auf die Eremita de Trinitat, eine Einsiedelei, die wahrscheinlich 1601, nachdem Felipe III. Haus und Gut von Miramar verschenkt hatte, erstmals von Einsiedlern besiedelt wurde. An diesem Ort scheint die Zeit still zu stehen. Wie vor beinahe 400 Jahren leben dort einige in braune Kutten gehüllte bärtige Männer ihr einfaches, anspruchsloses Leben im Dienste Gottes. Fährt man als Besucher auf der schmalen Straße zum Steineichen gesäumten Platz der Eremita vor, fühlt man sich fast als Eindringling, als Störenfried einer in sich ruhenden, von der Außenwelt abgeschiedenen Stätte der Besinnung:

»Läuten wir an einem Strickglockenzug mit hölzernem Griff, so ertönt nach einer kurzen Pause eine dumpfe Stimme von innen: ›Ave maria purisima‹. ›Sens pecat concebuda‹ ist die Antwort und die Thür geht auf. Ein Mann, die Augen hohl, infolge der Askese, die Stimme dumpf, als wenn sie aus dem Grabe käme, steht in brauner Kutte vor einem, es ist der Superior der kleinen Gemeinde, der gleichzeitig der Koch derselben ist. So wirkt er in doppelter Weise auf den Geist und auf den Körper, aber in letzterer Beziehung sehr gering, denn die braven Leute nehmen eine karge Nahrung zu sich.«[11]

Die Zahl der Einsiedler ist geringer geworden (zur Zeit dürften es nur noch vier sein – zur Zeit des Erzherzogs waren es acht), ihre Lebensform blieb unverändert. Im Gärtchen arbeitet ein alter, gebrechlich wirkender Mönch, pflegt sein Gemüse und läßt sich auch von Neugierigen nicht aus der Ruhe bringen:

»Sie erhalten sich mit der Arbeit in den Gemüsegärten und einige Ölbaumterrassen und mit Brennen von Kohlen, sowie von den Almosen, namentlich Naturalien, die sie in den Besitzungen und Ortschaften der Nachbarschaft einsammeln, letzteres jedoch nur, wenn sie nichts zu essen haben. Da ihre Bedürfnisse sehr gering sind genügt ihnen das vollkommen und sie sind imstande, Verbesserungen in den Gründen und am Gebäude vorzunehmen. Für sich sind sie Maurer, Tischler, Schuster, Schneider u. s. w. Es sind lauter Laien, manchmal kommen aber Geistliche hin, die eine Zeit lang mit ihnen leben und die Messe dort lesen. Für gewöhnlich gehen die Einsiedler hierfür zur Pfarre oder nach Miramar.«[12]

Ludwig Salvator suchte diesen stillen Ort oft und gerne auf:

»Häufig pflege ich ihrem Nachmittagschor um zwei Uhr beizuwohnen und die guten Einsiedler singen dann, von einem Harmonium begleitet, einige Stücke. Aufgehängte Rosmarinbüschel verbreiten in trockenem Zustande in der Kirche einen eigenthümlichen weihrauchartigen Geruch. Das Wohngebäude umgibt die Kirche nach drei Seiten, links ist ein Gang mit einem hübschen, neu gewölbten Speisezimmer mit einem Tisch und einem Lesepult, den während des Essens liest einer der Einsiedler ein Stück aus dem Leben eines Heiligen vor; wenn sie etwas haben wollen, wie Wasser, Brot, sprechen sie nicht, sondern bezeichnen es mit einem oder mehreren Stößen des Messergriffes auf den Tisch.«[13]

Im Ort Valldemossa selbst hatte der Erzherzog zwei Anwesen erworben, Son Gual und Sa Coma. Die anderen Güter liegen entlang der Nordwestküste Mallorcas zwischen den Orten Valldemossa und Deià und erstrecken sich somit über einen Landstrich von zirka fünfzehn Kilometern. In der Folge werden die einzelnen »Fincas« in geographischer Reihenfolge, also dem Verlauf der Straße folgend, behandelt.

15.

Ein Paradies, genannt Miramar

»Wir glauben nicht, daß es auf der Welt viele Orte wie dieses Miramar geben kann, wo sich jemand, müde von der Welt, einfinden kann, um auszuruhen.«[1]

Santiago Rusiñol

Lange Zeit vor Santiago Rusiñol, einem Zeitgenossen Ludwig Salvators, hat ein anderer Mann ähnliches empfunden – Raimundus Lullus (spanisch: Ramón Lull, katalan: Ramón Llull), geboren zwischen 1232 und 1235 in Palma de Mallorca, katalanischer Dichter, Theologe und Philosoph.

In seiner Jugend finden wir ihn am Hofe König Jaimes I. von Aragon, des Eroberers, in der Funktion eines Seneschalls, Major Domus und Dichters, wo er ein zügelloses, alle Annehmlichkeiten des Lebens auskostendes Dasein führte. Ramons Vater, Edelmann und Vertrauter des Königs, verheiratet mit Isabel de Erill aus einem illustren katalanischen Geschlecht, hatte sich bei der Wiedereroberung Mallorcas gegen die Mauren bewährt. Sein Sohn erhielt seine Ausbildung am Hofe; die Umgangssprache war das – heute von zirka zehn Millionen Menschen gesprochene – Katalan.

Eine Legende erzählt, die Liaison mit einer verheirateten Dame hätte Ramón hinter Schloß und Riegel gebracht und einen Sinneswandel des Leichtlebigen zur Folge gehabt. So verließ er seine Frau, die Katalanin Blanca de Picany, und seine Kinder, nahm Abschied vom Glanz des Hoflebens und übersiedelte zuerst nach Santiago de Compostela, der einstigen Hauptstadt des Königreiches Galicien nahe dem Atlantik[2] und danach in das nordwestlich von Barcelona gelegene Benediktinerkloster von Montserrat,[3] um sich fortan theologischen und sprachlichen Studien zu widmen.

1275, heimgekehrt auf die Insel, wo er geboren wurde, zog er sich als Eremit auf den Berg Randa, auf dem sich heute noch auf verschiedenen Höhen drei Klosteranlagen befinden, zurück. Zehn Jahre seines Lebens verbrachte der Gelehrte in der Eremitage der Franziskaner, Santuario de Nuestra Senora genannt, einer 1275 errichteten, bedeutenden Wallfahrtsstätte. Ein Standbild Ramón Llulls in der kleinen Gartenanlage sowie Glasmalereien mit Szenen aus seinem Leben erinnern noch heute an den großen Sohn Mallorcas: »Auf der höchsten, Puig de Cura genannten Spitze des Puig de Randa, 4,9 Kilometer von Algaida entfernt, von dem es abhängt, sieht man neben den Resten des einstigen Collegiums der lateinischen Grammatik, welches Ramon Lull, der sich gegen das Jahr 1275 auf diese Anhöhen zurückzog, gründete, noch das Kirchlein, wo man das Bild der Heiligen Jungfrau unter dem Namen von Mare de Deu de Cura verehrt. Nach der Überlieferung lehrte Ramon Lull selbst während einiger Zeit seine Wissenschaft in dem Collegium, was nach ihm einige seiner Schüler und Nachfolger bis zu Ende des 15. Jahrhunderts thaten.«[4]

Dort erlernte er unter anderem Arabisch, da er sein Lebensziel fortan in der Bekehrung der »Ungläubigen« erblickte. Die Ungläubigen waren für ihn die Sarazenen, die in Spanien und im nördlichen Afrika unter den Christen lebten, obwohl ihre Vorherrschaft auf den Balearen bereits gebrochen war. Dem Einfluß, den das Arabertum auf das christliche Abendland ausübte, wollte er entgegenarbeiten.

Seine erste Schrift, »Ars generalis«, verfaßte Ramón Llull noch auf dem Berg Randa. Sie sollte eine von 250, zuerst in Arabisch, dann auch in Latein und Katalan abgefaßten Arbeiten sein. Es waren dies theologische, philosophische und naturwissenschaftliche Schriften, Romane über Themen seiner Zeit sowie Texte mit lyrischen oder mystischem Inhalt.

Sein bekanntestes und bedeutendstes Werk, »El Blanquerna«,

in dem Ramón Llull das Wissen seiner Zeit enzyklopädisch zusammenfaßte, gilt als erster europäischer Bildungsroman. Mit diesem zwischen 1282 und 1287 in katalanischer Sprache verfaßten philosophischen, autobiographisch gefärbten Roman sowie zahlreichen Erzählungen und Gedichten erhob Llull das Katalan in den Rang einer Literatursprache.
Mit seinen Arbeiten beeinflußte Llull die europäische Philosophie: »So entwickelte er eine Kombinationskunst – ein Schema geometrischer Figuren und Symbole, durch deren methodisches Kombinieren alle zwischen Subjekten und Attributen möglichen Relationen dargestellt werden können; davon wurden später u. a. Nikolaus von Cues, Pico della Mirandola, Giordano Bruno sowie Vertreter des europäischen Manierismus stark beeindruckt, und dieses Denken wirkte über Leibniz bis in die symbolische Logik und Logistik der Gegenwart.«[5]
Auf den Überlegungen Llulls beruht Gottfried Wilhelm Leibniz' mathematische Logik, eine künstliche Sprache, »deren Symbole für Begriffe und Sätze stehen und logische Schlüsse erleichtern, wenn nicht gar erst ermöglichen. Llull gilt heute als entfernter Vorläufer von Informationstheorie und Computerwissenschaft, da er der erste war, der den Prozeß logischer Ableitungen zu mechanisieren versuchte.«[6]
Doch Llull verstand sich keineswegs als theoretisierender, Bücher schreibender Missionar. 1275 reiste er nach Montpellier zu König Jaime II., dem Gründer des Königreichs von Mallorca, um von ihm die Erlaubnis zur Gründung eines Klosters zu erbitten. Im darauffolgenden Jahr wurde der Grundstein für die Missionsschule von Miramar gelegt. Dreizehn Franziskanerbrüder, »Los Frailes Menores de Miramar«, sollten hier Arabisch lernen und für ihre späteren Missionsreisen in die arabische Welt ausgebildet werden. Durch eine jährlich ausbezahlte finanzielle Zuwendung von seiten des Königs war der Lebensunterhalt der Mönche gesichert. Am 17. Oktober 1276 wurde die Schule von Papst Johann XXI. in Viterbo urkundlich bestätigt, der Name »Miramar« (entstanden aus »todo mira al mar« = alles schaut aufs Meer) in einem Dokument vom 9. Februar 1279 erstmals erwähnt.

»Miramar war mehr als ein gewöhnliches Kloster für eine Vereinigung von einfachen Brüdern, abhängig vom Provinzialministerium von Aragón, geleitet von einem eigenen Vorsteher. Aus diesem Motiv heraus war Ramón Llull innerhalb desselben der Gründer und Autor der akademischen Pläne, und ihm verdankt man zum großen Teile die Gründung; der Freund und Förderer des Ordens, der Berater, die Seele dieses Franziskanerklosters; der Lehrer ... Er war die Seele dieser Institution. Selbst kein einfacher Mönch, übte er auch kein Regierungsamt aus.«[7]
Llull unternahm zahlreiche Reisen, unter anderm zu Papst Honorius IV. nach Rom mit der Bitte, neue Klöster zu gründen und mit der Anregung zu einem neuen Kreuzzug. Die erwartete Zustimmung blieb aus, die Begeisterung früherer Jahre für die Kreuzzugsidee war zu dieser Zeit bereits verflogen. Ramón Llull stieß auf Resignation. Trotz der Ablehung in Rom versuchte der »Doctor illuminatus« sein Glück an der Universität von Paris und bei weltlichen Fürsten. Am Konzil zu Vienne im September 1311, unter der Leitung von Papst Klemens V., forderte er, daß am jeweiligen Sitz der römischen Kurie, an den Hochschulen von Paris, Oxford, Bologna, Rom und Salamanca Arabisch, Hebräisch und Chaldäisch gelehrt werden sollte, um Missionare ausbilden zu können.
Von der Idee überzeugt, die Menschheit könne in Frieden, in einer einzigen gemeinsamen Religion, dem Christentum, zusammenleben, verteidigte er den Gedanken, »daß sich die Menschen der klaren Vernunft nicht widersetzen können, daß der Glaube durch den Verstand unterstützt werden müsse, daß alle Glaubenswahrheiten aus den Prinzipien einer christlichen Universalwissenschaft abgeleitet werden könnten«.[8] Trotz seines Enthusiasmus, mit dem er daranging, Christentum, Judentum und Islam miteinander auszusöhnen, war ihm kein Erfolg beschieden. 1295, nachdem sich die Franzosen mit dem Papst gegen den König von Mallorca, Jaime II., verbündet hatten, wurde das Zentrum seiner Bestrebungen, die Missionsschule von Miramar, geschlossen: »Die Gründung von Miramar ist weder Anekdote noch simples Ereignis,

sondern vielmehr das Zentrum einer Idee vom Glauben eines Mannes, so tief verwurzelt in *seiner* Erde, welcher als erster mittelalterlicher Denker des Abendlandes gilt, der eine heimische Sprache in den wissenschaftlichen Rang erhob: das üppige Katalan des 13. Jahrhunderts.«[9]

Papst Honorius, König Jaime und König Felipe waren tot. Die Nachfolger konnte er nicht für die Missionierung von Arabern und Juden gewinnen. Die Missionsaufgabe hatte zu dieser Zeit wenig Aussicht auf Erfolg. Trotz reger Handelsbeziehungen hatten weder kirchliche noch staatliche Behörden Interesse für die Anliegen der Mission.

Unermüdlich, von nicht erlahmendem Eifer beseelt, oft als »Phantasticus« belächelt, reiste Llull weiterhin nach Nordafrika, in den Orient, nach Zypern und Kleinasien:

»Einmal fand er den Sextanten, damit die Seeleute nachts ihre Ortsbestimmung finden konnten; ein anderes mal finden wir ihn in der Sorbonne, wo er Einwände bekämpft; er durchquert die Wüste; predigt in Montpellier, diskutiert in den Synagogen, geht von Almería nach Granada, studiert währenddessen das Leben der Araber und bekämpft den Glauben an den falschen Propheten; einmal wird er gefangengenommen; ein anderes mal ist er Alchimist; keinen Augenblick unterbricht er seinen Flug. Er breitet seine Flügel aus und faltet sie erst wieder zusammen, als er stirbt.«[10]

Sein »Flug«, wie Santiago Rusiñol es poetisch umschreibt, ist 1315 (oder 1316) zu Ende. Nachdem Llull am 20. April 1313 in Mallorca sein Testament verfaßt hatte (in erster Linie um die Aufbewahrung seiner Bücher zu regeln), begab er sich im hohen Alter von achtzig Jahren neuerlich auf Missionsreise. Bis Mai 1314 hielt sich Llull in Sizilien auf, anschließend reiste er über Mallorca nach Tunesien. Um nicht als Fremder aufzufallen, hatte er sich – wie schon so oft – arabisch gekleidet, denn »schon damals gab es eine Art Eisernen Vorhang, mit dem sich die mohammedanische Welt umgeben hatte; auf der öffentlichen Verkündigung des Glaubens stand die Todesstrafe und Piraterie und Sklavenfang standen an der Tagesordnung«[11]

Llull, der sich durch nichts einschüchtern ließ, wurde in Bougie, dem heutigen Bejaïa, oder möglicherweise in Tunis von den Ungläubigen, die er bekehren wollte, gesteinigt. Christliche Kaufleute brachten seinen Leichnam in die mallorquinische Heimat zurück. Einer anderen Legende nach sollen sich die Seeleute auf dem Wege nach Genua befunden haben, doch der Wind trieb das Schiff in den heimatlichen Hafen von Palma. Beim Anblick der mallorquinischen Küste soll Ramón Llull gestorben sein.

Dr. Tilbert D. Stegmann, Professor für katalanische Sprache und Kultur an der Universität Frankfurt bezeichnet den Märtyrertod Llulls als »fromme Lüge, die von seinen Verehrern verbreitet wurde, um eine schnelle Heiligsprechung des großen Gelehrten zu erreichen«.[12]

Unbestritten hingegen ist die Tatsache, daß der bedeutendste Mallorquiner der Geschichte in der Kirche San Francisco/Palma, in einer Seitenkapelle links des Chors, seine letzte Ruhestätte gefunden hat: »Das Monument des Ramon Lull ist eine treffliche, spätgotische Arbeit, eine der schönsten Palmas, sie wurde dem Seligen nach dem Brande der Kirche [im 16. Jahrhundert], bei welchem seine Reliquien unversehrt blieben, errichtet. Die Nische enthält seine marmorne Statue in liegender Stellung. Auf dem Renaissancealtar dieser Kapelle steht rechts vom Beschauer eine der ältesten gemalten Darstellungen von Ramon Lull und seinen Werken. An den Wänden befinden sich kleine Ex-Votos. Rechts und links hängen große Bilder; eins stellt Ramon Lull vor dem Papst und den Cardinälen in Rom, das andere sein Märtyrerthum in Bougie dar.«[13] Unter dem Alabastersarkophag mit dem Relief des Seligen befindet sich das einen Halbmond tragende Wappen Llulls sowie das der katholischen Könige Isabella von Kastilien und Ferdinand von Aragon.

Eine Statue am heute stark befahrenen Paseo Maritimo zeigt den stillen, zurückgezogenen Denker in einer Mönchskutte, mit langem Bart, ein Buch in der linken, den Gänsekiel in der rechten Hand. Im Kampf gegen den Unglauben erzielte Ramón Llull allerdings nur geringe Erfolge: »Er hat vielleicht manchmal mit unzureichenden Mitteln, aber doch in großartiger Weise die Lebensprobleme seiner Zeit zu bewältigen versucht.«[14]

Dementsprechend gering war auch die Anerkennung, die ihm die Nachwelt zuteil werden ließ; der große Denker geriet in Vergessenheit. Miramar hatte 37 Jahre nach seiner Gründung die ursprüngliche Bestimmung verloren und ging in den Besitz Jaimes III., des letzten Königs von Mallorca, über. Zwei Priester, die Miramar am 30. August 1483 von Ferdinand dem Katholischen geschenkt bekommen hatten, wollten das alte Kolleg wiederbeleben, was jedoch nur für kurze Zeit gelang. Erst 200 Jahre später wurde das Gut, das an der bizarren Nordwestküste der Insel liegt, aus seinem Dornröschenschlaf erweckt, als Nicolás Calafat und Francisco Prats die mallorquinische Buchdruckerkunst zum Höhepunkt führten und in Miramar eine der ersten Buchdruckereien der Welt einrichteten. Eine dieser alten, nach dem System von Gutenberg entwickelten Prinzip arbeitenden Druckerpressen, die »Imprenta Guasp«, wohl eine der ältesten noch erhaltenen Druckereien der Welt, kann heute im »Museo Municipal«, in der Cartuja von Valldemossa, mit den aus Buchsbaum hergestellten Druckplatten besichtigt werden. 1585 Xylographien der 1579 in Palma gegründeten Buchdruckerei Guasp sind dort ausgestellt. Dann wurde es abermals still in Miramar. Das Haus verfiel, niemand schien sich für das einst so bedeutende Kolleg und seine Geschichte zu interessieren. Nach dem Tode Ramón Llulls, dem »Vater des Vaterlandes, nicht nur Mallorcas, sondern der gesamten katalanischen Kultur, [...] die universellste Persönlichkeit, die Mallorca je hervorgebracht hat, [...] ein Nationaldenkmal«[15], sollten mehr als fünfhundert Jahre vergehen, bis sich wieder jemand um Miramar kümmerte; Erzherzog Ludwig Salvator, der sich entschloß, das Gut, oder besser gesagt, das was davon übrig geblieben war, zu erwerben. Er war während seiner Streifzüge über die Insel nach Valldemossa gekommen, wo er im Hostal C' an Mario Quartier bezog. Vom Anblick des Guts Miramar bezaubert, kam er an einem regnerischen Tag wieder, um Landschafts-

zeichnungen zu machen, und beschloß spontan, dessen Besitzer, Juan Serra in Pobla, aufzusuchen:
»– ›Aber wir haben keinen Wagen‹, sagte Francisco [de los Herreros], ›und wir können nicht die Maultiere von Comasema nehmen, die vom langen Weg gestern noch müde sind.‹
– ›Es gibt Karren‹, sagte ich [Ludwig Salvator].
– ›Bei diesem Wolkenbruch?‹
– ›Das hat keine Bedeutung; sie haben Planen und wir werden nicht naß.‹
Gesagt, getan. Wir mieteten einen Karren und fuhren unter dem strömenden Regen. Nach zwei Stunden Fahrt erreichten wir Pobla. In der Hauptstraße angekommen, sahen wir niemanden. Die Straße ähnelte einem Bach. Schließlich konnten wir eine Frau, die uns aus einem Portal beobachtete, fragen, wo Serra lebte.
– ›In diesem Haus mit dem weißen Portal, an der rechten Seite‹. Sogleich waren wir dort. Wir klopften an, und ein Mädchen von zirka zwölf Jahren öffnete uns.
– ›Wohnt hier Señor Serra?‹, fragte ich.
– ›Ja, es ist mein Vater. Ich hole ihn sofort. Aber kommen Sie herein; bei diesem Wetter …‹
Nach wenigen Augenblicken erschien ein etwa vierzig Jahre alter, freundlich aussehender Mann.
– ›Sind Sie Don Juan Serra?‹, fragte ich ihn.
– ›Ja, mein Herr‹, antwortete er mir.
– ›Sehr gut; ich bin ein Ausländer, der die Insel besichtigt. Man hat mir gesagt, daß sie einen kleinen Besitz an der Küste der Tramontana haben, genannt Miramar, den sie verkaufen möchten. Ich weiß nicht, ob man mich richtig informiert hat.‹
– ›Ja, mein Herr‹, sagte er; ›ich habe alle meine Besitzungen nahe Pobla, wo ich lebe, und dieses Stück liegt weit entfernt.‹
– ›Sehr gut, ich möchte nicht handeln. Sagen Sie mir einen einzigen Preis, der angemessen ist. Ich mache Sie im voraus darauf aufmerksam, denn wenn er übertrieben ist, werden wir uns nicht verstehen. Ich werde nicht mehr sagen als ein einziges Wort: ja oder nein!‹
Er […] nannte mir einen Preis, der mir akzeptabel erschien.

– ›Wo werden wir das Schriftstück unterzeichnen?‹
– ›In Palma.‹
– ›Wann?‹
– ›Am Mittwoch.‹
– ›In welchem Notarialsbüro?‹
– ›In dem von Formiguera, nahe von Sa Portella.‹
– ›Guten Tag ...‹
Wir bestiegen erneut den Karren und kehrten – es regnete noch immer – nach Pollensa zurück. Miramar war gekauft.«[16]

Bei Santiago Rusiñol, dem katalanischen Poeten und Maler, einem Zeitgenossen Ludwig Salvators, heißt es zum Abschluß des Kaufvertrages: »Wenn es an diesem Tag nicht geregnet hätte, würde auf Mallorca nicht eines der schönsten Dinge, die man auf der Welt besichtigen kann, existieren. Es gäbe das Landhaus nicht, das in ein Museum umgewandelt worden ist; es gäbe weder die stolzen Wälder, die das Mittelmeer liebkosen, noch den österreichischen Erzherzog, der diese Roqueta [kleiner Felsen, Kosewort für Mallorca] so sehr liebt und mallorquin spricht wie ein Sohn der ›vergoldeten Insel‹.«[17]

Aber um aus den halbverfallenen Gemäuern – es bestand nur noch ein Viertel der ursprünglichen Anlage – das malerisch gelegene Miramar, von dem Rusiñol so schwärmte, entstehen zu lassen, bedurfte es der Arbeit einiger Jahre. Ein Architekt aus Palma, Bartolomé Ferrá, leitete die Umbauarbeiten, während der Erzherzog weiterhin in Palma lebte und von dort aus schriftlich seine Anweisungen erteilte.

Man versuchte, Haus und Kirche möglichst in ihrer ursprünglichen Form instandzusetzen: »Die Überbleibsel der Häuser wurden nach Thunlichkeit wiederhergestellt, und der Name ›Miramar‹ kam wieder zur Geltung. Von dem vierseitigen Wohngebäude war nur eine Seite übrig geblieben, die, mehrfach umgemodelt, noch besteht, von der Kirche nur die linke Seitenkapelle, in der man ausser an Festtagen nur selten Messe las. Der Schutt war zu den Grundmauern einer halbrunden Terrasse verwendet worden. Neuerlich ist dieser Platz, auf dem über 600 Jahre ein Tempel Gottes gestanden hatte, in einen fruchtbaren Blumengarten umgewandelt worden. Das Haus von Miramar ist, wie schon erwähnt, nur ein Viertel des alten Gebäudes mit einem Hof in der Mitte, der von einem Bogengang umgeben war. Das Alles ist nunmehr verschwunden, und ich [der Erzherzog] konnte nur vier Säulen des alten Klosterhofes wieder auffinden: eine im Stall, eine andere in der Küche als Stütze, während zwei unter der Erde lagen. Sie tragen jetzt ein Rebendach an dem hinteren Portal des Hauses gegen den Garten zu. Es sind vierfache accolirte Säulenschäfte aus Pedra de Santagny mit einfach gekehlten Capitälen und abgefassten Postamenten. Von der südlichen Hausecke ziehen sich, theils blossgelegt, theils unter der Erde, die Grundmauern des alten Gebäudes hin, von dem noch ziemlich hohe, aber baufällige Mauern mit Fensterspuren auf der Westseite sichtbar sind, welche einst Stallungen, Scheunen etc. waren.

Das jetzige Haus ist ein einfaches Gebäude mit doppeltem Dach, graffitartigem Bewurf und einem viereckigen Thurm auf der Nordwestecke. Von seiner oberen Terrasse aus kann man die ganze Umgebung beschauen. Im Erdgeschoss befinden sich zwei grosse Salons mit Azulejos [Fliesen] an den Wänden; in dem einem, der als Tanzsaal benutzt wird, ist eine alte Pica [steinerne Schüssel, in der Geschirr gespült wurde]. Die oberen Räume gewähren einen weiten Ausblick auf das Meer. In demselben befindet sich eine Sammlung alter mallorquinischer Möbel und im Speisezimmer eine solche von alten Fayencen. Überhaupt sind alle in den Zimmern befindlichen Gegenstände Industrieerzeugnisse der Insel, denn das Gebäude soll eben bis ins kleinste Detail ein mallorquinisches Landhaus darstellen.«[18]

Neu errichtet wurde eine Kapelle im romanischen Stil mit einem wunderschönen Blick aufs offene Meer zur Erinnerung an Ramón Llull: »Die Kapelle, aus dort in der Nähe gebrochenem weiszen Kalkstein aufgeführt, ist mit Santagny Stein aus dem Süden der Insel bedacht. Aus demselben ist auch das Portal und die Auslegung der inneren Wände. Das Pflaster ist aus verschiedenen Marmorarten der Insel; von hier selbst, aus

Deyá, aus Puig Puñent, aus Artá und Binisalem gefertigt. In der Altarnische ist eine Statue des Seligen von Dupré in Florenz ausgeführt. Die Kapelle wurde zum Andenken an den sechshundertjährigen Bestand von Miramar im Jahre 1876–77 errichtet. Als Grundstein diente ein Felsstück aus Bugie, wo der Selige, der dort predigte, gesteinigt wurde und ein anderer aus San Francisco zur Erinnerung dasz ein mallorquinischer Franciscaner, Juan Serra, die Weltstadt gründete.«[19] Kaiser Franz Joseph spendete für die »Erbauung einer dem Andenken des seligen Raimondo Llull geweihten Kirche auf der Insel Mallorca 500 Francs aus seiner Privatkasse.« Die Feierlichkeiten zum sechshundertjährigen Bestehen Miramars fanden am 25. und 26. Jänner 1877 statt. Das eigentliche Gründungsdatum, der 16. September 1876, konnte nicht eingehalten werden, da der Erzherzog auf die Anwesenheit seiner Mutter, der Großherzogin Maria Antonietta von Toskana, nicht verzichten wollte. Kleriker, Schriftsteller, Gelehrte und Freunde des neuen Besitzers von Miramar trafen sich, um Ramón Llulls und des von ihm ins Leben gerufenen einzigen Kollegs der Franziskaner für orientalische Sprachen, zu gedenken.

Im selben Jahr, 1877, erschien unter dem Titel »Recuerdos de Miramar en el sexto centenario de su fundacion« (Erinnerungen an Miramar im sechsten Jahrhundert nach seiner Gründung) eine Hommage an Ramón Llull in Form von Abhandlungen und Gedichten in spanischer und mallorquinischer Sprache. Unter den Mitarbeitern an diesem Werk war auch Mateo Obrador y Bennassar, der im Auftrag des Erzherzogs die Autographen der Llullschen Schriften in der Bibliothek von San Marco/Venedig bearbeitete und 1886 zum ersten Mal veröffentlichte. Miramar wurde der Lieblingsaufenthaltsort des Erzherzogs, vor allem in den Sommermonaten, denn »der Anblick ist zauberhaft und mag man ihn auch noch so häufig genossen haben, immer wirkt er überraschend und neu in seiner harmonischen Schönheit«.

Einer von vielen Besuchern war der Franzose Gaston Vuillier, dem die Werke Ludwig Salvators bekannt waren. Bei seinem ersten Aufenthalt auf der Insel kam er nach Ausflügen ins Inselinnere nach Miramar, um die dortige Sammlung alter Möbel und spanisch-arabischer Keramiken zu besichtigen. Zu seinem Bedauern traf er den Besitzer nicht an und hinterließ seine Visitenkarte. Bereits am darauffolgenden Morgen – Vuillier wohnte in Palma – erhielt er einige Zeilen des Erzherzogs mit einer Einladung zu einem neuerlichen Besuch Miramars.

Über diesen klaren Herbstmorgen in Miramar schrieb Vuillier: »Ein sanftes Sonnenlicht glänzte über dem blauen Spiegel des Meeres unbeweglich bis zum Horizont. Dieser Spaziergang im weichen Lichte, vor mir der Horizont, den ich geglaubt hatte, nicht wiederzusehen, begeisterte mich. Trotzdem war ich weit weg davon, die Bedeutung zu erahnen, welche diese glückliche Tagesreise für mich haben sollte.«[20]

Der Aufseher von Miramar, ein mit Tuch und breitem Sombrero traditionell gekleideter Mallorquiner, hatte den Auftrag, Vuillier zu Ludwig Salvator zu geleiten, der sich in der Estaca aufhielt. Damals begann eine Freundschaft, die viele Jahre andauern sollte. Ein Jahr später war Vuillier, der an einer Kunstausstellung auf Menorca und Ibiza teilnahm, wieder Gast des Erzherzogs. Dieses Mal blieb er einen Monat bei Ludwig Salvator.

Zehn Jahre vergingen, bis Vuillier auf die Insel zurückkehrte, die auf ihn noch immer dieselbe Faszination ausübte wie beim ersten Mal. Nichts hatte sich verändert, die Schönheit dieser Küste ließ ihn die schlechten Tage der Vergangenheit vergessen und: »iba feliz de vivir« (Ich war glücklich zu leben).

Von einem anderen Schriftsteller existiert ebenfalls eine begeisterte Schilderung Miramars: Alexander Roda Roda, der im Auftrag einer Versicherung im Jahre 1903 nach Mallorca reiste, um nach dem verschollenen Bruder des Erzherzogs Johann Nepomuk Salvator (= Johann Orth) zu suchen. Luise, Kronpinzessin von Sachsen, hatte behauptet, ihr Onkel Johann lebe bei seinem Bruder Ludwig Salvator auf Mallorca, was sich allerdings nicht bestätigten sollte.

In dem 1907 für die Leipziger Neuesten Nachrichten unter

dem Titel »Das Buen Retiro eines Erzherzogs« (retiro = Ruhesitz) verfaßten Artikel von Roda Roda heißt es: »Mallorca kehrt dem Mutterlande Spanien seine unwegsamste Küste zu. Die ganze Westseite der Insel ist steiles Alpenland mit wild gegliedertem Ufer. Jäh steigen aus dem Meere die Felswände empor und wachsen zu einer einzigen, mächtigen Bastion zusammen. Hie und da schneidet ein Fjord in die Mauer ein – Puerto de Sollér und andere – da gibts dann Ankergrund für kleine Schiffe.

Just in der Mitte dieser hundert Knoten langen Front liegt Miramar.

Ehemals stand hier ein Kloster. Vor mehr als dreißig Jahren siedelte sich Erzherzog Ludwig Salvator – aus dem Hause Toscana – hier an. Das Miramar von heute ist sein Werk. Es ist ein ausgedehntes Landgut, eine Wirtschaft – beileibe kein Lustschloß. Zahllose Häuschen, von Olivenhainen umgeben, kleben an den steinigen Hängen. In jedem der Häuschen wohnt ein Pächter des Erzherzogs – und alle sind Mallorquins.

Don Francisco de los Herreros, der Direktor des Erzherzogs und seit einem Menschenalter in seinen Diensten, führt hier die Oberaufsicht, wenn ›el buen señor‹, der gute Herr, wie jetzt, weit über Land und Meer ist.

Die Kapitale des Gebietes hat dem ganzen Gute den Namen gegeben. – Für einen Landedelmann wäre das Schlößchen zu klein. Der Bescheidenheit des Prinzen genügt es.

Man steigt von der Straße, die Palma mit Sollér verbindet, an einer schier unauffindbaren Stelle etliche Stufen hinab und steht auf einer steinernen Terrasse; hier, zwischen uralten Palmen und fruchtschweren Orangen, erhebt sich ein spanisches Landhaus: Miramar.

Im Erdgeschoß die kühle Vorhalle – die Küche – Dienerzimmer – und der Speisesaal. Das ist alles. Doch nein – noch ein langer düsterer Raum ist da. Antonio, ehemals des Prinzen Diener und jetzt sein Kastellan, öffnet ein paar Läden … es wird Licht … und das Licht erhellt das große Gebilde des Milanesen Tantardini ›Resurrexit‹. Die Gruppe, aus karrarischem Marmor gehauen, zeigt in Lebensgröße auf hohem Sockel

einen Engel, zu dem ein aus dem Grab erwachter Jüngling in seligem Erschrecken aufblickt.
Im Speisesaal herrscht dieselbe ländliche Einfachheit wie in dem übrigen Inneren – und Äußeren – des Schlößchens. Zwei lange Wände sind von ununterbrochenen Reihen geflochtener Sesselchen gebordet – die kurze Wand nimmt ein frommes Bild ein, kunstlos aus Muscheln gebildet. Darunter rieselt Wasser in ein steinernes Becken.
Sechs andere Zimmer sind als Schlafgemächer eingerichtet, alle von spartanischer Anspruchslosigkeit. Außer einem altmallorquinischen Himmelbett von Eichenholz enthält kaum eines der Zimmer mehr als Tisch und Stuhl und sonst noch den allernötigsten Hausrat.
Ein Salon – er liegt just über dem langen Speisesaal des Erdgeschosses – bildet das Museum des Hausherrn. Was Ludwig Salvator auf seinen Jagden erlegt, von weiten Seefahrten heimgebracht, in Kalifornien, Australien, Syrien erworben – hier ist es zu einem Wirrsal von seltsamem Reiz vereinigt. Es sind keine Kostbarkeiten – aber jedes einzelne Stück der Sammlung ist ein kleiner Schatz für sich. Wie mag all das erst den Besitzer freuen, der es mit dem Auge lieben Gedankens ansieht!
Der Erzherzog ist selber ein tüchtiger Maler, man kennt ihn aus seinen Werken. Er hält aber auch gerne Verbindung mit Malern. Dutzende von kleinen Widmungen an den Wänden geben Zeugnis davon.
An das Landhaus schließen sich ein Stall für zwei Pferde an – mehr hält der Prinz nicht – eine schöne Kolonnade und die Kapelle S. Trinidad, in der der Erzherzog, wenn er hier weilt, täglich die Messe hört. Aber er weilt nur selten hier, selbst wenn er zu Hause – auf der Insel – ist. Wohl eine Stunde weit, südlich von Miramar, liegt inmitten der Reben die freundliche Villa Estaca. Ihre blendend weißen Mauern leuchten über Berg und Kluft.
In dieser ›casa blanca‹ pflegt der Prinz zu wohnen, weltentrückt und einsam einfacher denn ein Bürgersmann. Der Keller der Estaca birgt die Ernte der Weingärten, die ringsum auf un-

gezählten gemauerten Terrassenstreifen blühen. Der beste Malvasier, der süßeste Muskat wächst hier. Eine himmelhohe Felswand steigt Südost auf und schützt den steilen Hang vor jedem Lufthauch. Über dem Kamm der Felswand jagen die Wolken, brüllen die Stürme – hier unten murmelt nur ein kleiner Brunnen, und aus der Tiefe rauscht abgetönt das Branden der See herauf. Sie bespült mit ihren silbergrauen Wellen den Fuß des Steinblocks, auf dem die Estaca erbaut ist.
Aus dem ersten Stockwerk mit seinen drei Räumen führt eine Leiter auf das Dach. Von hier überblickt der Besitzer fast sein ganzes Gut: im Norden die Berge mit der dichten Decke von Steineichen und Pinien – und die felsige Halbinsel Foradada, die wie ein Walfisch auf den Fluten schwimmt; im Osten über den Rebengeländen das steile vulkanische Mauerwerk; im Süden eine reichgegliederte Landschaft von Olivengärten, Wald und Stein. Ein alter Wachtturm gemahnt an die Araberfurcht der Mallorquinos. Hinter ihr fällt das Cabo de Bañalbufar jäh ins Meer. – Das Meer! Ein unendlicher Plüschteppich, liegt es vor seinem Besitzer ausgebreitet. Denn ihm, der hier schaltet, gehört es mit allen seinen Wundern der Breite und Tiefe. Er hat es durchquert und durchforscht, [...] und an fünf Weltteilen hat der Anker seiner ›Nixe‹ Grund gefaßt. Wie innig der Prinz das Meer liebt, mag man in seinen Büchern lesen.
In Estaca geht die Sonne erst um elf Uhr auf. Behaglich strekken sich dann die Leonberger Hunde in ihren Strahlen aus. Narpes, der größte, ein Kerl, der stehend Kopf und Hals auf den Tisch legt, nimmt den besten Platz für sich vorweg.
Nun erst, im Sonnenschein, gewinnt die Landschaft Glut und Leben. Das Schwarz der Myrten und Steineichen wird metallisch, das lichte Grün der Pinien glänzend. Korallenrot leuchten die Früchte des Kaktus, und die Palmen sprühen wie verzauberte Fontänen. Zwischen Miramar und Estaca hat der Erzherzog einen Wildpark angelegt, der seinesgleichen sucht. Der Park am Achilleion – Schönbrunn – die Gärten des Vatikans – die Hohe Warte – die Haine König Georgs von Griechenland – das alles ist anders als Miramar.

Hier war die Natur des Gutsherrn Gärtner. Sie wurde gezähmt, ergänzt – aber nirgend gestört. Unzählige Söller bieten unzähle Ausblicke bis zum Puig de Torrellas, dem höchsten Gipfel der Insel. Vom Mirador de Carp fällt ein Stein dreizehn Sekunden, ehe er im Grunde der Schlucht unten aufschlägt. – Ein Aussichtsturm heißt Mirador de cuatro Puntas. Er ist von vier Säulen flankiert und zeigt uns vier Vorgebirge der mallorquinischen Westküste. – Eine Kapelle ist San Juan, die andere San Remo geweiht.
In der Volière von Miramar geht unruhig Rico, der Steinadler, auf seiner Stange auf und ab und wartet geduldig auf seinen Herrn. – Aber Señor Luis kommt nicht. Er will nicht kommen. Seit viereinhalb Jahren kreuzt er in den hellenischen Gewässern und meidet sein selbstgeschaffenes Paradies!«[21]
Miramar war – verwendet man einen heute geläufigen Ausdruck – eine Touristenattraktion. So hatte zum Beispiel der Österreichische Lloyd einen Besuch von Schloß Miramar auf Mallorca anläßlich einer »Vergnügungsfahrt« auf dem Dampfer »Thalia« von Genua nach Hamburg in seinem Programm angeboten.
In der Ankündigung hieß es, daß der Erzherzog zwanzig Wagen nach Palma beordern würde, um die Fahrgäste nach Miramar zu bringen, wo ihnen eine von ihm verfaßte Monographie der Insel sowie eine Zusammenstellung aller besuchenswerten Orte ausgehändigt würden. Diese Mitteilung befindet sich auf einem ausgeschnittenen Zeitungsartikel, dessen Herkunft sich nicht mehr eruieren läßt.
Am 3. Mai 1885 kamen zweiundzwanzig Mitglieder der »Sociedad Archeologica Luliana« aus Palma nach Miramar, um das Schloß, die Antiquitäten und die Keramiksammlung zu besichtigen.
Im Frühjahr 1906 veranstaltete der Züricher Dr. M. Rikli eine »Botanisch-Zoologische Studienreise nach den Balearen und Südost-Spanien«, die drei bis vier Wochen dauern sollte und einen Besuch auf Miramar vorsah. Als vorbereitende Reiselektüre wurden unter anderem Ludwig Salvators Arbeiten über die Balearen empfohlen.

Unter den Besuchern Miramars finden sich auch diverse Mitglieder europäischer Herrscherhäuser wie Wladimir Alexandrowitsch von Rußland, ältester Bruder Zar Alexanders III., der am 17. Oktober 1893 in Begleitung seiner beiden Kinder und seines Adjutanten, General Wahlmund, mit dem Dampfer »Cataluña« im Hafen von Palma eingelaufen war. Zwei Tage später unternahm er einen Ausflug nach Valldemossa, wo er die Cartuja besuchte. Nach einem Frühstück in Son Moragues, wo Wladimir die Exponate im Museum besichtigte, fuhr man, in Begleitung Erzherzog Ludwig Salvators weiter nach Miramar. Der Gastgeber führte seine Besucher über Deià und Sollér zurück nach Miramar, von wo aus Wladimir Alexandrowitsch nach Palma zurückkehrte.
Ein ähnliches Besichtigungsprogramm absolvierte Isabel von Spanien, anläßlich ihres Besuches auf Mallorca im Juli 1913. Auch sie unternahm Exkursionen nach Sollér, Dreià, Miramar und Valldemossa, besichtigte den Garten von Son Marroig und das Landgut Son Moragues. Der Erzherzog führte seine Verwandte durch Haus und Garten von Miramar, zeigte ihr das Oratorium, die Statue Vybornys, die Majolikasammlung im ersten Stock des Hauses und gab ihr zur Erinnerung das von ihm verfaßte Büchlein »Indicaciones a los que visitan Miramar« mit. Im Patio überreichten ihr die Mädchen Antoinetta und Teresina Calafat Lancerotto einen Blumenstrauß. Beim Anblick eines ungeordneten Stapels von Papieren und Dokumenten in einer Ecke eines Zimmers von Miramar soll Isabel gesagt haben, eine solche Unordnung wäre typisch für ihre Familie.
An einen Gast von besonderer Bedeutung erinnert die Alabasterstatue der Jungfrau Maria auf einem Marmorsockel mit der Inschrift »Notre Dame de la Carde«, an der eine Inschrift angebracht ist: »Isabel, Emperatriz de Austria y Reina de Hungria como piadoso recuerdo de sus visitas a Miramar en los meses de Deciembre de 1892 y Enero y Febrero de 1893.« (Elisabeth Kaiserin von Österreich und Königin von Ungarn, in frommer Erinnerung an ihre Besuche in Miramar im Dezember 1892 sowie im Januar und Februar 1893).

Insgesamt besuchte die Kaiserin von Österreich Mallorca dreimal. Am 10. Mai 1861 morgens lief die Yacht der englischen Königsfamilie »Victoria und Alberto« im Hafen von Palma ein. An Bord befand sich die blutjunge Elisabeth, welche die wenigen Stunden des Aufenthaltes in Palma für eine kurze Besichtigung der Stadt, des Castillo de Bellver und der Lonja benützte. Bereits am nächsten Morgen lief das Schiff in Richtung Triest aus.
Viele Jahre später, im Dezember 1892, kam die Kaiserin unter dem Pseudonym einer »Gräfin von Hohenems« für einen Tag nach Mallorca. Nach einem Empfang durch Bischof Salvá in der Kathedrale von Palma spazierte Elisabeth unerkannt durch die Stadt, über den Borne, die Rambla, die Plaza Santa Catalina und abermals zum Castillo de Bellver.
Erst im Zuge ihres dritten Aufenthaltes auf der Insel blieb die Kaiserin längere Zeit als Gast des Erzherzogs auf Miramar. Von Gibraltar kommend lief der Raddampfer »Miramar« am 30. Jänner 1893 im Hafen von Sollér ein und ging in der Bucht der Foradada unterhalb Miramars vor Anker. Fünf Tage lang durchstreifte Kaiserin Elisabeth an der Seite Ludwig Salvators, großteils zu Fuß, wie es ihre Art war, die Nordwestregion Mallorcas. Der letzte Tag, es war der 3. Februar, war den Höhlen von Artá vorbehalten. Gemeinsam fuhren Elisabeth und Ludwig Salvator am darauffolgenden Tag zur Nachbarinsel Menorca, von wo aus die Kaiserin ihre Reise über Barcelona, die Französische Riviera und Turin fortsetzte, der Erzherzog jedoch über Alcudia nach Miramar zurückkehrte.
Noch bevor Ludwig Salvator das ehemalige Kloster Miramar restaurieren ließ, hatte es ein Bruder Kaiser Franz Josephs, Erzherzog Ferdinand Maximilian, der spätere Kaiser von Mexiko, besucht. Von dort soll er 1861 den Namen für sein Schloß in Triest, wo ihm 1863 die Krone von Mexiko angeboten wurde, mitgenommen haben. Ein weiterer Gast unter vielen, die Ludwig Salvator auf seinem Landgut Miramar aufsuchten, war der Schriftsteller Aniceto Sardó y Vilar aus Madrid. Über diesen Aufenthalt auf den Balearen hielt der Spanier am 10. Dezember 1912 einen Lichtbildervortrag in der Wiener Urania

unter dem Titel: »Die Balearen – Die Baleareninseln und ein Besuch in Miramar auf Mallorca. Lieblingsaufenthalt Sr. Hoheit des Erzherzogs Ludwig Salvator von Österreich.«
Ludwig Salvators Gastfreundschaft war allgemein bekannt, und seine Besucher wußten, daß sie sich wegen Unterkunft und Verpflegung keine Sorgen zu machen brauchten. Freunde wurden auf einem der zahlreichen Güter untergebracht, »Fremde« in der Hospederia von Miramar, der Herberge nahe der Straße von Valldemossa nach Deià: »Die Hospederia enthält Küche, Speisezimmer und zwanzig Betten, welche ein jeder unentgeltlich drei Tage lang benützen kann. Bett- und Tafelwäsche, Geschirr, Öl, Oliven und Kohle werden verabreicht, ohne dasz etwas hierfür zu entrichten wäre. Es ist sowohl den dort angestellten, wie überhaupt allen auf den Dependenzen von Miramar vorhandenen Leuten strengstens verboten, irgend ein Trinkgeld anzunehmen. Die Hospederia wird auch Ca'na Matgina genannt, nach einer alten Frau dieses Namens, der das Haus früher gehörte und daselbst Weiszwein aus den Weinbergen der Estaca den, auf dem Saumpfad nach Deià (damals bestand die Fahrstraße noch nicht) Vorüberziehenden kredenzte.
Wenige Schritte von der Hospederia entfernt, ist der Stall von Can Caló, wo Tiere und Fuhrwerk untergebracht werden können. Dicht bei der Hospederia liegt der gleichnamige Mirador (Aussichtswarte), der einen natürlichen Felsen krönt. Man übersieht von demselben vielleicht besser, als wie von irgend einem anderen die ganze Umgebung.«[22]
Diese Herberge war von 1875 bis zum Tode des Erzherzogs im Jahre 1915 in Betrieb. Die »Seele« des Hauses war Madó Pilla, eine Mallorquinerin, die bis zu ihrem Tode – sie starb 1907 im Alter von 98 Jahren – für das Wohl der Gäste sorgte. Der Erzherzog kam des öfteren in die Hospederia, um die Besucher kennenzulernen, die er zum Teil herumführte und denen er seine Besitzungen zeigte. Einer von ihnen, der englische Schriftsteller und Maler, Charles W. Wood, der bei strömendem Regen in der Hospdería Zuflucht gesucht hatte, bemerkte in seinen im November 1886 erschienenen »Letters

from Majorka«, er habe dort die drei glücklichsten Tage seines Lebens verbracht: »At our feet, below the Hospederia, the coast stretched far away. We looked into great depths. The slopes were rich and cultivated. Gardens of flowers, terraces, and fields of olives and oranges and grape-vines. In the midst of all this inconceivable beauty reposed the Archiduks's residence and dependencies;«[23]
Fasziniert von der Persönlichkeit seines Gastgebers, erzählt Wood von einem Vormittag, an dem ihm Ludwig Salvator Miramar und dessen Umgebung zeigte: »He took as to the most interesting points on his estate-paths and nooks and striking 'coup d'oeils' we should never otherwise seen; showed us all over his house, with its interesting collections of Mallorcan curiosities and antiquities. Wonderful old cabinets and ›coffres‹; magnificently carved old bedsteads; a great collection of real majolica; a good deal of quaint old glass. But I cannot tell you of half we saw. He initiated us into the mysteries of the beer and wine of the country, the former of which H. C. so greatly appreciated that the Archiduke insisted upon despatching some of it to the Hospederia Invarn we assured him that we sould return to Palma before many hours have passed.
He showed us all the beauty of his grounds and gardens, plukked us roses, and introduced me to the fruit of the arbutus, which is finer here than in England. His conversation was varied and delightful; he seemed to speak all languages alike. He also showed us his collection of photographes, taken with his own camera, which immediatly put me out of all conceit with ours. I have rarely seen photographs so beautiful and effective, and I fear that I coveted some of them. They gave one so wonderfully correct an idea of Mallorca, both place and people. As the Archiduke observed, these photographs are inartistic and unsatisfying compared with one's own sketches, but it is not everyone who possesses his talent for drawing and etching.«[24]
Gaston Vuillier, der uns schon früher als Schilderer Miramars begegnet ist, wohnte einige Male in der Herberge, die in einer Zeit, wo es auf Mallorca noch keine Hotels und Pensionen

gab, etwas Einzigartiges darstellte. Man muß sich auch vergegenwärtigen, wieviel diese »Gastfreundschaft« in den vierzig Jahren ihres Bestehens gekostet haben muß: »What a lesson in kindliness is this hospitality for countris priding themselves on their superior civilisation, where the poor and the wanderer must generally go without shelter, and is unable to seat himself by any fireside! One sleeps well in the silent and lonely ›hospederia‹, especially when the day has been spent in clambering down precipices and scaling rocks.
The sun was already high when I awoke, and I hurried to revisit the sea and the woods, and to breathe again the delicious air, redolent of the wild scents of the sierra and the sharp savour of the sea. My morning walk led me to a cliff crowned by a wathtower, now deserted, but inhabited up to within a few years ago. The raids of the Barbary corsairs rendered these watch-towers a matter of necessity on al the Mediterranean coasts, and the promontories of Majorca bristle with them [...]. But, coming to myself, and looking round me, I saw nothing but the sunlight streaming through the trees, heard nothing but the singing of the birds and the faraway murmur of the waves.«[25]

Der »watch-tower«, auf den Vuillier anspielte, existiert heute noch, das Gebäude der Hospederia ebenfalls. Gleich daneben erhebt sich ein häßlicher Betonklotz, ein Hotel, das nur während der Sommermonate geöffnet ist. Die Aussicht auf das offene Meer ist noch immer dieselbe wie zu Zeiten Erzherzog Ludwig Salvators. Im Gegensatz dazu sind Gastfreundschaft und die Möglichkeit, drei Tage unentgeltlich zu nächtigen, ökonomischen Interessen gewichen.

Abgesehen von dem mehrstöckigen Hotelbau und einigen Einfamilienhäusern hat sich an Mallorcas Nordwestküste in den letzten hundert Jahren kaum etwas geändert. Obwohl dieser Küstenstrich zu den schönsten Teilen der Insel gehört, liegt er abseits der touristischen Reiserouten und konnte sich somit seine Ursprünglichkeit bewahren.

Miramar befindet sich heute in Privatbesitz und ist der Öffentlichkeit nicht zugänglich. Daher hat dieses Landgut seine Bedeutung als »Touristenziel« verloren und die Chance wahrgenommen, das zu bleiben, was es entsprechend der Vorstellung seines Gründers – Ramón Llull – sein sollte, »eine Oase des Friedens im Tumult seines orkanartigen Lebens«.

16.

Der ungekrönte Fürst von Mallorca

Ludwig Salvators Fürstentum im kleinen

»Um die Geschichte wohlthätiger Wesen, welche ihre Mitmenschen liebten, ihnen halfen, um sie kümmert man sich kaum; ihre Stimme verhallt ungehört wie die der nützlichen Singvögel in der Waldesstille verklingt und verschwimmt in dem Meere der aufeinander folgenden Menschenwogen.«[1]

Erzherzog Ludwig Salvator

Kein anderes der Landgüter Ludwig Salvators ist so eng mit einem Menschen verknüpft wie die Estaca mit der Person der Mallorquinerin Catalina Homar.

Im 17. und 18. Jahrhundert war es üblich, auf dem Land große Güter für den Sommeraufenthalt zu bauen. Reichere Familien besaßen oft mehrere. So auch die Familie Moragues. Valldemossa war seit der Zeit der Mauren (das hochgelegene Wadi Musa = Moses-Tal = Valldemossa) ein beliebter Sommersitz. König Martin von Aragon hatte es den Kartäusern abgetreten, die ein Kloster errichteten. Nach und nach gruppierten sich Häuser rund um die Cartuja (= Kartäuserkloster), der heute 700 Einwohner zählende Ort entstand.

Bei der christlichen Eroberung blieb ein Teil der Mauren zurück und vermischte sich mit der ortsansässigen Bevölkerung. Arabische Namen erinnern noch heute daran.

Wie im Falle von Miguel Homar, einem Tischler, der ein Mädchen aus Esporlas, Ana Ribas, geheiratet hatte und mit ihr vier Töchter – eine davon war Catalina – und drei Söhne hatte.

Miguel Homar arbeitete auf Son Moragues, denn jedes Gut

hatte seine Meister: Maurer, Tischler und Schmiede erledigten die anfallenden Arbeiten. Zusätzlich arbeitete Miguel Homar für Ludwig Salvator auf Miramar, kleinere Anwesen hatten meist einen gemeinsamen »Mestre«.

In einem tonernen Topf, eingehüllt in ein großes rotes Tuch, brachte Catalina ihrem Vater tagtäglich das Essen nach Miramar und der Erzherzog wurde auf das Mädchen mit der glokkenhellen Stimme aufmerksam, als er es eines Tages auf der Halbinsel Foradada traf, wohin er sich zurückgezogen hatte, um dem geheimnisvollen Gesang der Blaudrossel zu lauschen: »Die Felsenwände, an deren Fusse die Stimme [der Catalina] ertönte, gaben sie durch ihre Aushöhlungen verstärkt zurück; ich wurde von der Aehnlichkeit des Tonfalls des Vogels mit dem menschlichen überrascht; vielleicht mit anderen Worten, wenn wir die Töne des Vogels Worte nennen können, drückten sie denselben Gedanken aus. Die Stimme schien sich zu nähern und wurde immer lauter und lauter. Ich blieb stumm, in Gedanken vertieft, bis ich nahende Schritte hörte und den Kopf hob – es war C., welche in den Felsenritzen am Meer Salz aufklaubte, das die in denselben von den Sturmestagen verbliebene Flut hinterlässt. Wie sie mich sah, schwieg sie und kam mir lächelnd entgegen.«[2]

Ludwig Salvator nahm Catalina zu sich nach Miramar, wo sie lesen und schreiben lernte. Nach dem Tod ihres Vaters arbeitete sie als Aufseherin in der im sizilianischen Stil erbauten Estaca: »Auf einer senkrechten Felswand stehend, geniesst man hier einen überraschenden Fernblick. In der Mitte blickt das Haus der Estaca hervor, und namentlich im Frühjahr, wenn die Weinberge in frischem Grün erglänzen, gleicht es einer Perle in einer smaragdenen Schale.«[3]

Von ihren Vorgesetzten und Untergebenen gleichermaßen geschätzt, übernahm Catalina schließlich – aufgrund ihrer Tüchtigkeit – die Position einer Leiterin. Ihre Bemühungen um die Weinberge des Estaca wurden auf zahlreichen Ausstellungen, etwa in Paris, Madrid, Barcelona, später auch in Chicago, honoriert: die Muskatel- und Malvasierweine der Estaca wurden oftmals prämiert.[4]

Aus dem einfachen Mädchen Catalina, das inzwischen einige Sprachen beherrschte, war eine elegante, selbstbewußte Dame geworden, die wegen ihres fröhlichen Wesens und ihrer Menschenliebe allseits geschätzt wurde: »Wie vieles wäre anders auf Erden, wenn Alle von ähnlichen Gefühlen beseelt wären, wie es jeder wahre Christ sein sollte. Auch die Kaiserin [Elisabeth I. von Österreich] kam während ihres zweiten Besuches auf Mallorca zur Estaca. Die hehre Gestalt überraschte C. Es war nicht die hohe Stellung, es war dieses milde Lächeln, das jeden fesselte, der sie ansah. Die beiden Frauen sprachen miteinander, wie wenn sie sich seit jeher gekannt hätten, denn in beiden war das menschliche Gefühl gleich wach.«[5]
Gerne erfüllte Ludwig Salvator den Wunsch Catalinas, das Heilige Land zu besuchen. Nach der Reise in Venedig angekommen, trennten sie sich, da Catalina Sehnsucht nach der Estaca hatte. Ludwig Salvators reiste an die Riviera und zwecks neuer Arbeiten ins östliche Mittelmeer weiter. Um sein Buch über Ithaka/Griechenland abschließen zu können, zog er sich in sein Haus in Ramleh in Ägypten zurück.
In den folgenden sechs Jahren standen Catalina und der Erzherzog lediglich in brieflichem Kontakt. Mindestens einmal pro Woche erhielt Ludwig Salvator einen Brief von Catalina, den er stets als ersten öffnete, in dem sie über den Fortschritt der Arbeiten auf der Estaca berichtete. Immer wieder forderte sie ihn darin auf, nach Hause zu kommen: »In keinem Briefe fehlte der Satz: ›Kommen Sie bald, kommen Sie zur schönen Estaca‹ und so ward ihre Hoffnung vom Frühjahr auf den Herbst und vom Herbst auf das Frühjahr verlegt.«[6]
Obwohl sich Ludwig Salvator »nach der sonnigen Estaca, nach den schattigen Waldungen Miramars« sehnte, blieb er in Ramleh, wo ihn schließlich im April 1905 die Nachricht erreichte, Catalina Homar sei an den Folgen einer lepraähnlichen Krankheit, die sie sich auf der Orientreise zugezogen hatte, unter fürchterlichen Qualen gestorben: »C.s Traum vom Himmel hatte sich verwirklicht. Sie fand im Tode das Leben, aber ich war zerknirscht. In der Aufregung des

Schmerzes schrieb ich diese Blätter, die ich mit den Worten schliesse, dass ein gleich gutes Herz wie das C.s auf Erden bestehen mag, ein besseres aber nicht.«[7]
In der am 12. Juni 1888 eingeweihten Kapelle der Estaca ließ Ludwig Salvator eine Marmortafel zur Erinnerung an die »Madona de S'Estaca« anbringen:

»Dem unvergeßlichen Andenken an Catalina Homar,
welche so viele Jahre hindurch die Seele dieses Hauses war,
von Ludwig Salvator errichtet mit der Bitte an jene,
die kommen, daß sie für sie beten.«

Erst 1909, vier Jahre nach Catalinas Tod, kehrte der Erzherzog nach Mallorca zurück. 1905 war die Beziehung zwischen ihm und »la niña« (das Mädchen), wie Catalina Homar von den Einheimischen liebevoll genannt wurde, zu Ende gegangen. Welcher Art diese Beziehung war, darüber herrschen unterschiedliche Ansichten. Die Mallorquiner bezeichnen ihre Landsmännin gerne als die große Liebe, als Lebensgefährtin des österreichischen Erzherzogs. Zu dem Thema sind einige Publikationen erschienen, die recht unterhaltsam zu lesen sind, aber jeder Grundlage entbehren. Die Briefe an den Erzherzog geben keinerlei Hinweis in dieser Richtung, auch das Buch, das Ludwig Salvator anläßlich des Todes von Catalina verfaßte, hilft da nicht weiter. Darin begegnet uns die schöne Mallorquinerin als Verwalterin und Aufseherin über die Weingärten der Estaca, als »Seele des Hauses«, als zeitweilige Mitreisende auf der »Nixe«, als tiefgläubige Katholikin und große Naturfreundin: »Wie jedes feinfühlige Herz war C. für jegliche Schönheit der Natur besonders empfänglich. Eine schöne Landschaft versetzte sie in Bewunderung, eine Baumgruppe, ein Felsen entzückte sie, und welch richtiges Urteil war ihr eigen! Sie irrte nie in der Wahl des richtigen Standpunktes einer Aufnahme oder in der Beurteilung eines Kunstwerkes. Aber die menschlichen Werke übten auf sie nicht jene Wirkung, wie die Phantasmagorien der Natur: die grossartigen Landschaftsscenerien, die wunderbaren Lichteffekte, an denen sie sich nicht satt sehen konnte. Jeden Tag ging sie den Sonnenuntergang zu schauen, der sich von der Estaca aus so wunderbar darbietet und war erfreut, wenn er schön und klar war, ein verlässlicher Vorbote schönen Wetters. Menschliche Werke schienen ihr immer nur ein Bild menschlicher Vergänglichkeit zu sein – und sie hatte Recht darin.«[8]

Vom italienischen Bildhauer Giulio Monteverde ließ Erzherzog Ludwig Salvator ein Monument aus weißem Marmor anfertigen, das die kniende, zu Jesus Christus betende Catalina Homar in mallorquinischer Tracht zeigt. Zuerst in Miramar aufgestellt, wurde es 1922 nach Son Moragues gebracht, wo es heute im kleinen Garten neben dem Haus zu besichtigen ist. Der Erzherzog hat diese Statue, die zur Erinnerung an Catalina Homar gedacht war, nicht mehr gesehen, da er Mallorca zwei Monate bevor diese am 19. September 1913 aus Rom geliefert wurde, für immer verlassen hatte. Die »dias luminosos« (= die leuchtenden Tage) der Estaca waren zu Ende.

Das weiße Haus hoch über dem Meer diente bis vor kurzem einer mallorquinischen Familie aus Palma als Sommersitz und befindet sich jetzt im Besitz des amerikanischen Schauspielers Michael Douglas. Die Weingärten wurden durch eine Reblausplage Ende des vergangenen Jahrhunderts vernichtet und nicht wieder angelegt. Ansonsten hat sich seit mehr als 100 Jahren kaum etwas geändert, und die Schilderung Ludwig Salvators über die Estaca und deren Umgebung hat noch heute Gültigkeit: »Dort unten scheint man in eine andere Welt versetzt zu sein, denn bei dem grossen Unterschied in der Höhenlage ist es hier viel wärmer, und namentlich die Buschwaldvegetation hier viel üppiger als oben. Riesige Mastixsträucher und Alaterne wuchern an allen Ecken, und dichte, hochstämmige Strandkiefernhaine sind namentlich in der Thalmulde zu finden. Eine für sich abgeschlossene Gruppe bilden die Weinberge, die mit ihren unzähligen, sorgfältig bebauten Terrassen das Auge des Beschauers erfreuen. Auf diesen Bergen wächst der trefflichste Malvasia- und Moscatel-Wein. Die Stöcke des ersteren werden in Weinlauben an Oelbaumpflöcken festgebunden und hoch gezogen, während letztere nur an Pflöcken, meist von Erdbeerbaum, befestigt werden. Das Haus steht auf einer kleinen Erhöhung. Bei demselben endigt die vom Guix kommende Carretera, welche den östlichen Theil der Weinberge und dann eine mitten im Walde gelegene, in viele Terrassen eingetheilte Feigenpflanzung durchzieht. Das Haus ist von mir im Jahre 1878 nach sicilianischer Bauart aufgeführt worden, hat eine grosse vordere Terrasse mit einem Rebendach, das von weissgetünchten Rundsäulen getragen wird, und zwei obere Terrassen. Alle Räume sind gewölbt, wozu Marés-Steine verwendet sind, die von der Südküste mittels Barken[9] zum Guix und von hier zur Fahrstrasse hinaufbefödert wurden. Unten befindet sich der Keller, von welchem eine breite Treppe in die Mitte der Eingangshalle hinaufführt. An den Seiten desselben sind zwei Cisternen, von denen die an der Terrasse gelegene Trinkwasser, die andere aber, welche von den nahen steilen Wegen (de Canrec) Zufluss hat, solches zu gewerblichen Zwecken liefert. Die Lage ist wirklich bezaubernd: ringsum lachende Weingärten, hin und wieder durch Johannisbrodbäume unterbrochen, und oberhalb des Hauses eine Palmenterrasse, im Osten die sphinxartige Foradada weit in das Meer vorspringend, im Westen die Punta de s'Aliga, im Süden der steile waldige Abhang und oben wie ein Adlerhorst auf den Felswänden der Mirador de ses Pitas[10], im Norden das grenzenlose Meer. Von der vorderen Terrasse aus kann man auf den kleinen Caló schauen, wo gegen 14 Hütten stehen, zu welcher ein steiler Pfad an einem kleinen, von einer gypshaltigen Quelle bewässerten Garten und an einer tiefer gelegenen, trinkbares Wasser liefernden Quelle vorbei hinabführt. Aus letzterer Quelle schöpfen besonders die Fischer ihren Wasservorrath. Stundenlang kann man hier in diesem abgeschlossenen Winkel ruhen, ohne von Jemand gestört zu werden. Wenn man oben im Saale sitzt und nach drei Richtungen das zu Füssen liegende Meer überblickt, wähnt man sich auf einem dahinsegelnden Schiffe; umherfliegende Möwen vervollständigen die Täuschung. Man lässt dann wohl allerhand Bilder aus fernen Zonen in seiner Phantasie aufsteigen, und wenn man schließlich aus seinem Traume erwacht, so preist man sich glücklich, in diesem gesegneten Erdenwinkel weilen zu dürfen.«[11]

Von Miramar führte der Weg weiter nach Son Marroig (Son Mas Roix de la Foradada), der Residenz des Privatsekretärs des Erzherzogs, dem aus Deià stammenden Antonio Vives, und seiner Familie. Antonio Vives Colom, sieben Jahre jünger als Ludwig Salvator, war lange Zeit dessen Reisebegleiter und Mitarbeiter. Einige Publikationen wurden mit Photographien illustriert, die von Vives stammten. Ludwig Salvator zeichnete zeit seines Lebens, das Photographieren überließ er seinem Sekretär.

Die erste Begegnung Ludwig Salvators datiert vom Februar 1872. Auf einem Spazierweg entlang der Küste von Deià trafen die beiden Männer einander. Ludwig Salvator sprach zu diesem Zeitpunkt noch kaum Spanisch, so verständigte er sich mit dem Theologiestudenten Vives in lateinischer Sprache. Angetan vom lebhaften Wesen und der gediegenen Ausbildung des jungen Mallorquiners, bot ihm der Erzherzog den Posten eines Sekretärs an.

Ludwig Salvators erster Sekretär, der aus Kuttenberg in Böhmen stammende Wladislaw Vyborny war kurz vorher an den Folgen eines Hitzschlages gestorben. Der junge Mann hatte sich in ein Mädchen aus Palma verliebt, und der Erzherzog, der diese Verbindung nicht billigte, hatte die Anweisung gegeben, daß Vyborny kein Wagen zur Verfügung gestellt werden dürfe. Dessen ungeachtet machte sich der Böhme zu Fuß auf den 25 km langen Weg nach Palma. Nach diesem Gewaltmarsch bei sengender Hitze habe Vyborny in Palma ein eiskaltes Getränk zu sich genommen und in der Folge den Hitzschlag erlitten.

Der Leichnam wurde einbalsamiert und zu Vybornys Mutter nach Böhmen gebracht. In Italien ließ der Erzherzog eine Mamorstatue zur Erinnerung an den so jung verschiedenen Freund anfertigen und ebenfalls an die Mutter schicken. Doch diese sandte das Standbild an Ludwig Salvator zurück, da sie dem Erzherzog die alleinige Schuld am Tod ihres Sohnes gab. Daraufhin wurde die Statue in Miramar aufgestellt.

Das Zimmer, in dem Vyborny in C'an Calou gewohnt hatte, ließ Ludwig Salvator versperren, ohne daß jemand etwas daran ändern durfte. Jedes Jahr am Sterbetag Vybornys soll er sich dann dort während des ganzen Tages eingeschlossen haben. Außer ihm durfte niemand mehr das Zimmer betreten.
Zurück zu Antonio Vives. Auf einer gemeinsamen Reise nach Venedig lernte Vives seine spätere Gattin, Luisa Venezze y Fole, eine Tochter des Grafen Giovanni de Venezze und Maria Fole kennen. In der Kirche der Jesuiten, in der sich die beiden zum ersten Mal gesehen hatten, fand später die Trauung statt. 1880, wieder auf Mallorca, bezog das Ehepaar Vives das Landgut Son Marroig, das der Erzherzog um eine große Summe gekauft hatte. »Man erzählt sich, daß der Fürst eines schönen Tages nach dem Kauf von Son Marroig einen Landarbeiter traf, der ihn in einer Form anstarrte, so daß er ihn fragte, warum er ihn so fixiere. – ›Ich möchte diesen Herrn kennen‹ – sagte der Bauer – ›der Son Marroig so teuer bezahlt hat, und möchte wissen, ob es wahr ist, was man mir gesagt hat.‹
›Es ist nicht wahr‹ – antwortete Seine Hoheit – ›man hat es mir geschenkt: die Foradada allein ist mehr wert, als ich in Summe für alles bezahlt habe.‹«[12]
Die Foradada, die durch einen vom Erzherzog erbauten Fahrweg von Son Marroig aus erreichbar ist, »ist ein malerischer Felsen, das am Meer weit sichtbare Kennzeichen meiner [Ludwig Salvators] Einsiedelei. Die Foradada so bona nennen sie die Fischer, denn weit vorspringend gewährt sie der schutzlosen Küste auf einer oder anderen Seite kleinen Barken einen momentanen Schutz. Man kann auch westlich von derselben ankern, wobei man vor Ost- und Nordostwinden geschützt ist, dem Nord, Nordwest und West aber ganz ausgesetzt bleibt, sodaß es nur bei ganz schönem Wetter im Sommer gerathen ist, hier vor Anker zu gehen.«[13]
Von der Möglichkeit, im Schutze der Foradada vor Anker zu gehen, machte auch der Erzherzog selbst gelegentlich Gebrauch. Es existiert eine Photographie, welche die »Nixe« Ludwig Salvators neben der Yacht »Miramar« der Kaiserin Elisabeth I. von Österreich in der Bucht ankernd zeigt.

Die Foradada (= die Durchlöcherte), auch »el dragón dormido« (= der schlafende Drache) genannt, ist eine an ihrer höchsten Stelle 83 Meter hohe Halbinsel mit einem »Loch«, das im Durchmesser achtzehn Meter mißt, und war ohne Zweifel einer der Lieblingsaufenthalte des Erzherzogs. Hier entstand auch das 1912 in Prag erschienene Büchlein »Sommerträumereien am Meeresufer«. In diesem Buch, das unter dem Titel »Somnis d'estiu ran de mar« auch in katalanischer Sprache veröffentlicht wurde, beschrieb der Verfasser, seine Gedanken und Empfindungen beim Anblick von Wasser, Wellen, Wolken, Küste und Meerestieren. Bescheiden, wie es seiner Art entsprach, bemerkte er im Vorwort: »An diesem Ufer, schön unter den schönsten des Mittelmeeres entstanden diese Träumereien; es ist kein Buch, es sind nur lose, wertlose Blätter, wie sie unter dem momentanen Eindrucke niedergeschrieben wurden und ohne Zusammenhang zusammengeheftet erschienen. – Viele werden sie mit einem höhnischen Lächeln wegwerfen, manche feinfühlende Seele wird aber dadurch vielleicht zu ähnlichen Träumereien verlockt und dann werden sie ihren Zweck erfüllt haben.«[14]

Ins Träumen gerät man an diesem Punkt der mallorquinischen Nordwestküste zweifellos. Der Sonnenuntergang von der Foradada aus betrachtet, zählt wohl zu den beeindruckendsten Naturschauspielen. Je nach Witterung versinkt die Sonne blutrot, rosa oder goldfarben in der unendlichen Weite des Mittelmeeres. Besuchern der in Son Marroig stattfindenden Konzerte wird dieses Schauspiel atemloser Schönheit sozusagen als »Pausenattraktion« kostenlos angeboten. Mit einem Glas Sherry und dem Photoapparat bewaffnet, von Ausrufen des Erstaunens und Entzückens begleitet, steht man auf der Galerie, starrt gebannt in Richtung Westen und kann seine Augen nicht von dem Glutball lösen, der langsam im Meer versinkt. Der Erzherzog mag vor langer Zeit ähnlich empfunden haben: »Namentlich gegen Sonnenuntergang, wenn der einsame Spatz seine Stimme aus den Felsenfirsten erschallen läßt, das gellende Gejauchze der Seemöven und der Cormorane emportönt und der oberhalb des Auges der

Foradada nistende Fischadler breite Kreise beschreibt, sitzt man hier gern, in eine elementare Stimmung versetzt, und folgt dem blinkenden Segel oder dem kaum sichtbaren Rauch eines Dampfers am Horizont. Das Leben scheint nicht Wirklichkeit und man vermag kaum zu fassen, wie dem leiblichen Auge soviel Genüsse landschaftlicher Formen und Farbenpracht zutheil werden können; denn das Meer ist Ultramarin und die Foradada Purpur geworden und wirft ihren schwarzen Schatten in die durchsichtige Flut.«[15]

Begeistert waren alle, die die Foradada besucht hatten. In zahlreichen Reiseführern und Erlebnisberichten des 19. Jahrhunderts finden sich in schwärmerischen Worten abgefaßte Beschreibungen.

Ohne eigenes Boot ist die Foradada heute kaum zugänglich. Nur über einen Wanderweg – man muß hierbei 250 Höhenmeter überwinden – gelangt man von Son Marroig zur Spitze der aus dunkelroten Konglomeratmassen bestehenden Felsen. Am eindrucksvollsten hat sie gewiß der Besitzer selbst beschrieben: »Um die ganze wilde Pracht der Foradada kennen zu lernen, muß man an einem Nachmittage bei Meeresstille, wenn der Schatten auf die dunkle Aushöhlung tiefer herabgesunken ist und der über dem Loch der Foradada nistende Fischadler kreischend die Lüfte durchkreist oder einen silberglitzernden Fisch zu seinem Horste hinaufbringt, mit dem Boote die Halbinsel entlang fahren. Dann hört man das Jauchzen der grossen Silbermöven, die wie stille Schildwachen auf den Felsenspitzen stehen und sich in der Abendsonne letzten Strahlen sonnen und harfenähnliche Töne ausstossen: ein Bild des friedlichen, zufriedenen Nichtsthuns. Die Welle kost das bemooste Ufer, wo die grossen Mayas umherkriechen, oder fällt plätschernd von einem kaum emportauchenden Riff zurück. Wir sind im Schatten und geniessen die labende Kühle, das Boot schlüpft zwischen einem Riff und den steilen Wänden hindurch, von deren Grossartigkeit man von oben keine Ahnung hat. Doch still jetzt: die Ruder treiben kaum den Kahn, und man biegt um die Spitze der mächtigen Halbinsel. Welch ein Anblick! Hunderte von Cormoranen, die sich da sonnten, fliegen empor, tauchen nieder und hüpfen im Wasser, Schaaren von Puffinen ergreifen den Flug, Tausende von Mauerschwalben umkreisen zischend nach allen Richtungen die Felswände. Ein förmliches Gewühl hat die unerwartete Erscheinung des Bootes in der Vogelwelt hervorgerufen. Es ist ein Gejauchze, ein Geschrei, ein Plätschern von Wogen ohne Ende. Selbst die friedlichen Tauben fliegen verscheucht von Höhle zu Höhle, welche sich wie luftige Dome über uns ausbreiten. Nur die Silbermöven bleiben still auf ihren Felsenwarten, als wären es Marmor-Statuen, auf den rothen Felsen aufgesetzt. Bleibt man aber eine Moment still, so hört man zuerst nur das Tröpfeln der Meerestropfen, die von den Rudern auf die Fläche niedergleiten, dann aber beleben sich phantasmagorisch die scheinbar verlassenen Felsenwände. Aus jedem Loche blickt ein vorsichtiger, furchtsamer Cormoran mit seinem grauen Köpfchen hervor, oder alte erfahrenere strecken ihren langen Hals aus dem durch ihre Excremente weissgeränderen Gesimse der Felsen, andere tauchen aus der Fluth empor und verstecken sich in den Seehöhlen, bis endlich auch die entferntesten mit schweren Flügelschlägen zurückkehren, da sie sehen, dass ihnen keine Gefahr droht. Alle nehmen ihr Alltagsleben wieder auf, und selbst der Adler schreit zufrieden von seinem Horste. Zieht man von der vorspringenden, dem Sporn eines Panzerschiffes ähnlichen Spitze weiter, so trifft man eine Reihe von Seehöhlen, kleine und grosse, welche das Meer einschlürfen und in die man mit dem Boot hineinfahren kann. Es sind zwei riesig grosse gleichsam feuchte, gothische Dome und von einem Kranze von Zoophyten und Seetang umgeben, für welche die stets zerstörende Welle eine Art Stufen ausgewaschen hat; eine wahre Nereidenbank, wo man sich an Sommertagen auf einem Algenbett gern ausstreckt und hinab in die Tiefe schaut, wo sich die Aktinien öffnen und die Napfschnecken sich anschmiegen, die Seeigel und Seesterne ihre Heimath haben. Endlich erweckt das Schnaufen einer Robbe, die mit ihren grossen gutmüthigen Augen uns anglotzt, uns aus solchen Träumereien.«[16]

Oberhalb der Foradada liegt das aus dem 16. Jahrhundert

stammende, typisch mallorquinische Herrenhaus Son Marroig mit seinem viereckigen Wehrturm, der an die Zeit der maurischen Seeräuber erinnert. Der Überlieferung nach begingen die Mauren hier ihren letzten Frauenraub, indem sie eine Señora der Familie Marroig entführten, von der nie wieder eine Spur gefunden wurde.

Das nach Ludwig Salvator »am schönsten gelegene Haus Mallorcas« beherbergt heute ein Museum, das die jetzigen Besitzer von Son Marroig, Isabel und Silvia Ribas, mit Liebe und Geschmack eingerichtet haben. Von der Eingangshalle führt eine Treppe zu den im ersten Stock gelegenen Ausstellungräumen, die durch große Fenster den Blick aufs Meer freigeben. An den Wänden hängen neben Teppichen und den typisch mallorquinisch rot-weiß oder blau-weiß gemusterten Vorhängen zahlreiche Originalzeichnungen von der Hand Ludwig Salvators, verschiedenste Photographien, ein Porträt des Sekretärs, Antonio Vives, sowie impressionistische Gemälde mit Motiven aus Mallorca. Erwähnenswert sind die Bilder von Antonio Ribas, dem Großvater der heutigen Besitzerinnen und ehemaligem Sekretär des Erzherzogs, dessen Werke auch im »Museo Municipal« der Caruja de Valldemossa ausgestellt sind. Das wohl bekannteste Porträt Ludwig Salvators, das von Gaston Vuillier stammt und das sowohl Gaspar Sabater als auch Jahre vorher Bartolomeo Ferrá für den Einband ihrer Werke verwendeten, zählt zu den interessanten Schätzen von Son Marroig. Eine Urkunde der Landwirtschaftsausstellung von Sollèr bezeugt die Qualität von Wein und Geflügel der erzherzoglichen Güter.

Allerlei Kurioses wurde hier zusammengetragen, allem voran der leinenbespannte Sonnenschirm des Erzherzogs. Beeindruckend ist auch die große Glasvitrine, in der sich eine Auswahl der von Ludwig Salvator verfaßten Werke befindet, eine Auswahl, die jeder Bibliothek zur Ehre gereichen würde: Originalausgaben sind genauso vertreten wie die in den letzten Jahren vermehrt erschienenen Übersetzungen und Neuauflagen. Ein besonderes Juwel ist ein Exemplar der »Tabulae Ludivicinae«, einer Sammlung von Tabellen, die, von verschiedenen Mitarbeitern des Erzherzogs ausgefüllt, die Grundlage der groß angelegten Monographien bilden. In kleineren Vitrinen werden phönizische Tonfiguren und alter Schmuck aufbewahrt.

Einen Überblick über Ludwig Salvators Sammlung arabischer Fayenceteller bietet einer der Glasschränke in diesem mit einer prachtvollen Kassettendecke ausgestatteten Saal, der mit mallorquinischen Möbeln, Truhen, Tischen und Hockern eingerichtet ist. In der Mitte des Raumes befindet sich eine Büste des Erzherzoges auf einem mit einem Tuch, verziert mit Krone und Binnenschild, bedeckten Sockel. Im anschließenden Raum, von dem aus man die Galerie erreicht, hängt über dem offenen Kamin ein Ölporträt von Juan Pizá, das den Erzherzog in jugendlichem Alter zeigt. An den Wänden – der mallorquinische Naturstein blieb hier unbehandelt – hängen Landkarten.

Im dritten Raum, der während der Besichtigungszeit verschlossen bleibt, haben Isabel Ribas und ihre Familie einen Konzertsaal eingerichtet. An Sonntagen spielen hier im Rahmen der »Conciertos de Atardecer« (Abenddämmerungskonzerte) junge Musiker aus aller Welt.

Neben dem Gebäude können auch Garten und Mirador (= Aussichtspunkt) besichtigt werden: »Das Schönste an Son Marroix ist sein Mirador, wo ein elegantes ionisches Tempelchen aus weissem carrarischen Marmor sich erhebt. Hier überblickt man die ganze, in grossartigem Bogen sich hinziehende Landschaft von Miramar, die Hospederia, Miramar, Son Gallard, mit dem Estretthale bis zu dem hoch emporragenden Son Rullan und dem nahen Hügel des Castellás und das zauberhafte blaue Meer. Unterhalb des Hauses bei der grossen Sala de Ultramar finden sich Gartenterrassen und weiterhin Cactusfeigenpflanzungen. Doch wir schreiten vom Mirador nach unten weiter seewärts zwischen Felsen hindurch und gelangen nach dem Mirador de sa Foradada, einer mit guten Bänken umgebenen natürlichen Erweiterung am Saume des Felsenkammes, in dessen Mitte ein breiter Tisch steht. Der gebogene Stamm dieses Tisches stammt von einem

Oelbaume. Noch schöner als vom Mirador aus übersieht man hier die gesammte Foradada.«[17]
Das weithin sichtbare Tempelchen, das der Erzherzog errichten ließ, wurde am 18. November 1985 während eines starken Gewitters von einem Blitz getroffen und schwer beschädigt. Ein ähnliches Schicksal widerfuhr zehn Jahre zuvor, im März 1975, der Kapelle des Ramón Llull in Miramar. Beide Anlagen sind in mühevoller Kleinarbeit wieder instandgesetzt.
»Verlässt man Son Marroix, so führt ein Feldweg bergan, auf steinigem Boden, durch ein Coma genanntes Thal und erreicht hinter einer Verflachung einen Steinvorsprung, auf dem die Torre de Deyá sich erhebt, und die Pedrisa, das erste Haus zu Beginn des Thales von Deyá. Die Aussicht auf das Thal und auf die Lehne von Lluchalcari, vom Cap Gros de Sóller und den Höhen der moleta begrenzt, und dahinter die Berge der Montana de Balitx und des Puig Mayor de Sollér ist hier besonders schön.«[18]
Mit »Sa Pedrissa« knapp vor der Ortschaft Deià haben wir den letzten Besitz Ludwig Salvators an der Nordwestküste Mallorcas erreicht. Über dieses Gebäude, gekennzeichnet durch zwei Zypressen, gibt es kaum schriftliche Aufzeichnungen. Lediglich Coloma Rosselló de Sans berichtete in ihrem historischen Führer über Valldemossa, ein General Consejo habe 1612 den Wachtturm zur Verteidigung der Bucht gegen die Piraten erbauen lassen. Einen Hinweis auf diesen Turm von Pedrissa findet sich in Ludwig Salvators »Auslug- und Wachttürme Mallorcas«: »Die schon erwähnte Torre de la Pedrissa dient gleichzeitig dazu, um dem benachbarten Turm die Feuer zu signalisieren und auch die benachbarte Bucht, wo eine Landung ziemlich leicht ist, zu bewachen. Sie gehört zum Distrikt von Deyá, ist ein runder, leicht geböschter, kräftiger Bau mit gewölbtem Raum, einer Zisterne und einer Terrasse mit Kanonen. Der Turm wurde auf Befehl des Großen Generalrates im Jahre 1612 erbaut.
Der Turm mit dem ihn umgebenden Boden von 400 Fuß Abstand von demselben, war Staatseigentum; er wurde von J. Rius gekauft und dieser verkaufte ihn dann mir.«[19]

17.

Von Pinienwäldern, Maultieren und Drachenhöhlen

Die Balearen in Wort und Bild

»Es gibt einen Seelenadel, dessen der Glückliche, dem er angeboren ist, sich nicht entsetzen kann.«[1]

Jean Paul

»Der Dampfer verließ den Hafen von Ibiza, den er von Valencia kommend, erreicht hatte, um die Reise nach Palma, nach einem kurzen Aufenthalt in diesen Gewässern, wieder aufzunehmen. Es war ein wunderbarer Tag im Sommer des Jahres 1867, das Meer war ruhig, aber trotzdem zogen sich die Reisenden, einer nach dem anderen, sehr bald in die betreffenden Kabinen zurück, bis zu dem Moment, an dem schließlich nach einigen Stunden, abgesehen von der Besatzung, lediglich zwei an Deck übrigblieben. Einer von ihnen war ein junger – offensichtlich – Ausländer, von ausgezeichnetem Benehmen und intelligentem Blick, etwa neunzehn Jahre alt, welcher sich unter den wenigen Passagieren, die sich an diesem Tag auf der Jaime II. in Ibiza eingeschifft hatten, befand, begleitet von einem achtbaren Herrn in vorgerücktem Alter und einem Diener.«[2]

Daß es sich bei diesem jungen Ausländer um Erzherzog Ludwig Salvator auf seiner ersten Fahrt auf die Balearen handelte, ist unschwer zu erraten. Für die Mallorquiner war er lange Zeit ein wissensdurstiger, interessierter adeliger Forschungsreisender, intelligent, belesen, einfach in seinem Auftreten, mit guten Manieren; für sie war er Ludwig Graf von Neudorf (bzw. Luis Conde de Neudorf). Noch an Bord des Schiffes hatte der junge Mann versucht, mit einem Matrosen ins Gespräch zu kommen, was jedoch an den Sprachschwierigkeiten scheiterte. Ein anderer Reisender bot seine Hilfe an: Francisco Manuel de los Herreros, von dem bereits in vorangegangenen Kapiteln die Rede war.

Am darauffolgenden Morgen in aller Frühe erschien der »Graf« im Hause seines Reisegefährten, um Informationen über die Insel Mallorca zu erhalten. Mit zahlreichen Empfehlungsschreiben an diverse wichtige Persönlichkeiten in verschiedenen Dörfern versehen, verließ Ludwig Salvator Herreros, gut vorbereitet für sein Vorhaben. Dieser Empfehlungsschreiben hätte es nicht bedurft, der Erzherzog verwendete kein einziges davon. Die Liebenswürdigkeit und Gastfreundschaft der Einheimischen wurde ihm auch so zuteil. Einige Wochen lang durchwanderte der ausländische Gast die Stadt Palma und große Teile der Insel, um nach einem Abstecher auf die Nachbarinsel Menorca auf das Festland zurückzukehren. Zurück blieb eine Notiz des Leiters der Provinzbibliothek von Montesión, Bartolomé Muntaner, über den Besuch eines Grafen von Neudorf, der die Büchersammlung eingesehen hatte. Auch Muntaner ahnte nicht, wer der Reisende gewesen war. »Er ist jung. Kultiviert. Er liebt das Leben mit seinen zahlreichen Aspekten. Das Leben muß zwangsläufig offener sein als die Zwänge in Wien. Der kuriose Fürst reist um zu wissen, zu experimentieren ... Der Europäer von heute hat den Drang zu reisen verloren; das Kino, das Radio, die Zeitungen machen es möglich, daß die Welt jeden bis ins letzte Kaff, besuchen kommt, ohne daß– sich dieser von zuhause fortbewegen muß. Aber, im Jahre 1867, war eine Reise fast noch ein Abenteuer [...] Köstliche Augenblicke, in denen sich die schlüpfrigen Augen des Touristen in jedem Landstrich an einer Jungfräulichkeit erfreuen!«[3]

Der Kontakt zwischen dem Erzherzog und Herreros wurde brieflich weitergeführt und stand im Zeichen des Sammelns von Informationen und Daten für das geplante Buch.

Das erste Buch, welches der Erzherzog über die Inselgruppe veröffentlichte, beschäftigte sich mit der Käferwelt: »Beitrag zur Kenntnis der Coleopteren-Fauna der Balearen«, erschienen 1869 in Prag: »Im Jahre 1867 reiste ich nach den Balearen und verweilte dort mehrere Monate, um auf jenen Inseln topographisch-statistische Forschungen vorzunehmen. Obwohl es eigentlich nicht der Hauptzweck meiner Reise war, so widmete ich doch meinem Lieblingsstudium, den Naturwissenschaften, viele Stunden und brachte durch eifriges Sammeln eine nicht unbeträchtliche Anzahl von Naturprodukten zusammen. Besonders reich war meine entomologische Ausbeute, und namentlich die an Coleopteren. Die Notwendigkeit bei der topographischen Schilderung jener Inseln auch etwas tiefer auf die Fauna und Flora derselben eingehen zu müssen, führte es mit sich, daß ich für die Ordnung und Bestimmung des gesammelten Materials sorgen mußte.«[4]

Ludwig Salvator konnte die Ergebnisse seiner Sammlungen nicht selbst auswerten, sondern übertrug die wissenschaftliche Aufarbeitung an Dr. Ludwig Wilhelm Schaufuß (1833 – 1890), einem Kenner der spanischen Käferfauna, der ein Jahr zuvor gemeinsam mit Samuel Brennan Esquire während einer neunzehntägigen Forschungsreise auf Mallorca und Menorca gesammelt hatte. Das Ergebnis war eine Liste von 332 Käferarten, darunter sechzehn neue, mit Angaben über Fundort, Häufigkeit der Arten, die Monate, in denen sie gefunden wurden, usw. Diese »Coleoptera balerica« erhob keineswegs den Anspruch auf Vollständigkeit, sondern war vielmehr als Vorstudium für ein größeres Werk geplant gewesen. Demzufolge muß der Erzherzog bereits mit dem Plan, eine Arbeit über die Inselwelt der Balearen zu verfassen, nach Mallorca gereist sein.

Es erhebt sich die Frage, warum er ausgerechnet die Balearen gewählt hatte, Zufall kann es nicht gewesen sein. Aber warum kam er auf die Balearen, warum wandte er sich nicht anderen Mittelmeerinseln zu: Korsika, Sardinien, Elba, Zypern, einer der griechischen Inseln? Es war nicht bloße Reiselust, es steckte eine bestimmte Absicht dahinter. In keinem seiner Werke findet sich ein Hinweis auf seine Motive, auf den Grund seiner Wahl. Er wollte ein Buch über irgendeinen

Punkt des Mittelmeeres schreiben und entschied sich für die Balearen. Vielleicht, weil man über diese Inselgruppe zu seiner Zeit so gut wie gar nichts, wußte, weil sie fernab mitteleuropäischen Denkens wie in einem Dornröschenschlaf versunken, Afrika näher als Europa, mitten im spanischen Mittelalter lag? Vielleicht erinnerte ihn die Landschaft Mallorcas mit ihrer mediterranen Vegetation an die Gärten des Palazzo Pitti, in denen er aufgewachsen war? Wie es auch gewesen sein mag, etwas anderes als bloße Reiselust ließ den Erzherzog zunächst nach Ibiza fahren, wo er die Insel studierte, bevor er sich acht Tage später nach Palma de Mallorca einschiffte.

Zwei Jahre nach seinem ersten Besuch kehrte Ludwig Salvator nach Mallorca zurück, wo er sich im Palacio de Formiguera niederließ, um seine Arbeiten über die Inselgruppe in Angriff zu nehmen, die ihn 22 Jahre lang beschäftigen sollte:

»Wie ein Römer in den guten Zeiten lernte Erzherzog Ludwig Salvator auf die einzig mögliche Art und Weise die Insel Mallorca zu lieben und zu kennen, nämlich sie nach allen Richtungen hin durchwandernd, lange Wochen in der Begleitung der Landbevölkerung lebend, sich für deren Arbeit interessierend, stehenbleibend, um das Leben, das ringsum die Tränken der Dörfer sprudelte, zu betrachten, den Liedern der Frauen in den Waschhäusern zuhörend, sich auf den volkstümlichen Festen vergnügend wie einer von ihnen, die längst überholten Tänze betrachtend. Er hielt die winzigen Schnitzereien, welche die ländlichen Karren verzieren genauso wie die verwendeten Künste des Fischfangs schriftlich fest. Nichts fehlt in seiner Erzählung über das, was lebt und sich auf diesem vom Meer umspülten Stückchen Erde bewegt, dessen Geschichte er besser kannte als viele Inselbewohner.«[5]

Während all dieser Jahre unternahm der Erzherzog ausgedehnte Reisen und veröffentlichte zahlreiche Bücher über Inseln und Landstriche. Auf Mallorca war er seßhaft geworden, ein ungekrönter Fürst in seinem kleinen Reich. Nach und nach hatte er Landgut um Landgut aufgekauft, bis er sich Besitzer beinahe der gesamten Nordwestküste Mallorcas, von Valldemossa bis Deià nennen konnte. Die Idee, sich auf der

Insel niederzulassen, soll der Erzherzog während einer seiner Streifzüge über die Insel, die er am Rücken eines geduldigen Maultieres unternommen hatte, in einem alten Turm zwischen Puigpuñent und Estellens, wo er die Nacht zubrachte, gehabt haben: »Der Erzählung des Erzherzogs zufolge war es eine klare Nacht. Eine dieser Jännernächte, in der die Sterne so klar sind, daß man meint, sie mit den Händen erreichen zu können. Es blies ein kaltes Lüftchen vom Meer her, das ihn nicht schlafen ließ: aber in diesem alten Turm herrschte ein solcher Friede, daß seine Gedanken zu diesem anderen Turm von Miramar flogen und er sich sagte: wie wunderbar müßte es sein, diese Stunden auf jener einsamen Terrasse zu verbringen. Zum ersten Mal kam ihm die Idee, Miramar zu erwerben.«[6]

Ludwig Salvator wurde ein Einheimischer, ein Mallorquiner, der Insel und Leute gut kannte und beide schätzen und lieben gelernt hatte. Mit seinem neun Bände umfassenden Werk »Die Balearen« stellte er ihnen die umfangreichste Enzyklopädie, die – bis heute – über diese Inselgruppe verfaßt worden ist, zusammen. Die Balearen bestehen aus Mallorca und Menorca, sowie aus Ibiza und Formentera, die früher unter dem Begriff Pityusen zusammengefaßt wurden. Den ehemaligen Pityusen ist der erste Band gewidmet, in Band zwei bis fünf beschäftigte sich der Autor mit den eigentlichen Balearen und im speziellen mit Mallorca, in den beiden letzten Bänden schließlich mit Menorca: »Während aus der ehemals so überreichen spanischen Krone ein Juwel nach dem anderen herausgebrochen wird, ist diese Inselgruppe durch ihre wunderbare Lage im Mittelländischen Meer und ihrem natürlichen Reichtum wie geschaffen, das Mutterland Spanien wenigstens einigermaßen über jene Verluste zu trösten, und vermöchte es noch weit mehr zu trösten, wenn dasselbe sich entschließen könnte, die natürlichen Hilfsmittel dieser Inseljuwelen auf rationellere Weise als bisher auszunutzen.«[7]

Diesem Wunsche wurde ja inzwischen zur Genüge Rechnung getragen, und Ludwig Salvator ist sicherlich nicht unschuldig an dieser Entwicklung: »Wenn es ein Stück Erde gibt, das man gründlich kennen kann, ohne es je besucht zu haben, so ist es es die herrliche Gruppe der Balearen. Gewiß verdient sie es, Touristen anzulocken, die es nicht zu bedauern haben, von einer Insel zur anderen gefahren zu sein, selbst wenn die blauen Wellen des Mittelmeeres sich im Zorn auch einmal mit weißem Schaum bekränzen. Nach Majorca – Minorca, nach Minorca – das wilde Eiland Cabrera, die kleine Ziegeninsel. Und nach den Balearen, die die Hauptgruppe bilden, noch die unter dem Namen Pityusen bekannten Inseln Ivitza, Formentera und Conigliera mit ihren dunklen Pinienwäldern. Man hat es eigentlich gar nicht nötig, sich außer Ordnung zu bringen, sein Haus zu verlassen und sich auf Reisen zu begeben, ist es unnütz hinzugehen, um die den Touristen gerühmten Naturwunder aus eigener Anschauung kennenzulernen. Man braucht nur eine Bibliothek aufzusuchen, vorausgesetzt, daß diese Bibliothek das Werk seiner Kaiserlichen Hoheit des Erzherzogs Ludwig Salvator von Österreich über die Balearen besitzt. Es genügt, dessen eingehenden und verläßlichen Text zu durchlesen, die farbigen Stiche, Ansichten, Skizzen, Pläne und Karten desselben anzusehen, die diese Veröffentlichung zu einem Werk ohne Gleichen machen. Es ist in der Tat eine unvergleichliche Arbeit im Hinblick auf die Schönheit der Ausführung, des geographischen, ethnographischen, statistischen und künstlerischen Wertes.«[8] Die neun Foliobände über die Balearen waren das Ergebnis jahrelanger, zum Teil jahrzehntelanger intensivster Forscher- und Sammlertätigkeit. Systematisch und gewissenhaft erarbeitet, detailreich und von hohem wissenschaftlichen Wert, lassen sie Rückschlüsse auf den Charakter und die Arbeitsmoral ihres Verfassers zu. Sein Tagesablauf dürfte ungefähr so ausgesehen haben: Der Erzherzog stand jeden Morgen um fünf Uhr früh auf, im Sommer wie im Winter, ging zur Messe, trank seine Schokolade und erledigte die Korrespondenz, jeden Brief einzeln öffnend und sofort beantwortend. Danach unternahm Ludwig Salvator einen Spaziergang, der ihn ein bis zwei Stunden lang durch seine Besitzungen streifen ließ. Nach dem Formulieren oder Korrigieren der neuen Buchtexte trafen sich alle pünklich

um 11.30 Uhr zum gemeinsamen Mittagessen: »Wie ein alter Patriarch hauste er da [in Maramar] mit seinen vielen Frauen und unzähligen Kindern, die halb nackt herumliefen und zur Mittagszeit durch ein Pfeifensignal, das er selbst abzugeben pflegte, zum gemeinsamen Mahle herbeigerufen wurden.«[9]
Die Mahlzeiten sollen denkbar einfach und karg gewesen sein, bezüglich Getränken bestand der Erzherzog auf Bier aus der Brauerei von Brandeis. Kaffee und Tabak lehnte er ab. Danach folgten eine »Siesta« und ein weiterer Spaziergang oder Ausritt, und der Erzherzog wandte sich erneut seinen Arbeiten zu. Mit dem gemeinsamen Abendmahl um 19 Uhr, frugal wie zu Mittag, war der Arbeitstag Ludwig Salvators zu Ende, der sich gewöhnlich zwei Stunden später niederzulegen pflegte.
Seinen Lebensgewohnheiten entsprechend soll auch sein Reisegepäck gewesen sein, bestehend aus Kamm, Zahnbürste, Zeichenblock, Feder und Tinte. Diesem einfachen Handwerkszeug, Zeichenblock und Feder, blieb der Erzherzog bis zu seinem Tode treu, obwohl Photoapparat und Schreibmaschine bereits erfunden waren: »Die Feder und der Stift eines einzelnen Menschen haben eine ganze Bibliothek geschaffen, ein lehrreiches Compendium in gediegener Form, weitumfassend, weltumspannend, lebenswahr, weil unmittelbar aus dem Vollen geschöpft. Wir wissen in der Gegenwart und in der Vergangenheit keinen gründlicheren Kenner, keinen gewissenhafteren Chronisten des Mittelmeeres als unseren Erzherzog, keinen besseren Erzähler von dessen Inseln, Küsten, Landstrichen und Bewohnern; bald fließt die Gabe der Feder in anmuthigem Plauderton, bald in ernster, historisch-didaktischer Darstellung, oft veranschaulicht von plastischen Federzeichnungen, photographischen Moment- und Zeitaufnahmen, oder gar von tiefer ausgeführten Illustrationen, die den hohen Autor als fein beobachtenden Künstler von scharfem Blick und sicherer Hand kennzeichnen.«[10]
Vor allem dieses großangelegte Werk über die Balearen brachte dem Erzherzog Ruhm und Ehrungen. So wurde ihm dafür unter anderem auf der Weltausstellung in Paris 1878

eine Goldmedaille verliehen. Auch auf der internationalen geographischen Ausstellung in Venedig lagen Ludwig Salvators Werke, anonym, wie es der Verfasser wünschte, auf: »Dem ausgesprochenen Wunsche Eurer Kaiserlichen und Königlichen Hoheit gemäß habe ich [Franz Ritter von Le Monnier, Sekretär der Geographischen Gesellschaft in Wien] die angemeldeten Werke unter der Firma der K. K. geographischen Gesellschaft in Wien in der 8. Gruppe zur Aufstellung gebracht und dieselben von den Mittheilungen der Gesellschaft nur durch einen Brief trennen lassen, sodaß der Autor dem grossen Publikum unbekannt bleiben wird.«[11]

Aber schon zu diesem Zeitpunkt war der Erzherzog im Kreise der Wissenschaft und vor allem der Geographen, kein Unbekannter mehr: »Ich [Franz Ritter von Le Monnier] muß gestehen, daß es schwer fällt, dem außerordentlichen Interesse gegenüber, welches sich bereits jetzt geltend macht, die Anonymität des Verfassers aufrechtzuerhalten, umsomehr als die wissenschaftliche Thätigkeit Eurer Kaiserlichen und Königlichen Hoheit auch im Auslande allgemein bekannt ist.«[12]

Das anonyme Werk über die Balearen wurde schließlich auch in Venedig ausgezeichnet: »Ich [Franz Ritter von Le Monnier] erlaube mir die ergebenste Mittheilung zu machen, daß die Jury der internationalen geographischen Ausstellung in Venedig der K. K. geographischen Gesellschaft für die unter ihrer Firma ausgestellten Reisewerke Eurer Kaiserlichen Hoheit [neben »Die Balearen« auch »Tunis«, »Die Serben an der Adria«, »Eine Spazierfahrt im Golfe von Korinth« u. a.], insbesondere aber in Anerkennung des hohen Werthes der Monographie über die Balearen das Ehrendiplom I. Classe, die höchste Auszeichnung für Gesellschaften und Vereine zuerkannt hat. Es ist klar, daß die Belohnung nicht der Gesellschaft, sondern dem hohen Autor zugedacht war.«[13]

Spätestens zu diesem Zeitpunkt war die gelehrte Welt des ausgehenden 19. Jahrhunderts auf den wissenschaftlich tätigen Sproß aus dem österreichischen Kaiserhaus aufmerksam geworden, der ganz in der Tradition der naturwissenschaftlich interessierten Habsburger stand und sie alle überflügelte.

Zwei seiner nächsten Verwandten taten sich ebenfalls als »erlauchte Schriftsteller« hervor: »Sie arbeiten für die Öffentlichkeit und setzen sich der Gunst oder Ungunst des grossen Publikums aus; sie treten mit ihren übrigen Berufskollegen in Reih und Glied, indem sie mit den geistigen Waffen kämpfen, die allgemeine Anerkennung zu ihrem Ziele machen. Daß sie der Wissenschaft oder Literatur zur Zierde gereichen, verdanken sie nicht ihrer hohen Stellung, sondern ihrem Wissen und Können.«[14] Es waren dies Kronprinz Rudolf mit seinen Werken »Orientreise«, »Studien und Beobachtungen« und »Die österreichisch-ungarische Monarchie in Wort und Bild« sowie Ludwig Salvators jüngerer Bruder, Johann Nepomuk Salvator mit seinen Arbeiten. Erzherzog Ludwig Salvator war jedoch der einzige, der seine schriftstellerische Tätigkeit als eine Art »Beruf« ausübte und kontinuierlich Jahr für Jahr neue Werke publizierte. Neben »Die Balearen« beschäftigen sich auch zahlreiche kleinere Arbeiten mit seiner Wahlheimat. Keine von ihnen ist enzyklopädisch gehalten, vielmehr beschäftigen sie sich jeweils mit einer besonderen Thematik, so etwa mit der Verwalterin des Erzherzogs, Catalina Homar, den Märchen Mallorcas, den Felsenfestungen, den Auslug- und Wachttürmen oder dem Hafen der Stadt Palma, Porto Pí. Eine andere Publikation »Lo que se de Miramar« ist in mallorquinischem Dialekt abgefaßt und erzählt die Geschichte des Ankaufs von Miramar, seine Vergangenheit und die Renovierung durch den Besitzer. In der Einleitung entschuldigte sich der Verfasser, eine Sprache, die nicht die seine ist, verwendet zu haben. Bei diesen Arbeiten standen ihm viele Mallorquiner als Mitarbeiter zur Verfügung. Einer von ihnen, Mateo Obrador Bennassar, schwärmte: »Schönes und einzigartiges Beispiel für den Fleiß und die Liebe zum Wissen! Wenn es sich um solche Fürsten und Schriftsteller handelt, so bleibt nicht mehr übrig als Gott zu loben, daß er ihnen die Gnade erwies, sie als Fürsten zur Welt kommen zu lassen.«[15] Mit all diesen Werken versuchte der österreichische Erzherzog die Mallorquiner zum Studium ihrer eigenen Geschichte zu motivieren, um dann – aufgrund dieses Wissens – ihre Heimat, die sie nun erst richtig kennengelernt haben, verstehen und lieben zu lernen.

Er, dem ungeduldiges Suchen und Forschen bis zum Erreichen des Ursprungs der Dinge selbstverständlich war, half ihnen dabei und führte ihnen die Bedeutung ihrer Vergangenheit und Gegenwart in seinen Büchern vor Augen. Indem er, der Ausländer, Märchen sammelte, alte Quellen aufarbeitete oder sich mit den Sitten und Gebräuchen des Landes beschäftigte, trug er zur Identitätsfindung des mallorquinischen Volkes bei. Die Schönheit dieser Insel, dem Einheimischen kaum bewußt und oftmals übersehen, zu beschreiben und auch andere daraufhinzuweisen, sie zu sensibilisieren für das Vertraute und Selbstverständliche, verstand Erzherzog Ludwig Salvator als eine vordringliche Aufgabe.

So ließ er unter anderm die sogenannten »Miradores« (mit Mauern versehene Aussichtspunkte), wie zum Beispiel den »Mirador de las puntas« (punta = Spitze, Gipfel) mit Blick auf C' an Costa und auf die Estaca errichten, Wege anlegen und Verfallenes wieder aufbauen wie im Falle von Miramar oder des »Torre de Coll de Verger«, auch »Atalaya de las animas« genannt: »Selten übersieht man eine so unendliche weite Meeresfläche, an ihrer absoluten Leere spürt man, was das ist: das Meer. Hier am Atalaya de Ses Animes [mallorquinische Bezeichnung] ist man an eine äußere Grenze gestossen, an die Grenze einer Insel, hinter der das Wagnis beginnt.«[16]

Der Erzherzog hatte, als die Regierung die Türme an der Küste Mallorcas verkaufte, zwar den Felsenkegel, auf dem der Turm steht, nicht aber das umliegende Land erwerben können, da sich dessen Besitzer, ein alter Mann aus Bañalbufar, dagegen gesträubt hatte: »Der Grund, einstens der Rebenkultur gewidmet, wurde dann vernachlässigt und verwilderte, so daß jetzt nur noch einige Kiefern, zumeist jüngere Bäume, dort wachsen. Ich ließ das Grundstück von einem dortigen Schätzmeister schätzen und offerierte dem Eigentümer den dreifachen Wert des geschätzten Preises. Aber alles war vergebens. Der alte Mann sagte, er hätte den Grund von seinem Vater und wollte sich von demselben nicht trennen. So vergingen drei

Jahre; eines Tages ging der alte Mann zu seinem Grund, um mit der Axt die unteren Äste einiger dicht am Abgrund wachsenden Kiefern abzuhacken; infolge der durch die am Erdboden liegenden Nadeln verursachten Glätte rutschte ihm der Fuß und er stürzte hinab in die Tiefe, wo er ein elendes Ende fand [...] Der Sohn des alten Mannes betrachtete diesen Vorfall als eine Strafe dafür, weil sein Vater mir den Grund nicht verkaufen wollte [...] Seit jener Zeit sind schon viele Jahre verstrichen und manchmal gehe ich hin und sitze dort einige Stunden, namentlich mit Fremden, im Schatten des nahen Kiefernwäldchens. Aber jedesmal gedenke ich noch im stillen Gebet des alten Mannes, der dort seiner Liebe zu der Scholle zum Opfer fiel.«[17]

Die Balearen verdanken dem österreichischen Erzherzog nicht nur eine lückenlose Beschreibung ihrer Flora und Fauna sowie eine reiche Sammlung an Volkskulturgütern, sondern auch die Erhaltung wichtiger Kulturdenkmäler. Das Verdienst Ludwig Salvators um diese kleine Insel und ihre Bewohner beschränkt sich aber nicht auf die Konservierung historischer Quellen, es geht im Falle der »Cuevas del Drach« darüber hinaus. Sein Interesse, seine Beziehungen und seine finanziellen Möglichkeiten bildeten die Voraussetzung für die Erforschung der Höhlenwelt bei Porto Cristo durch den Franzosen Eduard Alfred Martel.

Die Cuevas del Drach (zu deutsch: Drachenhöhlen) – so benannt, weil nach einer Sage einst Drachen diese Höhlen bewohnten – zwölf Kilometer von Manacor, der zweitgrößten Stadt Mallorcas entfernt, an der Ostküste nahe Porto Cristo gelegen, waren bis zum Ende des vergangenen Jahrhunderts unerforscht geblieben.

Bekannt waren diese zumindest seit dem Mittelalter – sie dienten der Bevölkerung von Porto Cristo als Zufluchtsort vor den Piraten, welche die an der Küste gelegenen Ortschaften in regelmäßigen Abständen überfielen und plünderten. Von Fackeln geschwärzte Wände und das Vorhandensein von primitiven Beleuchtungskörpern sowie irdenen Gefäßen arabischer Herkunft waren für Martel Beweis genug, daß die unterirdi-

schen Grotten und Gänge den Einheimischen als Unterschlupfmöglichkeiten gedient hatten.
1891 organisierte der Club Alpino Francés, zu dessen Mitgliedern auch Martel zählte, eine Exkursion zur Erforschung der Balearen. Man wollte Klima, Landschaftstypus, Denkmäler, Gebräuche und Sagen eingehend studieren.
Der Prähistoriker M. E. Carteilhac interessierte sich besonders für die Tayalots (zirka 3000 Jahre alte Turmstümpfe) und kam auf seinen Erkundungsfahrten auch an die Ostküste der Insel; doch die Cuevas del Drach blieben von den Forschern unentdeckt.
Zwar hatten im April 1878 die beiden aus Barcelona kommenden Katalanen Salvador Riu y Font und dessen Onkel José Llorens y Riu versucht, in das Gewirr der Gänge einzudringen, doch sie verirrten sich trotz der Begleitung Jaime Ballesters.
Eine Suchaktion wurde gestartet, als man das Fehlen der drei Männer bemerkte. Dem Retter, Señor Femenias, dankten die »verhinderten« Forscher mit einem römischen Gefäß, das sie bei ihrem Herumirren gefunden hatten. Erzherzog Ludwig Salvator versuchte später vergeblich, dieses Zeugnis römischer Eroberungszeiten zu erwerben. Mit der Begeisterung der Männer, die sich mit den Worten »No hay esperanza!« (zu deutsch: Es gibt keine Hoffnung mehr!) verewigten, für die Höhlen war es für allemal zu Ende. Die »Cueva de los Catalanes« (zu deutsch: Die Höhle der Katalanen) erinnert an dieses glimpflich abgelaufene Abenteuer.
Der Erzherzog berichtete in »Die Balearen« von der unglückseligen Expedition der beiden: »Vor etwa zwanzig Jahren hatten einige Catalanen die Öffnung der Höhle entdeckt, waren hier eingedrungen und gelangten erst nach mehreren Tagen des Herumirrens wieder zum Ausgang. Sie hatten in der Cova [= mallorquinischer Ausdruck für »cueva«] eine Jarra gefunden, die jetzt im Gasthause von Femenias aufbewahrt wird. Es ist dies ein kleines Topfgefäß mit breitem Mund, zwei Henkeln und vierblattartiger Verzierung.«[18]
Die erste Beschreibung des Inneren der Höhlenwelt verfaßte ein Freund des Erzherzogs, der französische Maler und

Schriftsteller Gaston Vuillier, als er gemeinsam mit Señor Sellarès, der Photoaufnahmen machen wollte, die »Cuevas del Drach« besichtigte. Beim Eintritt an Dantes »Inferno« erinnert, schilderte Vuillier seine Eindrücke: »In one place, they [= Stalaktiten] formed a feudal castle, complete with turrets and battlements; in another, they pillared rows suggested the idea of an organ raising its stone pipes against the walls of a subterranean crypt, awaiting some demon-musician or apocalyptic Wagner to touch their keys, and break the awful silence with more awful sounds, which should rouse the dead and summon them of judgment to this new Hall of Minos. But the stillness was unbroken, and oppressed the nerves more terribly than any noise. Such silence, such immobility, such sinister torpor, seemed to make one lose perception of time and space.«[19]
Vuillier hat also diese unheimliche Höhlenwelt in künstlerischer Form aufgenommen – von ihm stammen die ersten bekannten Zeichnungen vom Inneren der Drachenhöhlen –, die wissenschaftliche Erforschung aber blieb dem ebenfalls aus Frankreich stammenden Rechtsanwalt und Geologen Eduard Alfred Martel vorbehalten. Erzherzog Ludwig Salvator war es, der Martel ab 1892 eine Reise nach Mallorca schmackhaft zu machen versuchte. Die beiden standen in Briefkontakt, auch kannte Martel die Arbeiten des Erzherzogs. Im Gespräch mit Gaston Vuillier nahm der Plan dann konkretere Formen an, denn die begeisterten Schilderungen des Freundes machten Martel neugierig. Es sollte noch einige Jahre dauern, bis das Projekt realisiert werden konnte. Martel war ein vielbeschäftigter Mann, doch nach »ungewollter Verzögerung von Jahr zu Jahr« war es 1896 doch soweit: Am 6. September jenes Jahres von Barcelona aus über Menorca kommend, traf Martel zwei Tage später in Sóller an der Nordküste Mallorcas ein, wo ihn Don Francisco Manuel de los Herreros als Bevollmächtigter des Erzherzogs willkommen hieß. Noch am selben Tag schrieb Martel, der auf Einladung Ludwig Salvators in Son Galceran wohnte, einen begeisterten Brief an seinen Gastgeber. Darin schwärmte der Franzose, er – der Griechenland

und die Côte d'Azur kenne – befinde sich seit vierundzwanzig Stunden im Paradies:
»Nous avons visité Son Marroig, Miramar avec ses collections de Majoliques et la belle statue de votre regretté secrétaire, la chapelle du bienheureux Raimon Lull, la Hospederia, Son moragues et la Cartuja de Valldemossa. – Et la curieuse Foradada!«[20]
Ludwig Salvator, der während des Aufenthaltes von Martel nicht auf Mallorca war, hatte alle Vorbereitungen für seinen Gast veranlaßt und war somit seinem Ruf, ein hervorragender und bemühter Gastgeber zu sein, einmal mehr gerecht geworden. Martel berichtet: »Als ich Mallorca mit der Eisenbahn durchquerte, sah ich, wie Grundbesitzer mich auf den Bahnhöfen erwarteten, und mir Körbe mit Früchten als Gast des Herzogs anboten; und an anderen Stellen in anmutigen Landhäusern, nahe bei dem herrlichen, blauen Mittelmeerstrand, empfing mich eine so freiwillige und herzliche Gastfreundschaft wie in Miramar ... Ich kann es kaum in Worten ausdrücken, um meine tiefe Dankbarkeit kundzutun.«[21]
In Porto Cristo angekommen, bezogen Martel und sein Begleiter Luis Armand ihr Quartier in dem kleinen Gasthaus Felip. Noch am selben Tag um fünf Uhr nachmittags brach die Gruppe, bestehend aus Martel, Armand, Pedro de los Bonet Herreros – dieser dreiundzwanzigjährige Rechtsanwalt, Neffe des Francisco Manuel de los Herreros, nahm an Stelle seines Onkels an der Exkursion teil, da diesem aufgrund seines Alters ein Abstieg in die Höhlen zu beschwerlich erschien –, Fernando Moragues – dem Sohn des Besitzers der Höhlen, José Ignacio Moragues, der durch den Erzherzog aufmerksam geworden und für die Blitzaufnahmen zuständig war – sowie Führern und einigen Arbeitern zur ersten Untersuchung auf. Eine Viertelstunde später waren sie am Ziel:
»Der Eingang in dieselbe [Höhle] gibt sich dem Auge als ein offener, eingesunkener Trichter zwischen unegal geformten Räumen guten Kalkes, aus dem die ganze Höhle besteht. Dem Vorübergehenden gab die Höhle früher von außen keinerlei Anzeichen, denn Dornbüsche und Sträucher verbargen sie,

einen Eingang, der in dem anschließenden, zweiundzwanzig Meter über dem benachbarten Meeresspiegel liegenden Erdreich in einfachster Form besteht.«[22]

Etwa drei Stunden nahm die erste Besichtigung des sich über zwei Kilometer erstreckenden Höhlensystems in Anspruch. An diesem sowie zwei weiteren Tagen wurden Skizzen angefertigt, Photographien und Aufzeichnungen gemacht und Maße festgehalten. Bei den Messungen verwendete Martel auch Angaben und Statistiken aus Ludwig Salvators »Die Balearen«.

Die Bezeichnungen der einzelnen Grotten und Höhlen erinnern an die Teilnehmer und an den Mäzen des Projektes: Cueva Luis Salvador (zu deutsch: Ludwig-Salvator-Höhle), Cueva de los Herreros (Herreros-Höhle), Cueva Luis Armand (Luis-Armand-Höhle), Lago de la Duquesa de Toscana (Großherzogin-von-Toskana-See, benannt nach Ludwig Salvators Mutter), Cupula Moragues (Moragues-Kuppel) und Lago Miramar (Miramar-See). Inzwischen wurden die Namen geändert. Nur der Lago Martel (früher: Lago Miramar) erinnert noch heute an die Erforschung der Grotten durch A. E. Martel. Die Cueva Luis Salvador ist nicht öffentlich zugänglich.

Zum großen Erstaunen Martels erwies sich die Grotte als doppelt so groß wie angenommen: »All das Erwähnte veranschaulicht, daß die Drachenhöhle als eine Seegrotte in ihrer so außerordentlichen Ausdehnung zu bezeichnen ist, die meines Wissens keine andere Küste Europas dergestalt besitzt.«[23]

Sicher hatte man auch nicht damit gerechnet, den größten unterirdischen See der Welt gerade hier auf Mallorca zu entdekken. Dieser See, 177 Meter lang, 30 Meter breit und neun Meter tief, bestach (und besticht noch heute) durch die Reinheit seines Wassers, so daß der Betrachter bis auf den Grund des Sees blicken kann. Gaston Vuillier hatte erstaunt davon berichtet; »It was indeed water, but water so colourless and transparent, that even when warned it was difficult to credit its existence.« Weiters erzählte Vuillier: »There are very few visitors who do not feel the strange impression produced by these underground solitudes. – My guide, however, told me of an Englishman who bathed in the lake, and in the order to dry himself danced about naked on the rocks, pretending to play the violin, with his umbrella for instrument and his walking-stick for bow. The natives even now cannot speak of his unseemly livity without a shiver. ›But‹, say they, ›nothing is sacred to an - Englishman!‹«[24]

Zu einem Bad im unterirdischen See ließ sich Martel nicht hinreißen – er war ja auch französischer Abstammung –, wohl aber zu schwärmerischen Worten, glaubte er doch, »einen phantastischen Traum wach zu erleben«. Mit einem Leinwand-Faltboot befuhr Martel den später nach ihm benannten See: »Eine unerläßliche Anzahl Steinplatten ist hier ungeordnet in dem klaren, salzhaltigen Wasser versunken; man sieht deutlich in dem Gewölbe die freien Stellen, von denen sie sich losmachten. Durch die geringe Erhebung (6–8 Meter) jenes Gewölbes, gibt es seine hübsche Wirkung und zeigt dem Auge tausende (vielleicht genauer genommen millionen) feiner Stalaktiten, die durch ihre gedrängte Gruppierung, einer gegen den anderen, den durch die Einsickerungen ragenden langen Diamant-Tränen entgegenstarren. Gerade diese geben durch ihre nahe Anordnung an dem Wasser ein bewundernswürdiges Spiegelbild und erhöhen die Illusion, daß der Kahn zwischen zwei Raifnadelwäldern fährt.«[25]

Zum großen Erstaunen des Forschers ergaben die Wasserproben der Seen ein Gemisch von einem Teil Meerwasser und drei Teilen Süßwasser. Die Tatsache, salzhaltiges Wasser vorzufinden, legte den Schluß nahe, daß es zwischen den vier Seen und dem Meer eine Verbindung geben mußte, noch dazu, wo sich der Salzgehalt bei Ebbe und Flut veränderte. Das Höhlensystem, das etwa auf Meeresniveau liegt, war also durch das Meer geschaffen worden.

Ludwig Salvator hatte schon früher auf diese Möglichkeit der Verbindung mit dem Meer hingewiesen, als er schrieb: »Wenn der Wind vom Lande weht, fällt das Wasser; wenn er vom Meere kommt, steigt es mehrere Spannen, was auf einen unterirdischen Zusammenhang mit dem Meere hinweisen dürfte.«[26]

Nach vier Tagen, am 12. September 1896, waren die Erforschung und die Bestandsaufnahme der Cuevas del Drach abgeschlossen.
Martel bezeichnete diese seine neunte unterirdische Forschungsreise als eine der abwechslungsreichsten und erfolgreichsten in den langen Jahren seiner Tätigkeit. Er war sich der Bedeutung seiner Erkundungen bewußt: »Doch die unvergleichliche Schönheit ihrer Naturbildungen, den großartigen Anblick des Miramar-Sees und die Durchsichtigkeit der übrigen Seen, dürfte die [Höhle] von Drach als eine der kostbarsten Grotten von Europa gelten.«[27]
Sein besonderer Dank galt seinem Betreuer und Führer auf der Insel, Francisco Manuel de los Herreros: »Ich weiß wirklich nicht, wie ich für diesen väterlichen Beistand und die feinen Aufmerksamkeiten dankbar sein kann, die an mir während meines Verweilens auf Mallorca verwendet wurden, seitdem ich den Hafendamm von Sóller betrat, bis zu dem Augenblick meiner bedauerten Abreise aus dem Hafen von Palma. Die Tage, die ich ander Seite von Don Francisco Manuel de los Herreros verlebt habe, gehören wohl zu den schönsten meines Lebens.«[28]
Martels Idee, die Höhlenwelt öffentlich zugänglich zu machen und den Besuchern die Möglichkeit einer Bootsfahrt auf dem See zu bieten, wurde in unseren Tagen realisiert. Heute kann man Licht- und Musikvorführungen mit Melodien von Chopin, Händel und Offenbach, gespielt von einem Streichquartett in einem beleuchteten Kahn, der beinahe lautlos über den See gerudert wird, bewundern. Ob sich der Franzose das so vorgestellt hat, bleibt dahingestellt.
Hunderte von Touristen ziehen tagtäglich durch diese geheimnisvolle Welt von Höhlen und Gängen, bestaunen die Tropfsteingebilde, photographieren unerlaubterweise, testen die Akkustik. Dank ihres ausgelassenen Treibens ging das Unheimliche, Mystische verloren. Die »Zauberin der Gewässer« hat sich längst in die abgeschiedenste Grotte zurückgezogen: »So groß war der Zustand unserer Verwunderung, daß die Erscheinung einer mythologischen Zauberin der Gewäs-

ser in Meeresschaum oder Regenbogen gehüllt, uns vorschwebte. Es würde uns sehr natürlich vorgekommen sein, hier das Traumhaus irgendeiner Wassernymphe aufsteigen zu sehen, vielleicht uns fragend, wie wir nur wagen könnten, den ruhigen Frieden zu stören, der in diesem Gebiet bis jetzt unverletzt war.«[29]

Martels Arbeit war somit erfüllt. Gemeinsam mit seiner Frau reiste er nach Zindis bei Triest, um am 16. Oktober 1896 seinen Mäzen Ludwig Salvator in dessen Villa zu treffen. Die Ergebnisse seiner Forschungen veröffentlichte der Geologe im darauffolgenden Jahr im Kalender des französischen »Club alpin français«.

Auf Einladung des Erzherzogs kam Martel im Jahre 1901 noch einmal auf die Balearen, um weitere Höhlenforschungen durchzuführen. Wieder genoß er die großzügige Gastfreundschaft des »moralischen Herrschers von Mallorca« und bereiste unter der fachkundigen Führung von Francisco Manuel de los Herreros die Insel. Während seines Aufenthalts auf Mallorca und Menorca zwischen dem 6. und 18. April 1901 arbeitete sein Freund Gaston Vuillier – er war auf Son Gual in Valldemossa untergebracht – an einem Buch über Miramar, das er mit zahlreichen Aquarellen von mallorquinischen Menschen und Landschaften illustrierte und das 1903 erschien.

Martel veröffentlichte 1902 ein Photoalbum über Mallorca und Miramar, dessen Gärten – seiner Meinung nach – mit keinen anderen zu vergleichen seien.

Die Korrespondenz zwischen Martel und Ludwig Salvator beinhaltete auch einen regen Austausch ihrer Arbeiten. Sie endet mit einem Brief Martels am 17. November 1910 an den in Zindis weilenden Erzherzog, in dem sich der Franzose für die Zusendung der »Felsenfesten Mallorcas« und des »Canals von Calamotta« bedankte.

18.

Ein unangepaßtes Leben geht zu Ende

Die letzten Tage und das Testament

»Mir hat nie etwas Freude bereitet, was Anderen unangenehm gewesen wäre, und ich habe immer nur in der Freude meiner Mitmenschen ein Vergnügen erblickt.«[1]

Erzherzog Ludwig Salvator

Der Erzherzog, dessen Gesundheit seit Jahren angegriffen war, hatte sich nach längeren Aufenthalten in San Rocco bei Triest bzw. Görz, wo er an einem seiner letzten Bücher[2] arbeitete, auf kaiserlichen Befehl nach Brandeis an der Elbe in das von seinem Vater ererbte Schloß zurückgezogen, wo er samt Hofstaat am 13. Mai 1915 eintraf und im ersten Stock die Appartements der Westfront bezog. Trotz seines Fußleidens unternahm er noch Spaziergänge und Ausflüge und arbeitete an seinem allerletzten Werk über »Auslug- und Wachttürme Mallorcas«, das posthum 1916 in Prag erschien. In der Einleitung dazu schrieb sein langjähriger Mitarbeiter und Freund, der Wiener Maler Erwin Hubert:

»Fern von den sonnigen Küsten Mallorcas, hat der Verfasser die vorliegende Arbeit vollendet. Vor dem breiten Fenster seines Schlosses in Brandeis saß er und träumte von dem Süden, sah die Vogelschwärme vorüberziehen – Schwalben, Störche, wie sie den Gestaden seiner Sehnsucht zueilten. Der nordische Herbst war dem greisen Wanderer fremd geworden. Bewundernd schaute er, wie die Natur sich vorbereitete für den langen Schlaf, wie die Blätter langsam welk wurden, Nebel-

schleier sich über die Halden spannten und das warme Sonnengold des Spätsommers nach und nach verblaßte und kälter ward. Und als die ersten rauhen Stürme durch die Baumkronen vor seinem Fenster fuhren und entlaubt die Äste rüttelten, trat unbemerkt der Tod an ihn heran.
Weich und liebevoll nahm er ihm die Feder aus der schaffensfrohen Hand – das Buch war fertig.«[3]
Das rauhe böhmische Herbstwetter hatte den Gesundheitszustand des »Wahlmallorquiners« rapide verschlechtert, so daß am 10. Oktober durch den Prager Chirurgen Prof. Rudolf Jedlička eine Operation vorgenommen werden mußte. Nach einer Presseinformation verschied der Erzherzog am darauffolgenden Tage an den Folgen einer Lungenentzündung, »fern der Gegenden, die seiner Seele heimatlich waren«[4], nachdem er vom Schloßvikar Mattous mit den Hl. Sterbesakramenten versehen worden war. Genaueres über den Gesundheitszustand und die Todesursache findet sich in dem von Dr. Hlava anläßlich der Balsamierung Ludwig Salvators verfaßten Bericht, der auch eine pathologisch-anatomische Diagnose enthält. Laut des von ihm erstellten Totenscheins hatte der Erzherzog zwar eine Altersblähung der Lunge (Lungen und Zwerchfell waren miteinander verwachsen), sicher aber keine Lungenentzündung. Bedingt durch eine universale Arteriosklerose (Gefäßverkalkung), war das Herz linksseitig vergrößert. Der Flüssigkeitsstau (nachweisbar in Leber, Nieren und Milz) bewirkte ein Herzversagen. Die Elephantiasis[5], an der der Erzherzog bereits Jahre vor seinem Tode gelitten hatte und die ihm das Leben oft monatelang äußerst beschwerlich machte, war die Ursache des aufgedunsenen Erscheinungsbildes.
»Erzherzog Ludwig Salvator ist heute um ½3 Uhr nachmittag in seinem Schlosse zu Brandeis an der Elbe verschieden«, lautete die per Telegramm an die Redaktion der »Neuen Freien Presse« geschickte Todesnachricht, die dort am 13. Oktober 1915 samt Nachruf auf den Verstorbenen erschien.
An seinem Sterbebett weilten die langjährige Wirtschafterin Eugenie Čzermak, der Sekretär des Erzherzogs, Antonio

Vives, mit seiner zweiten Frau sowie der bereits erwähnte Erwin Hubert.

»Der Tod schloß hier kein verbrauchtes, müdes Leben, dessen Werk jenseits unserer Zeit vollendet war, er griff hier in ein noch immer fruchtbares und wertvoll produzierendes Dasein ein, das ganz in den Dienst altruistischer wissenschaftlicher Forschung gestellt war. Und deshalb trifft die traurige Nachricht, die gestern vom Brandeisschen Schlosse ausging, doppelt schmerzlich, weil nicht nur der wertvolle Mensch, der trotz seiner hohen Stellung stets freundlich und im guten, unverbrauchten Sinne leutseliger Mann war von uns ging, dessen gleichmäßige, bis in die allerletzte Zeit fortdauernde Produktivität noch manches Wertvolle und Eigenartige zutage gefördert hätte.«[6]

Gleich nach Bekanntwerden des Todes wurden in der Stadt Brandeis, die mit Ludwig Salvator ihren Schirmherrn und Förderer verloren hatte, die Trauerfahnen gehißt. Prof. Dr. Hlava nahm die Einbalsamierung vor, und bekleidet mit der Uniform eines Obersten des k. und k. Infanterieregiments Nr. 58 wurde der Leichnam in einen Metallsarg gelegt und in der im ersten Stock der Elbefront des Schlosses gelegenen Kapelle aufgebahrt. Der Kardinalfürsterzbischof von Prag, Dr. Leo Freiherr Skrbenský von Hříště, und der Propst von Altbunzlau, Wenzel Karlach, zelebrierten eine Messe und vollzogen die Einsegnung des Verstorbenen: »Die Leiche, die im Gegensatze zu den sonst gültigen Vorschriften in einem geschlossenen goldverzierten Metallsarge ruht, ist auf einem hohen Schaubett aufgebahrt. Die ganze Aufbahrung ist in reichliche Kerzenbeleuchtung gehüllt. Zu den Häuptern des Sarges steht ein hohes Kruzifix, das von Engeln flankiert wird. Hohe Kerzen zu Häupten und zu Füßen des Sarges, so wie in je zwei Reihen zu beiden Seiten strahlen ein ruhiges Licht aus. Zu Füßen des Sarges liegen drei Kränze, letzte Grüße des langjährigen Sekretärs des Erzherzogs, Vives, des Kapitäns der erzherzoglichen ›Stella‹, Calafat und des Dämonenrats Möller. An den Wänden der mit Palmen und Lorbeerbäumen geschmückten Kapelle liegen Kränze der Stadt Triest, der Stadt

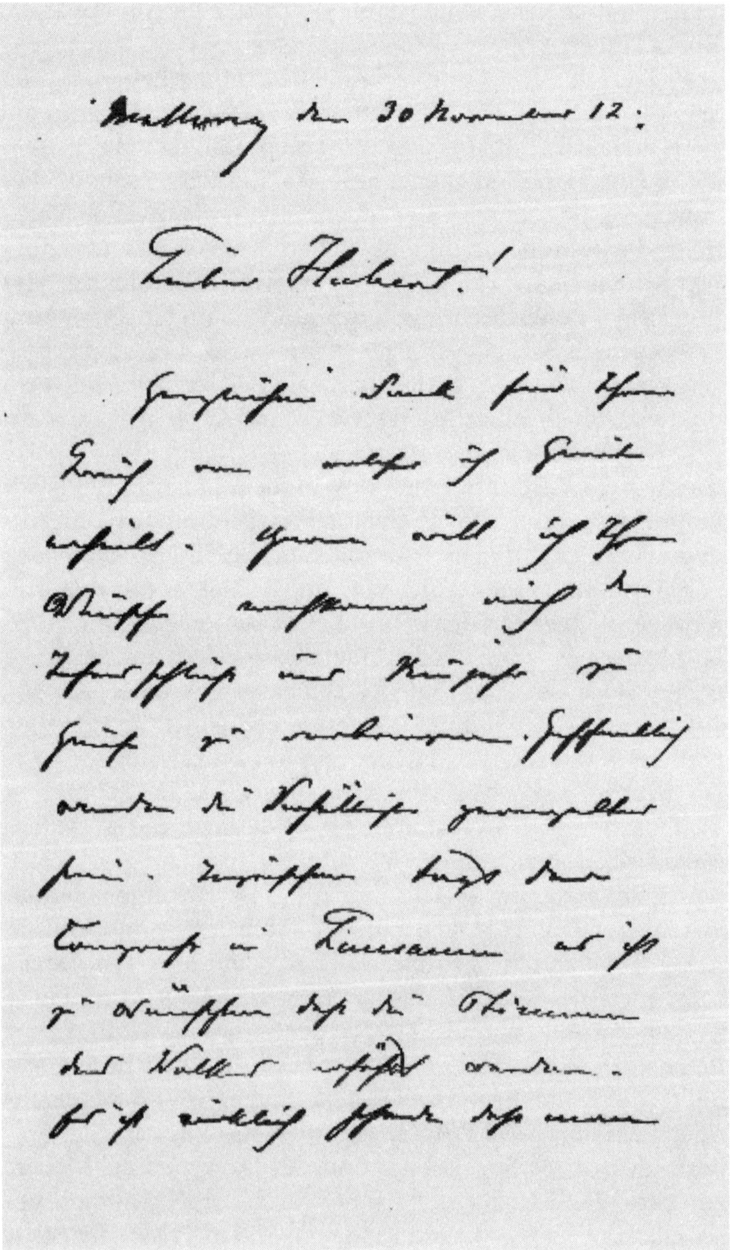

[illegible] den 30 November 12:

Lieber Hubert!

Herzlichen Dank für Ihren Brief von welchem ich Genuß erhielt. Gerne will ich Ihren Wünschen entsprechen mich der Zeitschrift und [illegible] zu [illegible] zu verbringen. Hoffentlich werden die Verhältnisse gewaltiger sein. Inzwischen tagte der Kongreß in Luxemburg es ist zu wünschen daß die Thüren der Welt [illegible] eröffnet werden. Es ist wirklich schade daß man

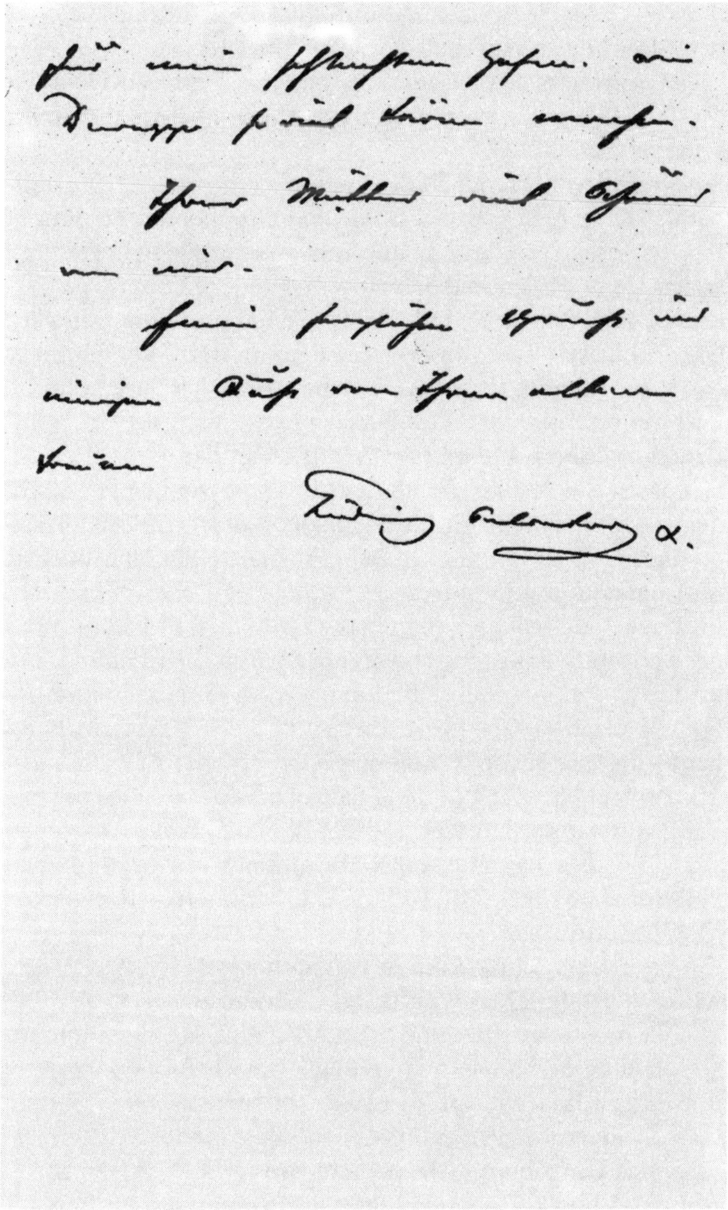

Schriftprobe

Brandeis, der Bezirksverwaltung Brandeis, des erzherzoglichen Rentmeisters Vesely, des Forstmeisters Reinwart, des Forstkontrollors i. P. Čzermak und des Verlages Heinrich Mercy Sohn in Prag, in dem die erzherzoglichen Werke erschienen sind.«[7, 8]

Stellvertretend für den Kaiser nahm Erzherzog Peter Ferdinand Salvator, der zweite Sohn von Großherzog Ferdinand IV. aus dessen zweiter Ehe mit Alice von Parma, in Begleitung seines Cousins Leopold Salvator, dem ältesten Sohn von Erzherzog Karl Salvator, und dessen Gemahlin Maria Immakulata, Prinzessin von Bourbon-Sizilien, an der Totenfeier teil. Nach der Identifizierung der Leiche wurde der Sarg verlötet, und der Kammervorsteher Ludwig Salvators, Graf Coronini-Cronberg, übergab Sarg und Schlüssel an den Verwalter des Schlosses, Dr. Möller. Später wurde der Erzherzog von Brandeis nach Wien überführt, wo er in der Kaisergruft bei den Kapuzinern, der traditionellen Begräbnisstätte der Habsburger, seine letzte Ruhestätte fand.

Im Zuge der Umbauarbeiten in der Gruft im Jahre 1960 wurde der Leichnam aus dem schwarzem Zinksarg genommen und in die 1840 unter Kaiser Ferdinand vom Hofarchitekten Johann Höhne (1802–1886), der auch die Toskanergruft erbaute, im Stile des späten Biedermeiers errichtete Ferdinandsgruft gelegt, wo auch Ludwig Salvators Mutter sowie die beiden Brüder Karl Salvator und Ferdinand Salvator beigesetzt sind. Eine bescheidene weiße Marmortafel mit goldfarbenen Lettern: »Ludwig Salvator 1847–1915« erinnert an den großen Mittelmeerforscher.

Zum Verlassenschaftskurator von Erzherzog Ludwig Salvator wurde der Wiener Hof- und Gerichtsadvokat Dr. Adolf Edler von Bachrach bestellt, der sich im Auftrage des Obersthofmarschallamtes des Kaisers unverzüglich nach Brandeis begab, um die Verlassenschaft zu regeln. In seinem ersten Bericht vom 2. November 1915 nannte er als »Personen aus der erblasserischen Umgebung«, die im Schlosse verblieben waren:

Antonio Vives y Colom, Sekretär und Freund des Erzherzogs (geboren auf Mallorca)

15 Mit dem Achilleion auf Korfu, benannt nach dem großen Helden der Griechen im Kampf um Troja, erfüllte sich Kaiserin Elisabeth den Traum vom »Königsschloß aus der glücklichen Phäakenzeit«

16 Erzherzog Maximilian im Kreise seiner Brüder. V.l.n.r. Karl Ludwig, Franz Joseph, Maximilian, Ludwig Viktor. Mit dem späteren Kaiser Maximilian von Mexiko verband Ludwig Salvator die Liebe zum Meer

17 Miramare – Schau auf's Meer! Den Namen für sein Schloß in Triest brachte Maximilian von einer Reise nach Mallorca mit

18/19 Nixe I und Nixe II. Ludwig Salvator bezeichnete die Schiffe als sein »eigentliches Zuhause«

20/21 George Sand (nach einem Gemälde von Carpentier) und Frédéric Chopin (nach einem Gemälde von Delacroix), die ersten Touristen auf Mallorca. Die Gemälde befinden sich im Eigentum von Frau Margarita Ferrá (Valldemossa, Mallorca)

22 Das Landgut Son Moragues in Valldemossa, Gästehaus Ludwig Salvators

23 Im Garten von Son Moragues steht ein Denkmal zur Erinnerung an Catalina Homar

24 Son Marroig, die Residenz des Erzherzogs

25 Die Eingangshalle von Son Marroig

26 Catalina Homar, »Sa Madona de S'Estaca«, die Vertraute Ludwig Salvators. Sie verwaltete die erzherzöglichen Weingärten

27 Die neun Bände der »Balearen in Wort und Bild«, der umfangreichsten Enzyklopädie über diese Mittelmeerinseln

28 Die letzte bekannte Photographie Ludwig Salvators, der von seiner Krankheit gezeichnet ist

Ana Vives y Ripoll, dessen zweite Gattin
Luis Antonio Vives y Venezze, Sohn Antonios aus zweiter Ehe
Bartolomeo Calafat, Kapitän (geboren auf Mallorca)
Antonietta Calafat, geborene Lancerotto, dessen Gattin, Kindermädchen im erzherzoglichen Haushalt (geboren in Venedig)
Antoinetta und Therese, deren Töchter
Eugenie Čzermák, Beschließerin des Schlosses, vorher Gouvernante im erzherzoglichen Haushalt, Tochter eines hohen böhmischen Forstbeamten im Dienste Ludwig Salvators
Erwin Hubert, Beamter der österreichisch-ungarischen Bank in Wien, vorher circa zehn Jahre lang Angestellter des Erzherzogs (Korrektur und Revision der Werke)
Maler Francesco Lascola, mehr als zwanzig Jahre lang Dolmetscher der arabischen Sprache (geboren auf Sizilien), samt Gattin und Sohn
Eveline Clark, Erzieherin (geboren in England)
Berta Viellechner, Erzieherin (geboren in Bayern)
zwei Kammermädchen
drei Diener
Gabriele Angelo Abdalla Brevino, Koch (geboren in Alexandrien)
Elise Winkelhöfer, Wäschebewahrerin.
Durch den Tod des Erzherzogs befanden sich die Genannten in einer tristen finanziellen Lage, da von seiten Ludwig Salvators zwar für Wohnung, Kost, Kleidung, Wäsche und ein gelegentliches Taschengeld gesorgt worden war, aber keine fixen, regelmäßigen Gehälter ausbezahlt worden waren. Alle waren damit getröstet worden, daß nach dem Ableben des Erzherzogs für sie gesorgt würde. Laut Aussage der Antonietta Lancerotto z. B. wurde ihr ab 1888 ein monatliches Gehalt von 100 Fl. ö. W. gewährt und drei Monate lang ausbezahlt. Nachdem sie dieses Geld nicht ausgegeben hatte, schlug Ludwig Salvator vor, ihr das Geld gutzuschreiben, damit sie später einmal eine größere Summe zur Verfügung hätte. Auf diese

Weise scheint die Entlohnung bei fast allen Angestellten gehandhabt worden zu sein.
Um die Not der in Brandeis Anwesenden zu lindern, verfügte Bachrach provisorische Maßnahmen, übertrug alle Vollmachten an den Wirtschaftsrat Friedrich Möller und beauftragte diesen, laufende Gehälter und Löhne auszuzahlen, damit die Leute ihre Lebensbedürfnisse bestreiten könnten: »Die Dürftigkeit dieser Leute ist geradezu packend. – Ich sah den alten Vives in einem verschlitzten Sommerüberzieher, der ihn vor der ungewohnten nordischen Kälte – am 28. Oktober zeigte das Thermometer zu Brandeis früh um sieben Uhr nach meiner Feststellung -7° Réaumur – nicht zu schützen vermochte. Ebenso waren Calafat und die übrigen Mitglieder der beiden Familien ärmlich gekleidet. Die beiden alten Männer Vives und Calafat baten mit Tränen in den Augen, ihnen nun recht bald die Heimreise zu ermöglichen.«[9]
Die Heimreise war jedoch aufgrund der Kriegsereignisse unmöglich und verzögerte sich, so daß Antonio Vives nicht mehr in seine Heimat zurückkehren konnte und am 19. Juni 1918 in Brandeis starb. Bis zur Auffindung des Testaments konnte für die beiden Familien Vives und Calafat nicht mehr getan werden, als sie im Schloß wohnen zu lassen und für ihren Unterhalt zu sorgen. Daß ein Testament des Erzherzogs vorhanden war, wußte man, die Frage war nur, wo es aufbewahrt wurde. Luis Salvador Vives y Venezze, der mit seiner Gattin und Tochter auf Son Gual geblieben war, vermutete es in einem Koffer, den der Erzherzog immer bei sich hatte und den er bei Ausbruch des Ersten Weltkrieges durch Luis Salvador von der »Nixe«, die im Hafen von Porto Pí lag, holen und nach Son Moragues bringen ließ. In diesem Koffer befand sich tatsächlich ein versiegeltes Kuvert mit der Aufschrift: »Dies ist mein letzter Wille. Der Fluch des Himmels dem der es nicht befolgt.« Der Vizekonsul Pedro Bonet de los Herreros ließ den Koffer aufbrechen, entnahm den Briefumschlag, steckte ihn in einen zweiten, versiegelte ihn mit dem Konsulats- und dem Gerichtssiegel und verwahrte ihn in einem eisernen Geldkasten seines Hauses. Er war es auch, der die Zimmer in Mira-

mar versiegeln und Inventarlisten zur Sicherung des Nachlasses anlegen ließ.
Laut Zeitungsbericht vom 8. Juni 1917 wurde das Testament in der Österreichischen Botschaft in Madrid geöffnet. Als Universalerben waren Antonio Vives und dessen Kinder aus beiden Ehen eingesetzt worden. Ihnen fielen somit sämtliche Besitzungen in Österreich, Ägypten, Mallorca, Triest und Nizza zu, ebenso die Yacht Nixe und die in Wien in Aufbewahrung befindlichen Schmuckstücke und Wertpapiere. Der Erzherzog hatte weiters die Bedingung gestellt, daß das in seinen Diensten stehende Personal weiterhin bezahlt werden müsse. Tatsächlich wurden die zahlreichen Bediensteten mit einer einmaligen Summe abgefertigt. Die Erben erklärten sich auch bereit, dem Wunsche Ludwig Salvators folgend, an den Besitzungen nichts zu verändern und sie für Touristen und Mallorquiner weiterhin öffentlich zugänglich zu halten. Eine Erklärung, die im Laufe der Jahre in Vergessenheit geraten sollte.
Als Antonio Vives fast genau ein Jahr nach der Testamenteröffnung starb, gingen die einzelnen Güter in den Besitz seiner vier aus den beiden Ehen stammenden Kinder über, deren Nachkommen zum Teil noch darauf leben. (So im Falle von Son Moragues, Son Gual, Son Marroig und Miramar). Einige Anwesen wurden im Laufe der Zeit verkauft (Ramleh, Triest sowie Son Ferandell, Sa Pedrissa und Son Galceran auf Mallorca) oder verschenkt: So erhielt der von der Familie beauftragte Advokat Pou aus Mallorca, der wegen der Testamentsvollstreckung nach Wien gereist war, um die finanziellen Angelegenheiten zu regeln, für seine Bemühungen C' an Costa samt Mirador und den Turm in San Telmo.
Ein spezieller Fall war das in Valldemossa gelegene herrschaftliche Landgut Sa Coma, das 1912 vom Erzherzog gekauft worden war. Der Preis sollte in Raten zu 30000 Peseten pro Jahr für die Dauer von einundzwanzig Jahren bezahlt werden. Für die im April 1917 fällige Rate mußte bei der Banco de Castilla ein Kredit aufgenommen werden, für dessen Sicherstellung beim Bankhaus M. Thorsch Söhne in Wien Obligationen der sechsten 5½ %igen österreichischen Kreditanleihe im

Wert von 90000 Kronen hinterlegt wurden. In der Folge wurden die Zahlungen eingestellt, und das Gut verblieb im Besitz des vorigen Eigentümers.
Im Falle der Grundstücke und Anwesen war die Erbfolge eindeutig geregelt. Komplizierter war die Situation in bezug auf den Familienschmuck, welchen der Erzherzog von seiner Mutter, Großherzogin Maria Antonia, geerbt hatte. Er belief sich im Jahre 1917 auf einen Schätzwert von 512000 Kronen und bestand aus:

- einem Collier mit 43 Brillanten, neun in Diamantkapperl gefaßten Smaragdtropfen und zehn viereckig geschliffenen Smaragden
- einer Brillantmasche mit fünf Brillanttropfen
- einem Armband mit sechs Smaragden und sechs Brillanten
- zwei Perlenohrringen
- einer Blume mit Brillanten, einer Mittelperle und Perlentropfen.[10]

Dieser Schmuck, laut Testament an Antonio Vives und dessen Kinder vererbt, wurde von Antonietta Calafat, geborene Lancerotto, für sich beansprucht: »Während unseres damaligen Aufenthaltes in Ägypten kam Wailand Seine Kaiserliche Hoheit im Jahre 1899 in Cassino zu San Stefano (Alexandrien) in mein Zimmer und brachte eine Tabelle mit, auf welcher die ihm gehörigen Schmucksachen nach Wailand hochseiner Mutter verzeichnet standen. Er überreichte mir dieselben und forderte mich auf, hieraus für mich zu wählen und erklärte, die von mir ausgewählten Stücke mir zu schenken. Ich habe Seine Kaiserliche Hoheit gebeten, hochderselbe möge selbst die Wahl treffen [...] Ich erklärte hierauf zu fürchten, sie auf der Reise zu verlieren, oder daß sie mir gestohlen werden und bat, Seine Kaiserliche Hoheit möge diese Stücke für mich in einer Bank deponieren. Dies sagte Seine Kaiserliche Hoheit zu, ließ tatsächlich den Schmuck in Wien bei einer Bank (Landesbank) deponieren und übergab mir dann nebst des erforderlichen Legitimationsdokumentes von dem bezüglichen Safe den Schlüssel, teilte mir das Losungswort ›Abbazia‹ mit, mahnte mich, nichts zu verlieren, da ich viel verlieren würde, und hatte in der Folge dessen freien Zutritt zu diesem Safe. Im nächsten Jahre schickte mich Seine Kaiserliche Hoheit mit meinem Gatten und Fräulein Eugenie Čzermák nach Wien, um mir meinen Schmuck anzusehen, indem er mir zugleich einen Brief an den Advokaten in Wien gab, der die Deponierung vorgenommen hatte. Ich habe auch tatsächlich danach gehandelt, nahm die mir zugewiesenen Stücke aus dem Safe heraus und deponierte sie nach Besichtigung unter meiner Sperre wieder.«[11]

Antonietta Calafat besaß tatsächlich diesen Safeschlüssel, konnte aber keine rechtlichen Ansprüche geltend machen, da kein Notariatsakt über das Schenkungsversprechen ausgefertigt worden war. Auch war es eher unwahrscheinlich, daß Ludwig Salvator den Familienschmuck 1899 Antonietta Calafat schenkte und im Testament vom 15. Februar 1900 Antonio Vives damit bedachte. Die angemeldeten Forderungs- und Legatsansprüche der Venezianerin, die auf ihre gesonderte Stellung im Hause des Erzherzogs – nach ihrer eigenen Aussage als Frau des Hauses – verwies, wurden abgelehnt. Antonietta Calafat wollte unter keinen Umständen auf ihre Ansprüche verzichten und beteuerte, »daß [sie] eine ganz bevorzugte, ja die erste Stellung einnahm, mit besonderer Zärtlichkeit wie eine Tochter behandelt, mit Allem nach eigenem Wunsche versehen, mit der Widmung des erzherzoglichen Werkes Ramleh ausgezeichnet, bei hohen Entschließungen zu Rate gezogen wurde«.[12] Sie hatte offensichtlich längst vergessen, daß sie einst Spielgefährtin der Kinder des Antonio Vives war, als ihre Mutter, im Dienste seiner Schwiegermutter der Gräfin Venezze, stehend, noch Wäsche wusch. Aus ärmlichen Verhältnissen stammend und mit einer reichen Geschwisterschar gesegnet, hatte Antonietta ein eher karges Dasein gefristet, als sie durch die Vermittlung eben dieser Gräfin Venezze nach Mallorca geschickt wurde, um dort als Kindermädchen der Viveskinder zu arbeiten. Auch nach ihrer Hochzeit mit dem Matrosen Calafat – die Berufsbezeichnung Kapitän in den Aufzeichnungen Bachrachs entspricht nicht den Tatsachen – blieb sie im Dienste des Erzherzogs und nahm an einigen seiner

Reisen teil. Ihre Bemühungen blieben erfolglos, da der sie betreffende Passus im erzherzoglichen Testament lautete:
»An Antonietta Lancerotto wird Dn. Antonio Vives y Colom zeitlebens denselben Genuß wie sie gegenwärtig hat bewahren.«[13]
Außerdem befand sich der Familienschmuck seit Jahren im Wiener Dorotheum und war verpfändet. Nach Bezahlung der Pfandsumme von 219000 Kronen beim »Versatz-, Verwahrungs- und Versteigerungsamt« in der Spiegelgasse 16 in Wien konnte der Schmuck behoben und den rechtmäßigen Erben übergeben werden.
Die finanzielle Situation des Erzherzogs dürfte in seinen letzten Lebensjahren katastrophal gewesen sein. Dr. Gassauer hatte versucht, die von Ludwig Salvator angeforderten Summen zu beschaffen, sah sich jedoch aufgrund der angespannten politischen Lage großteils außerstande, das Geld aufzutreiben. Die Regierung hatte wegen der hohen Mobilisierungskosten bei allen Banken riesige Summen entnommen. Die finanzielle Lage verschlechterte sich von Tag zu Tag, die Banken verweigerten jeden Kredit: »Eure Kaiserliche Hoheit dürften aus den Tagblättern entnommen haben, wie sich infolge des Kriegszustandes die schon früher überaus schlechten Geldverhältnisse gestaltet haben. Die Banken geben überhaupt nur an jene, die ein Guthaben bei ihnen haben und hievon nur einen kleinen Teil, nämlich nicht mehr als 3% für einen Zeitraum von vierzehn Tagen und nach dessen Verlauf wieder nur 3% vom Guthaben und sofort. Sonst ist von den Banken absolut nichts zu erhalten und ebenso wenig von Privaten. Es ist mir daher außerordentlich peinlich, Euer Kaiserlichen Hoheit bemerken zu müssen, daß ich ganz und gar außerstande bin, dem hohen Wunsche wegen der Beschaffung von K 2000 zu entsprechen.«[14]
Wahrscheinlich war Ludwig Salvators Geldknappheit auch der Grund dafür, daß er Dr. Gassauer 1913 mit der Suche nach einem Käufer für die oberösterreichischen Besitzungen, die aus der großen und der kleinen Villa Toskana samt Park bestanden, beauftragte.

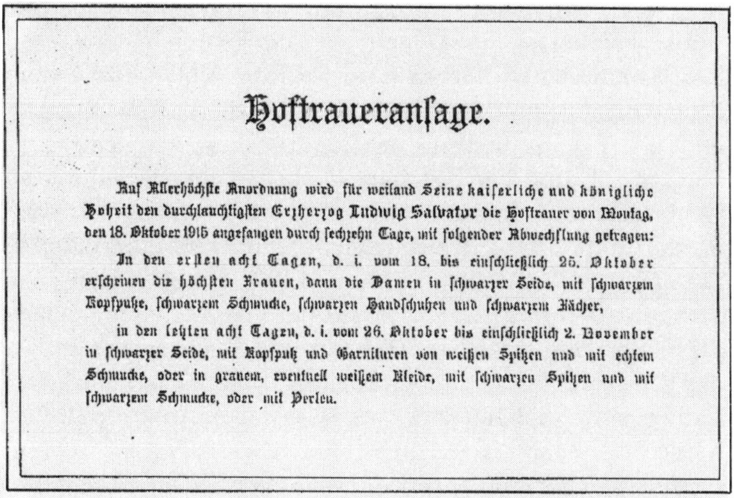
Hoftraueransage.

Auf Allerhöchste Anordnung wird für weiland Seine kaiserliche und königliche Hoheit den durchlauchtigsten Erzherzog Ludwig Salvator die Hoftrauer von Montag, den 18. Oktober 1915 angefangen durch sechzehn Tage, mit folgender Abwechslung getragen:

In den ersten acht Tagen, d. i. vom 18. bis einschließlich 25. Oktober erscheinen die höchsten Frauen, dann die Damen in schwarzer Seide, mit schwarzem Kopfputze, schwarzem Schmucke, schwarzen Handschuhen und schwarzem Fächer,

in den letzten acht Tagen, d. i. vom 26. Oktober bis einschließlich 2. November in schwarzer Seide, mit Kopfputz und Garnituren von weißen Spitzen und mit echtem Schmucke, oder in grauem, eventuell weißem Kleide, mit schwarzen Spitzen und mit schwarzem Schmucke, oder mit Perlen.

Hoftraueransage anläßlich des Todes des Erzherzogs

Die Villa Toskana, einst Witwensitz der Großherzogin Maria Antonia, und das Landschloß Orth am Traunsee waren vom jüngsten Bruder Ludwig Salvators, Johann Nepomuk Salvator, besser bekannt als Johann Orth, gekauft und umgebaut worden. Nach dessen Todeserklärung im Jahre 1911 wurde zunächst das bewegliche Inventar 1912 zum Teil in einem Berliner Auktionshaus, zum Teil bei Auktionen in Wien am 6. und 10. Oktober 1913 versteigert.
Der Verkauf von Schloß Orth erwies sich als schwierig, da das Gebäude reparaturbedürftig, mit Patronats- und Wohnungsservituten belastet war und weder land- noch forstwirtschaftlich genützt werden konnte. Auch verfügte es über kein Jagdgebiet, und eine Parzellierung war aufgrund des sumpfigen Geländes nicht möglich. Als Interessenten meldeten sich der geistliche Orden der Salesianer sowie der Hubertusfonds, der ein Heim für Kinder mittelloser Jäger errichten wollte. Für beide Gebäude konnte ein Kaufpreis von 300000 Kronen erzielt werden. Obwohl sich der Schätzwert auf 537000 Kronen belief, entschloß sich Ludwig Salvator zum Verkauf. Die Villa Toskana erlangte nach dem Ersten Weltkrieg durch ihre neue

Besitzerin, Margarete Stonborough-Wittgenstein, die als Kunstbegeisterte und Mäzenin mit dem Wiener Werkstätten-Designer und Architekten Josef Hoffmann befreundet war, noch einmal Bedeutung. Heute befinden sich Schloß Orth und die Villa Toskana im Besitz des Landes Oberösterreich.

Ludwig Salvator, der Zeit seines Lebens keine Beziehung zu Geld hatte und damit zwangsläufig nicht umzugehen vermochte, hat durch sein zweifellos sehr unpräzise formuliertes Testament den Rechtsanwälten und Hinterbliebenen eine Menge Arbeit und Ärger verursacht. Vieles blieb ungeklärt, die Entfernung zwischen Mallorca und Wien war aufgrund der Kriegsereignisse unüberbrückbar. Zahlreiche Mitarbeiter und Freunde stellten Forderungen, erhoben Ansprüche, verwiesen auf Versprechen von Seiten Ludwig Salvators. Der Fall Antonietta Lancerottos war nur einer von vielen. Einige hatten mit einer fürstlichen Abfindung gerechnet, andere mit einem Haus, doch alle mußten sie erkennen, daß sie über keinerlei rechtlich begründete Ansprüche verfügten. Gegenseitige Anschuldigungen, Verdächtigungen und Feindschaften waren die Folge. Aus der »Familie« des Erzherzogs, jenen Menschen, die zum Teil jahrzehntelang mit ihm gemeinsam gelebt, gearbeitet und Reisen unternommen hatten, war eine zerstrittene Schar von Einzelpersonen geworden, die um das Erbe kämpfte. Der testamentarische »Fluch des Himmels« hatte sie allesamt getroffen. Das »Fürstentum im kleinen« zerfiel nach dem Tode desjenigen, der es gegründet und aufgebaut hatte.

Um die ausständigen Rechnungen und Gehälter bezahlen und den verpfändeten Schmuck auslösen zu können, entschloß man sich rasch zum Verkauf der Domäne Brandeis an der Elbe.

Die Herrschaft Brandeis-Altbunzlau (heute: Brandýs nad Labem-Stará Boleslav; Zusammenschluß beider Orte nach 1945), zwanzig Kilometer nordöstlich von Prag im mittelböhmischen Gebirge zwischen Iser und Elbe gelegen, hatte sich seit 1547 in habsburgischem Familienbesitz befunden. 1860 von Leopold II., dem vertriebenen Großherzog der Toskana, erworben, fiel sie nach dessen Tod 1870 an den zweitjüngsten Sohn des Verstorbenen, Erzherzog Ludwig Salvator, der das Schloß in seiner Jugend und in seinen letzten Lebensmonaten bewohnte. Obwohl der Erzherzog seine Heimat auf Mallorca gefunden hatte und das Schloß kaum benützte, erhielt er Brandeis in gutem Zustand und ließ ständig Restaurierungen und Reparaturen vornehmen, genauso wie im Falle von Prerov, für dessen Renovierung der Maler und Architekt Friedrich Wachsmann verantwortlich zeichnete. Wirtschaftsrat Vinzenz Alter wurde per Vollmacht vom 1. Juli 1872 zum Verwalter der Domäne bestimmt.

Während der Abwesenheit seines Onkels Ludwig Salvator bewohnte Erzherzog Karl Franz Joseph, der spätere Kaiser Karl I., das Schloß. Als er als Major in das k. u. k. Dragonerregiment Nr. 7 des Herzogs von Lothringen eintrat, das in Brandeis stationiert war, wurden ihm die Appartements im ersten Stock der Südfront eingerichtet. In den folgenden Jahren kam der Erzherzog immer wieder zu Jagdausflügen nach Brandeis. Nach seiner Hochzeit mit Prinzessin Zita von Bourbon-Parma am 21. Oktober 1911 lebte der Erzherzog mehrere Monate lang im Schloß, wofür zahlreiche Appartements adaptiert worden waren. Die 4000 Einwohner zählende Stadt Brandeis präsentierte sich bei der Ankunft des erzherzoglichen Paares am 28. November in festlichem Schmuck und jubelte dem hohen Besuch zu, der bis März 1912 blieb. Als das Dragonerregiment, bei dem Erzherzog Karl diente, nach Kolomea in Galizien verlegt wurde, verließ das junge Paar Brandeis.

Am 13. Mai 1915 übersiedelte dann sein Eigentümer, Erzherzog Ludwig Salvator nach Brandeis, wo er wenige Monate später starb. Laut Testament fiel der gesamte böhmische Besitz an Antonio Vives und dessen Kinder, der es sogleich über die Vermittlung Dr. Bachrachs verkaufen ließ. Der Käufer fand sich alsbald in der Person Kaiser Karls: »Es ist auch von einem höheren und zumal vom vaterländischen Gesichtspunkt aus zu begrüßen, daß ein Besitz, der in so engem Zusammenhange mit dem Allerhöchsten Kaiserhause gestanden, wieder in eine gute Hand übergeht, und es ist geradezu

dankenswert, daß die Domäne von Seiner Majestät erworben wird.«[15]
Ab dem 10. Oktober 1917 war Kaiser Karl Besitzer der um acht Millionen Kronen gekauften Herrschaft Brandeis, deren Schätzwert mit 6,709.838 Kronen deutlich geringer war. Auf dem Gut lastete eine Hypothek der Böhmischen Sparkasse in Prag in Höhe von 1,7 Millionen Kronen sowie ein Pfandrecht der Schwester Ludwig Salvators, der Fürstin Luise zu Isenburg-Birstein.
Kaiser Karl erwarb die gesamte Domäne Brandeis und alle weiteren Besitzungen Ludwig Salvators in Böhmen. Für den Fall, daß eine Liegenschaft übersehen worden war, würde man sie nachträglich in den Kauf miteinbeziehen.
Die Domäne Brandeis setzte sich zusammen aus zwei Schlössern (Brandeis und Prerov), zwei einstöckigen Villen in einem Park mit diversen Wirtschaftsgebäuden, der Schloßbrauerei Brandeis mit einer Jahresproduktion von 2000 hl, einer Ziegelei, einem Meierhof und vier Wohnhäusern. Dazu gehörten natürlich etliche Nebengebäude, zu den Schlössern etwa Försterhäuser, Pavillone und Stallungen, zu den Villen diverse Wirtschaftsgebäude und zu den Wohnhäusern Scheunen und Schuppen. Der angegebene Wert der Liegenschaften war insoferne illusorisch, als vielfach Reparaturen notwendig waren – beim Schloß Brandeis allein dringende Arbeiten im Wert von 100000 Kronen; das ist mehr als der Wert der beiden Villen (86414 Kronen).[16]
Zur Herrschaft Brandeis gehörten überdies siebzehn Kirchenpatronate. Sie war auch für die Besoldung des Pfarrers von Prerov, des Ordens der barmherzigen Brüder sowie des Bürgerspitals in Prag und der Lehrer zuständig. Die Schloßbrauerei, die Ziegelei sowie eine Fischerei in Elbe und Iser waren verpachtet, ebenso die landwirtschaftlichen Gründe.
Lange konnte sich Kaiser Karl seines neuen Besitzes nicht erfreuen. 1918 ging der gesamte Komplex, der sich über 7000 Hektar Land erstreckte, in das Eigentum des tschechoslowakischen Staates über.

19.

»Der Dicke ist der Koch«

Anekdoten aus dem Leben eines ungewöhnlichen Erzherzogs

»Er
Erzherzog Ludwig Salvator von Habsburg-Lothringen
Suchte seinen
Himmelblauen Traum

Er
Ludwig Graf von Neudorf
Fand seinen
Himmelblauen Traum

Er
El Archiduque
Baute seinen
Himmelblauen Traum

Er
Ludwig Salvator
Schrieb seinen
Himmelblauen Traum

Er
Erzherzog Ludwig Salvator von Habsburg-Lothringen
Machte Mallorca zu seinem
Himmelblauen Traum«[1]

Georg A. Weth

Die Anekdoten, die man auf Mallorca über den »Austríaco«, den Österreicher, erzählt, könnten Bände füllen. Seine Bescheidenheit und Güte, seine unaufdringliche Art und seine Volksverbundenheit waren auf der Insel sprichwörtlich.
Die Schlichtheit kam besonders in der Kleidung zum Ausdruck, so daß der spanische Dichter Unamuno den Erzherzog

als einen »Diogenes aus fürstlichem Geschlecht« bezeichnete und das Wort »Archiduque« als scherzhafte Bezeichnung für schlecht angezogene Leute verwendet wurde. Auch seine Umgangsformen waren einfach. Des einheimischen Dialekts, des Mallorquinischen, mächtig, verkehrte er mit der Bevölkerung auf freundschaftlichem Fuße und ließ sich von den Bewohnern der Insel – obwohl Großonkel ihres Königs – mit dem vertraulichen »Du« anreden.
Die folgenden kleinen Geschichten habe ich unter anderem in Gesprächen mit Einheimischen erfahren. Ob sie immer ganz der Realität entsprechen, möge dahingestellt sein. Aber auch wenn es sich hierbei um Anekdoten handelt, die mündlich weitergegeben wurden und deren Herkunft nicht bestimmbar ist, ein Körnchen Wahrheit steckt wohl in jeder von ihnen. Grund genug, sie zu sammeln und niederzuschreiben. Sie sollen dazu beitragen, Charakter und Lebensart dieses ungewöhnlichen Erzherzogs zu veranschaulichen.

Erzherzog Ludwig Salvator und der Wiener Maler Erwin Hubert unternahmen eines Tages eine Bahnfahrt, während der sie sich in italienischer Sprache unterhielten. Im selben Abteil saßen zwei junge österreichische Offiziere, die sich über die Kleidung ihres Mitreisenden – Erzherzog Ludwig Salvators Nachlässigkeit in puncto Kleidung ist ja hinlänglich bekannt – lustig machten und ihn für einen Schweinehirten oder dergleichen hielten.
An der Grenze stellt sich die wahre Identität des »Schweinehirten« heraus. Die beiden jungen Männer, sich dessen bewußt, was ihre Spöttelei über ein hochrangiges Mitglied des regierenden Herrscherhauses bedeuten konnte, fielen vor dem Erzherzog auf die Knie und stammelten Worte der Entschuldigung. Mit der Bemerkung, sie sollten in Zukunft davon absehen, irgend jemanden nach seiner Kleidung zu beurteilen, der Schein könne trügen, ließ Ludwig Salvator die schuldbewußten, um ihre militärische Laufbahn und Existenz fürchtenden Offiziere in großer Verwirrung zurück und stieg lächelnd aus dem Zug.[2]

Sein Auftreten, seine Kleidung, die ihn kaum von den mallorquinischen Landarbeitern unterschied, waren des öfteren Grund für – den Erzherzog erheiternde – Zwischenfälle.

Der Karren eines mallorquinischen Bauern hatte sich in der vom Regen aufgeweichten Erde in der Nähe von Son Marroig auf Mallorca festgefahren. Der Erzherzog half dem armen Mann, Pferd und Karren aus dem Morast zu ziehen, und bekam für seine Mühe ein Trinkgeld, um sich zur Stärkung ein Glas Wein kaufen zu können.
Der Erzherzog soll diese Münze in Miramar aufbewahrt haben und sie seinen Gästen und Freunden mit der Bemerkung »Das ist das erste Geld, das ich in meinem Leben verdient habe«, voller Stolz gezeigt haben.[3]
Auch anläßlich seines Besuchs in Los Angeles ergab sich für Ludwig Salvator eine Gelegenheit, Geld zu verdienen:
»Des Morgens, als wir in Fifth Avenue ein schönes, auf das Sorgfältigste ausgeführte Haus eines der reichsten Männer in New York genau besichtigten, einen spätgotischen- und Renaissance-Bau, zu dem manche der schönen Pfeilerchen und Reliefs des Dogenpalastes das Muster geliefert hatten, offerierte uns ein Mann 3½ [$] pro Tag, wenn wir als Steinmetze dabei arbeiten wollten.«[4]

Einmal hielt man den Erzherzog für einen Schweinehirten, ein anderes Mal für einen Arbeitssuchenden, ein drittes Mal für einen Koch. Diese Episode erzählt man folgendermaßen:
»Wie so oft saß der Erzherzog bei einer Fahrt durch Ragusa wieder einmal am Kutschbock neben dem Kutscher, während der Sekretär Antonio Vives und dessen Kinder, alle in weiß gekleidet, im Wageninneren Platz genommen hatten. Der Wagen erweckte die Neugierde der Vorübergehenden, und einer von ihnen glaubte, in Antonio Vives den Fürsten, in Ludwig Salvator hingegen den Koch erkannt zu haben. Auf die Frage, wieso er zu diesem Schluß gekommen sei, antwortete dieser: »Der am Kutschbock Sitzende ist der Dickere, und sein Anzug ist übersät von Flecken.«[5]

1896 soll sich in Ragusa, dem heutigen Dubrovnik in Jugoslawien, eine ähnliche Episode rund um das Inkognito des Erzherzogs zugetragen haben. Diese Anekdote tauchte in diversen Zeitungen auf:

»In Ragusa sah man während einer Woche täglich zwei Schiffsleute mit Körben, in denen sich Victualien befanden, den Weg nach Gravosa wandern. Mit ihnen ging ein etwa fünfzigjähriger Herr. In der Vorstadt Pile nahmen sie einen Wagen. Die Schiffsleute setzten sich in den Wagen, der Herr nahm neben dem Kutscher Platz, und so ging es nach Gravosa. Dieser Herr, welcher täglich in der Stadt Einkäufe machte, war Erzherzog Ludwig Salvator. Derselbe kam mit seiner Yacht ›Nixe‹ und hielt sich dort im strengsten Incognito auf. Der Prinz liebte solche Ausflüge, bei denen er, aller conventionellen Rücksichten seiner hohen Stellung ledig, sich frei bewegen kann. Der Hafencapitän von Gravosa hörte, wie man sich in Ragusa von der Anwesenheit eines Mitgliedes des Kaiserhauses erzählte, und er kam auf die Yacht, um sich dem Erzherzog zur Verfügung zu stellen. Auf dem Schiffe traf er denselben Herrn, der immer mit den Schiffsleuten einkaufen ging, aber so gekleidet war wie alle Übrigen.

›Wo finde ich den Capitän?‹ fragte ihn der Hafencapitän.

›Der bin ich selber!‹

›Ich höre, daß sich auf dem Schiffe eine hohe Persönlichkeit befinde?‹

›Das ist nicht richtig, denn wir sind hier alle gleich‹, war die lakonische Antwort, durch welche der Capitän-Erzherzog, jede weitere Conversation abschneidend, deutlich zu erkennen gab, daß er sein Incognito gewahrt wissen wolle.«[6]

Rein äußerlich hatte Ludwig Salvator wirklich nichts mit einem Erzherzog gemein, er entsprach keinesfalls der landläufigen Vorstellung von einem Prinzen: »Einer seiner Untertanen reiste einmal nach Barcelona und stieg dort in einem kleinen Gasthof ab; als er eines Abends heimkehrte, teilte ihm der Wirt mit, daß ein ›Matrose‹ ihn gesucht und da er ihn nicht angetroffen, einen Zettel für ihn hinterlassen habe. Auf dem Zettel stand: ›Neudorf hat Sie gesucht.«[7]

Bezeichnend für sein Wesen ist auch die folgende Episode, welche man sich auf Mallorca erzählt: »Als der Erzherzog von einem Grundbesitz als Renommiergast zu einer Familienfeier gebeten wurde, erschien er auf ausdrücklichen Wunsch tatsächlich im eleganten Gesellschaftsanzug. Er ließ sich an den Ehrenplatz der Festtafel komplimentieren, aß jedoch die als Vorspeise servierte Suppe nicht, sondern schüttete sie in die beiden Außentaschen seiner Jacke. Dann erhob er sich abrupt und verabschiedete sich mit der Begründung: ›Sie haben nicht mich, sondern meinen Anzug eingeladen – und der ist satt.«[8]

Kaiserin Elisabeth von Österreich besuchte den Erzherzog zweimal in seiner selbsterwählten Heimat im sonnigen Süden. Bei ihrem ersten Besuch – ihre Yacht lag neben der Ludwig Salvators in der Bucht der Foradada – führte sie der Gastgeber voller Begeisterung für die Schönheit der mallorquinischen Landschaft über die Inseln. Mit Enthusiasmus, erfüllt von Bewunderung und Liebe für »sein Paradies«, zeigte der Erzherzog seiner kaiserlichen Verwandten die Estaca, Miramar, Sollér – und wartete ungeduldig auf eine Reaktion der sich kühl und reserviert gebenden Kaiserin. Doch sie schwieg. Am letzten Tag begleiteten der Erzherzog, Señor Herreros und zahlreiche Mitglieder des »Fürstenhofs von Miramar« den hohen Gast zu dessen Yacht. (Noch Anfang des 20. Jahrhunderts bezeichneten die alten Fischer diese Stelle mit »embarcadero de la Imperatriz«, zu deutsch: Anlegestelle der Kaiserin.)
Beim Abschied soll die Kaiserin gesagt haben: »Jetzt wird mir Korfu weniger gefallen!« In einem einzigen Satz drückte die Kaiserin von Österreich ihre Bewunderung für die Insel Mallorca aus, ein einziger Satz, der ihren Gastgeber in einen Freudentaumel versetzte: »Habt ihr gehört, was die Kaiserin gesagt hat – jetzt wird ihr Korfu weniger gefallen!«[9]

Das wissenschaftliche Werk

(mit Werkliste)

»Die beste Schule wäre das Lesen im großen Buche der Natur, das einem offensteht und an dem so viele blind vorüberziehen, ohne zu bedenken, was sie aus demselben an Kenntnissen und Genuß schöpfen könnten. Mühsam werden schlecht gedruckte Bücher bei flatterndem Lampenlichte gelesen, wobei man sich die Augen verdirbt, oder die Treppen von Museen erklommen, um das zu sehen, was in der Natur treibend, lebend vorliegt und an dem gleichgültig vorübergezogen wird.«[1]

Erzherzog Ludwig Salvator

Erzherzog Ludwig Salvator publizierte im Laufe seines Lebens mehr als siebzig Bücher, die – bis auf wenige Ausnahmen – anonym erschienen sind. Nur die wenigsten weisen zum Beispiel durch ein »L.« (im Vorwort) auf den fürstlichen Autor hin, einige, die bei Leo Woerl erschienen sind, nennen Erzherzog Ludwig Salvator als Verfasser. Somit ist es durchaus möglich, daß noch weitere Arbeiten existieren, die man bisher nicht zuordnen konnte.

Die Bücher waren auch nicht für einen großen Leserkreis, also für den Verkauf und Handel bestimmt, sondern als Geschenke für Freunde, Interessierte, Institutionen und Bibliotheken gedacht. Pro Band wurden jeweils um die 600 bis 800 Exemplare gedruckt und verschickt. Wer die Beschenkten waren und aus welchen Gründen sie dieses oder jenes Buch erhielten, läßt sich heute nicht mehr rekonstruieren.

Nur Leo Woerl, dem Leipziger Verleger, der sich vor allem mit

Reiseliteratur und -handbüchern beschäftigte, war es gelungen, den Erzherzog zur Herausgabe einiger Werke unter seinem Namen zu bewegen, Werke, die dann auch in den Buchhandlungen auflagen. So erschien bei Woerl unter anderem eine verkürzte, zweibändige »Volksausgabe« der Balearen. Daneben veröffentlichte Leo Woerl die erste und bisher einzige deutschsprachige Biographie über Ludwig Salvator. Außerdem ließ der Erzherzog bei F. A. Brockhaus in Leipzig drucken, den Großteil seiner Werke aber publizierte er durch Heinrich Mercy, später: Heinrich Mercy Sohn in Prag. Die Bücher, heute gesuchte Kostbarkeiten einer immer größer werdenden Schar von Sammlern, sind zum Teil prunkvoll ausgestattet: »Lange bevor der edle Sport des Bibliophilentums wieder dichtere Scharen von Anhängern zu erwerben verstand, hat dieser Prinz seinen Büchern jene äußere Ausstattung in Lettern, Zeichnungen und Einband angedeihen lassen, wie sie nur der subtilste Geschmack zu ersinnen vermag. Es war durchaus keine Freude an Prunk und überladenem Zierat, der sich in Golddruck und Seideneinband ausschwelgte, sondern die stille Feinschmeckerei eines wirklichen Kulturmenschen, der Kultur besaß, ohne damit viel Aufhebens zu machen.«[2]
Leineneinbände mit Goldprägung, Lithographien unzähliger Skizzen des Verfassers, farbig gedruckte, auf Leinen aufgezogene Karten und Pläne sowie edles Papier zeichnen diese Prachtausgaben aus und repräsentieren in einer Zeit der Taschenbücher und Billigausgaben das in Vergessenheit geratene Können des Buchdruckers vergangener Zeiten.
Die Illustrationen wurden meist nach Skizzen und Zeichnungen des Erzherzogs von Prager Xylographen und Lithographen gestochen: »Das Zeichentalent des Erzherzogs ist ein sehr bedeutendes; er führt den Stift mit einer Eleganz und Leichtigkeit, mit einer Sicherheit und Fertigkeit, wie sonst nur Künstler von ausgesprochener zeichnerischer Begabung. Seine Auffassung ist eine rasche, ungemein sichere, sein Auge fein gebildet und empfindsam, seine Darstellung gleich sicher in der Landschaft oder der Architektur. Er liebt es, die gegebenen Gegenstände in sicheren Konturen hervorzubrin-

gen, wie in einer Federzeichnung. Diese interessanten Blätter sind nun für die Illustrationen Facsimile in Holz geschnitten, und geben so ungeschmälert die Handzeichnung des erlauchten Schriftsteller-Künstlers wieder.«[3] Erzherzog Ludwig Salvator war sicherlich kein großer Meister auf dem Gebiete der Malerei, aber ein guter, Perspektive und Proportionen beherrschender Zeichner. Die Zeichnungen sollten ja keine eigenständigen Kunstwerke sein, sondern das geschriebene Wort illustrieren: »Diese Abbildungen sind Photographien der Originalskizzen des Verfassers, wie sie an Ort und Stelle mitten im Gewühle der Menge gezeichnet wurden. Kein Strich wurde zu Hause daran geändert, sie werden daher nur umso besser mit dem ebenfalls in ungeschminkter Ursprünglichkeit belassenen Text zusammenstimmen.«[4]

Der Verfasser wußte mit Feder und Bleistift gleich gut umzugehen. Vor allem gelang es ihm, das grelle Licht des Südens zur Geltung zu bringen, Atmosphäre und Kontraste wiederzugeben.

Die Bücher erschienen zunächst fast alle in deutscher Sprache; von einigen wurden auch Übersetzungen ins Englische, Französische, Spanische, Griechische, Tschechische, usw. vorgenommen.

Am Beginn seines Schaffens standen Reiseskizzen und -beschreibungen, bei denen der Erzherzog das Gesehene und Erlebte mit oft schwärmerischen Worten wiederzugeben versuchte. Den Hauptteil der Arbeiten aber bilden die großangelegten, prunkvoll ausgestatteten, mit Hilfe der »Tabulae Ludovicinae« systematisch zusammengestellten Monographien, für die auch lokale Quellen und Originaldokumente verwendet wurden. Viele von ihnen sind *einem* Ort oder *einer* Insel gewidmet und vermitteln ein enzyklopädisches Wissen darüber mit Informationen über Lage, Geschichte und Klima bis hin zu Brauchtum und Sprichwörtern. Daneben verfaßte der Erzherzog poetisch anmutende, auch philosophierende Arbeiten wie »Lieder der Bäume«, »Einiges über Welt-Ausstellungen«, »Sommerträumereien am Meeresufer« etc., in denen das Nachdenken und Sicherinnern im Vordergrund stehen. Aus

dem Rahmen fällt »Schiffbruch oder ein Sommernachtstraum«, das anläßlich des Auflaufens der Yacht »Nixe« auf ein Riff und deren Sinken geschrieben wurde.
Auf Anfrage verschiedener Redakteure veröffentlichte der Erzherzog gelegentlich Artikel in Zeitschriften wie in der »Adria«, dem »Österreichischen Illustrierten Familienblatt« etc., von denen es ohne Zweifel mehr geben wird, als in der angeschlossenen Bibliographie aufscheinen. Ein interessantes Beispiel für seine »journalistische« Tätigkeit bildet der Artikel »Warum die Nordseite der Mittelmeerinsel die mildere ist«, erschienen 1908 in MÖGG 51, in dem er anhand von Beispielen das Phänomen zu erklären versucht, warum die Nordküsten aller größeren Inseln im Mittelmeer ein milderes Klima aufweisen, als man gewöhnlich annimmt. Hier erhebt sich nun die Frage, inwieweit sich der Erzherzog mit den Gesetzen der Geographie, die sich im 19. Jahrhundert zu einer eigenständigen Wissenschaft entwickelt hatte (vgl. hierzu das Werk Alexander von Humboldts), beschäftigte bzw. ob und wie genau er die Arbeiten Ritters, Pestalozzis, Ratzels oder von Hanns kannte. Da über den Inhalt seiner Prager Studien nichts Konkretes bekannt ist, muß diese Frage unbeantwortet bleiben. Sicher ist, daß Ludwig Salvator niemals über eine Region schrieb, die er nicht persönlich kannte. Seine Arbeiten waren immer das Ergebnis einer Reise gewesen, wo er direkten Kontakt mit der einheimischen Bevölkerung aufnahm, die einzelnen Orte besuchte und durchwanderte, und die Einheimischen zur Mitarbeit motivierte. Zu diesem Zweck verteilte er an Geistliche, Bürgermeister, Ingenieure, Ärzte, Lehrer, Professoren und andere seine »Tabulae Ludovicinae« mit der Bitte, diesen Fragenkatalog möglichst genau auszufüllen. Wer diese Fragen für das 1869 erschienene, 100 Seiten umfassende, in den Sprachen Deutsch, Französisch und Italienisch abgefaßte Raster zusammenstellte, ist unbekannt. Anzunehmen ist, daß Prager oder Wiener Professoren zumindest Hilfestellung geleistet haben, denn die Reihung und Genauigkeit der Fragen verweist auf einen »Fachmann«, der Ludwig Salvator aufgrund seines damaligen Alters nicht gewesen sein kann.

Der Zweck dieser »Tabulae« bestand in der Sammlung möglichst vieler und genauer Informationen zu einem bestimmten Thema, die als Grundlage der jeweiligen Arbeit dienten. Der Erzherzog benutzte die Tafeln auch für seine eigenen wissenschaftlichen Aufzeichnungen. Bei ihm handelte es sich zweifellos um einen überaus eifrigen, methodisch vorgehenden, systematisch denkenden Mann, der zeitig aufstand und dem seine schriftstellerische Tätigkeit wichtiger war als alles andere. Nicht anders ist die große Zahl der von ihm publizierten Werke zu erklären.

Er wußte seine Mitarbeiter unter den besten zu wählen und zu motivieren und in ihnen annähernd den gleichen Enthusiasmus für die Arbeit, wie er ihn besaß, zu erwecken. Trotz der Hilfe, die er in großem Maße in Anspruch nahm, war er der Kopf des »Unternehmens«. Für ihre Bemühungen wurden seine Helfer mit einem Exemplar des gedruckten Werkes, in dessen Vor- oder Nachwort ihnen der Dank ausgesprochen wurde, belohnt.

Werkliste

in alphabetischer Reihenfolge

Alboran (Prag 1898)
Anmerkungen über Levkas (Prag 1908)
Auslug- und Wachttürme Mallorcas (Prag 1916)
Die Balearen. In Wort und Bild geschildert (Leipzig 1869–91)
Die Balearen. Geschildert in Wort und Bild (Würzburg 1897)
Las Baleares (Palma 1886)
Beitrag zur Kenntnis der Coleopteren-Fauna der Balearen (Prag 1869)
Benzert (Prag 1897)
Bizerta und seine Zukunft (Prag 1881)
Bizerte en son passé, son présent et son avenir (Paris 1900)
Lose Blätter aus Abazia (Wien 1886)
Eine Blume aus dem goldenen Lande oder Los Angeles (Prag 1878)
Bougie. Die Perle Nordafrikas (Prag 1899)
Bougie, die Perle Nordafrikas. Geschildert von Ludwig Salvator (Leipzig 1900)
Die Bucht von Buccari, in: MÖGG, Bd. 15 (1872), S. 400 ff.
Cannosa (Prag 1897)
The Caravan Route between Egypt and Syria (London 1881)
Catalina Homar von Erzherzog Ludwig Salvator (Prag 1905)
Columbretes (Prag 1895)
Das was verschwindet. Trachten aus den Bergen und Inseln der Adria (Leipzig 1905)
Der Djebel Esdoum (Das Salzgebirge von Sodoma) (Wien 1873)
Über den Durchstich der Landenge von Stagno (Prag 1906)
Einiges über Welt-Ausstellungen (Prag 1911)
Einiges über Welt-Ausstellungen. Aus einem größeren Aufsatze des hohen Autors; in: Reise und Sport, XI. Jg., H. 8, S. 265 ff.
Einiges über Yachten, in: Wiener Almanach 1911, Jg. 20, S. 3 ff.
Einiges über Yachten, in: Seegeschichten und andere Gaben für die reifere Jugend, hrsg. v. Carl Anzengruber (Wien 1912), S. 2 ff.
Excursions Artistiques dans la Vénétie et le Littoral (Prague 1868)

Eine Fahrt um die Insel Giglio, in: Wiener Almanach 1901, Jg. 10, S. 4 ff.

Die Felsenfesten Mallorcas. Geschichte und Sage (Prag 1910)

Feuilles Volantes d'Abazia avec Trente-Deux Dessins a la Plume (Paris 1887)

Gedanken anläßlich des Kaiserjubiläums 1898, in: Wiener Almanach 1898, Jg. 7, S. 3 ff.

Die Insel Giglio (Prag 1900)

Der Golf von Bucchari-Porto Ré. Bilder und Skizzen (Prag 1871)

Helgoland, eine Reiseskizze von Erzherzog Ludwig Salvator. Nebst kurzem Anhang Verkehr, Aufenthalt und Kur in Helgoland betreffend (Würzburg/Wien, 1890)

Helgoland. Eine Reise-Skizze. Nebst kurzem Anhang (Leipzig^2 1901)

Hobarttown oder Sommerfrische in den Antipoden (Prag 1886)

Indicaciones a los que visitan Miramar (o. O., o. J.)

Die Insel Menorca. Separatdruck aus dem Werke: Die Balearen. In Wort und Bild geschildert (Leipzig 1890/91)

Ithaka. Sepsal jeho cís. a král. vý sost (Prag 1910)

Der Kanal von Calamotta (Prag 1910)

Der Kanal von Calamotta, in: Reise und Sport, XI. Jg., H. 6/7, S. 222 ff.

Der Kanal von Calamotta, in: Adria, 3. Jg., H. 2/3/4, Sp. 41–50/81–92/ 121–134

Die Karawanen-Straße von Ägypten nach Syrien (Prag 1879)

Karavanskà Cesta z Egypta do Syrie (Prag 1885)

Kloster Badia bei Curzola, in: Adria, 2. Jg., H. 10, Sp. 357–362.

Levkosia, die Hauptstadt von Cypern (Prag 1873)

Levkosia, the Capital of Cyprus (London 1881)

Lieder der Bäume. Winterträumereien in meinem Garten in Ramleh (Prag 1914)

Die Liparischen Inseln (Prag 1893–1896)

Los Angeles in Südcalifornien. Eine Blume aus dem goldenen Lande. Von Erzherzog Ludwig Salvator (Würzburg/Leipzig o. J.)

Los Angeles. Eine Blume aus dem goldenen Lande, in: Österreichisch-ungarische Kunstchronik, IV. Bd., Nr. 3, S. 35 ff.

Los Angeles in the sunny seventies. A flower from the golden land by Louis Salvator (Los Angeles 1929)

Märchen aus Mallorca (Würzburg/Leipzig 1895)

Märchen aus Mallorca. Gesammelt von Erzherzog Ludwig Salvator (Würzburg/Leipzig 1896)

Lo que sé de Miramar (Palma 1911)

Ein nächtlicher Besuch, in: Wiener Almanach 1902, Jg. 11, S. 227 ff.

Notas y Harmonies del Mar. Presas de »La Voix de la Vague«, article publicat per S. A. I. y R. Lluis Salvador Arxiduch d'Austria, en el Figaro de 12. Septembre de 1901, en: La Roqueta Illustració Mallorquina (nähere Angaben fehlen)
Panorama von Alexandrette (Prag 1901)
Parga (Prag 1907)
Paxos und Antipaxos im Jonischen Meer von Erzherzog Ludwig Salvator (Würzburg/Wien 1887)
Paxos und Antipaxos im Jonischen Meer (Würzburg/Wien² 1889)
Porto Pí in der Bucht von Palma de Mallorca (Prag 1914)
Ramleh als Winteraufenthalt. Von Erzherzog Ludwig Salvator (Leipzig 1900)
Rondayes de Mallorca (Wirzburgo 1895)
Die Serben an der Adria. Ihre Typen und Trachten (Leipzig/Wien 1870–1878)
Sommertage auf Ithaka (Prag 1903)
Sommerträumereien am Meeresufer (Leipzig 1912)
Sommerträumereien am Meeresufer (Prag 1912)
Somnis d'estiu ran de mar (Sóller 1912)
Spanien in Wort und Bild (Würzburg 1894)
Eine Spazierfahrt am Golfe von Korinth (Prag 1876)
Süden und Norden. Zwei Bilder (Prag 1868)
Süden und Norden. Zwei Bilder (Prag² 1868)
Schiffbruch oder ein Sommernachtstraum (Prag 1894)
Die Stadt Palma. Separatdruck aus dem Werk: Die Balearen. In Wort und Bild geschildert. (Leipzig 1882)
Die Stimme der Woge, in: Österreichs Illustrierte Zeitung. Modernes Familienblatt, 11./12. Jg., H. 5, S. 98 ff.
Tabulae Ludovicinae (Prag 1869)
Tunis. Ein Bild aus dem nordafrikanischen Leben. (Prag 1870)
Ustica (Prag 1898)
Versuch einer Geschichte von Parga (Prag 1908)
Voci di Origine Arabe nelle Lingua delle Baleari. Raccolte ed ordinate da S. A. I. e R. L' arciduca Luigi Salvadore d' Austria (Florenz 1901)
Von den Felsenfesten Mallorcas, in: Reise und Sport, 10. Jg., H. 9, S. 320 ff.
Warum die Nordseite der Mittelmeerinseln die mildere ist, in: MÖGG, Bd. 51, S. 237 ff.
Was mancher wissen möchte. Lo que alguno quisiera saber. (Palma 1909)
Um die Welt ohne zu wollen (Prag 1881)
Um die Welt ohne zu wollen. Mit 100 Illustrationen (Würzburg² 1883)

Um die Welt ohne zu wollen. Mit 100 Illustrationen (Würzburg[3] 1884)
Um die Welt ohne zu wollen. Mit 100 Illustrationen (Würzburg/Wien[4] 1886)
Winke für den Besucher von Miramar (o. O., o. J.)
A few hints for visitors of Miramar. Visits to the most prominent Points of Miramar in three Days, in the manner here-after shown (Palma 1912)
Wintertage auf Ithaka (Prag 1905)
Einige Worte über die Kaymenen (Prag 1875)
Yacht-Reise in den Syrten. 1873 (Prag 1874)
Eine Yachtreise an den Küsten von Tripolitanien und Tunesien (Würzburg 1890)
Eine Yachtreise an den Küsten von Tripolitanien und Tunesien (Würzburg/Wien[2] 1890)
Zante (Prag 1904)
Zante (Leipzig 1904)
Zärtlichkeitsausdrücke und Koseworte in der friulanischen Sprache (Prag 1915)

Bibliographie

Die nachstehende Bibliographie beinhaltet alle von mir eingesehenen gedruckten Quellen, ausgenommen die von Erzherzog Ludwig Salvator verfaßten Werke.
Die Bibliographie ist alphabetisch geordnet, generell nach Autoren, manchmal nur nach einem Anfangsbuchstaben (z. B. *A.* C.). Das Schlüsselwort ist jeweils hervorgehoben. Autoren, deren Nachnamen mit Sch- oder St- beginnen, wurden denen mit S- beginnenden nachgestellt, ebenso wie Ll- den L-, da die spanische Sprache das Ll als eigenständigen Buchstaben zählt.
Fehlt die Nennung des Autors, so ist die betreffende Quelle unter dem Zeitungs- oder Zeitschriftennamen zu finden (z. B. Wiener *Abendpost*).
Einige Zeitungsartikel sind unvollständig zitiert, da sich in diesen Fällen die Herkunft nicht eruieren ließ.

A. C.: El Archiduque Luis Salvator fué el creador del turismo en Mallorca, in: Diario de Mallorca. La Almudaina. Correo de Mallorca vom 19. Dezember 1954, año II, Nr. 424, S. 7

Wiener *Abendpost*. Beilage zur Wiener Zeitung vom 29. Jänner 1870, Nr. 23, S. 91

Adria. Illustrierte Monatsschrift für Landes- und Volkskunde, Volkswirtschaft und Touristik der adriatischen Küstenländer, hrsg. v. Joseph Stradner/Wien, Graz/Triest, Nov. 1910, 2.Jg., H. 12, Sp. 459/60
Feb. 1911, 3. Jg., H. 3, Sp. 109
April 1911, 3. Jg., H. 5, Sp. 191/92
April 1911, 3. Jg., H. 5, Sp. 195

Adria und Ostalpen. Zeitschrift für das Kultur- und Wirtschaftsleben in Südösterreich (Salzburg, Kärnten, Steiermark, Krain, Görz und Gradiska, Triest, Istrien, Fiume, Kroatisch Litorale, Dalmatien,

Bosnien und Herzegowina), hrsg. v. Joseph Stradner/Triest und Klagenfurt, April 1914, 6. Jg., H. 6, S. 107

Wladimir *Aichelburg:* El Archiduque. Auf Mallorca sind manche Dinge tabu, in: Yachtrevue 1/1980, Jg. 4, S. 60 ff.

ders., Erzherzog, Gelehrter und Seemann. Ludwig Salvators Reisen, in Yachtrevue 9/1979, Jg. 3, S. 76 ff.

ders., Erzherzog Karl Stefan, in: Yachtrevue 1/1981, Jg. 5, S. 61 ff.

ders., Es begann in Holland, in: Yachtrevue 1/1977, Jg. 1, S. 57 ff.

ders., Hände in den Hosentaschen, in: Yachrevue 2/1977, Jg. 1, S. 54 ff.

ders., Insel der Verfluchten, in: Yachtrevue 10/1980, Jg. 4, S. 69 ff.

ders., Vierzig Jahre im Dienste des Kaisers. Kaiserliche Dampfyacht Miramar, in: Yachtrevue 4/1980, Jg. 3, S. 90 ff.

ders., Zu jung, um für immer zu ruhen. Seereisen des Erzherzogs Johann Salvator, in: Yachtrevue 11/1979, Jg. 3, S. 90 ff.

ders., K. u. K. Segelschiffe in alten Photographien (Wien 1981), S. 201 ff.

ders., K. u. K. Yachten und Yachtclubs Österreich-Ungarns in alten Photographien (Wien 1986), S. 70 ff.

ders., Der Kaiser, in: Yachtrevue 6/1980, Jg. 4, S. 76 ff.

ders., Kaiserin Elisabeth, Ihre Seereisen, in: Yachtrevue 7/1980, Jg. 4, S. 76 ff.

ders., Der kaiserlich-königliche Union-Yacht-Club, in: Yachtrevue 7/1981, Jg. 5, S. 60 ff.

ders., Kriegs- und Kaiseryachten, in: Yachtrevue 2/1981, Jg. 5, S. 54 ff.

ders., Ins Land der aufgehenden Sonne. Die Orientreise von Kronprinz Rudolf, in: Yachtrevue 3/1980, Jg. 4, S. 74 ff.

ders., Marine-Akademie. Erziehungsanstalt für Seeleute, in: Yachtrevue 12/1980, Jg. 4, S. 58 ff.

ders., Maximilian. Erzherzog von Österreich. Kaiser von Mexiko in zeitgenössischen Photographien (Wien 1987)

ders., Miramar, in: Yachtrevue 9/1980, Jg. 4, S. 69 ff.

ders., Offiziere, Stifter, Gründer ..., in: Yachtrevue 3/1977, Jg. 1, S. 60 ff.

ders., Sarajevo 28. Juni 1914. Das Attentat auf Erzherzog Franz Ferdinand von Österreich-Este in Bilddokumenten (Wien 1984), S. 89

ders., Schiffbruch vor der Küste Afrikas, in: Yachtrevue 10/1979, Jg. 3, S. 68 ff.

ders., Sturm auf See, in: Yachtrevue 5/1980, Jg. 4, S. 89 ff.

ders., Der Thronfolger Erzherzog Franz Ferdinand, in: Yachtrevue 11/1980, Jg. 4, S. 112 ff.

ders., Verschollen um Kap Horn, Die letzte Fahrt Johann Orths, in: Yachtrevue 12/1979, Jg. 3, S. 60 ff.
Pedro de *Alcántara* Peña: Guía manual de las Islas Baleares (Palma 1891), S. 341 ff.
Wiener *Almanach*. Jahrbuch für Literatur, Kunst und öffentliches Leben 1916/17, Jg. 25, S. 11
Niederösterreichischer *Amtskalender* 1907, XLII. Jg., S. 37 ff.
Anuari de l'institut d'Estudis Catalans, MCMXV-XX, Vol. VI, S. 892
Gabriele von *Arnim:* Unter Schindkracken und Stechschrittwalküren. Ein Überlebender. Albert Vigoleis Thelen und sein genialer Zeitroman »Die Insel des zweiten Gesichts«, in: Frankfurter Allgemeine Zeitung vom 7. Juni 1986, Nr.129, o. S.
Dr. *B.:* Rezension zu »Parga«, in: Adria Dez. 1908, 1. Jg., H. 1, Sp. 39/40
B. F.: Excursión a Miramar, in: Boletín de la Sociedad Arqueologica Luliana (= BSAL) vom 10. Mai 1885, año 1, Nr. 9, S. 7
B. St.: Rezension zu »Lieder der Bäume«, in: Adria Nov. 1914, 6. Jg., H. 20, S. 326
Alfredo *Baeschlin:* Ein Künstler erlebt Mallorca (Schaffhausen 1953)
M. *Barber* Barceló: Su Alteza Imperial el Archiduque Luis Salvador en Menorca, in: Revista Balear 1968, 4. Jg., Nr. 10–1, o. S.
Marie de *Behen:* Mallorca (Baleares) (Genève & Bale, [um 1910]), S. 36 ff.
Miguel *Bennásar* i Alomar: Cabrera. La Junta Gubernativa de Mallorca y los prisoneros del ejército napoléonico (Palma 1983)
Hans *Bethge:* Eine unbekannte Inselgruppe, in: Berliner Tagblatt, 4. Beiblatt; Reise-Bäder-Touristen-Zeitung vom 16. Nov. 1909, Nr. 583, o. S.
Welt-Neuigkeits-*Blatt*. Illustrierte Nebenausgabe vom 25. Juli 1899, 26. Jg., Nr. 167, 2. Bogen
1. Beilage zu *Bohemia* vom 16. Juli 1899, Nr. 195, S. 4
Beilage zur *Bohemia* vom 1. Juli 1900, Nr. 179, S. 3
Elfriede *Böhm:* Bildungs- und Forschungsreisen von Mitgliedern des Hauses Habsburg-Lothringen (Wien 1979), S. 88 ff. [= unveröffentlichte, maschinenschriftlich abgefaßte Hausarbeit bei Univ.-Prof. Dr.Günter Hamann]
Juan *Bonet:* El entrevistario (Barcelona 1976), S. 279 ff. [= Ediciones 29]
ders., Las mayores y más falsas entrevistas: Catalina Homar,la »bona amor« de »S'Arxiduc«. Luis Salvator le enseño muchas cosas, entre ellos la ciencia de esperar ..., in: Baleares vom 29. Juli

1973, Especial: Suplemento Nr. 21, año XXXIV, Nr. 11136, S. 1 und 3
ders., Mallorca (León 1967), S. 78, 86 und 118
Pedro *Bonet* de los Herreros: El Archiduque de Austria Luis Salvator, in: BSAL 1916, S. 103 ff.
ders., El Archiduque de Austria Luis Salvador. Hijo ilustre de Mallorca (Palma 1911)
Hans Joachim *Bonhage:* Zwischen Europa und Afrika: Balearen und Pithyusen, in: Merian – das Monatsheft der Städte und Landschaften 2/1976, S. 6 ff.
Anthony *Bonner*/Pere J. Llabrés: Ramon Llull i Mallorca. Gregori IX i l'església mallorquina (Mallorca 1987) [= Publicaciones del Centre d'estudis teològics de Mallorca, Nr. 3]
Börsenblatt für den Deutschen Buchhandel und die verwandten Geschäftszweige vom 27. Juli 1899, Nr. 172, S. 5397
A. *Brandl:*Ein Erzherzog als Forschungsreisender, in: Beilage zur Bohemia vom 11. Nov. 1881, Nr. 312, S. 1 ff.
Margaret O'*Brian:* Valldemosa-Deyá-Sollér (Palma 1952), S. 11 [= Panorama Balear, Nr. 11]
[o. A.]: El Archiduque de Austria Luis Salvator, in: *Brisas*. Revista mensual ilustrada Okt./1934, 1. Jg., H. 7, o. S.
Brockhaus' Konversationslexikon (Leipzig/Berlin/Wien[14] 1902), Bd. 11, S. 342; (Wiesbaden[17] 1966), Bd. 1, S. 292; (Wiesbaden 1970), Bd. 11, S. 683
Franz Georg *Brustgi:* Heinrich Schliemann (München 1971)
Arthur *Byne*/Mildred Stapley: Casas y jardines de Mallorca (Barcelona 1982) [= Arxiu de tradicions populars 33, Obras Completas de Arthur Byne – Mildred Stapley I]
C.: [ohne Titel], in: La Almudaina. Diario de la mañana avisos y noticias vom 17. April 1905, año XIX, Nr. 7268, S. 1
C.: Hace tres cuartos de siglo: La Emperatriz Isabel de Austria estuvo en Mallorca a finales de 1892. Además, de la ciudad, visitó »Miramar«, la hermosa finca de su deudo el Archiduque Luis Salvator, in: Diario de Mallorca vom 2. März 1968, S. 12
C.: Hace tres cuartos de siglo: Por segunda vez Isabel de Austria estuvo en Mallorca a principios de 1893. Desembarcó en la cala de »La Foradada« y visitó Sollér, después de hacer la ruta a pie con el Archiduque Luis Salvador, in: Diario de Mallorca vom 3. März 1968, S. 25
C. G.: S'Estaca y sus »dias luminosos«. Nostalgia de los antiguos viñedos de esta »possessió« del Archiduque, in: Brisas – Magazine

de Ultima Hora y Baleares vom 19. April 1987, 1. Jg., Nr. 1, S. 21
Antonio *Colom:* Antonio Vives, el modélico secretario »deianenc« del Archiduque Luis Salvador, in: Diario de Mallorca vom 4. September 1977, S. 6
Miguel *Colom:* El nombre de »Miramar« dentro de la toponimia Luliana, in: Estudios Lulianos 1978, Vol. XXII, año XXII, S. 67 ff.
Egon Caesar *Conte* Corti: Elisabeth. »Die seltsame Frau«, nach dem schriftlichen Nachlaß der Kaiserin, den Tagebüchern ihrer Tochter und sonstigen unveröffentlichten Tagebüchern und Dokumenten (Salzburg/Leipzig[5] 1935), S 119, 389, 458 und 473
Rafael Ignacio *Cortés* y Cruells: Datos sobre escritores mallorquines o vinculados a Mallorca existentes en mi archivo (Palma 1960), S. 46 ff., 74 ff., 90 ff., und 122 ff.
M. *Cruz* Hernández: La Fundación de Miramar y el sentido de la »Sabiduria Christiana« de Ramon Llull, in: Estudios Lulianos 1978, Vol. XXII, año XXII, S. 1 ff.
Il *Dalmata*. Giornale politico, economico, letterario vom 27. Oktober 1900, anno XXXV, Nr. 86, o. S.
Rubén *Darío:* La isla de oro – El oro de Mallorca (Barcelona 1978), S. 53 ff.
Alfred *Demiani:* Plaudereien über Mallorca. Ein Bilderbuch für meine Freunde und solche, die es sein könnten (Leipzig [um 1910])
Federico *Díaz*-Falcon: Mallorca a paso de novio (Palma 1958), S. 131 ff.
G. *Diercks:* Ludwig Salvator, Erzherzog: Die Felsenfesten Mallorcas. Geschichte und Sage, in: PM 57/1 (1911), S. 106
Hartmut *Döhl:* Heinrich Schliemann. Mythos und Ärgernis (München/Leipzig 1981)
Miguel *Dolç:* Intent d'avaluació (Manacor 1983), S. 119 ff. [= Collecció Tià de sa real (Casa de cultura)]
ders., (Hrsg.): Arxiduc Lluis Salvador: Obres completes (Barcelona 1951) [= Biblioteca selecta 88]
Francesc *Donat:* L'arxiduc i el criat (Palma 1983) [= Collecció Miramar 1]
Wilhelm *Dörpfeld:* Alt-Ithaka. Ein Beitrag zur Homer-Frage, 2 Bde, (München 1927)
ders., Fünfter Brief über Leukas-Ithaka. Die Ergebnisse der Ausgrabungen von 1908.
ders., Homers Odyssee. Die Wiederherstellung des ursprünglichen Epos von der Heimkehr des Odysseus nach dem Tageplan mit

Beigaben über Homerische Geographie und Kultur, 2 Bde. (München 1925)
Carl von *Duncker:* Feldmarschall Erzherzog Albrecht (Wien/Prag 1897)
Nina Larrey *Duryea:* Mallorca the Magnificent (New York/London 1927), S. 122 ff.
Jaime *Escales* Real: Valldemosa and the Cartuja (Majorca) (Palma de Mallorca 1962)
Margaret d'*Este:* With a camera in Majorca (New York/London 1907)
Valentin *Falk:* Die Romanze im Kloster, in: Merian Mallorca, Feb. 1987, S. 38 ff.
Fiorello de *Farolfi:* L'arciduca Ludovico Salvatore di Toscana e Trieste (Triest 1974), S. 79 ff. [= Archeografo Triestino Ser. 4, 34]
der., Un grande dimenticato. L'arciduca Ludovico Salvatore di Toscana (Triest 1973), S. 336 ff. [= Atti e Memorie della Società Istriana dei Archeologia e Storia Patria]
ders., Le »Pagine sparse da Abbazia« dell'Arciduca Ludovico Salvatore di Toscana, in: Fiume. Revista di Studi Fiumani, Jän. 1973–Dez. 1974, anno XIX–XX,S. 196 ff.
Bartolomé *Ferrá:* El Archiduque errante. Luis Salvator de Austria (Barcelona 1948)
ders., Chopin und George Sand auf Mallorca (Palma de Mallorca 1975)
ders., Guía de Mallorca (Palma 1929), S. 60 ff.
Pedro *Ferrer* Gibert: El Archiduque Luis Salvator en Mallorca (Inca/ Palma 1943)
ders., Galeria de auto-retratos (Inca/Palma 1945)
ders., Mallorca. Biografias-tradiciones-paisajes (Mallorca 1949), S. 163 ff.
ders., De turismo (Mallorca) (Palma 1910), S. 45 f.
ders./José Costa Ferrer: Las Cuevas de Artá y de Manacor (Barcelona 1945)
Th. *Fischer:* Ludwig Salvator, Erzherzog: Die Insel Giglio, in: PM 47 (1901), H. 2, Nr. 107, S. 29
Fomento del Turismo (Hrsg.): Guía de Mallorca (Palma 1982), S. 192
Fomento del Turismo (Hrsg.): Pequeña Guía de la Isla de Mallorca (Palma [um 1929])
Gerd *Frank:* Die Herrscher der Osmanen. Aufstieg und Untergang eines Weltreiches (Wien/Düsseldorf 1977), S. 99 ff.
Emil *Franzel:* Franz Ferdinand d'Este. Leitbild einer konservativen Revolution (Wien/München 1964), S. 49

Anne Marie *Fröhlich* (Hrsg.): Inseln in der Weltliteratur (Zürich 1988)
Guillem *Frontera:* El Archiduque Luis Salvator y los contrabandistas, in: Viajar. Revista de rutas viajes y aventuras. Todas las islas del mundo 1981, año IV, Nr. 36, S. 76 ff.
Antonio *Furio* Sastre: Panorama óptico-histórico-artistico de las Islas Baleares (Palma 1840); in: Facsimile hrsg. v. Luis Ripoll (Palma[3] 1975)
F. y O.: Paseos por Mallorca, in: Majorca. Vida. Arte, Juni 1924, 1. Jg., Nr. 7, o. S.
Sebastian *Garcias* Palou: El Miramar de Ramon Llull (Palma 1977)
ders., Miramar: Siete siglos, in: Dijous vom 2. Juli 1981, año VII, Nr. 354, S. 6 f.
Carlos *Garrido:* El Miramar del Archiduque, in: Brisas vom 17. April 1988, Nr. 53, S. 6 ff.
ders., La maldición del Archiduque. Un rayo destuyó parte del templete de Son Marroig, como occurrió hace diez años con el oratorio del beato Ramón Llull, in: Diario de Mallorca vom 20. Nov. 1985, S. 9
Eugenio *Garzón:* Jean Orth (Paris [vor 1929])
Manuel *Gil* de Montes: Hablemos de turismo i por qué no?, in: La Estafeta Literaria Extra vom 15. Sept. 1969, Nr. 426, 427 und 428, S. 80 ff.
Supplemento al *Giornale* la Perseveranza vom 15. Dez. 1896, o. S.
Johann Wolfgang von *Goethe:* Iphigenie auf Tauris, in: Gesammelte Werke in 8 Bänden, Bd. 2: Dramen (Gütersloh, o. J.), S. 301
Heinz *Gollwitzer:* Die gelbe Gefahr. Geschichte eines Schlagworts. Studien zum imperialistischen Denken (Göttingen 1962)
André *Grasset* de St. Saveur: Viaje a las Islas Baleares y Pithiusas, Bd. 1 (Palma 1952) [= Reedición obras de ayer, V]
Francis *Gribble:* Franz Joseph. Tragödie eines Kaiserhauses (Berlin 1921)
Bartolomé *Guasp* Gelabert: Ante el VII Centenario de Miramar (1276–1976). Catalina Tomás tuvo notica de Ramón Llull? (Palma 1975)
David *Guerrero* Sánchez: Valldemossa. Canción de Madrugada (León 1975)
Karl *Gussmann:* Bizerta, in: Grenzbote III/1901 [?], S. 506 ff.
Rotraut *Hackermüller:* Roda Roda – Einen Handkuß der Gnädigsten. (Wien/München 1986), S. 66
Hans *Haider:* Ludwig Salvator, in: Die Presse vom 25.–27. Mai 1985, Nr. 11.159, S. VI (Das neue Buch/Spectrum)

ders., Eine surreale Annäherung an einen surrealen Erzherzog, in: Die Presse vom 28./29. Sept. 1985, Nr. 11.264, S. VI (Das neue Buch/Spectrum)

Brigitte *Hamann:* Bertha von Suttner. Ein Leben für den Frieden (München 1986)

dies., Elisabeth. Kaiserin wider Willen (Wien/München 1982)

dies. (Hrsg.): Die Habsburger. Ein biographisches Lexikon (Wien 1988)

dies. (Hrsg.): Kaiserin Elisabeth. Das poetische Tagebuch (Wien 1984)

Hugo *Hassinger:* Österreichs Anteil an der Erforschung der Erde (Wien 1949), S. 149, 154 und 168

Wolfgang *Hautumm* (Hrsg.): Hellas. Die Wiederentdeckung des klassischen Griechenland (Köln 1983)

Magdalena *Hawlik*-van der Water: Die Kapuzinergruft. Begräbnisstätte der Habsburger in Wien (Wien 1987), S. 32, 200 und 283 f.

W. M. *Healy:* Mallorca, Menorca, Ibiza (München[2] 1976)

Adolf *Helferich:* Raymund Lull und die Anfänge der catalanischen Literatur (Berlin 1858)

Herbert *Heinrich:* Das Mallorca Ludwig Salvators heute erlebt. Ausflüge in die Vergangenheit auf den Spuren des Erzherzogs (Palma de Mallorca 1986)

Johannes *Hemleben:* Galileo Galilei (Reinbek bei Hamburg 1984), S. 167

Hans-Dieter *Henrich:* Ein Erzherzog auf Reisen. Der Erzherzog Ludwig Salvator und die Balearen-Insel Mallorca, in: hispanorama. Mitteilungen des Deutschen Spanischlehrerverbandes im Fachverband moderne Fremdsprachen, Schwerpunkt Mallorca, 40/1985, S. 83 ff.

ders., Jules Verne et l'archiduc Louis Salvador d'Autriche, in: Bulletin de la Société Jules Verne 61/1. Trimester 1982, S. 200 ff.

Der große *Herder.* Nachschlagewerk für Wissen und Leben (Freiburg im Breisgau[4] 1933), Bd. 7, Sp. 1265

Federico *Hernández* de Goncer: i Hay una isla en mi vida! ... Fantasía biográfica de la isla de Mallorca (Palma 1948)

Joachim *Herrmann:* Heinrich Schliemann. Wegbereiter einer neuen Wissenschaft (Berlin 1974), S. 17 ff.

Oberst von *Himmel:* Erzherzog Ludwig Salvator als Forscher des Mittelmeeres, in: Das Vaterland. Zeitschrift für die österreichische Monarchie, Morgenblatt vom 13. Juli 1899, XXXX. Jg., Nr. 190, S. 1

Homers Odyssee. Nach der ersten Ausgabe von Johann Heinrich Voß (Stuttgart/Wien, o. J.), S. 173
La Ultima *Hora. Diario de la noche, de información, literario y artistico vom 8. Juli 1913, año XX, Nr. 6972, S. 2,*
vom 11. Juli 1913, año XX, Nr. 6975, S. 2,
vom 8. Juni 1917, año XXIV, Nr. 8157, S. 2,
vom 9. Juni 1917, año XXIV, Nr. 8158, S. 1,
vom 9. Juni 1917, año XXIV, Nr. 1858, S. 2,
vom 11. Juni 1917, año XXIV, Nr. 8159, S. 2,
vom 2. August 1918, año XXV, Nr. 8511, S. 1,
vom 31. Mai 1919, año XXVI, Nr. 8754, S. 3
Herbert Hunger: Lexikon der griechischen und römischen Mythologie mit Hinweisen auf das Fortwirken antiker Stoffe und Motive in der bildenden Kunst, Literatur und Musik des Abendlandes bis zur Gegenwart (Hamburg[6] 1974)
Prinz Wilhelm Karl von *Isenburg:* Geschichte der Isenburg in Birstein. Ein Abriß aus der Geschichte eines alten Geschlechts (o. O., o. J.), S. 173 und 219 [= unveröffentlichte, maschinenschriftliche Arbeit]
ders., Stammtafeln zur Geschichte der europäischen Staaten (Marburg 1965), Bd. 1, Tf. 121
Jacques *Jaeger:* Die Illustrationen des »Wiener Almanach«, in: Wiener Almanach 11/1902, S. 314 ff.
Thunar *Jentsch:* Mallorca. Perle des Mittelmeers. Eine Fotoreise durch die »unbekannte Touristeninsel« (Hamm 1987)
Dr. A. [= Adolf] von *Jordans:* Die Vogelfauna Mallorcas mit Berücksichtigung Menorcas und der Pithyusen. Ein Beitrag zur Zoogeographie des Mediterrangebietes (Bonn 1914) [= Inaugural-Dissertation], in: Falco, Sonderheft vom 1. Aug. 1914, X. Jg.
Edmund *Jörg*/Franz Binder (Hrsg.): Ludwig Salvator als Schriftsteller, in: Historisch-politische Blätter für das katholische Deutschland (München 1883), Bd. 91, S. 851 ff.
Heinrich *Kábdebo:* Erzherzog Ludwig Salvator, in: Österreich-ungarische Kunstchronik vom 1. Juni 1880, Bd. IV, H. 3, S. 33 ff.
P. Otto *Keicher:* Raymundus Lullus und seine Stellung zur arabischen Philosophie (Münster 1909) [= Beiträge zur Geschichte der Philosophie des Mittelalters. Texte und Untersuchungen, Bd. VII, H. 4–5]
Hermann *Kinder*/Werner Hilgemann: dtv-Atlas zur Weltgeschichte in 2 Bänden (München[13] 1978)
Rudolf *Kiszling:* Erzherzog Franz Ferdinand von Österreich-Este.

Leben, Pläne und Wirken am Schicksalsweg der Donaumonarchie (Graz/Köln 1953), S. 30 und 54
Horst Joseph *Kleinmann:* Acerca de »S'Arxiduc« y su »familia« (Palma 1986) [= Panorama Balear, Nr. 126]
ders., Der Fluch des Himmels. Neues über Erzherzog Ludwig Salvator, in: Mallorca Magazin. Die deutsche Wochenzeitung vom 4.–19. Aug. 1985, Nr. 31, S. 14 f.; vom 11.–17. Aug. 1985, Nr. 32, S. 16 und vom 18.–29. Aug. 1985, Nr. 33, S. 16 und 23
ders.: Geheimnisvolle Balearen (St. Michael/Kärnten 1984), S. 58 ff.
ders., Hat Seine Kaiserliche Hoheit die Verlobung mit Mathilde erfunden?, in: Mallorca Magazin vom 26. Jänner 1986, Nr. 4
ders., Ein Leben für die Schönheit. Vom literarischen Schaffen des Erzherzogs Ludwig Salvator, in: »Schreiben und Lesen« vom Oktober 1986, H. 5, S. 19 f.
ders., Das Testament des Erzherzogs, in: Mallorca Magazin vom 5.–11. Mai 1985, Nr. 18, S. 10
Knaurs Kulturführer: Griechenland (München/Zürich 1982), S. 256 f.
Deutsches *Kolonialblatt.* Amtsblatt für die Schutzgebiete des Deutschen Reiches vom 1. August 1899, X. Jg., Nr. 15, S. 537
Wilhelm *Kosch:* Das katholische Deutschland. Bio-bibliographisches Lexikon in 3 Bänden (Augsburg 1930), Bd. 2, Sp. 2697 bzw. 2688 (Foto)
Horst *Kosche:* Mallorca, Ibiza, Menorca. Die Balearen (Bonn^4 1976)
Eberhard *Kusin:* Die Kaisergruft bei den P. P. Kapuzinern in Wien (Wien 1949), S. 44
Heinrich *Legai* (Hrsg.): Ritter's geographisch-statistisches Lexikon (Leipzig^2 1883), Bd. 2, S. 395
J. *Lambert*/León-W. Collet: Clypeaster Ludovici Salvatoris sp. nov. du Miocène de Majorque (Genève 1910) [= Mémoires de la Société Paléontologique Suisse, Vol. XXXVI (1909)]
Günter *Lanczkowski:* Die Insel der Seligen und verwandte Vorstellungen (Frankfurt/M. 1986) [= Europäische Hochschulschriften, Reihe XXIII Theologie, Bd./Vol. 261]
Ingeborg *Lang:* Mallorca (Salzburg 1979), S. 40 f.
J. B. *Laurens:* Recuerdos de Un Viaje Aristico a la Isla de Mallorca (Palma 1971)
Lechner's Mitteilungen auf dem Gebiete der Literatur und Kunst, der Photographie und Kartographie vom 1. Februar 1900, Nr. 10, S. 7 ff.
Thea *Leitner:* Habsburgs vergessene Kinder (Wien 1989), S. 239 ff.
Georg *Lentz:* Mallorca. Eines Habsburgers Traum, in: Zeitmagazin vom 25. September 1987, Nr. 40, S. 44 ff.

Österreichisches biographisches *Lexikon* 1815–1950 (Wien 1972), Bd. 5, S. 350 f.
Kurt Prinz zur *Lippe:* Balearen. Reisehandbüchel für Mallorca, Menorca, Ibiza mit 8 Abbildungen und 1 Karte (Holzkirchen/Obb., [um 1927], S. 16 f.
Joachim *List:* Beiträge zur Stellung und Aufgabe der Erzherzöge unter Kaiser Franz Joseph I. (Wien 1982) 2 Bde. [= unveröffentlichte, maschinenschriftliche Dissertation]
Pester *Lloyd,* 2. Beilage zur Nr. 113 vom 6.Mai 1906, o. S.
Beato Raimondo *Lulio:* Libro del amigo y del amado (Madrid 1956) [= Nebli, clasicos de espirtualidad]
H. *Ludwig:* Ithaka, in: Allgemeine Zeitung vom 9. Mai 1906
Luise von Toscana: Mein Lebensweg (Berlin 1911)
Lorenzo *Lladó:* El Archiduque Luis Salvator, promotor del turismo en Mallorca, in: Diario de Mallorca vom 30. März 1968, S. 12
A. G. *Llansó:* Alboran, in: La Vanguardia vom 14. Juli 1899, año XIX, Nr. 5819, S. 4
Josep Maria *Llompart* de la Penya: L'Arxiduc Lluis Salvador d'Austria, in: La Ultima Hora vom 28. August 1976, año LxxxIII, Nr. 25737, S. 18
ders. (Hrsg.): La historia de Mallorca cantada pels poetes (Palma 1963) [= Biblioteca »Les illes d'or«, Nr. 28]
Arturo *Llopis:* La visita que dejó huella: El Archiduque Luis Salvador, en Mallorca, in: La Vanguardia vom 16. März 1968, S. 53
ders., La visita que dejó huella: Un Habsburgo reencuentra a Ramon Llull, in: La Vanguardia vom 17. März 1968, S. 51
ders., La visita que dejó huella: Un paraiso llamado Miramar, in: La Vanguardia vom 19. März 1968, S. 35
Ramon *Llull:* Obras literarias, hrsg. v. Miguel Batllori/Miguel Caldentey (Madrid 1948) [= Biblioteca de autores cristianos]
Fritz *Machatschek:* [Todesanzeige und Bericht der Monatsversammlung vom 19. Oktober 1915], in: Mitteilungen der k. k. geographischen Gesellschaft zu Wien, Bd. 58 (Wien 1915), S. 419 und 421 f.
Claudio *Magris:* Der habsburgische Mythos in der österreichischen Literatur (Salzburg 1966)
Henes *Maier*/Gloria Keetman: Mit George Sand und Chopin auf Mallorca (Dortmund 1986)
Gabriel Janer *Manila:* Miramar: Sueño errante de un Archiduque, in: Destino vom 10. November 1884, año XXXV, Nr. 1884, S. 35 ff.

Paolo *Mantegazza:* L'Arciduca Luici Salvatore. E le fiable di Maiorca, in: Nuova Antologia vom 1. September 1896, Vol. LXV, Serie IV
Juan *March:* S'arxiduc. Biografía ilustrada de un príncipe nómada (Palma de Mallorca 1983)
Carlo *Marchesetti:* Saxifraga Ludovici Salvatoris. Nuova specie della isole Baleare, in: Estratto dal Bollettino della Società Adriatica de Scienze Naturali, 1912, Vol. XXVI, S. 45 ff.
Joan *Marí* Cordona: Els camins de l'Arxiduc, avui Eivissa-Puig d'es Molins-Ses Salines-Es Cubells-Eivissa, in: Estudis Baleàrics, September 1983, any III, Nr. 10, S. 27 ff.
M. E. A. *Martel:* Die Drachenhöhlen in Porto Cristo, dem Ausgang von Manacor, Insel Mallorca (Balearen) (Palma 1929) [= eingeschaltete Denkschrift im Kalender des französischen Klubs »Alpino«, Jg. 1896, Bd. XXII]
Daniel *Martínez* Ferrando: Guía Sentimental de Mallorca. Paisajes de la isla dorada (Barcelona/Palma, o. J.)
André *Maurois:* Lélia o la vida de George Sand (Madrid 1973)
Maximilian von Mexiko: Ausstellungskatalog zur Ausstellung auf Burg Hardegg vom 13.März bisd 17. November 1974.
Ernst *Mayer:* Heinrich Schliemann. Kaufmann und Forscher (Göttingen 1969)
Merian, Mallorca, Menorca, Ibiza [1981?], H. 2/26, S. 66 f.
Richard *Meister:* Geschichte der Akademie der Wissenschaften in Wien 1847–1947 (Wien 1947), S. 130 und 153 [= Denkschriften der Gesamtakademie, Bd. 1]
Meyers Enzyklopädisches Lexikon (Mannheim 1975), vol. 15, p. 325
Ministerio de Agricultura, Pesca y Alimentación. Servicio Provincial del Icona en Baleares (Hrsg.): Son Moragues. Guía de Paseo (Palma 1982)
Oskar Freiherr von *Mitis:* Das Leben des Kronprinzen Rudolf (Wien/München 1971)
Josep *Moll* Marquès u. a.: Mallorca (München 1982)
Günter *Moltmann* (Hrsg.): Deutsche Amerikaauswanderung im 19. Jahrhundert. Sozialgeschichtliche Beiträge (Stuttgart 1976) [= Amerika-Studien, Bd. 44]
Roland *Motz:* Balearen. Barcelona. Ein Reisebuch in den Alltag (Reinbek bei Hamburg 1988)
Peter *Müller:* Die Antike mit der Seele suchend. Der Träumer des Achilleions auf Korfu. Zum 100. Todestag von Alexander von Warsberg, in: Morgen 64/1989, S. 77 ff.
Juan *Muntaner* y Bujosa: La primera imprenta mallorquina, in:

BSAL 1958/59, años LXXIV-LXXV, tomo XXXI, Nr. 786–789, S. 467 ff.
ders./José Fco. Argente Sánchez: Introducción a la historia de Valldemossa (Mallorca 1980), Bd. 1
José *Negrón:* Reflejo de nuestra isla a finales del siglo XIX en el ya viejo libro »Costumbres de los mallorquines«, in: Diario de Mallorca vom 12. Juni 1984, año XXXI, Nr. 9878, S. 20 f.
M. *O.* B. [= Mateo Obrador y Bennassar]: Bosqueja Bibliográfico de la obra »Die Balearen in Wort und Bild geschildert« escrita y publicada por S. A. I. y R. el Archiduque de Austria Luis Salvator y su versíon española que actualmente se edita (Palma de Mallorca 1892) [= Extracto de los números del diario »El Isleno« correspondentes a los dias 22 y 25 de Abril y 3, 7 y 14 de Mayo de 1892]
ders., Ramón Llull en Venecia. Reseña de los Códices é Impresos Lulianos existentes en la Biblioteca Veneciana de San Marco, in: BSAL 1899/1900, años XV/XVI, tomo VIII, S. 301 ff.
Bernardo *Oliver:* Miramar y el archiduque Luis Salvador, in: Diario de Mallorca vom 17. August 1989, S. 14
Joan *Oliver* Fuster: El Archiduque Luis Salvador y sus trabajos en relación con la geografía (Palma 1980) [= unveröffentlichte, maschinenschriftliche Diplomarbeit der Universität Palma, Teoría e Historia de la geografia]
H. A. *Pagenstecher:* Die Insel Mallorka. Reiseskizze (Leipzig 1867)
Rafael *Paradelo* Perelló: Pintores extranjeros en Mallorca (Palma 1979), S. 42 ff.
J. *Partsch:* Ludwig Salvator, Erzherzog: Anmerkungen über Levkas, in: PM 55 (1909), H. Beilage, Nr. 765, S. 226 (geographischer Literaturbericht für 1909)
ders., Ludwig Salvator, Erzherzog: Parga, in: PM 54 (1908), Nr. 746a (Literaturbericht), S. 235
ders., Ludwig Salvator, Erzherzog: Versuch einer Geschichte von Parga, in: PM 54 (1908), Nr. 746b (Literaturbericht) S. 235
ders., Ludwig Salvator, Erzherzog: Zante. Specieller Teil, in: PM [!]
Philipp *Paulitschke:* Ludwig Salvator: Bizerta und seine Zukunft, in: MÖGG 24 (1881), S. 551
ders., Ludwig Salvator: Um die Welt ohne zu wollen, in: MÖGG 24 (1881), S. 549 f.
Franz *Pesendorfer:* Die Habsburger in der Toskana (Wien 1988)
ders., Ein Kampf um die Toskana. Großherzog Ferdinand III. (1790–1824) (Wien 1984) [= Veröffentlichungen der Kommission für die Geschichte Österreichs, Bd. 12]

Manfred *Pichler:* Der Aussteiger. Warum der Erzherzog Ludwig Salvator lieber auf Mallorca lebte als am Hof in Wien, in: Merian Mallorca, Februar 1987, S. 96 f.

Pablo *Piferrer*/José María Quadrado: Islas Baleares por … (Palma 1969) [= Ediciones de ayer; 1. Ed. 1880]

Dr.*Pl.:* Ustica und Alboran, in: 2. Bogen des Neuigkeits-Welt-Blatts (Illustrirte Nebenausgabe) vom 25. Februar 1899, o. S.

PM, 26 (1880), S. 318 und 61 (1915), S. 441

Herbert *Pochlatko*/Karl Koweindl: Einführung in die Literatur des deutschen Sprachraumes von ihren Anfängen bis zur Gegenwart. Mit besonderer Berücksichtigung des österreichischen Schrifttums (Wien 1975), Bd. 3, S. 73 f.

Polyglott-Reiseführer Hamburg (München[13] 1985/86), S. 56

Polyglott-Inselführer Mittelmeer. Von Ibiza bis Zypern, von Korsika bis Djerba – 150 reizvolle Inseln unter südlicher Sonne (München 1986)

Polyglott-Reiseführer Mallorca (München[4] 1982/83), S. 40 f.

Baltasar *Porcel:* Sa Alteza l'Arxiduc, in: Las illes encantades (Barcelona 1984), S. 213 ff. [= Cultura Catalana Contemporiània, XV]

ders., Los trabajos y los días: Su Alteza el Archiduque, in: La Vanguardia vom 31. März 1968, o. S.

Bosnische *Post.* Organ für Politik und Volkswirtschaft vom 17. August 1899, XVI. Jg., Nr. 187, S. 1 f.

Justin von *Prâśek:* Brandeis an der Elbe. Eine böhmische Stadt- und Schloßgeschichte, 2 Bde. (Prag 1915)

Neue Freie *Presse* vom 31. März [nähere Angaben fehlen, ev. 1911]

Neue Freie *Presse*, Abendblatt vom 29. Jänner 1870, Nr. 1946, S. 1

Neue Freie *Presse* vom 23. Juni 1896, Nr. 11434, S. 4

Neue Freie *Presse* vom 13. Oktober 1915, Nr. 18371, S. 10 f.

Willibald *Pschyrembel:* Klinisches Wörterbuch mit klinischen Syndromen (Berlin[154–184] 1964), S. 218

José María *Quadrado:* Recuerdos de Miramar en el sexto centenario de su fundación, in: Pedro José Gelabert (Hrsg.): Homage al beato Raimundo Lull en el sexto centuario de la fundación del Colegio de Miramar (Palma 1877), S. 5 ff.

J. F. *Ráfols:* Diccionario Biográfico de Artistas de Cataluña desde la época romana hasta nuestros días (Barcelona 1951–1954), Bd. 2, S. 502 ff.

Alfred von *Reumont:* Geschichte Toscanas seit dem Ende des florentinischen Freistaats (Gotha 1876/77), Bd. 2 [= Geschichte der europäischen Staaten] [o. A.]: Biografia de S. A. I. y R. el Serenisimo Señor Archiduque de Austria Luis Salvador de Habsburgo-Lorena y de Borbón, Socio de Honor del Ateneo, in: *Revista* de Menorca. Publicación del Ateneo, cientifico, literario y artistico de Mahón y de las sociedades afines domiciliades en el mismo, quinta época 1911, año XV, tomo VI, S. 293 ff.

Luis *Ripoll:* »S'Arxiduc« i »Sa Moixarra«, in: El Día de Baleares vom 11. März 1984, Nr. 895, S. 14

ders., S'Arxiduc, sus andanzas sexuales y el turismo, in: El Día vom 1. September 1985, S. 16

ders., La biografía del Arxiduc, envuelta de nuevo en la polémica, in:/ El Día vom 21. MÄrz 1984, Nr. 905, S. 21 f.

ders., Las deudas de s'Arxiduc y su »familia«, in: El Día vom 12. Oktober 1986, S. 18

ders., Letras mallorquinas. Libro segundo (Palma 1973), S. 291 ff. und 323 ff.

ders., Obra de Gaspar Sabater: »Mallorca en la vida del Archiduque«, in: El Día vom 17. November 1985, S. 16

ders., »So'n Marroig« y el Archiduque Luis Salvador (Palma 1952) [= Panorama Balear, Nr. 18]

ders./R. [= Rafael] Paradelo Perelló: Las Baleares y sus pintores (1836–1936). Ensayo de identificación y acercamiento (Palma 1981), S. 103 ff. und 118 ff.

Miguel *Ripoll:* Miramar, in: Valldemossa, Jänner 1972, año III, Nr. 22, S. 5

ders., Son Marroig, in: Valldemossa, Februar 1972, año III, Nr. 23, S. 5

ders., S'Estaca, in: Valldemossa, März 1972, año III, Nr. 24, S. 16

[Alexander] *Roda-Roda:* Das Buen Retiro eines Erzherzogs, in: Blätter für Belehrung und Unterhaltung. Beilage der Leipziger Neuesten Nachrichten vom 18. März 1907, Nr. 11, S. 43

ders., Roda Rodas Roman (Wien 1950), S. 509 ff.

María Pilar *Roncal:* Legenden Mallorcas (Palma 1959)

Coloma *Rosselló* de Sans: Guía histórico-descriptiva de Valldemosa y Miramar (Valldemossa 1910), S. 52 ff.

Nathaniel Baron *Rothschild:* Skizzen aus dem Süden (Wien 1894), 2 Bde.

Prudencio *Rovira:* Tierra Balear. Esbozos mallorquines (Barcelona 1913), S. 36 ff.

[o. A.]: Erzherzog Ludwig Salvator und die Toscanas. Zum Tode des Erzherzogs Ludwig Salvator, in: Österreichs Illustrierte *Rundschau* vom 22. Oktober 1915, 3. Jg., H. 4, S. 112 ff.

Santiago *Rusiñol:* La isla de la calma (Barcelona[2] 1981)
ders., Mallorca. Die Insel der Ruhe (Barcelona 1960)
Gaspar *Sabater:* Mallorca, ayer y hoy (Madrid 1961), S. 122 ff.
ders., Mallorca en la vida del Archiduque (Palma 1985)
ders., La pintura contemporánea en Mallorca del impresionismo a nuestros dias (Palma[2] 1982), Bd. 1, S. 30 f. und 80 ff.
José María *Salaverría:* Viaje a Mallorca (Madrid 1933), S. 55 ff. bzw. 99 ff.
Jaime *Salva:* Los poseedores de Mallorca, in: BSAL 1976/77, Nr. 824–827, tomo XXXV, S. 141 ff.
Pedro *Sampol* y Ripoll: Viajes Reales a la Isla de Mallorca (Palma 1904)
Celestino *Sánchez*/Wolf Strache: Mallorca, Menorca, Ibiza, Formentera (München/Luzern 1984)
George *Sand:* Geschichte meines Lebens (Frankfurt[4] 1978), S. 176 ff. und 196 ff.
dies., Ein Winter auf Mallorca (München 1985)
dies., Ein Winter auf Mallorca (Palma de Mallorca 1974) [verschiedene Übersetzungen aus dem Französischen]
Julio *Sanmartin* Perea: Mallorca. Breviario de viaje. Aspectos biográficos de los hombres, los rincones y el paisaje de la isla (Palma 1945), S. 178 ff.
Juan *Santander* Marí: Permanencia de »S'Arxiduc«, in: Diario de Mallorca vom 19. März 1968, S. 32
Miguel *Segura*/ Josep Vincens: Possessions de Mallorca, Vol. I (Palma 1985), Vol. II (Campos 1987)
José María *Sevilla* i Marcos: Ramón Llull, anticipador de la informática, in: Diario de Mallorca vom 29. November 1987, S. 8 f.
Gilbert *Sigaux:* Geschichte des Tourismus. Illustrierte Geschichte der Wissenschaft und Technik (Lausanne [um 1966]), S. 77
A. E. *Sokol:* Seemacht Österreich. Die Kaiserl. und Kgl. Kriegsmarine 1382–1918 (Wien/Zürich/München 1972), S. 102
Brigitte *Sokop:* Stammtafeln europäischer Herrscherhäuser (Graz 1976)
Wenzel *Sommer:* Kurze Geschichte der Stadt Schlackenwerth in Verbindung mit dem Piaristen-Collegium. Nebst Anhang: Der große Brand am 9. Mai 1866 (Schlackenwerth 1866)
B. Y. *Sp* ... B.[= Baronessa Yella Spens-Booden]: Von Palma über Ibiza nach Alicante (Neustadt a./Mettau 1897)
dies., Majorca. Pagine scolte, da un diario di viaggio (Triest 1897) [= estratto dal giornale »Il Tourista«, anno IV, Nr. 2 und 3]

Friedrich *Springorum:* Mallorca. Licht über Steinen (Bern 1960)
Josep *Sureda* i Blanes: Mallorquins d'ahir (Palma 1974), S. 7 ff. [= Biblioteca »Les illes d'or, Nr. 110)
Karl von *Scherzer:* Halbvergessene Inseln, von einem österreichischen Erzherzog geschildert, in: Illustrierte Zeitung. Für Familien und Lesezirkel, gute Hotels, feinere Cafés und bessere Restaurationen vom 25. März 1897, 108. Bd., Nr. 2804, S. 399 ff.
ders.,Reisen des Erzherzogs Ludwig Salvator, in: Beilage zur Allgemeinen Zeitung vom 2. April 1882, Nr. 92, S. 1361 f.
Egon G. *Schleinitz* (Hrsg.): Mallorca. Porträt einer Insel (Frankfurt/München[2] 1958) [mit Fehlern bzgl. Erzherzog Ludwig Salvator]
Siegmund *Schneider:* Zante. Das neueste Werk des Erzherzogs Ludwig Salvator, in: Österreichische Illustrierte Zeitung vom 4. Dezember 1904, IXV. Jg., H. 10, S. 241 ff.
ders., Zante. Von Erzherzog Ludwig Salvator, in: Österreich Illustrierte Zeitung vom 2. Juli 1905, XV. Jg., H. 40, S. 990 ff.
Walter *Schneider* (Hrsg.): Egon Friedell Aphorismen zur Geschichte (Wien/Stuttgart o. J.), S. 17
Georg *Schreiber:* Auf den Spuren der Türken (München 1980), S. 126 bzw. 253
Herman *Schreiber:* Von Thule bis Madagaskar. Inseln der Welt in Geschichte und Sage (Wien/Heidelberg 1968)
Fernando *Schwartz:* Juan Carlos I., in El País. Diario independente de la mañana vom 13. August 1989, año XIV, Nr. 4502, S. 36
G. *Schweinfurth:* Erzherzog Ludwig Salvator (anonym): Ramleh als Winteraufenthalt [= Druckfahne für PM vom 5. November 1900]
Chris *Stadtlaender:* Ludwig liebte ländlich, in: Wiener Samstag vom 4. März 1972, Jg. 21, Nr. 10, S. 8
Carl *Stangen's* Verkehrs-Zeitung vom 1. September 1899, VI. Jg., Nr. 17, S. 262
Tilbert D. *Stegmann:* Der Erzherzog Ludwig Salvator als literarisches (und mallorkinisch/katalanisches) Thema für zwei Werke von Ginka Steinwachs, in: hispanorama 40/Juni 1985, S. 86 f.
ders., Der gelehrte Dichter, in: Merian Mallorca, Februar 1987, 40. Jg., H. 2, S. 94 f.
Ginka *Steinwachs:* Erzherzog-Herzherzog. Metastück oder: Das unglückliche Haus Österreich heiratet die Insel der Stille (München 1985)
dies., Der schwimmende Österreicher (Graz 1985)
Prinzessin *Stephanie* von Belgien/Fürstin von Lónyay: Ich sollte Kai-

serin werden. Lebenserinnerungen der letzten Kronprinzessin von Österreich-Ungarn (Leipzig 1935), S. 142 bzw. 181 f.

Johannes *Stöhr:* Missionsvorstellung in Llulls Spätschriften, in: Estudios Lulianos. Revista cuatrimestral de Investigación Luliana y Medievalitica. Publicada por la Maioricensis Schola Lullista, 1978, año XXII, Vol. XXII, S. 139 ff.

St. [= Josef Stradner]: [ohne Titel], in: Adria vom August 1910, 2. Jg., H. 9, Sp. 355

ders., [ohne Titel], in: Adria vom März 1909, 1. Jg., H. 4, Sp. 151/52

Hans *Strelocke:* Mallorca, Menorca (Köln[2] 1982) [mit falschen Angaben]

Elise von *Stribrny:* Er gab uns des Südens Sonne! Lieder gesungen dem genialen Forscher des Mittelmeeres (Prag 1915)

Emmy *Stricker:* Erinnerung an weiland Erzherzog Ludwig Salvator, in: Österreichs Illustrierte Rundschau vom 29. Oktober 1915, 3. Jg., H. 5, S. 134 ff.

Mary *Stuart* Boyd: The fortunate isles. Life and travel in Majorca, Minorca and Iviza (London 1911), S. 66 ff. bzw. 79 ff.

Prager *Tagblatt* vom 14. Juli 1899, XXIII. Jg., Nr. 193, S. 1 f.

Prager *Tagblatt,* Abendausgabe vom 12. Oktober 1915, Jg. 40, Nr. 283, S. 1

Prager *Tagblatt,* Morgenausgabe vom 13. Oktober 1915, Jg. 40, Nr. 284, S. 5

Prager *Tagblatt,* Morgenausgabe vom 14. Oktober 1915, Jg. 40, Nr. 285, S. 5 f.

Prager *Tagblatt,* Morgenausgabe vom 15. Oktober 1915, Jg. 40, Nr. 286, S. 6

Prager *Tagblatt,* Morgenausgabe vom 16. Oktober 1915, Jg. 40, Nr. 287, S. 5

Prager *Tagblatt,* Morgenausgabe vom 17. Oktober 1915, Jg. 40, Nr. 288, S. 5

Prager *Tagblatt,* Mittagausgabe vom 18. Oktober 1915, Jg. 40, Nr. 289, S. 2

Prager *Tagblatt,* Abendausgabe vom 18. Oktober 1915, Jg. 40, Nr. 289, S. 2

Prager *Tagblatt,* Morgenausgabe vom 19. Oktober 1915, Jg. 40, Nr. 290, S. 6 f.

Triester *Tagblatt,* Morgenausgabe der »Triester Zeitung« vom 12. August 1899, XX. Jg., Nr. 5941, S. 1 und vom 13. August 1899, XX. Jg., Nr. 5942, S. 1

Neues Wiener *Tagblatt*. Demokratisches Organ vom 31. Juli 1899, 33. Jg., Nr. 208, S. 1 ff.
Oskar *Teuber:* Ein Erzherzog als Forschungsreisender, in: Beilage zur Bohemia vom 12. November 1881, Nr. 313, S. 1 f.
Albin von *Teuffenbach:* Ein neues Werk des Erzherzogs Ludwig Salvator, in: Salzburger Zeitung vom 26.Juni 1900, Nr. 144, S. 3; 27. Juni 1900, Nr. 145, S. 3 und vom 28. Juni 1900, Nr. 146, S. 3
Albert Vigoleis *Thelen:* Die Insel des zweiten Gesichts. Aus den angewandten Erinnerungen des Vigoleis (Frankfurt u. a. 1983)
Il *Tourista*. Organo del Club Touristi Triestini vom 6. September 1898, 5. Jg., Nr. 9, S. 65
Il *Tourista* vom 2. Februar 1898, 5. Jg., Nr. 2, S. 22
Sebastià *Trias* Mercant: Aproximació a l'obra de l'Arxiduc Lluis Salvador, in: Estudis Baleàrics, September 1981, any 1, Nr. 2, S. 87 ff. bzw. in: Separata de Estudis Baleàricas 1981, Nr. 2, S. 88 ff.
ders., El programa metodològic a l'antropologia de Lluis Salvador, in: Estudis Baleàrics, Dezember 1983, S. 91 ff. bzw. in: Estudis Baleàrics. Separata, 1983, S. 91 ff.
ders., Valldemossa, una historia, una cultura, un poble (Palma 1980)
Antonio *Vadell*-Castillo Valldemossa y La Cartuja (Palma o. J.)
Valpolicella: Erlauchte Schriftsteller, in: Über Land und Meer. Allgemeine Illustrierte Zeitung (Stuttgart 1887), Bd. 58, Nr. 41, S. 774 f.
Mario *Verdaguer* de Travesi: Die goldene Insel. Roman der Landschaft und Leidenschaft (Berlin/Wien/Leipzig 1933)
Jules *Verne:* Viaje a Mallorca de »Clovis Dartendor« (Palma 1952)
José *Vidal* Isern: Archiduque Luis Salvador, in: Hombres de ayer (Palma 1961), S. 49 ff.
ders., Espiritu y potencia de Baleares (Palma 1949)
ders., La isla maravillosa. Visiones y motivos de Mallorca (Palma 1945), S. 119 ff., [= »La Revista de Viajes« – Periódico ilustrado consagrado al turismos; Madrid, April-Juni 1936]
Literatur-Beilage zum Grazer *Volksblatt* vom 23. Juli 1899, Nr. 167, o. S.
Linzer *Volksblatt* für Stadt und Land vom 13. September 1899, XXXI. Jg., Nr. 209, S. 5
Gaston *Vuillier:* The forgotten isles. Impressions of travel in the Balearic Isles, Corsica and Sardinia (Londson 1896); französische Ausgabe: Les îles oubliées. Les Baleares, La Corse et la Sardaigne. Impressions de Voyage (Paris 1893)
ders., Miramar (o. O., o. J.)
ders.,/Archiduque Luis Salvador: Miramar de Mallorca seguido de

»Lo que sé de Miramar«, »Flors de Miramar«, »Indicaciones a los que visitan Miramar« (Palma 1987) [= La isla de la calma, 1]
Alexander Freiherr von *Warsberg:* Aus den Odysseeischen Landschaften (Linz 1934)
ders., Ithaka (Wien 1887)
Friedrich *Weissensteiner:* Ein Aussteiger aus dem Kaiserhaus: Johann Orth. Das eskapadenreiche Leben des Erzherzogs Johann Salvator. Eine Biographie (Wien 1985)
ders., Franz Ferdinand. Der verhinderte Herrscher (Wien 1983)
ders., Reformer, Republikaner und Rebellen. Das andere Haus Habsburg-Lothringen (Wien 1987)
Georg A. *Weth*/Maria Gabriel/Emile Rom: Märchentraum der Balearen (Bern 1984), S. 22 ff. bzw. 156 f. [= Inselmärchen der Welt, Bd. 1]
Georg A. *Weth*/Karlheinz Jardner: Wie ein leuchtender Spiegel. Liebeserklärung an Mallorca (Lahr 1988)
Moritz *Willkomm:* Spanien und die Balearen. Reiseerlebnisse und Naturschilderungen nebst wissenschaftlichen Zusätzen und Erläuterungen (Berlin 1876)
ders., Zwei Jahre in Spanien und Portugal. Reiseerinnerungen (Dresden/Leipzig 1847)
ders., Das Klima der Balearen, in: Zeitschrift der österreichischen Gesellschaft für Meteorologie vom 15. November 1874, Bd. 9, Nr. 22, S. 346 ff.
Leo *Woerl:* Erzherzog Ludwig Salvator aus dem österreichischen Kaiserhause als Forscher des Mittelmeeres (Leipzig 1899)
ders., (Hrsg.): Mallorka. Illustrierter Führer durch Palma und die Insel Mallorka (Leipzig [um 1905]) [= Woerl's Reisehandbücher, o. Nr.]
Leopold *Wölfling:* Als ich Erzherzog war ... (Berlin 1935)
ders., Habsburger unter sich. Freimütige Aufzeichnungen des ehemaligen Erzherzogs (Berlin-Wilmersdorf 1921)
Charles W. F. R. G. S. *Wood:* Letters from Majorka (London 1888)
Constant von *Wurzbach* (Hrsg.): Biographisches Lexikon des Kaisertums Österreich (Wien 1882), Bd. 46, S. 167 ff.
Yacht-Register H. I. H. The Archduke Ludwig Salvator. Lloyd's Register of Shipping. Nr. 2, London 1899, Nr. 1288
Allgemeine *Zeitung* vom 7. Juni 1833 (Nr. 158), 9. Juni 1833 (Nr. 160), 17. Juni 1833 (Nr. 168), 23. Juni 1833 (Nr. 174), 29. Juni 1833 (Nr. 180) bzw. 2. Juli 1833 (Nr. 183) bzgl. Großherzog Leopold
Weiters: 2. Februar 1870 (Nr. 33), S. 492; 3. Februar 1870 (Nr. 34),

S. 508; 6. Februar 1870 (Nr. 37), S. 557; 9. Februar 1870 (Nr. 40), S. 598 bzw. 10. Februar 1870 (Nr. 41), S. 618/19
Beilage zur Allgemeinen *Zeitung* vom 19. Februar 1870 (Nr. 50), S. 761
Neue Augsburger *Zeitung* vom 8. September 1899, Nr. 208, S. 7
Prager *Zeitung* vom 13. Juli 1899, Nr. 157, S. 2
Preßburger *Zeitung*, Morgenblatt vom 23. Juli 1899, Nr. 201, S. 4
Preßburger *Zeitung*, Morgenblatt vom 26. Juli 1899, Nr. 204, S. 1 f.
Preßburger *Zeitung*, Morgenblatt vom 27. Juli 1905, Nr. 205, S. 1 ff.
Beilage zur Salzburger *Zeitung* vom 29. Juli 1899, Nr. 171, S. 7
Allgemeine Sport-*Zeitung*. Wochenschrift für alle Sportzweige vom 5. September 1899, S. 1102
Wiener *Zeitung* vom 23. Mai 1867, S. 1
dies., vom 9. August 1899, Nr. 181, S. 2 ff.
dies., vom 13.Oktober 1915, Nr. 237, S. 6 ff.
H. *Zimmer:* Ludwig Salvator, Erzherzog: Panorama von Alexandrette, in: PM 48/ 1902, H. 3, Nr. 148, S. 46

Texte

13. Nr. 68: Aclaramientos sobre los muebles de la casa (BBM: Herreros-Briefe), S. 292

1. Ernennungen und Auszeichnungen Erzherzog Ludwig Salvators

1. *Oberst* im Tiroler Jägerregiment (ab 16. August 1865)
2. *Oberst,* Inhaber des Infantrieregiments Nr. 58 (ab 30. März 1867)
3. *Ehrenmitglied* der Akademie der Wissenschaften/Wien (ab 1889)
4. *Ehrenmitglied* der Ungarischen Geographischen Gesellschaft/Budapest (ab 1882)
5. *Ehrenmitglied* der Societá Geografica Italiana/Rom (ab 1884)
6. *Ehrenmitglied* des Vereins für Erdkunde/Metz (Urkunde vom 18. Oktober 1881)
7. *Ehrenmitglied* der Geographischen Gesellschaft für Thüringen/Jena (ab 1883)
8. *Ehrenmitglied* auf dem Gebiet der Länder- und Völkerkunde der Geographischen Gesellschaft/London (ab 1899)
9. *Ehrenmitglied* der Royal Geographical Society/London (ab 1881)
10. *Ehrenmitglied* der Academia de Bellas Artes de Palma (ab 1883)
11. *Ehrenmitglied* der Real Academia de la Historia/Madrid (ab 1897)
12. *Ehrenmitglied* der Societá Siciliana per la Storia Patria/Palermo (ab 1901)
13. *Ehrenmitglied* der Societá Africana d'Italia/Neapel (Urkunde vom 30. Mai 1883)
14. *Socio Corresponsal Honorario* der Sociedad Geografica de Lima (ab 1896)
15. *Ehrenmitglied* des Centro Balear/Buenos Aires (ab 1911)
16. *Ehrenmitglied* der Hungarian Social and Mutual Aid Society of the Pacific Coast/San Francisco (Urkunde vom 2. Oktober 1881)
17. *Ehrenmitglied* des Cercle Litteraire de Byron/Athen (ab 1877)
18. *Ehrenmitglied* des Touring Club de Belgique, Societé Royale/Brüssel (ab 1911)
19. *Socio de Honorar* des Ateneo/Mahón, Menorca (lt. Beschluß der Junta directiva vom 14. Februar 1909)
20. *Mitglied* der Societá Entomologica Italiana/Florenz (ab 1889)
21. *Korrespondierendes Mitglied* der Real Accademia Lucchese di Scienze, Lettere ed Arti/Lucca (Urkunde vom 20. März 1882)
22. *Socie Ordinario Perpetuo* des Club Alpino Siciliano/Palermo (ab 1897)
23. *Ordentliches Mitglied auf Lebenszeit* des Club Touristi Triestini/Triest (ab 1898)

24. *Membre correspondant* der Societé Académique Indo-Chinoise de France pour l'Etude Scientifique et Economique de L'Inde Transgangétique, de L'Inde Française et de la Malaise/Paris (ab 1889)
25. *Life Membership* des American Museum of Natural History/New York (Zertifikat vom 3. Dezember 1909)
26. *Vicepresidente de Honor* der Asociatión de Agricultores de España/Madrid (ab 1912)
Ehrenpräsident dieser Vereinigung war der König von Spanien, Alfons XIII.
27. *Protektor* des St.-Lucas-Vereins/Prag (ab 1879)
28. *Unterstützendes Mitglied* der Sociedad Española de Salvamento de Náufrago/Madrid (ab 1884)
29. *Hijo Adoptivo de Palma* (ab 6. Juli 1877)
30. *Hijo ilustre de Mallorca*, ernannt vom Ayuntamiento de Palma (1910)
31. *Hijo ilustre de las Baleares*, ernannt von der Diputación Provincial der Balearen
32. *Ehrenpräsident* des Formento del Turismo de Palma (1909)
33. *Ehrenpräsident* der Magyar Földrajzi Társaság, Société Hongroise de Géographie/Budapest (18. Oktober 1896)
34. *Ehrenpräsident* des X. Internationalen Geographenkongresses in Rom 1910

Ehrendiplom I. Classe anläßlich der Internationalen Geographischen Ausstellung in Venedig 1881 für das Werk »Die Balearen. Geschildert in Wort und Bild«
Hauer-Medaille der Geographischen Gesellschaft/Wien für außergewöhnliche Leistungen auf dem Gebiete der Geographie (16. Dezember 1898)
Goldmedaille anläßlich der Weltausstellung in Paris 1878 für das Werk »Die Balearen«
Lettre de Distinction, die höchste Auszeichnung, die der Internationale Geographische Kongreß in Paris 1875 zu vergeben hatte
Diploma de Medalla de Oro der Exposición Balear Agricola y Pecuaria/ Manacor, Mallorca (1. Oktober 1897)
Diploma de Medalla de Plata der Exposición Historica Europea anläßlich der 400-Jahrfeier der Entdeckung Amerikas 1492–1892/Madrid (17. August 1893)

Urkunde über Teilnahme am Philologischen Kongreß in Athen vom 29. Jänner 1903

2. Die Familie des Antonio Vives

1. Ehe:

Antonio Vives (* 6. Juli 1854 in Deià/Mallorca, † 19. Juni 1918 in Brandeis an der Elbe/Böhmen; begraben am Ortsfriedhof von Brandeis), heiratete am 25. Jänner 1879 in Venedig *Luisa Venezze y Fole,* Tochter von Giovanni Conde de Venezze und Maria Fole.

Kinder:

1. *Luis Salvador Vives Venezze (= Gigi)*: * 30. September 1880, verheiratet ab dem 20. Februar 1912 (Capilla de Trinidad/Miramar) mit *Rosita Colorado Roig.*
   Kinder:
   Luisa, verheiratet mit *Carlos Garcia Farias* und Mutter von *Luis* und *Carmen* bzw.
   Antonio, verheiratet mit *Juana Bauza Sampol* und Vater von *Maria Rosa, Luis Salvador, Maria Christina* und *Antonia.* Diese Familie bewohnte das Anwesen Son Gual, das bis heute in ihrem Besitz ist.
2. *Luis Antonio Vives Venezze (= Gino)*: * 7. Juli 1884 in Zindis (lt. March) bzw. 7. Mai 1884 in Miramar (lt. Sabater), verheiratet mit *Evelyn Clark,* die als Gouvernante bei Ludwig Salvator im Dienst stand. Die Ehe blieb kinderlos. Die beiden bewohnten Son Galceran, das sich heute im Besitz von Juan March befindet.
3. *Luisa Maria Magdalena Vives Venezze (= Gigetta):* * 5. August 1882 in Zindis, verheiratet ab dem 20. Februar 1912 (Capilla de Trinidad/Miramar, Doppelhochzeit mit ihrem ältesten Bruder Gigi) mit *Leonardo Juan Cilimingras,* dem Leibarzt Ludwig Salvators und griechischer Konsul auf Mallorca.
   Kinder:
   Isabel, verheiratet mit dem Arzt *José Vives Febrer* und Mutter von *Leonardo Juan* und *José* bzw.
   Luis Salvador, Arzt und Bürgermeister von Valldemossa, verheiratet mit *Maria Casanovas Despujol* und Vater von *Luisa, Leonardo Juan, Luis Salvador, José Luis, Dionisia, Mario* und *Francisco.*
   Die Familie bewohnte das Gut Son Moragues. Nach dem Tode von Gigetta blieben die Nachkommen ihres Sohnes Besitzer von Son Moragues, während Isabel und ihre Kinder die Estaca erben.

Luisa Venezze starb am 8. Februar 1896 bei der Geburt ihres vierten

Kindes im Alter von 38 Jahren in Son Marroig und wurde in der Familiengruft der Familie Vives am Friedhof von Deià begraben.

2. Ehe:

In zweiter Ehe war Antonio Vives y Colom mit *Ana Ripoll Canals* aus Deià verheiratet.

Kinder:

Luisa Magdalena Vives Ripoll (= Luigina): * 17. August 1899 in Abbazia, verheiratet mit dem Maler *Antonio Ribas Prats* und Mutter von:
Isabel und
Silvia, verheiratet mit dem Arzt *José Maria Sevilla Marco* und Mutter von *José* und *Antonio Luis.*
Die Familie lebte in Son Marroig, das sich wie Miramar im Besitz dieser Familie befindet.

3. Einteilung

für die Benützung der Hofwagen am 16. Mai 1897 in Preßburg zur Fahrt vom Bahnhof (ev. vom Hotel) zum Krönungsmonument, von dort zum Franziskanerkloster und sodann in das Hotel.
Erzherzog Ludwig Salvator reiste zusammen mit seinem Kammervorsteher Graf Coronini-Cronberg in einem zweisitzigen Leibwagen.

4. Programm

für die aus Anlaß der feierlichen Enthüllung des Krönungs-Monuments in Preßburg anwesenden durchlauchtigsten Herrschaften:

Sonntag, 16. Mai 1897:
7.15 Uhr: Abfahrt des Separatzuges in Wien
8.45 Uhr: Ankunft in Preßburg, wo Hofwagen bereitstehen
9.30 Uhr: Enthüllung (Adjustierung: ungarische Generalsuniform mit dem Bande des österreichisch-ungarischen Ordens-Großkreuzes, mit Dienstabzeichen; Damen in Morgentoilette mit Hut)

10.30 Uhr: Fahrt zur Pforte des Franziskanerklosters
10.45 Uhr: Feierliche Einweihung des restaurierten Turmes des Franziskanerklosters
12.15 Uhr: Familien-Dejéuner im Palais von Erzherzog Friedrich (Herren erscheinen mit Mütze)
Dejéuner für Suiten im Hotel Palugyay
5.30 Uhr: Familien-Diner im Palais von Erzherzog Friedrich (Herren erscheinen mit Parade-Kopfbedeckung)
Diner für Suiten im Hotel Palugyay
7.00 Uhr: Festvorstellung im Hoftheater (Herren erscheinen mit Parade-Kopfbedeckung; die Toilette der Damen ist Semi Montante)
9.45 Uhr: Abfahrt des Sonderzuges
11.15 Uhr: Abfahrt in Wien

5. Bericht des Konsulats von Alexandrien an den Grafen Berchtold

Cairo, am 10. Dezember 1913

Hochgeborener Graf!

Im Verfolge meiner gehorsamsten Relation Nr. 24 vom 20. d. Mts. beehre ich mich, Euer Exzellenz ergebenst zu berichten, dass, laut der mir seither von unserem Consulate in Alexandrien zugekommenen Meldungen, Seine kais. und königl. Hoheit der durchlauchtigste Herr Erzherzog Ludwig Salvator sich erfreulicher Weise entschieden wohler befindet, als dies unmittelbar nach Seiner Ankunft in Alexandrien der Fall war.
Dieser erfreuliche Umstand wurde dem Vice-Consul Schwagula auch von der Umgebung Seiner kaiserl. und kgl. Hoheit bestätigt und konnte der eben genannte derzeitige Leiter des k.u.k. Consulates in Alexdandrien, anlässlich der Audienz, die der durchlauchtigste Herr ihm Ende vorigen Monats zu gewähren die Gnade hatte, persönlich constatiren, dass das Sprechen Seiner kais. Hoheit nicht mehr so schwer fiel, wie damals bei höchst- seiner Ankunft und dass auch die seelische Depression, die anlässlich der Landung allgemein bemerkt worden ist, seither gewichen zu sein scheint.
Vice-Consul Schwagula bemerkt jedoch, dass er allerdings wahrnehmen musste, dass der durchlauchtigste Herr Erzherzog zeitweilig von leichten Atembeschwerden befallen wurde und dass sich

auch eine gewisse Müdigkeit und Schläfrigkeit bemerkbar machte. Die Extremitäten seien noch stark geschwollen gewesen und als Seine k.u.k. Hoheit sich am Schlusse der Audienz vom Sessel erheben wollte, sei dies kaum ohne Mithilfe möglich gewesen.
Am 4. l. Mts. ist mir die Ehre zu Theil geworden, von Seiner k.u.k. Hoheit, in seiner Villa in Ramleh, in Audienz empfangen zu werden.
Ich konnte bei dieser Gelegenheit meinerseits nur feststellen, dass die vom Vice-Consul Schwagula mir gemeldeten obstehenden erfreulichen Symptome der Besserung seither noch weitere Fortschritte gemacht haben. Als der durchlauchtigste Herr nach einer einstündigen Audienz mich gnädigst entliess, stand Höchstderselbe ohne jedwede Hilfe von seinem Sessel auf und geruhte der hohe Herr sogar, in überaus huldvoller Weise, mich bis zum Eingang seines Gartens zu begleiten, wobei Seine Kaiserl. Hoheit den etwa 100 Schritte langen Weg, wenn auch langsam, aber immerhin ohne jeder fremden Stütze, zurückgelegt hat.
Seine kaiserl. u. kgl. Hoheit, Höchstwelcher bisher keinen Arzt in Alexdandrien consultirt hat, macht übrigens bereits Ausfahrten und Besuche bei seinen Bekannten und sprach zu wiederholten Malen auch am k.u.k. Consulate dortselbst vor. Im übrigen lebt der durchlauchtigste Herr in Ramleh, nach wie vor, in der grössten Einfachheit.
Der durchlauchtigste Herr Erzherzog beabsichtigt, wie er mir sagte, vor der Hand längere Zeit in Ramleh zu verweilen, dessen moderirtes Klima ihm auch wohl zu tun scheint. Genehmigen, Eure Exzellenz, den Ausdruck meiner tiefen Ehrfurcht

L. Széchenyi

6. Testament Erzherzog Ludwig Salvators:

1. Fassung: Zindis, den 10. Dezember 1879
Dies ist mein letzter Wille der Fluch des Himmels dem der es nicht befolgt. Ich erkläre vor allem hiermit alle meine früheren letztwilligen Anordnungen für Null und nichtig. Ich hinterlasse allen in meinem Dienste stehenden Leuten Zeitlebens den Gehalt den sie an meinem Sterbetag beziehen. Ausserdem hinterlasse ich dem Herrn Alois Pazelt 12.000 Gulden der Familie Vyborny in Kuttenberg 12.000 Gulden dem Herrn Franz Klement 12.000 Gulden dem Herrn

Wenzel Fousek 12.000 Gulden dem Herrn Emanuel Wurmser 12.000 Gulden dem Herrn Antonio Vives 12.000 Gulden außer den Gehalten die alle diese wie oben gesagt an meinem Sterbetage beziehen und die sie Zeitlebens, wie meine ganze übrige Dienerschaft geniessen sollen.

Erzherzog Ludwig Salvator

2. Fassung: Bordighera, den 15. Februar 1900
Dies ist mein letzter Wille der Fluch dem Himmel dem der es nicht befolgt. Vor Allem erkläre ich hiermit alle meine letztwilligen Anordnungen die sich unter meinen Papieren vorfinden könnten die früheren Datums wie diese von mir eigenhändig geschriebene und unterschriebene letztwillige Anordnung für null und nichtig.
Ich ernenne zu meinem Universal-Erben Dn. Antonio Vives y Colom und dessen Kinder und zwar von allen meinen liegenden Gütern Papieren Kunstgegenständen und überhaupt von Allen mir gehörigen Sachen jedweder Art. Die liegenden Güter bestehen in Oesterreich aus meiner Herrschaft Brandeis an der Elbe mit Prerow und alles was dazu gehört und aus meinem Gute Zindis in Muggia bei Triest, in Spanien aus dem Gesamtkomplexe von Miramar in den Gemeinden von Valldemosa und Deyá auf der Insel Mallorca und dem kleinen Gute San Telmo in der Gemeinde von Andraitx auf derselben Insel Mallorca, in Egypten aus meinem Besitze in San Stefano, Ramleh, bei Alexandrien und in Frankreich aus meinem Häuschen in Nizza auf der Strasse von St. Philippe nach St. Pierre de Terry und zu diesem gehörig das unter dem Nahmen L. Neudorf eingetragen ist.
Meine Yacht »Nixe« hinterlasse ich gleichfalls dem genannten Dn. Antonio Vives y Colom und seinen Kindern ebenso die in Wien in Aufbewahrung befindlichen Pretiosen und Werthpapieren.
Allen meinen in meinem Dienste befindlichen Personen hinterlasse ich Zeitlebens den Gehalt die sie an meinem Sterbetage beziehen.
An Antonietta Lancerotto wird Dn. Antonio Vives y Colom zeitlebens denselben Genuss wie sie gegenwärtig hat bewahren.

Erzherzog Ludwig Salvator

7. Totenschein Erzherzog Ludwig Salvators

K.u.k. Hof- und Burgpfarre
Sterbematrik der Allerhöchsten Familie, Tom.I, Fol. 47
Wien, am 22. Oktober 1915, gezeichnet vom k.u.k. Hof- und Burgpfarrer, Dr. Ernst Seydl
Todesart: Arteriosclerose und Ulcera cruris
Beisetzung: Leichnam wurde nach Einsegnung durch Seine Eminenz, Kardinal-Fürsterzbischof von Prag, Leo Freiherr von Skrbensky vorgenommen am 18. Oktober 1915 zu Brandeis beigesetzt.

8. Bericht über den bei der Balsamierung weil. Sr. Kais. und Kön. Hoheit Erzherzog Ludwig Salvator erhobenen Befund

Die Einbalsamierung wurde in der Nacht des 12. auf den 13. Oktober 1915 in dem Schlosse in Brandeis a.E. vorgenommen von dem Unterfertigten mit seinen Hilfskräften in Gegenwart des behandelnden Arztes Dr. Sarsck aus Altbunzlau.
Nach Identitätskonstatierung wurde zur Einbalsamierung geschritten.
Nach vollendeter Procedur wurde nachfolgendes Protokoll niedergeschrieben.
Alter 68 Jahre, Körperlänge 184, starker Knochenbau, Kopf gross, graues meliertes Haupthaar, weisser spärlicher Vollbart, gedunsenes Gesicht, kurzer dicker Hals, mächtiger Brustkorb, übermässiger Hängebauch. Beide unteren Extremitäten mächtig vergrössert: Umfang in der Mitte des Oberschenkels 66 cm, unterhalb des Knies 58, im unteren Drittel des Unterschenkels 42 cm auf beiden Seiten annähernd gleich. Die Haut im Bereiche der Vorderseite beider Unterschenkel zeigt zweierlei Veränderungen und zwar finden wir teils überhäutete, teils besonders rechts von zahlreichen in die Tiefe dringenden Eiter enthaltenden Herden durchsetzte chronische Fussgeschwüre, oder kleinere und grössere Blasen, die mit seröser oder sanguinolentöser Flüssigkeit gefüllt sind. Die ganze Umgebung der überhäuteten oder offenen Geschwüre hebt sich charakteristisch ab. Die Epidermis ist nämlich rauh, höckrig, rauchgrau, einer Baumrinde ähnlich; Die Erhabenheiten der Haut sind im oberen Drittel des Unterschenkels sehr flach gewölbt, gegen unten hin werden die Erhebungen schmächtiger, spitziger, nehmen papillae-

ren Charakter an, der insbesondere die dorsale Seite der Füsse gleichmässig borstenförmig bedeckt. An der Planta pedis am Fussballen ist die Epidermis beiderseits maseriert, zeigt handtellergrosse feuchte rötlich gefärbte Defekte. Zu bemerken ist, dass diese entzündlichelephantiastische Hyperplasie die ganze Cirkumferenz der Unterschenkel einnimmt bis zu den Nagelfalzen reichend, links schon unterhalb der Patella beginnend, während rechts diese die zwei unteren Drittel einnimmt; rechts finden wir oberhalb der Wadenmuskulatur eine handtellergrosse maserierte Stelle, ebenso eine etwas kleinere in der Mallsolengegend. Ansonsten sind die Hautdecken blass, um beide Brustwarzen im Kreise stehende schwarzgraue in Lamellen sich erhebende Pigmentierungen.
Von den inneren Organen wurden die Lungen, Herz, Nieren, Leber, Milz, die Blutgefässe, Digestions- und Harnorgane in Augenschein genommen. Die Lungen sind gross, gedunsen, rechts vorne und hinten bindengewebig an die Pleura fixiert; sie sind lufthältig, nur rechts im Unterlappen Hypostase. Herz ist sehr vergrössert, links mehr wie rechts, links starke Muskelhypertrophie. Aorta sowie die meisten Arterien der Organe und die periferen stark atheromatoes alteriert. Leber, Nieren, Milz sind gross und lassen erkennen, dass es sich um Stauung gehandelt hat. Der Tractus digestivus und der Harnapparat ohne Veränderungen:

Pathologisch-anatomische Diagnose:
Atherosclerosis universalis. Hypertrophia cordis totium praecipue sinistri. Ulcera cruris chronica, partialiter cicatrisata. Suppuratio disseminata in ulcero dextro. Elephantiasis papillaris cruris et dorsi pedis bilateralis.

Hofrat Prof. Dr. J. Hlava
Mitglied des österreichischen Herrenhauses

9. *Auszugsweise Übersetzung des Berichtes des K. und K. Hon. Vize-Konsuls D. Pedro Bonet de Los Herreros*

Palma de Mallorca, 19. Oktober 1915

Am 14. d.M. Abends erhielt ich aus nicht amtlicher, jedoch vertrauenswürdiger Quelle die erste Nachricht von dem Hinscheiden Seiner k.u.k. Hoheit dem durchlauchtigsten Herrn Erzherzog Ludwig

Salvator. Ich erbat mir augenblicklich Instruktionen beim k.u.k. General-Konsulat in Barcelona und erhielt am Abend des 15. d.M. die beiden Telegramme der k.u.k. Botschaft und des genannten General-Konsulates.
In Gemäßheit dieser Instruktionen und nach Rücksprache mit dem Gerichtspräsidenten habe ich mich am 16. Oktober früh, gemeinsam mit dem Juez municipal von Valdemosa nach der 22 Kilometer von Palma entfernten Besitzung Miramar begeben. Zugegen war auch die Verwalterin der erzherzoglichen Güter in Mallorca Frau Magdalena Bonet y Herreros, meine Schwester. Es wurde festgestellt, daß der verstorbene Erzherzog auf Mallorca sechs oder sieben beträchtliche Landgüter im Ausgang von Valdemosa zwei solche in Deyá, einige Grundstücke in S'Arracó bei Andraitx, einen Wachturm bei Bañalbufar, ferner die Yacht »Nixe« [in] Porto-Pí bei Palma verankert und endlich einige kleine Maierhöfe in Valdemosa besitzt, – im Ganzen also ein beträchtlicher Grundbesitz, welcher aber größtenteils verpachtet ist. In den meisten Häusern hat der Verstorbene nie gewohnt und besitzt auch keine Einrichtung, so daß die zur Sicherung des Nachlasses zu treffende Maßnahmen sich auf das Haus und Kapelle von Miramar, auf einige Räume in Son Moragues, das Haus von Son Gual, die drei Häuser in Valdemosa, je ein Zimmer in Son Masroig und in Deyá und auf die Yacht »Nixe« beschränkt.
Infolgedessen wurden die Zimmer des Hauses Miramar versiegelt, da sich in dem selben eine Kollektion alter Möbel aus Palma de Mallorca befinden und nach welchen vorher zwei geschlossene Kisten wertvoller Gegenstände der Kapelle gebracht wurden. Sämtliche Fenster der Balkone wurden verschlossen und von innen mit Papierstreifen und dem Siegel des k. und k. Vizekonsulats und des Juzgado municipal von Valdemosa versehen ebenso wurden die Türen der Wohnung von außen versiegelt.
Eine Kollektion Mayolika-Teller, welche nicht weggeschafft werden konnten, da diese leicht zerbrechlich sind und auch nicht im Zimmer eingeschlossen und versiegelt werden konnte, da dieses Zimmer den Durchgang zur Dienstwohnung bildet, in welcher sich augenblicklich Haustiere aufhalten und dort gepflegt werden, weshalb erwähnte Teller-Kollektion in der Wohnung des Hauswarts Antonio Ripoll nach aufgenommenem Inventar geblieben ist.
Ebenso verblieben im versiegelten Zustande in der Kapelle eine Reliquiensammlung und ein Glasschrank, aber nachträglich wurde provisorischer Auftrag erteilt, die Kapelle nicht zu schließen, um den Gottesdienst in derselben aufrecht zu erhalten.

Gleich hierauf begab ich mich mit den bereits genannten Personen in das Verwaltungshaus von Miramar, genannt Son Moragues, anschließend an Valdemosa, wo wir diejenigen Zimmer absperrten und versiegelten, welche Koffer mit Briefen, Büchern und Dokumenten des verstorbenen Erzherzogs enthalten. In einem dieser Zimmer befinden sich Dokumente, welche kurz nach Ausbruch des Krieges von der Yacht »Nixe« auf Anordnung Seiner k. und k. Hoheit entfernt wurden und nach Son Moragues gebracht worden sind.
Zuletzt begaben wir uns in das zweite Verwaltungshaus Son Gual, anschließend an Valdemosa, welches Gebäude nicht geschlossen werden konnte, da dasselbe augenblicklich bewohnt ist. Nichtsdestoweniger wurde das Inventar der Möbel aufgenommen und die Bewachung derselben den Insaßen anvertraut.
Über alle hier gemachten Angaben wurde ein öffentlicher Akt aufgenommen und überall wurde das Personal von dem Vorgefallenen verständigt.
Am nächsten Tage, den 17. d. M. im Beisein des Juez municipal und der Verwalterin begaben wir uns in das Verwaltungsgut von Miramar und in das erwähnte Son Masroig und versiegelten in gleicher Weise ein Zimmer im oberen Stock des Hauses, in welchem sich neun Kisten mit Briefen, Büchern und Dokumenten befinden.
Am 18. d. M. begab ich mich nach Porto-Pí, um die Yacht Nixe zu besichtigen, in welcher ich nach genauer Prüfung feststellen konnte, daß sich in derselben nichts befindet, was event. entwendet werden könnte, weshalb ich auch keinerlei Versiegelung vorzunehmen nötig hatte.
Da der Hauptwert der Besitzungen des Verstorbenen Erzherzogs vorwiegend in Waldungen besteht, habe ich den Förstern und ihrem Personal den Auftrag gegeben, auf dieselben mehr denn je zu wachen, um Wilddiebstahl, Brände usw. zu vermeiden. Außerdem habe ich die Gendarmerie in Kenntnis gesetzt und die Zusicherung erhalten, daß auch diese die Aufsicht vergrößern werde.
Die Verwaltung der Güter bleibt nach wie vor in den Händen derselben Verwalterin, welche von Seiner k. und k. Hoheit für dieses Amt bestimmt gewesen und auch sicherlich von allen Personen am besten im Laufe der Dinge eingeweiht ist und außerdem aus Rücksicht des Zutrauens, welche Seine k. und k. Hoheit dieser Familie entgegenbrachte. Es wurden die Arbeiten eines im Bau befindlichen Hauses sofort eingestellt, sowie auch eine Anzahl Arbeiter, welche mit dem Herstellen eines neuen Weges beschäftigt waren, sofort entlas-

sen. Ebenso wurde veranlaßt, daß die Maurer und Zimmerleute keinerlei Arbeit mehr beginnen, aber das übrige Personal: Waldwächter, Dienerschaft der Häuser usw. mußten bis auf weiteres im Dienste behalten werden, da diese zur Pflege und Erhaltung der Güter unentbehrlich sind.
Gleichzeitig beehre ich mich der k. und k. Botschaft mitzuteilen, daß die Besitzungen des verstorbenen Erzherzogs jedem Touristen ohne spezielle Erlaubnis zugänglich waren und in einer derselben war sogar eine Herberge eingerichtet, wo Durchreisende unentgeltlich während drei Tagen sich aufhalten konnten und wo ihnen Betten, Teller und Bestecke Kohlen zum Heizen usw. zur Verfügung gestellt wurden. Da diese Herberge sehr stark besucht wurde, verursachte dieselbe auch sehr hohe Unkosten, weshalb ich die k. und k. Botschaft um Bevollmächtigung bitte, ob ich die Schließung der Herberge, um weitere Ausgaben zu vermeiden, veranlassen soll, oder ob dieselbe im Sinne Seiner k. und k. Hoheit dem Tourismus erhalten bleiben soll.
Ferner sei noch bemerkt, daß der Pfarrer, welcher in Valdemosa wohnt, seit vielen Jahren der Hausgeistliche gewesen und in der Kapelle von Miramar täglich Messen gelesen hatte. Da die Beträge, die man demselben für die Abhaltung der Gottesdienste zu zahlen pflegte, sehr bedeutend sind, bitte ich um Mitteilung, ob der Gottesdienst fortgesetzt, oder die Kapelle geschlossen werden soll.
Außerdem halte ich es für meine Pflicht mitzuteilen, daß die Yacht »Nixe« nicht der Verwaltung von Miramar zugeteilt ist, wenn auch sehr häufig die Verwalterin beauftragt war, größere Beträge an den ersten Maschinisten auszuhändigen, da an Bord derselben kein Kapitän angestellt ist. Ich bitte daher um Instruktionen was mit der Yacht und den Tripulanten geschehen soll, wenn auch letztere auch nur sechs Mann zählen (ein Österreicher, drei Griechen und zwei Spanier), so ist doch mit einer monatlichen Ausgabe von Ptas 1000.– zu rechnen. Die diesem Personal bisher nicht gezahlten Gehälter übersteigen bereits Ptas 6000.–. Außerdem bringe ich zur Kenntnis, daß im Gut Son Gual zwei Familien wohnen, Tochter und Sohn eines alten Angestellten Seiner k. und k. Hoheit, Namens D. Antonio Vives, welcher augenblicklich noch in Brandeis a/E. tätig ist. Die eine dieser Familien bezog festes Gehalt, während die andere Familie von Fall zu Fall von der Verwalterin und auf ausdrückliche Anordnung entschädigt wurde. Da nun diese Spesen ebenfalls der Verwaltung von Miramar nicht zustehen, so bitte ich um Aufklärung ob auch diese Zahlung auf Kosten der Erben fortgesetzt

werden soll, oder ob diese einzustellen sind und den beiden Familien, welche zwar dem verstorbenen Erzherzog in jeder Weise bevorzugt wurden, gekündigt werden soll. Die Erhaltung derselben, Miete einer Kutsche und andere Ausgaben beanspruchen eine sehr hohe monatliche Summe.
Im Allgemeinen habe ich die Beobachtung gemacht, daß die Güter Seiner k. und k. Hoheit, obwohl diese sehr wertvoll sind, nichts einbringen und es wurden sogar unausgesetzt von Österreich größere Summen zur Erhaltung derselben übermitelt, da diese Besitztümer mehr dem Vergnügen dienten und dem Touristenbesuch geöffnet waren. Aus den baumreichen Waldungen wurde kein einziger Baum entfernt und selbst die Holzkohle für den Hausbedarf wurde auswärts gekauft. Außerdem wurden fortwährend sehr hohe Summen für den Bau von Landstraßen, Wege, Aussichtstürme usw. usw. verausgabt. Gleich nach Ausbruch des Krieges und wahrscheinlich durch die schlechten Verbindungen blieben die gewohnten Geldsendungen von Österreich aus, weshalb durch das Fehlen der Gelder vielen Verpflichtungen nicht nachgekommen werden konnte.
So schuldet die Verwaltung z. B. den Angestellten und Arbeitern vierzehn Monate Gehälter und Löhne, so daß sich die Schulden bereits auf 60000 Ptas stellen und wenn noch die Rückstände der Yacht »Nixe« hinzugefügt sowie auch die Erhaltung der beiden Familien in Son Gual mitgerechnet werden, welche nicht der Verwaltung von Miramar obliegen, so muß mit einer rückständigen Schuld von 100000 Pesetas gerechnet werden. Auch ist nicht zu übersehen, daß der verstorbene Erzherzog vor einigen Jahren ein Gut kaufte, dem Käufer jedoch das Recht einräumte während 21 Jahren den Erlös desselben zu behalten und das Haus zu bewohnen. Es sind jährlich – während 21 Jahren – 30000 Pesetas zu zahlen und bis heute wurden nur drei dieser vereinbarten Raten geleistet (der nächste Zahlungstermin wird imMonat April n. J. fällig). Von dem Nachfolger resp. den Erben Seiner k. und k. Hoheit wird daher das erwähnte Defizit zu decken sein, sowie auch die jährliche Zahlung von 30000 Pesetas bis Ablauf der vereinbarten 21 Jahre.
Hier weiß man nicht ob Seine k. und k. Hoheit ein Testament hinterlassen hat. Nachdem sämtliche Dokumente versiegelt in Son Moragues verblieben sind, wurde mir von einer vertrauenswürdigen Person versichert, daß Seiner k. und k. Hoheit intimen Freunden gegenüber geäußert haben soll, daß in einem der Koffer ganz wichtige Dokumente liegen, was vermuten läßt, daß unter denselben sich

eventuell ein Testament befinden könnte. Aus diesem Grunde bitte ich die k. und k. Botschaft um Bevollmächtigung die Siegel abzunehmen und den erwähnten Dokumenten-Koffer untersuchen zu dürfen.
Auch wäre es angebracht, Trauergottesdienste in Palma, Valdemosa und Deyá abzuhalten und bitte daher um Mitteilung, wann dieselben stattfinden sollen, welcher Betrag verausgabt werden darf und von wem derselbe geleistet werden wird.
Um der k. und k. Botschaft zu beweisen, welch großer Sympathien sich der verstorbene Erzherzog in Palma Mallorca erfreute, gestatte ich mir separat zwei Nummern hiesiger Zeitungen zu übermitteln.
Dieses Vizekonsulat ist gerne bereit noch ausführlichere Details der bereits geschilderten Angelegenheit zu übermitteln, falls die k. und k. Botschaft dies für nötig erachten sollte.

Gez. Pedro Bonet de los Herreros.

10. Bericht des k. u. k. Vizekonsuls an die k. u. k. Botschaft in Madrid

Palma de Mallorca, am 7. November 1915.

Testament Sr. k. und k. Hoheit
Erzherzog Ludwig Salvator.
Zum Botschaftserlaß Z. 1272 vom 31. v. Mts.

In das Landgut »Son Moragues« bei Valdemosa unter Zuziehung des Ortsrichters und Gerichtsschreibers heute begeben, um das Testament Sr. k. und k. Hoheit Weiland des Herrn Erzherzogs Ludwig Salvator zu suchen, haben wir die am 16. v. Mts. auf der Eingangstür des betreffenden Raumes angelegten Siegel untersucht. Sie waren unverletzt und wurden abgenommen. In dem Raume eingetreten haben wir die Siegel auf den Flügeln der 2 Fenster untersucht; sie waren sämtlich unverletzt und sind nicht abgenommen worden. Da der Handkoffer, worin man das Testament vermutete, geschlossen und der Schlüssel nicht dabei war, so habe ich einen Schmied rufen lassen, der ihn geöffnet hat.
Ich habe den Inhalt des Koffers untersucht, (Briefe, Drucksachen, Photographien, Bücher, usw.) und einen geschlossenen Briefumschlag mit der Aufschrift in deutscher Sprache aus eigener mir persönlich bekannter Hand Sr. k. und k. Hoheit:

»Dies ist mein letzter Wille. Der Fluch des Himmels dem der es nicht befolgt«
gefunden.
Zur größeren Sicherheit habe ich das Testament, ungeöffnet, in einen zweiten Umschlag gesteckt und darauf einen Papierstreifen angeklebt, welcher mit dem Konsulatssiegel und dem Gerichtssiegel angesiegelt wurde. Das Testament habe ich genommen und hierher gebracht, wo ich es in dem eisernen Geldkasten meines Hauses aufbewahrt habe.
Der Handkoffer blieb in dem Zimmer, mit einem Seile gebunden.
Die Eingangstür des Zimmers ist wieder versiegelt worden.
Das betreffende Protokoll ist aufgenommen worden.
Streng vertraulich:
Herr Luis Salvador Vives in Valdemosa ist kein Privatsekretär, sondern der Sohn des Herrn Antonio Vives, welcher wenn auch nicht der Privatsekretär ein von Sr. Hoheit sehr geschätzter Beamter ist und jetzt in Brandeis weilte.
Am 14. v. Mts. abends zeigte mir Luis Salvador Vives ein am 12. in Brandeis datiertes Telegramm folgenden Inhalts:
»Erzherzog tot. Denke an alles. Laß alles versiegeln. Eugenie.«
Auch war er eine der Personen, die mir von dem Handkoffer sprachen, worüber ich am 19. v. Mts. unter Z. 124 berichtete. Das Bewußte von der Nixe war wahrscheinlich der Handkoffer, worin das Testament gefunden worden ist.
Wie ich in meinem Berichte Z. 124 gesagt habe, wohnten in dem Hause des Landgutes des Erzherzogs »Son Gual« bei Valdemosa Vives mit Frau und Kind und seine Schwester mit ihrem Ehegatten und Kind und ich füge hinzu, daß sie heute noch in demselben Hause weilen.
Der k. und k. Vizekonsul:
Pedro Bonet de los Herreros. m. p.

11. Bericht von Bachrachs über die erblasserischen Druckwerke des Erzherzogs

Weiland Seine k. u. k. Hoheit der durchlauchtigste Herr Erzherzog Ludwig Salvator ließ bei der Firma Heinr. Mercy Sohn in Prag, gegenwärtige Alleininhaberin Frau Ottilie Mercy, Höchstseine Werke drucken.
Nach Mitteilung der Firmenvertreter und insbesondere des Direktors Herrn Emanuel Wimmer gehen die Rechtsbeziehungen zwi-

schen dem hohen Erblasser und der genannten Firma auf viele Jahre zurück; schon vor etwa 40 Jahren soll Seine kaiserliche Hoheit mit der Firma in Verbindung gewesen sein. Das Rechtsverhältnis war höchst einfach.

Der durchlauchtigste Herr Erzherzog lieferte der Firma Manuskripte die diese druckte. Revision und Korrektur besorgte seine k. u. k. Hoheit ursprünglich höchstpersönlich. In der letzten Zeit wurde diese Tätigkeit dem von mir in verschiedenen Eingaben hda. wiederholt genannten Herrn Erwin Hubert, gegenwärtig Beamten der österr. ung. Bank in Wien, überlassen.

Die Druckkosten wurden regelmäßig vereinbart und zwar entweder brieflich oder persönlich. Dann sandte die Firma die Rechnung, die in früherer Zeit mehr oder minder pünktlich beglichen wurde.

In den letzten Jahren häuften sich aber die Rückstände. Aus dem mir vorgelegten Originalbriefe Sr. k. u. k. Hoheit ddo. San Stefano Ramleh 3. April 1914 ist zu entnehmen, daß Weiland Seine k. u. k. Hoheit Zahlung erst für den Monat April 1915 in Aussicht stellte, gleichzeitig aber erklärte, 6 % Zinsen für dieses Wartejahr zu bezahlen.

Über die diesbezügliche Forderungsanmeldung, die den sehr nennenswerten Betrag von K 38.879.15 ausmacht, über die von mir hierauf geleistete Teilzahlung von K 20.000.–, ferner über die Forderung der Prager Buchbinderfirma Wilma & Karasek per K 11.337.24 und die übrigen mit der Herausgabe dieser Werke bezüglichen Ansprüche, soweit sie sich auf die Vergangenheit beziehen, werde ich die Ehre haben, bei Zusammenfassung der leider sehr zahlreichen Forderungsanmeldungen mich ergebenst zu äußern.

Die gedruckten Werke kamen nicht in den Handel. Seine k. u. k. Hoheit behielt sich vielmehr vor, der Firma Heinr. Mercy Sohn jeweilig mitzuteilen, an wen diese Bücher als Geschenk gewidmet und zugesandt werden.

Diesen Auftrag führte die Firma aus.

So hoch der wissenschaftliche und künstlerische Wert der Bücher zu veranschlagen ist, so wenig bedeutsam dürfte der materielle Wert der noch vorhandenen Exemplare zu veranschlagen sein.

Zur Zeit befinden sich nun noch zwei Werke bei der Firma Heinr. Mercy in Arbeit.

Das eine führt den Titel: *Auslugs- und Wachttürme Mallorcas*. Am Todestage Weiland Sr. k. u. k. Hoheit war das Werk vollständig gesetzt, und die Firma hatte den Auftrag, wie selbstverständlich, es fertigzustellen und zwar in 800 Exemplaren.

Noch vor ungefähr drei Wochen vor dem am 12. Oktober 1915 erfolgten Tode Weiland Sr. k. u. k. Hoheit hatte der genannte Direktor Emanuel Wimmer die Ehre, mit dem hochseligen Herrn Erzherzog auf Schloß Brandeis die Einzelheiten bezüglich Fertigstellung dieses Werkes zu besprechen und die höchsten Befehle des hochseligen Erblassers in dieser Beziehung entgegenzunehmen.
Das Werk hat zum Inhalte die Geschichte der Insel Mallorca seit dem 16. Jahrhundert und beschreibt dann die vielen Türme, die man in Mallorca findet.
Die Herstellung des Satzes wurde deshalb kostspieliger als ursprünglich anzunehmen war, weil die Schrift seiner k. u. k. Hoheit, wie ich mich selbst überzeugte, kaum mehr lesbar war und infolgedessen der ganze Text oft nach Inhalt und Form erst wieder hergestellt werden mußte. Unendliche Mühe und Arbeit in dieser Beziehung wurde auch von dem erwähnten Herrn Erwin Hubert aufgewendet.
Auch der Einband des Werkes wurde fertiggestellt. Die Stanze lieferte die Firma Eduard Hölzel in Wien, die natürlich auch ihre Rechnung anmeldet.
Im Verhältnis zu den bereits aufgewendeten Kosten fallen die noch zu zahlenden Beträge kaum ins Gewicht. Abgesehen aber von diesem Zweckmäßigkeitsstandpunkte besteht das Recht der Firma Henr. Mercy Sohn, den erhaltenen Auftrag auszuführen, so daß die Vollendung des Werkes auch vom rechtlichen Standpunkte aus notwendig erscheint.
Den wichtigsten Beweggrund aber bildet die selbstverständliche Pietät gegenüber dem Werke Weiland Sr. k. u. k. Hoheit, das Höchstseine letzte schriftstellerische Arbeit werden sollte. Es ist von jedem Standpunkte aus nach Erachtens des Verlassenschaftskurators ausgeschlossen, das Werk als Makulatur unverwendet zu belassen; vielmehr empfiehlt sich die Beendigung der letzten Arbeiten.

Das zweite Werk beruht auf einer ganz anderen Grundlage. Es betitelt sich: *Brandeis an der Elbe* und wurde von Herrn Prof. Dr. Justin V. Prášek verfaßt. Nach ausdrücklichem Befehle Weiland Sr. k. u. k. Hoheit hat das Buch »im höchsten Auftrage Seiner k. u. k. Hoheit des durchlauchtigsten Herrn Erzherzog Ludwig Salvator« zu erscheinen. Es liegt feste Bestellung vor, die im im Originale eingesehen habe. Abschrift ./. gestatte ich mir ganz ergebenst vorzulegen. Die Geschichte dieser erblasserischen Zuschrift ist die folgende:

Herr Prof. Dr. Prášek hatte dem Direktor Wimmer mitgeteilt, daß das Werk im Auftrage und auf Kosten Seiner k. u.k. Hoheit des durchlauchtigsten Herrn Erzherzogs Ludwig Salvator gedruckt werde.
Da die Firma Heinr. Mercy Sohn keinen unmittelbaren Auftrag des durchlauchtigsten Herrn Erzherzog besaß, erachtete Herr Direktor Wimmer für seine Pflicht, deshalb anzufragen. Hierauf antwortete eben Seine kaiserliche Hoheit mit dem vorgelegten Briefe, der somit eine feste Bestellung enthält.
Das Werk besteht aus zwei Bänden, von denen der erste Band am Todestage des hohen Erblassers bereits vollständig gedruckt und gebunden vorlag. Der zweite Band war damals bereits gesetzt. Ein Teil war gedruckt und das ganze Werk wird nunmehr in kürzester Zeit hergestellt sein.
Herr Prof. Dr. Prášek bestritt auch zunächst aus eigenen Mitteln die anderen mit der Fertigstellung des Werkes verbundenen Kosten und legte der Firma Heinr. Mercy Sohn die Rechnungen vor, die diese infolge Auftrages Sr. k. u. k. Hoheit auch honorierte. Auch hierüber werde ich in der zusammenfassenden Darstellung der angemeldeten Forderungen zu berichten die Ehre haben. Aus dieser Darstellung ergibt sich wohl von selbst die hiemit gestellte ergebenste *Bitte:* Das hohe Obersthofmarschallamt geruhe, über die vorliegende eingabe folgenden

Beschluß

zu erlassen:
Der Bericht des Verlassenschaftskurators Herrn Regierungsrates Dr. Adolf Edlen von Bachrach über das von Weiland Sr. k. u. k. Hoheit dem durchlauchtigsten Herrn Erzherzoge Ludwig Salvator verfaßte Werk: »Auslugs- und Wachttürme Mallorcas« und über das im Auftrage des durchlauchtigsten Herrn Erblassers von Herrn Prof. Dr. Justin V. Prášek verfaßte Werk: »Brandeis an der Elbe«, beide Werke gedruckt bei der Firma Heinr. Mercy Sohn in Prag, dient zur Kenntnis.
Der Verlassenschaftskurator wird ermächtigt, die zur Vollendung nach den Absichten Weiland Sr. k. u. k. Hoheit des durchl. Herrn Erzherzog Ludwig Salvator geeigneten Maßnahmen zu treffen.

Wien, am 21. Jänner 1916 Bachrach

12. Übersetzung: Erklärung des Planes[1] des ersten Stockwerkes des Hauses des Conde de Formígueras

Nummern

1. Treppenhaus.
2. Eingang. Möbliert mit einem Tisch aus Nußholz und alten Sesseln oder Lehnstühlen mit Sitzfläche und Rückenlehne aus Leder. Einige Gemälde an den Wänden.
3. Vorzimmer beinhaltend eine große Truhe und vergoldete (Rokoko-) Spiegel an den Wänden. Man muß diesen Raum mit Sesseln möblieren.
4. Salon. Dieser große Raum hat einen Fußboden in sehr gutem Zustand aus Fliesen des wunderbaren Steins von Santanyi.[2] Er beinhaltet zwei Truhen, ein Sofa und alle nötigen Sesseln aus Mahagoniholz und mit rotem Damast bezogenen Sitzflächen, ein Klavier und Gemälde an den Wänden.
5. Salon mit offenem Kamin. Der Fußboden wie im vorhergehenden. Die Sessel ebenso. Ein Spiegel und Gemälde an den Wänden. In diesem Raum findet man außerdem Damastvorhänge zum Balkon. Es fehlen nicht viele Dinge zum Einrichten.
7. Zimmer mit Balkon über der Stadtmauer, gleich den zwei anderen. Teppich am Boden und Damastvorhänge zum Balkon. In diesem Raum gibt es fast kein Möbelstück. Man findet in diesem lediglich ein Sofa und zwei Kommoden in ziemlich gutem Zustand.
8. Zimmer oder Kabinett. Teppich am Boden und Damastvorhänge zum Balkon. Auch dieser Raum entbehrt der Möbel, aber der Besitzer des Hauses ist einverstanden, dafür zwei wunderschöne Kommoden und einen Toilettisch zu überlassen.
9. Alkoven[3] oder Schlafzimmer. Momentan beinhaltet es nichts, aber wir sind übereingekommen, in dieses ein Bett mit Baldachin, geeignet für eine distingierte Person, und einige andere passende Möbel zu stellen.
6. Kleines Zimmer, das als Schlafraum benützt werden kann.
10. Badezimmer, das – wie das vorhergehende – als Schlafzimmer verwendet werden kann. Keines der beiden Zimmer ist möbliert.
11. Toilette.

12.
13. } Durchgangszimmer.

14. Eßzimmer. Es gibt nicht mehr als einen großen elliptischen Tisch, groß genug für acht oder zehn Personen.
15. Küche. Diese ist groß genug und in einem guten Zustand, beinhaltet lediglich einen großen Marmortisch. Es fehlen sämtliche Einrichtungsgegenstände einer Küche.
16. Vorratskammer.
17. Terrasse und Zisterne.
18. Kapelle, um die Messe zu zelebrieren und zu hören. Alles Nötige ist vorhanden, um seinen Zweck zu erfüllen.
19. Zimmer, das als Schlafzimmer benützt werden kann; ohne Möbel.
20. Kabinett oder Schlafzimmer. Hat keine Möbel. Der Fußboden ist in einem schlechten Zustand, aber der Besitzer des Hauses hat versprochen, diesen zu richten.
22. Salon ohne Möbel.
23. Zimmer, ebenso.
24. Alkoven oder Schlafzimmer, ebenso.
25. Zimmer oder Toilette, ebenso.
    Gemäß der Personen, die in diesem Zimmer wohnen müssen, kann man ihnen die eine oder andere Bestimmung geben.
26. Zwischenraum, der mit dem Innenhof des Hauses verbunden ist.
27. Ebenso vom kleinen Patio[4] zum Zwischenstock des Hauses.
28. Terrasse, 1,5 m höher als der Fußboden des ersten Stockes.
29. Esplanade, Terrasse oder Galerie, offen über der alten Stadtmauer von Palma. Es ist eine Veranda oder ein Platz zum Lustwandeln, der sich seitlich über eine Länge von 80 Metern hinzieht, den Garten des Hauses beherrschend, mit Ausblick über die Bucht von Palma. Obwohl diese Terrasse momentan nicht mit dem ersten Stock verbunden ist und als unabhängig betrachtet werden kann, hat der Besitzer versprochen, die Verbindung herzustellen, was mit dem Zimmer Nr. 10 sehr leicht sein dürfte.
30. Wendeltreppe zum Hinaufgehen zu den Dachböden oder Speichern.

Bezüglich der Möbel muß ich melden, daß der Eigentümer oder Herr des Hauses versprochen hat, einige mehr, als ich schon bei der Besprechung jedes einzelnen Zimmers erwähnt habe, zu beschaffen. Trotzdem muß man sich dessen bewußt sein, daß es notwendig sein wird, mehrere zu besorgen oder zu mieten, vor allem Betten

mit Matratzen und der entsprechenden Wäsche, Sesseln und Lehnstühle, Teppiche und Wandteppiche, Geschirr und Tischtücher, Lampen, Küchengeräte etc. etc.
Den Plan fortsetzend.
AAA. Offene Galerie oder Balkon oder Balustrade, auf die Straße, die in das Tor der Stadt, genannt La Portella[5], einmündet – Calle de Formiguera[6], in welcher das Eingangstor des Hauses ist.
BBB. Über dieses erhebt sich ein quadratischer Turm, von dem aus man einen Zutritt zu den Dachräumen und Speichern hat. Es ist der Turm auf der Photographie von Virenque.[7]
C. Ort, an welchem man sehr einfach eine Toilette für die Bediensteten einrichten kann.
DE. Ort, von welchem man sehr einfach eine Verbindungstür mit der Terrasse und der Esplanade oder zwischen der Galerie und den Zimmern Nr. 28 und 29 errichten kann.
F. Eingang zur Stadt.
GH. Fassade, die zum Meer schaut, von dem das Haus nicht weiter entfernt ist als zum Garten und zur Stadtmauer, zirka fünfzig Meter.
JKLM. Trennungslinie zum Konvent der Nonnen von Santa Clara.
IJ. Desgleichen mit dem Haus des Herrn Font y Puig (Besitzer der Insel Cabrera).
OP. Desgleichen mit einem anderen Privathaus.
QRS. Desgleichen mit dem Haus des Marqués de la Torre (dem Schwiegervater des Herrn Comasema).[8]
Der große Salon Nr. 4 erstreckt sich ungefähr von Norden nach Süden.
Der Balkon schaut nach Süden.
Der Garten des Hauses erstreckt sich nicht auf derselben Höhe wie der erste Stock und bleibt für den Besitzer, der den Zwischenstock bewohnt.
Die Stallungen befinden sich im großen Innenhof des Hauses.

1 Der Plan selber fehlt; erhalten ist lediglich die Beschreibung desselben. Die Numerierung der einzelnen Zimmer entspricht der der maschinenschriftlichen Kopien, die sich in der Biblioteca March/Palma befinden, daher z. B.: Nr. 6 zwischen 9 und 10 bzw. Nr. 21 fehlt.
2 = feinkörniger Sandstein aus Mallorca
3 = veraltete Bezeichnung für Schlafraum
4 = Bezeichnung für den Innenhof mallorquinischer Adelspaläste
5 = ein kleines Tor in der alten Stadtmauer, das heute die Calle Portella mit dem neu angelegten Parque de la Mar, unterhalb der Kathedrale, verbindet.
6 = Straßenbezeichnung (spanisch: calle = Straße)
7 Vgl. hiezu: [E.L.S.]: Die Balearen, 3. Buch: Mallorca, II Spec. Th., S. 77
8 = mallorquinischer Maler und Photograph

13. Anmerkungen zu den Möbeln des Hauses

Bericht bezüglich der Zimmer gemäß den gemachten Erklärungen über den Plan, der den Brief vom 27. August begleitete.

Nr. 2: Vestibül. Voraussetzend, daß die Sessel und Lehnstühle aus Leder, die sich in diesem Raum befunden haben, in das Vorzimmer Nr. 3 transportiert werden: Müssen wir beachten, daß im Vestibül kein Sessel oder andere Möbel bleiben als ein Tisch, den es dort schon gab? Nach dem aufmerksamen Prüfen dieser Lehnstühle bin ich zur Überzeugung gelangt, daß sich diese nicht in einem geeigneten Zustand zur Dekoration irgendeines Raumes befinden, nicht einmal für das bescheidenste des Hauses.

Nr. 3: Wie gesagt, man kann diese Sessel und Lehnstühle des Vestibüls nicht zum Vorraum Nr. 3 rechnen. Meiner Meinung nach müßten Sessel mit Sitzflächen aus einem einfachen Stoff, in Harmonie mit dem Diwan, oder aus Rohr oder Bast, gemäß der Landessitte aufgestellt werden. Diesbezüglich muß ich wissen, was Euer Wunsch sei.

Ihr habt mir gesagt, daß Ihr keine andere Beleuchtung als Kandelaber benützt. Muß ich verstehen, daß es auch so sein wird, was das Vestibül und die Vorzimmer Nr. 2 und 3 angeht?

Nr. 4: Ich glaube, ich habe Ihnen gesagt, daß sich im Salon Nr. 4 ein Tisch und ein Klavier befinden. Ihr bemerkt das Fehlen eines quadratischen Tisches. Der vorhandene Tisch ist in einem ziemlich schlechten Zustand. Müssen wir ihn dort lassen? Das gleiche kann ich Ihnen bezüglich des Klaviers sagen? Der Tisch, von dem Ihr sprecht und den ich mir von ähnlichen Proportionen wie den im Salon vorstelle: Auf welchem Platz sollen wir diesen aufstellen? In der Mitte des Salons oder an der Wand? Im ersten Fall glaube ich, daß wir den vorhandenen Tisch für ein anderes Zimmer oder für ein im Haus befindliches Sofa der gleichen Stilrichtung als die Sessel im Salon verwenden könnten.

Es gibt genügend davon. Dieser Salon ist das schönste Zimmer des Hauses, hat Vorhänge aus rotem Damast wie die Sitze der Sessel im Eingang des Erkers und die zwei vorgetäuschten Türen an der Seite mit Kristallspiegeln.

Nr. 5 und 6: Ich bemerke, daß Ihr keinen Lehnstuhl für das Zimmer Nr. 5 erbeten habt. Habt Ihr es vergessen?
Gleichfalls bemerke ich, daß Ihr abgesehen habt von Zimmer Nr. 6 – sollen wir dieses ohne Möbel lassen und alles in Zimmer Nr. 5 stellen, wie Ihr wegen des Bettes gesagt habt?

Nr. 7: Wie ich glaube, habe ich Euch gesagt, daß es in diesem Zimmer ein Sofa gibt – ich vermute, daß Ihr es dort lassen wollt. Ich glaube, wir haben auch über die zwei Kommoden aus Nußholz gesprochen, die sich in diesem Zimmer befinden. Ihr erwähnt diese nicht. Wie darf ich Ihr Schweigen verstehen?

Nr. 8: Der Tisch, den Ihr für dieses Zimmer erbeten habt, ist dieser zum Schreiben bestimmt oder hat er einen anderen Zweck? Ich denke, in diesem Raum die beiden wunderschönen Kommoden mit eingelegter Holzarbeit, die mir der Besitzer des Hauses geschenkt hat, aufzustellen, da ich vermute, Sie werden den Raum zu persönlichen Zwecken verwenden.

Nr. 9: Ihr habt für dieses Zimmer keine Kleiderschränke bestellt. Habt Ihr es vergessen?

Nr. 14: Dieses Zimmer war das Speisezimmer der beiden Hauseigentümer. In der Kopie des Plans, den Ihr die Güte hattet, mir zurückzuschicken, sehe ich dieses auch als Speisezimmer angezeigt, daher, aufgrund der Anzahl und Qualität der Möbel, die Ihr dafür wünscht – ohne den mit Holz umrahmten Tisch, den es beinhaltet, zu erwähnen – sehe ich ein anderes Zimmer, Nr. 22, das als Speisesaal geeignet wäre. Ich weiß nicht, ob das bedeutet, daß Ihr mit zwei Speisezimmern rechnet, das eine für die Herrschaften und das andere für die Dienerschaft oder die Personen des Hauspersonals.
In diesem Falle, der mir sehr glaubhaft erscheint, müssen wir für das Zimmer Nr. 14 mit dem vorher erwähnten Tisch oder mit dem von besserer Qualität rechnen? Im ersten Fall erscheint es mir zweckmäßig, den besagten Tisch mit Stoff zu überziehen. Im zweiten Fall könnte dieser Tisch für den anderen Speisesaal (Nr. 22) dienen.
Muß die Konsole eine von denen sein, die oben einen Spiegel haben?

Nr. 20 und 21: Die Zimmer Nr. 20 und 21 stehen momentan miteinander in Verbindung, Nr. 21 als Schlafzimmer zu Nr. 20. Ihr habt mir mitgeteilt, daß die Nr. 21 für ein Mädchen oder einen jungen Diener dienen könnte. Wenn ich es so verstehe, muß ich die ganze Verbindung zwischen den beiden Zimmern schließen, was einfacher wäre? Es wäre daneben notwendig, eine Verbindungstür zwischen Zimmer Nr. 21 und der kleinen Terrasse, verbunden mit der Küche, zu öffnen.

Nr. 22: Der Tisch, den Ihr für dieses Zimmer, das zum Eßzimmer erwählt wurde, wünscht, muß der aus Nußholz oder gemaltem Holz sein?

Nr. 23, 24 und 25: Diese Räume und die vorhergehenden stehen untereinander in Verbindung. Sie können auch von außen durch die Hälfte des Balkons verbunden werden, wie Ihr, wenn ich Euch recht verstanden habe, wünscht, daß man ein Geländer am Balkon befestigt. Diese Verbindungsmöglichkeit würde man so außerhalb errichten. Das Geländer aus Eisen wird weniger kosten als das aus Holz. Aus diesem Grunde habe ich mich für das erste entschieden, mit dessen Konstruktion innerhalb von zehn oder zwölf Tagen begonnen wird, und falls nicht per Telegraph die Anweisung kommt, die Ausführung abzubrechen, wird die Arbeit zwei oder drei Wochen dauern.

C: Das Zimmer, das im Plan mit diesem Buchstaben bezeichnet ist, kann nicht für einen Jungen oder ein Mädchen der Dienerschaft verwendet werden, wie Ihr angebt. Dort war früher eine Toilette für Diener. Ich halte es für notwendig, die Rekonstruktion zu bedenken.

Bezüglich der Mädchen und Burschen der Dienerschaft könnte man Zimmer für sie im zweiten Stock einrichten, die sie über eine kleine Wendeltreppe erreichen werden, die Ihr bereits im Plan angegeben seht.

Bezüglich der Qualität der bestimmten Möbel, habe ich – mich richtend nach meinen Vermutungen – geglaubt, daß die Kleiderschränke, Tisch, Nachtkästchen (Wäsche, Matratzen etc.) für die Zimmer 5, 6, 9 und 20 von besserer Qualität sein müssen als die anderen. Ich bitte darum mich zu fragen, wenn ich mich geirrt habe …

Anmerkungen

Kapitel 1

[1] Fernando Schwartz: Gente: Juan Carlos I., in: El País vom 13. August 1989, Nr. 4502, S. 36.
[2] Emil Franzel: Franz Ferdinand d'Este. Leitbild einer konservativen Revolution (Wien/München) S. 48.
[3] Egon Caesar Conte Corti: Elisabeth. Die seltsame Frau (Salzburg/Graz o. J.), S. 418.
[4] Ebd., S. 507.
[5] Leopold Wölfling: Habsburger unter sich (Berlin 1921), S. 71 f.
[6] Luise von Toskana: Mein Lebensweg (Berlin 1911), S. 45.
[7] Ebd., S. 43 f.
[8] Der Erzherzog besuchte Stephanie an Bord der »Miramar« anläßlich eines Aufenthaltes auf Korfu, wo seine Yacht »Nixe« vor Anker lag.
[9] Prinzessin Stephanie von Belgien, Fürstin von Lonyay: Ich sollte Kaiserin werden (Leipzig 1935), S. 142.
[10] Leopold Wölfling: Als ich Erzherzog war ... (Berlin 1935), S. 139.
[11] Ebd., S. 39.
[12] Übers. nach Juan Oliver Fuster: El Archiduque Luis Salvador y sus trabajos en relación con la geografía (Palma 1980), S. 8.
[13] Mario Verdaguer de Travesi: Die Goldene Insel (Berlin/Leipzig/Wien 1933), S. 345 f.
[14] Ebd., S. 351.
[15] Santiago Rusiñol: La isla de la calma (Barcelona 1964), S. 131.
[16] Mario Verdaguer de Travesi: Die Goldene Insel, S. 359 f.
[17] Santiago Rusiñol: La isla de la calma, S. 132.
[18] [o. A.]: Ludwig Salvator, Ahnvater der Aussteiger, in: Roland Motz (Hrsg.): Balearen, Barcelona (Reinbek bei Hamburg 1888), S. 61.
[19] Ebd., S. 61.

Kapitel 2

[1] Ferdinand III. mußte im März 1799 binnen vierundzwanzig Stunden samt seiner Familie das Land verlassen und fand für vier Jahre Aufnahme bei seinem Bruder, Kaiser Franz II. im Amalientrakt der Wiener Hofburg, in Schloß Schönbrunn oder im kaiserlichen Lustschloß Laxenburg. 1803–1805 erhielt der von Napoleon aus der Toskana Vertriebene eine neue Aufgabe als erster weltlicher Fürst von Salzburg, nachdem er unter anderem mit dem verweltlichten Erzbistum Salzburg, Berchtesgaden, Teilen Passaus, dem Bistum Eichstätt und der pfalzbayrischen Herrschaft Schlackenwerth in Böhmen entschädigt worden war.
Bis zum Zusammenbruch des napoleonischen Kaiserreiches war Ferdinand ab dem 1. Mai 1806 als Großherzog von Würzburg eingesetzt, mit allen Eigentums- und Hoheitsrechten ausgestattet und erhielt den Kurfürstentitel. Auf dem Kongreß von Chatillon hatte Kaiser Franz bei den Alliierten die Rückgabe der Toskana erwirkt, und nach fünfzehnjähriger Abwesenheit konnte der Großherzog in »seine« Toskana zurückkehren, wo man ihn jubelnd empfing.
Franz Pesendorfer: Die Habsburger in der Toskana (Wien 1988), S. 135–164.

[2] Es handelt sich um die Trockenlegung der Maremma-Sümpfe südlich von Livorno.
Leo Woerl: Erzherzog Ludwig Salvator aus dem österreichischen Kaiserhaus als Forscher des Mittelmeeres (Leipzig 1899), S. 12.

[3] Constant von Wurzbach: Biographisches Lexikon, S. 196.

[4] Viktor Emanuel (1820–1878, ab 1849 König von Sardinien als Emanuel II., ab 1861 König von Italien als Emanuel I.) war der Sohn von Leopolds Schwester, Marie Therese (1801–1855) und Karl Albert (1798–1849), ab 1831 König von Sardinien.
Franz Pesendorfer: Die Habsburger, S. 233.

[5] = älteste Tochter Ferdinands IV.

[6] Luise von Toskana: Mein Lebensweg (Berlin 1911), S. 19.

[7] Constant von Wurzbach: Lexikon, S. 198.

[8] Wenzel Sommer: Kurze Geschichte der Stadt Schlackenwerth in Verbindung mit dem Piaristen-Collegium. Nebst Anhang: Der große Brand am 9. Mai 1866 (Schlackenwerth 1866), S. 36.

[9] Luise von Toskana: Mein Lebensweg, S. 13.

[10] Leopold Wölfling: Habsburger unter sich (Berlin 1921), S. 69/70.

[11] Constant von Wurzbach: Lexikon, S. 214.

[12] Leopold Wölfling: Habsburger, S. 69.

[13] Ebd., S. 69.

[14] Leo Woerl: Erzherzog Ludwig Salvator, S. 12.

[15] Luise von Toskana: Mein Lebensweg, S. 18 f.

16 Leopold Wölfling: Habsburger, S. 15 f.
17 Ebd., S. 33.
18 Francis Gribble: Franz Joseph. Tragödie eines Kaiserhauses (Berlin 1921), S. 162.
19 Oskar Freiherr von Mitis: Das Leben des Kronprinzen Rudolf (Wien/München 1971), S. 101.

Kapitel 3

1 Brigitte Hamann (Hrsg.): Kaiserin Elisabeth. Das poetische Tagebuch (Wien 1984), S. 43.
2 Luise von Toskana: Mein Lebensweg (Berlin 1911), S. 13–16.
3 Wiener Zeitung vom 13.10.1915, Nr. 237, S. 7.
4 Leo Woerl: Erzherzog Ludwig Salvator aus dem österreichischen Kaiserhaus als Forscher des Mittelmeeres (Leipzig 1899), S. 13.
5 Ebd., S. 13.
6 Justin von Prâśek: Brandeis an der Elbe, Bd. II (Prag 1915), S. 23.
7 [E.L.S.]: Excursions artistiques dans la Vénétie et el Littoral (Prag 1868).
8 [E. L. S.]: Süden und Norden. Zwei Bilder (Prag 1868), S. 5 f.
9 [E.L.S.]: Beitrag zur Kenntnis der Coleopteren-Fauna der Balearen (Prag 1869).
10 Brief von Francisco Manuel de los Herreros an Erzherzog Ludwig Salvator: Mallorca, 25.11.1867.
11 Neue Freie Presse vom 13.10.1915, Nr. 18371, S. 10.
12 Leo Woerl: Erzherzog Ludwig Salvator, S. 13 f.
13 Justin von Prâśek: Brandeis, S. 233 f.
14 Wladimir Aichelburg: Erzherzog, Gelehrter und Seemann, in: Yachtrevue 9/79, S. 76.
15 Carl von Duncker: Feldmarschall Erzherzog Albrecht (Wien/Prag 1897), S. 86 bzw. 267 f.
[o. A.]: Erzherzog Ludwig Salvator und die Toscanas. Zum Tode des Erzherzogs Ludwig Salvator, in: Österreichische Illustrierte Rundschau vom 22.10.1915, H. 4, S. 114.
16 Brigitte Hamann: Elisabeth. Kaiserin wider Willen (Wien/München 1982), S. 265.
17 Maximilian von Mexiko (1832–1867): Ausstellungskatalog zur Ausstellung auf Burg Hardegg (13.5.–17.11.1974), S. 162.
18 [o. A.]: Erzherzog Ludwig Salvator und die Toscanas, S. 112.
19 Elfriede Böhm: Bildungs- und Forschungsreisen von Mitgliedern des Hauses Habsburg-Lothringen (Wien 1979; = maschinenschriftliche unveröffentlichte Hausarbeit bei Prof. Hamann), S. 6.
20 Edmund Jörg/Franz Binder (Hrsg.): Ludwig Salvator als Schriftsteller, in: Historisch-politische Blätter für das katholische Deutschland (München 1883), Bd. 91, S. 857.

Kapitel 4

1 Karl von Scherzer: Reisen des Erzherzogs Ludwig Salvator, in: Beilage zur Allgemeinen Zeitung vom 2.4.1882 (Nr. 92), S. 1361.
2 Neue Freie Presse vom 13.10.1915, S. 10.
3 [E.L.S.]: Der Golf von Bucchari-Porto Ré. Bilder und Skizzen (Prag 1871), o. S.
4 [E.L.S.]: Eine Yachtreise an den Küsten von Tripolitanien und Tunesien (Würzburg/Wien 1890), o. S.
5 [E.L.S.]: Benzert (Prag 1897), S. VI.
6 Neue Freie Presse vom 13.10.1915, S. 10.
7 [E.L.S.]: Einige Worte über die Kaymenen (Prag 1875), S. 4.
8 [E.L.S.]: Helgoland. Eine Reiseskizze (Leipzig 1901), S. 20.
9 [E.L.S.]: Paxos und Antipaxos im Ionischen Meer (Würzburg/ Main 1887), S. V.
10 [E.L.S.]: Alboran (Prag 1898), S. 3.
11 [E.L.S.]: Columbretes (Prag 1895), o. S.
12 [E.L.S.]: Die Serben an der Adria. Ihre Trachten und Typen (Leipzig/Wien 1870–1878), o. S.
13 [E.L.S.]: Das was verschwindet. Trachten und Typen aus den Bergen und Inseln der Adria (Leipzig 1905), S. III.
14 [E.L.S.]: Märchen aus Mallorca. Gesammelt von Ludwig Salvator (Würzburg/Leipzig 1896, S. VII.
15 Leo Woerl: Erzherzog Ludwig Salvator, S. 60.
16 [E.L.S.]: Bizerta und seine Zukunft (Prag 1881), o. S.
17 [E.L.S.]: Benzert (Prag 1897), S. V.
18 [E.L.S.]: Die Karawanenstraße von Ägypten nach Syrien (Prag 1879), S. IV.
19 Ebd., S. V.
20 Ebd., S. I f.
21 [E.L.S.]: Lose Blätter aus Abazia (Wien 1886), o. S.
22 [E.L.S.]: Um die Welt ohne zu wollen (Würzburg/Wien 1883), S. 72 f.
23 Leo Woerl: Erzherzog Ludwig Salvator, S. 14.
24 [E.L.S.]: Cannosa (Prag 1897), S. 36.

Kapitel 5

1 [E.L.S.]: Süden und Norden. Zwei Bilder (Prag 1868), S. 5 f.
2 Ebd., S. 33.
3 Ebd., S. 37.
4 Ebd., S. 40.
5 Ebd., S. 50.
6 Ebd., S. 47.

[7] Leo Woerl: Erzherzog Ludwig Salvator, S. 26.
[8] [E.L.S.]: Der Golf von Bucchari-Porto Rè. Bilder und Skizzen (Prag 1871), S. 1.
[9] Ebd., o. S.
[10] Leo Woerl: Erzherzog Ludwig Salvator, S. 34.
[11] [E.L.S.]: Levkosia, die Hauptstadt Cyperns (Prag 1873), o. S.
[12] [E.L.S.]: Yacht-Reise in den Syrten (Prag 1874), S. 1.
[13] [E.L.S.]: Eine Yachtreise an den Küsten von Tripolitanien und Tunesien (Würzburg/Wien 1890), S. 106.
[14] [E.L.S.]: Yacht-Reise in den Syrten, S. 79.
[15] Leo Woerl: Erzherzog Ludwig Salvator, S. 60.
[16] Ebd., S. 160.
[17] [E.L.S.]: Benzert, S. 3.
[18] Ebd., S. 9.
[19] Diesen Hinweis verdanke ich Hrn. Dr. Michael Salvator Habsburg-Lothringen, Persenbeug.
[20] [E.L.S.]: Eine Spazierfahrt im Golfe von Korinth (Prag 1876), o. S.
[21] Leo Woerl: Erzherzog Ludwig Salvator, S. 50.
[22] Ebd., S. 55.
[23] [E.L.S.]: Die Karawanenstraße von Ägypten nach Syrien (Prag 1879), S. III.

Kapitel 6

[1] Alexander Freiherr von Warsberg in seinen »Odysseischen Landschaften« (Wien 1879), zit. nach: Hermann Schreiber: Von Thule bis Madagaskar. Inseln der Welt in Geschichte und Sage (Wien/Heidelberg 1968), S. 5.
[2] Günter Lanczkowski: Die Insel der Seligen und verwandte Vorstellungen (Frankfurt/Main 1986), S. 57.
[3] Anne Marie Fröhlich (Hrsg.): Inseln in der Weltliteratur (Zürich 1988), S. 14.
[4] [E.L.S.]: Süden und Norden. Zwei Bilder (Prag 1868), S. 50.
[5] Prager Tagblatt vom 13. Oktober 1915, Nr. 284, S. 5.
[6] Dr. Pl.: Ustica und Alboran, in: 2. Bogen des »Neuigkeits-Welt-Blatt« (Illustrierte Nebenausgabe) vom 25. Februar 1899, o. S.
[7] [E.L.S.]: Alboran (Prag 1898), S. 88.
[8] Ebd., S. 87.
[9] Dr. Pl.: Ustica und Alboran, o. S.
[10] Hermann Schreiber: Von Thule bis Madagaskar, S. 13.

Kapitel 7

1 Celestino Sánchez/Wolf Strache: Mallorca, Menorca, Ibiza, Formentera (München/Luzern 1984), S. 27.
2 [E.L.S.]: Die Liparischen Inseln, Allgemeiner Teil (= H. 8), (Prag 1894), S. 1.
3 Leo Woerl: Erzherzog Ludwig Salvator, S. 99.
4 Karl von Scherzer: Halbvergessene Inseln, S. 400.
5 Wilhelm Dörpfeld: Homers Odyssee, Bd. II (München 1925), S. 278–280.
6 [E.L.S.]: Die Liparischen Inseln, Vulcano (= H. 1), (Prag 1893), S. III.
7 [E.L.S.]: Vulcano, S. I.
8 [E.L.S.]: Die Liparischen Inseln, Allgemeiner Teil, S. 139.
9 Polyglott Inselführer Mittelmeer (München 1986), S. 229.
10 [E.L.S.]: Die Liparischen Inseln, Filicuri (= H. 5), (Prag 1895), S. 29.
11 [E.L.S.]: Die Liparischen Inseln, Stromboli (= H. 7), (Prag 1896), S. 1.
12 Polyglott Inselführer Mittelmeer, S. 230.
13 Leo Woerl: Erzherzog Ludwig Salvator, S. 201.
14 [E.L.S.]: Die Insel Giglio (Prag 1900), S. 1.
15 Ebd., S. 123 ff.
16 Ebd., S. 120 f.
17 Ebd., S. 122.

Kapitel 8

1 Homers Odyssee. Nach der 1. Ausgabe von Johann Heinrich Voss (Stuttgart/Wien o. J.), S. 173.
2 Ernst Mayer: Heinrich Schliemann. Kaufmann und Forscher (Göttingen 1969), S. 23.
3 Ebd., S. 25.
4 Brief von Prof. Dr. Gustav Lang an Erzherzog Ludwig Salvator: Heilbronn, 23. April 1906.
5 [E.L.S.]: Wintertage auf Ithaka (Prag 1905), S. 290.
6 Wilhelm Dörpfeld: Alt-Ithaka I, S. 40; vgl. auch: Bd. II, S. 99.
7 Wilhelm Dörpfeld: 5. Brief über Leukas-Ithaka: Die Ergebnisse der Ausgrabungen von 1908, vollendet am Oktober 1909 (o. O., o. J.), S. 12 f.
8 Brief von Prof. Peter Goessler an Erzherzog Ludwig Salvator: Stuttgart, 30. August 1910; vgl. auch Brief vom 10. September 1910 aus Stuttgart.
9 Hartmut Döhl: Heinrich Schliemann. Mythos und Ärgernis (München/Luzern 1981), S. 61.

[10] Zit. nach: Hartmut Döhl: Heinrich Schliemann, S. 61 (Zitat von Ranuccio Bianchi Bandinelli).
[11] [E.L.S.]: Anmerkungen über Levkas (Prag 1908), S. III f.
[12] [E.L.S.]: Ein nächtlicher Besuch, in: Wiener Almanach 11/1902, S. 227.
[13] Alexander von Warsberg: Ithaka (Wien 1887), S. 117.
[14] Ebd., S. 114 f.
[15] [E.L.S.]: Wintertage, o. S.
[16] [E.L.S.]: Ein nächtlicher Besuch, S. 228 f.
[17] Ebd., S. 233.

Kapitel 9

[1] Brigitte Hamann (Hrsg.): Kaiserin Elisabeth, S. 87.
[2] Siegmund Schneider: Zante, in: Österreichs Illustrierte Zeitung vom 4. Dezember 1904, H. 10, S. 241.
[3] Ebd., S. 243.
[4] J. Partsch: Ludwig Salvator, Erzherzog: Zante. Specieller Theil (ausgeschnittener Zeitungsartikel, Herkunft unbekannt).
[5] Johann Wolfgang von Goethe: Iphigenie auf Tauris, in: Gesammelte Werke in 8 Bänden, Bd. 2: Dramen (Güterloh, o. J.), S. 301.
[6] [E.L.S.]: Zante I, S. VI.
[7] Ebd., S. V.
[8] [E.L.S.]: Paxos und Antipaxos im Ionischen Meer von Erzherzog Ludwig Salvator (Würzburg/Wien 1887), S. 451.
[9] Leo Woerl: Erzherzog Ludwig Salvator aus dem österreichischen Kaiserhaus als Forscher des Mittelmeeres (Leipzig 1899), S. 84.
[10] [E.L.S.]: Parga (Prag 1907, S. 73.
[11] Ebd., S. 121.
[12] [E.L.S.]: Eine Spazierfahrt im Golfe von Korinth (Prag 1876), S. XXVI.
[13] Ebd., S. 286.

Kapitel 10

[1] [E.L.S.]: Um die Welt ohne zu wollen (Würzburg/Wien 1883), S. VI f.
[2] Ebd., S. VI.
[3] Philipp Paulitschke: Ludwig Salvator. Um die Welt ohne zu wollen, in: MÖGG 24 (Wien 1881), S. 549.
[4] Brief von Kaiser Franz Joseph an Erzherzog Ludwig Salvator: Gödöllo, den 8.12.1880.
[5] [E.L.S.]: Um die Welt, S. 42.

[6] Ebd., S. 106.
[7] [E.L.S.]: Einiges über Welt-Ausstellungen (Prag 1911), S. 9.
[8] Ebd., S. 24.
[9] Ebd., S. 35.
[10] Briefe von Arthur Müller an Erzherzog Ludwig Salvator: Wien, 16.4. und 25.6.1912.
[11] Karl von Scherzer: Reisen des Erzherzogs Ludwig Salvator, in: Beilage zur Allgemeinen Zeitung vom 2.4.1882, Nr. 92, S. 1361.
[12] Egon Caesar Conte Corti: Elisabeth. »Die seltsame Frau« (Salzburg/Graz o. J.), s. 492.
[13] [E.L.S.]: Hobarttown oder Sommerfrische in den Antipoden (Prag 1886), o. S.
[14] Ebd., o. S.
[15] Ebd., S. 186.
[16] Ebd., S. 196.
[17] Ebd., S. 209.
[18] Ebd., S. 210.
[19] Ebd., S. 275.
[20] [E.L.S.]: Eine Blume aus dem goldenen Lande, oder Los Angeles (Prag 1878), S. V.
[21] Ebd., S. VI.
[22] Günter Moltmann (= Hrsg.): Deutsche Amerikaauswanderung im 19. Jahrhundert. Sozialgeschichtliche Beiträge (Stuttgart 1976), S. 38.
[23] Ebd., S. 9 ff.
[24] Heinz Gollwitzer: Die gelbe Gefahr. Geschichte eines Schlagwortes. Studien zum imperialistischen Denken (Göttingen 1962), S. 25.
[25] Ebd., S. 24 ff.
[26] Wladimir Aichelburg: Hände in den Hosentaschen, in: Yachtrevue 2/77, S. 54–56.
[27] [E.L.S.]: Um die Welt, S. 343.
[28] Ebd., S. 343.

Kapitel 11

[1] [E.L.S.]: Schiffbruch oder ein Sommernachtstraum (Prag 1894), S. 6.
[2] Leopold Wölfling: Habsburger unter sich (Berlin 1921), S. 16.
[3] Brigitte Hamann (Hrsg.): Kaiserin Elisabeth. Das poetische Tagebuch (Wien 1984), S. 50 (= Nordsee-Lied Nr. 17).
[4] A. E. Sokol: Seemacht Österreich. Die Kaiserlich und Königliche Kriegsmarine 1382–1918 (Wien/München/Zürich 1972), S. 102.

[5] Rudolf Kiszling: Erzherzog Ferdinand von Österreich-Este (Graz/Köln 1953), S. 54.
[6] Erzherzog Ludwig Salvator: Einiges über Jachten, in: Wiener Almanach 1911, S. 11 f.
[7] [E.L.S.]: Sommerträumereien am Meeresufer (Prag 1912), S. 32.
[8] Ebd., S. 9.
[9] Ebd., S. 12 f.
[10] [E.L.S.]: Lose Blätter aus Abazia (Wien 1886), S. 90.
[11] [E.L.S.]: Schiffbruch, S. 5.
[12] Ebd., S. 20 f.
[13] Ebd., S. 23 f.
[14] Ebd., S. 26 f.
[15] Brief von Catarina Fiedler an Erzherzog Ludwig Salvator: Triest, 20.11.1894.
[16] Brief von Catarina Fiedler an Erzherzog Ludwig Salvator: Triest, 16.10.1894.
[17] [E.L.S.]: Cannosa (Prag 1897), S. 34.
[18] Erzherzog Ludwig Salvator: Die Stimme der Woge, in: Österreichische Illustrierte Zeitung vom 3.11.1901, H. 5., S. 98.
[19] Beistellungs-Order der K. u. K. Seetransportleitung, Res. Nr. 244/3: Triest, 1.8.1914.

Kapitel 12

[1] Hans Cornelius/Othmar Baumli, zit. nach: Celestino Sánchez/Wolf Strache: Mallorca, Menorca, Ibiza, Formentera (München/Luzern 1984), S. 27.
[2] Hans Joachim Bonhage: Zwischen Europa und Afrika: Balearen und Pithyusen, in: Merian. Mallorca, Menorca, Ibiza (Hamburg 1976), H. 2, S. 6–11.
[3] George Sand: Geschichte meines Lebens (Frankfurt 1981), S. 181.
[4] George Sand: Ein Winter auf Mallorca (München 1985), S. 64.
[5] [E.L.S.]: Die Balearen, Bd. 3, 2. Hälfte: Die eigentlichen Balearen (Leipzig 1880), S. 785.
[6] George Sand: Ein Winter, S. 44 f.
[7] Ebd., S. 265.
[8] Ebd., S. 157.
[9] Albert Vigoleis Thelen: Die Insel des zweiten Gesichts. Aus den angewandten Erinnerungen des Vigoleis (Frankfurt u. a. 1983), S. 466.
[10] Übersetzt nach: José Buenaventura Laurens: Recuerdos a Un Viaje Artistico a la Isla de Mallorca (Palma 1971), S. 89.

[11] A. C.: El Archiduque Luis Salvador fue el creador del turismo en Mallorca, in: Diario de Mallorca vom 19. Dezember 1954, S. 1.

[12] Mario Verdaguer de Travesi: Die Goldene Insel (Berlin/Leipzig/Wien 1933), S. 361 f.

[13] Nathaniel Baron Rothschild: Skizzen aus dem Süden (Wien 1894), Bd. 1, S. 61.

[14] Pedro Bonet de los Herreros: El Archiduque Luis Salvador, in: BSAL 16, S. 118 f.

[15] Friedrich Springorum: Mallorca. Licht über Steinen (Bern 1960), S. 21.

[16] Gerhard Rauchwetter, zit. nach: Celestino Sánchez/Wolf Strache: Mallorca, Menorca, Ibiza, Formentera, S. 48.

[17] Friedrich Springorum: Mallorca, S. 116.

[18] Roland Motz (Hrsg.): Balearen. Barcelona (Reinbek bei Hamburg 1988), S. 88 f.; vgl. hiezu das Kapitel »Politik und Alltag«, S. 72–109.

[19] Die Insel Cabrera, fünfzehn Kilometer südlich von Mallorca gelegen, ist eine der kleinen, unbewohnten Inseln der Balearen. Ihren Namen erhielt sie von den Wildziegen, ihren einzigen Bewohnern. Die 20 km^2 große Insel ist karg, felsig, unwirtlich und wasserlos. Ein Leuchtturm steht als einziges Gebäude auf dem als Zufluchtsstätte benützten Eiland. Heute völlig unbedeutend, erlangte Cabrera im Spanischen Unabhängigkeitskrieg 1808–1815 traurige Berühmtheit, als nach der Schlacht von Bailén 8000 französische Kriegsgefangene dort ausgeschifft und ihrem Schicksal überlassen wurden. Für 4400 von ihnen war es der letzte Aufenthaltsort, die übrigen kehrten nach fünf Jahren nach Frankreich zurück. Ein vom Principe de Joinville 1849 im windgeschützten Naturhafen von Cabrera errichtetes Monument mit der Inschrift »A la memoire des Français morts à Cabrera« hält die Erinnerung an dieses dunkle Kapitel spanischer Geschichte lebendig. Cabrera, das jahrelang militärisches Sperrgebiet war, wurde 1987 nach langen Kämpfen der GOB, der wichtigsten Umweltschutzorganisation auf den Balearen, von der Madrider Regierung zum Naturschutzgebiet erklärt. Im selben Jahr veranstaltete man eine Ausstellung unter dem Titel »Cabrera, Nationalpark der Balearen«, um das Bewußtsein der Bevölkerung für die Notwendigkeit dieses Schrittes zu stärken.

[20] Sa Dragonera ist eine kleine, unbewohnte Insel im Westen von Mallorca, San Telmo vorgelagert, wo eine Urbanisation errichtet werden sollte. Aufgrund massiver Proteste aus der Bevölkerung wurde von diesem Vorhaben Abstand genommen. Auf Dragonera soll nun ein Vogelschutzgebiet entstehen.

21 Es Trenc ist einer der schönsten, noch unberührten Naturstrände der Insel Mallorca, der ebenso wie Dragonera verbaut werden sollte. Die Verhandlungen laufen noch.
22 [E.L.S.]: Die Balearen, Bd. 2: Die eigentlichen Balearen (Leipzig 1871), S. 169 f.

Kapitel 13

1 Celestino Sánchez/Wolf Strache: Mallorca, Menorca, Ibiza, Formentera (München/Luzern 1984), S. 48.
2 [E.L.S.]: Die Balearen, 4. Bd.: Die eigentlichen Balearen, 3. Buch II Spec. Theil, S. 77 f.
3 Die Arabischen Bäder, die wahrscheinlich aus dem 10. Jahrhundert stammen dürften, sind eine der wenigen Relikte aus der Zeit der maurischen Besetzung Mallorcas: »Maurische Reste giebt es in Palma fast gar nicht, und es ist eigenthümlich, wie die einst bedeutende Stadt der Mauren so völlig durch die christlichen Eroberer umgewandelt wurde. Ein Bad, ein paar alte Festungsthore, ein Eingangsbogen des Palastes, das ist alles, was von dieser Periode noch übrig blieb. Die schönsten Bauten stammen aus dem Mittelalter und aus der Renaissancezeit.«
[E.L.S.]: Die Balearen, 4. Bd.: Die eigentliche Balearen, 3. Buch II Spec. Theil, S. 27.
4 Montesion war im 14. Jahrhundert als Schule zur Verbreitung der Lehren Llulls errichtet worden, war im 16. Jahrhundert ein Jesuitenkloster. Von Karl V. zur Universität erhoben (Estudio general), vom Papst jedoch nicht anerkannt, erlangte Montesion in Spanien nur geringe Bedeutung. Als der Jesuitenorden am 2.4.1767 von Karl III. in Spanien aufgehoben wurde, kam das Gebäude an die Universität zurück. Durch die Wiederherstellung des Ordens durch Ferdinand VII. gelangte das Gebäude wieder in den Besitz der Jesuiten (4.5.1814), und diese behielten es bis zur neuerlichen Vertreibung im Jahre 1820. Seit dem 8.10.1837 beherbergt Montesion das »Instituto Balear« (Museum und bedeutende Bibliothek).
[E.L.S.]: Die Balearen, 4. Bd.: Die eigentlichen Balearen, 3. Buch II Spec. Theil, S. 232 ff.

Kapitel 14

1 George Sand: Ein Winter auf Mallorca (München 1985), S. 157.
2 [E.L.S.]: Die Balearen, Bd. 5, T. 1, S. 107.

[3] Ebd., S. 107.
[4] [E.L.S.]: Catalina Homar von Erzherzog Ludwig Salvator (Prag 1905), S. 3 f.
[5] Ebd., S. 6 f.
[6] [E.L.S.]: Die Balearen, Bd. 5, T. 1, S. 82 f.
[7] Die in Klammern stehenden Zahlen bezeichnen die Höhe in Metern über dem Meeresspiegel.
[8] Son Gallart war der von Francisco Manuel de los Herreros bewohnte erzherzogliche Besitz zwischen Valldemossa und Deià. In Son Gallart soll die Selige Catalina Tomás, die Schutzpatronin von Valldemossa, ihre Kindheit und Jugend verbracht haben. Das Haus gehörte ihrem Onkel Bartolomé Gallart und dessen Freu Maria Tomás.
[E.L.S.]: Winke für den Besucher von Miramar (o. O., o. J.), S. 27.
[9] Bevor in den zwanziger Jahren unseres Jahrhunderts die ersten Fabriken zur Erzeugung von Eis gegründet worden waren, sammelten Männer aus den umliegenden Ortschaften in den Bergen den Schnee in den sogenannten »casas de nieve« (deutsch: Schneehäuser). Von diesen mit Salz oder Asche zugedeckten Schächten wurden die bis zu fünfzig Kilogramm schweren Würfel dann im Sommer des Nachts mittels Maultieren ins Tal gebracht und verkauft, zum Teil bis Menorca exportiert. Diese »casas de nieve« von Son Moragues, deren Besitzer die Kartäuser von Valldemossa waren, bestanden zwischen dem 17. und Ende des 18. Jahrhunderts.
Las casas de nieve, in: Icona (= Hrsg.): Son Moragues, S. 37 ff.
[10] [E.L.S.]: Winke für den Besucher, S. 31 f.
[11] [E.L.S.]: Die Balearen, B. 5, T. 1, S. 126 f.
[12] Ebd., S. 127.
[13] Ebd., S. 130.

Kapitel 15

[1] Santiago Rusiñol: La isla de la calma (Barcelona 1981), S. 124.
[2] Nur 35 Kilometer vom Atlantik entfernt liegt die einstige Hauptstadt des Königreichs Galicien, Santiago de Compostela, heute Sitz eines Bischofs und einer alten Universität aus dem Jahre 1501. Reste eines römischen Mausoleums aus dem 1./2. Jahrhundert lassen auf die Existenz eines römischen Lagers schließen. Unter König Alfons VI. von Kastilien und León (1072–1109) zählte diese Stadt neben Rom und Jerusalem zu den bedeutendsten Wallfahrtsstätten des mittelalterlichen Christentums. Die Gläubigen verehrten dort die Reliquien des

Apostels Jakobus des Älteren, die nach dessen Enthauptung in Palästina nach Galicien, das als einzige Provinz Spaniens nie unter maurischer Herrschaft gestanden war, überführt worden sein sollen. Der »Jakobsweg« führte Pilgerscharen von Osten über die Pyrenäen in den nordwestlichsten Zipfel Spaniens, an das vermeintliche Grab des Apostels in Santiago de Compostela.
Vgl.: Knaurs Kulturführer in Farbe - Spanien (München/Zürich 1981), S. 575–589.

[3] Das auf dem Massiv des Montserrat gelegene Benediktinerkloster gleichen Namens spielte eine wichtige Rolle im politischen und kulturellen Leben Kataloniens. 875 wurde diese Region von den Muselmanen zurückerobert, und es entstanden vier Einsiedeleien. Eine von ihnen, Santa Maria, wurde vom Bischof von Vich und Abt von Ripoll, Oliva, in ein Kloster umgewandelt, Oliva selbst wurde 1082 der erste Abt.
Vgl.: Knaurs Kulturführer in Farbe - Spanien (München/Zürich 1981), S. 437-439.

[4] [E.L.S.]: Die Balearen, 5. Bd., 2. H.: Die eigentlichen Balearen, S. 610.

[5] Josep Moll Marqués u. a.: Mallorca (München 1982), S. 33, Brockhaus, Bd. 11 (Wiesbaden 1970), S. 683.

[6] Tilbert D. Stegmann: Der gelehrte Dichter, in: Merian Mallorca (1987), S. 95.

[7] Sebastian Garcias Palou: El Miramar de Ramoń Llull (Palma de Mallorca 1977), S. 155.

[8] Tilbert D. Stegmann: Der gelehrte Dichter, S. 94.

[9] M. Cruz Hernández: La Fundación de Miramar y el sentido de la »sabiduria Christiana« de Ramon Llull, in: Estudios Lulianos (1978), S. 7.

[10] Santiago Rusiñol: Mallorca. Die Insel der Ruhe (Barcelona 1960), S. 159 f.

[11] Johannes Stöhr: Missionsvorstellungen in Llulls Spätschriften, in: Estudios Lulianos (1978), S. 154.

[12] Tilbert D. Stegmann: Der gelehrte Dichter, S. 95.

[13] [E.L.S.]: Die Stadt Palma (Leipzig 1882), S. 167.

[14] Johannes Stöhr: Missionsvorstellungen, S. 154.

[15] Anthony Bonner/Pere J. Llabrés: Ramon Llull i Miramar. Gregori IX i l'eglésia mallorquina (Mallorca 1987), S. 5.

[16] [E.L.S.]: Lo que sé de Miramar (Palma 1911), S. 13 f.

[17] Santiago Rusiñol: La isla de la calma, S. 130.

[18] [E.L.S.]: Die Balearen, Bd. II (Würzburg 1897), S. 35 f.

[19] [E.L.S.]: Winke für die Besucher von Miramar (o. O., o. J.), S. 23.

[20] Gaston Vuillier/Luis Salvador: Miramar (o. O., o. J.), S. 50.

[21] Alexander Roda Roda: Das Buen Retiro eines Erzherzogs, in: Beilage der Leipziger Neuesten Nachrichten vom 18.3.1907, S. 43.

[22] [E.L.S.]: Winke für den Besucher von Miramar, S. 9 f.

[23] Charles W. Wood: Letters from Majorka (London 1888), S. 120.

[24] Ebd., S. 139.

[25] Gaston Vuillier: The forgotten isles (London 1896), S. 33 f.

Kapitel 16

[1] [E.L.S.]: Catalina Homer (Prag 1905), S. VI.

[2] Ebd., S. 21 f.

[3] [E.L.S.]: Die Balearen, Bd. II (Würzburg 1897), S. 38.

[4] Die Weinberge der Estaca wie auch die um den Ort Bañalbufar wurden durch eine Ende des vergangenen Jahrhunderts von auswärts eingeschleppte Reblausplage vernichtet. Heute beschränkt sich das Weinanbaugebiet Mallorcas auf die Umgebung von Binisalem.

[5] [E.L.S.]: Catalina Homer, s. 87.

[6] Ebd., S. 95 f.

[7] Ebd., S. 101.

[8] [E.L.S.]: Catalina Homer, S. 83 f.

[9] Marés-Stein ist ein auf Mallorca reichlich vorhandener und vielseitig verwendeter Sandstein, so wurde zum Beispiel die Kathedrale von Palma aus diesem Gestein erbaut. Abbaugebiete sind u. a. Palma, Lluchmayor, Calvia, Campos, Santanyi (vgl. Palacio de Formiguera) und Portals.
Vgl.: Hans Strelocke: Mallorca, Menorca (Köln 1982), S. 77.

[10] Der Mirador de ses Pites, auf einer Höhe von 403 Metern über dem Meeresspiegel gelegen, ist ein Wachturm aus dem 15. Jahrhundert, von dem man eine herrliche Fernsicht über die waldreiche Küste, auf die Foradada, Son Marroig bis hin zur Punta de Deià genießt.
Vgl.: Horst Kosch: Mallorca. Ibiza. Menorca. Die Balearen (Bonn 1976), S. 147.

[11] [E.L.S.]: Die Balearen, Bd. II (Würzburg 1897), S. 39.

[12] Bartolomeo Ferrá: El Archiduque errante. Luis Salvador de Austria. (Barcelona 1948), S. 71.

[13] [E.L.S.]: Die Balearen, Bd. 5, 2. H., S. 680.

[14] [E.L.S.]: Sommerträumereien am Meeresufer (Prag 1912), S. VII f.

[15] [E.L.S.]: Die Balearen, Bd. 5, 1. H., S. 133 f.

[16] [E.L.S.]: Die Balearen, Bd. II (Würzburg 1897), S. 219.

[17] Ebd., S. 44.

[18] Ebd., S. 45.
[19] [E.L.S.]: Auslug- und Wachtürme Mallorcas (Prag 1916), S. 154 f.

Kapitel 17

[1] Zitat von Jean Paul (Friedrich Richter), zit. nach: Pedro Bonet de los Herreros: El Archiduque de Austria Luis Salvador. Hijo ilustre de Mallorca (Palma 1911), S. 5.
[2] Pedro Bonet de los Herreros: El Archiduque de Austria Luis Salvador, in: BSAL 16 (1916), S. 103 f.
[3] [o. A.]: El Archiduque de Austria Luis Salvador, in: Brisas (10/1934), Nr. 7, o. S.
[4] [E.L.S.]: Beitrag zur Coleopteren-Fauna der Balearen (Prag 1869), S. 3.
[5] Archiduque Luis Salvador: Costumbres de los Mallorquines (Artensanía y Folklore) (Palma 1955), S. VII.
[6] Pedro Ferrer Gibert: El Archiduque Luis Salvador en Mallorca (Inca/Palma 1943), S. 15 f.
[7] Leo Woerl: Erzherzog Ludwig Salvator aus dem österreichischen Kaiserhaus als Forscher des Mittelmeeres (Leipzig 1899), S. 170.
[8] Hans Dieter Henrich: Ein Erzherzog auf Reisen, in: hispanorama 40 (Juni 1985), S. 83.
Jules Verne et l'archiduc Louis Salvador d'Autriche, in: Bulletin de la Société Jules Verne 61 (1982), S. 201.
Vgl. hiezu auch: Jules Verne: Viaje a Mallorca de »Clovis Dartendor« (Palma 1952).
[9] Leopold Wölfling: Habsburger unter sich (Berlin 1921), S. 71 f.
[10] Jacques Jaeger: Die Illustrationen des »Wiener Almanach«, in: Wiener Almanach 1902, S. 316.
[11] Brief von Franz Ritter von Le Monnier an Erzherzog Ludwig Salvator: Venedig, 14.8.1881.
[12] Brief von Franz Ritter von Le Monnier an Erzherzog Ludwig Salvator: Venedig, 31.8.1881.
[13] Brief von Franz Ritter von Le Monnier an Erzherzog Ludwig Salvator: Venedig, 4.10.1881.
[14] Valpolicella: Erlauchte Schriftsteller, in: Über Land und Meer. Allgemeine Illustrierte Zeitung (1987), Bd. 58, Nr. 41, S. 774.
[15] M.O.B.: Einleitung zu: Luis Salvador: Las Baleares (Palma 1886), Bd. 1, S. 63.
[16] Friedrich Springorum: Mallorca. Licht über Steinen (Bern 1960), S. 56.
[17] [E.L.S.]: Auslug- und Wachtürme Mallorcas (Prag 1916), S. 75 ff.

[18] [E.L.S.]: Die Balearen, Bd. II (Würzburg 1897), S. 157.
[19] Gaston Vuillier: The forgottes isles, S. 65.
[20] Brief von E. A. Martel an Ludwig Salvator: Miramar/Son Galceran, 8.9.1896.
[21] E. A. Martel: Die Drachenhöhlen in Porto Cristo (Palma 1926), S. 8.
[22] Ebd., S. 10.
[23] Ebd., S. 32.
[24] Gaston Vuillier: The forgotten isles, S. 63 ff.
[25] E. A. Martel: Die Drachenhöhlen, S. 17.
[26] [E.L.S.]: Die Balearen, Bd. II, S. 157.
[27] E. A. Martel: Die Drachenhöhlen, S. 26.
[28] Ebd., S. 9.
[29] Ebd., S. 18.

Kapitel 18

[1] [E.L.S.]: Ramleh als Winteraufenthalt (Leipzig 1900), S. 50.
[2] [E.L.S.]: Zärtlichkeitsausdrücke und Koseworte in der friulanischen Sprache (Prag 1915).
[3] [E.L.S.]: Auslug- und Wachtürme Mallorcas (Prag 1916), S. VII f.
[4] Prager Tagblatt, Morgen-Ausgabe, vom 13.10.1915 (Nr. 284), S. 5.
[5] Elephantiasis = Dickhäutigkeit; (angeborene) unförmige Verdikkung der Haut und der Unterhautzellgewebe infolge Lymphstauung (Lymphgefäßerweiterung, Ödem), Bindegewebshyperphasie und entzündlicher Infiltration.
Willibald Pschyrembel: Klinisches Wörterbuch mit klinischen Syndromen (Berlin 1964), S. 218.
[6] Prager Tagblatt, Morgen-Ausgabe, vom 19.10.1915 (Nr. 290), S. 5.
[7] Gemeint war die Yacht »Nixe«.
[8] Prager Tagblatt, Morgen-Ausgabe, vom 17.10.1915 (Nr. 288), S. 5.
[9] Bericht von Dr. Bachrach an das Obersthofmarschallamt vom 12. November 1915.
[10] Bericht des Kammerjuweliers und Pretiosenschätzmeisters des Obersthofmarschallamtes, Theodor Köchert, vom 24. November 1917.
[11] Legats- und Forderungsansprüche zur Verlassenschaft von Erzherzog Ludwig Salvator, gestellt von Antonia Calafat, geborene Lancerotto/Brandeis vom 20. Juli 1918 an das Obersthofmarschallamt.
[12] Äußerung der Antonia Calafat bezüglich ihrer Ansprüche in der

Verlassenschaft Ludwig Salvator vom 29. Oktober 1919 an das Obersthofmarschallamt.

[13] Testament des Erzherzogs vom 15. Februar 1900.

[14] Brief des Wiener Advokaten Dr. Gassauer vom 11. August 1914.

[15] Bericht von Dr. Bachrach an das Obersthofmarschallamt vom 8. Oktober 1817.

[16] Flächenbestandsausweis von Brandeis, erstellt vom Stadtbaumeister Eduard Melcher am 21. Juli 1917.

Kapitel 19

[1] Georg A. Weth/Karlheinz Jardner: Wie ein leuchtender Spiegel. Liebeserklärung an Mallorca (Lahr 1988), S. 20 f.

[2] Diese Anekdote verdanke ich dem Sohn von Erwin Hubert, Herrn Erwin G. Hubert/Wien.

[3] Lt. Isabel Ribas/Son Marroig.

[4] [E.L.S.]: Um die Welt ohne zu wollen (Prag 1881), S. 346.

[5] Pedro Ferrer Gibert: El Archiduque Luis Salvador en Mallorca (Inca/Palma 1943), S. 58.

[6] Lechners Mitteilungen vom 1. Februar 1900, Nr. 10, S. 7 f.

[7] Mario Verdaguer de Travesi: Die goldene Insel, S. 355.

[8] Horst Joseph Kleinmann: Ein Leben für die Schönheit. Vom literarischen Schaffen des Erzherzogs Ludwig Salvator, in: »Schreiben und lesen« vom Oktober 1986, H. 5, S. 19 f.

[9] Nach einer Erzählung von Herrn Gabriel Quetglas/Valldemossa.

Das wissenschaftliche Werk (mit Werkliste)

[1] [E.L.S.]: Sommerträumereien am Meeresufer (Prag 1912), S. 1 f.

[2] Neue Freie Presse vom 13.10.1915, S. 10.

[3] Heinrich Kábdebo: Erzherzog Ludwig Salvator, in: Österreichisch-ungarische Kunstchronik vom 1.6.1880, Bd. IV, H. 3, S. 34.

[4] [E.L.S.]: Tunis (Prag 1870), o. S.

Das Haus Habsburg-Lothringen-Toskana

Leopold II., Ghz. v. Toskana
(1797–1870)
⚭ (1.) Maria Anna
(1799–1832)

1. Ehe: 3 Kinder
2. Ehe: 10 Kinder

(1) Maria Carolina
(1822–1841)

(2) Auguste Fernande
(1825–1864)
⚭ Luitpold v. Bayern
(1821–1912)

(3) Maria
(1827–1834)

Kinder von Auguste Fernande:

Ludwig
⚭ Maria Theresia
v. Österr.-Este

Leopold
⚭ Gisela
v. Österr.

Therese,
Äbtissin
in München

Arnulph
⚭ Therese v.
Liechtenstein

⚭ (2.) Maria Antonia
(1814–1898)

(4) Maria Isabella
(1834–1901)

(5) Ferdinand (IV.)
Salvator
(1835–1908)

(6) Maria Theresia
(1836–1838)

(7) Maria Christina
(1838–1849)

(8) Karl Salvator
(1839–1892)

(9) Maria Anna
(1840–1841)

(10) Rainer Salvator
(1842–1844)

(11) Maria Luisa Annunziata
(1845–1917)

(12) Ludwig Salvator
(1847–1915)

(13) Johann Nepomuk
Salvator (»Orth«)
(1852–1890)

4

Maria Isabella
(1834–1901)
⚭ Franz de Paula, Graf von Trapani (1827–1892)

Maria Antonia
⚭ Alfons, Graf v. Caserta

Maria Carolina

5

Ferdinand Salvator, nom. Ghz (IV.)
(1835–1908)
⚭ (1.) Anna Maria v. Sachsen
(1836–1859)

Maria Antonia (»Antoniette«)
(1858–1883)
Äbtissin des Theresianischen Damenstiftes in Prag

⚭ (2.) Alice v. Bourbon-Parma

1 Leopold Ferdinand (= Leop. Wölfling) (1868–1935) ∞ 1. Wilhelmine Adamovics ∞ 2. Maria Magdalena Ritter ∞ 3. Klara Hedwig Pawlowski

2 Luise Antonie (1870–1947) ∞ 1. Friedrich August v. Sachsen ∞ 2. Enrico Toselli

3 Joseph Ferdinand (1872–1942) ∞ 1. Rosa Jokl, geb. Kaltenbrunner ∞ 2. Gertrud Tomanek Edle v. Beyersfels

4 Peter Ferdinand (1874–1948) ∞ Marie Christine v. Bourbon

5 Heinrich Ferdinand (1878–1969) ∞ Karolina Ludescher

6 Anna Maria Theresia (1879–1961) ∞ Johannes zu Hohenlohe-Bartenstein-Jagstberg

7 Margareta Maria (1881–1965)

10 Germania (1884–1955)

9 Robert Ferdinand (1885–1895)

8 Agnes Maria (1891–1945)

8
Karl Salvator
(1839–1892)
∞ Maria Immakulata Klementine v. Bourbon-Sizilien
(1844–1899)

1 Maria Theresia (1862–1933) ∞ Carl Stephan v. Österr.

2 Leopold Salvator (1863–1931) ∞ Blanca v. Bourbon

3 Franz Salvator (1866–1939) ∞ 1. Marie Valerie v. Österr. ∞ 2. Melanie Freiin v. Riesenfels

4 Karolina Maria Immakulata (1869–1945) ∞ August Leopold v. Sachsen-Coburg-Gotha

5 Albrecht Salvator (1871–1896)

6 Maria Antonia (1874–1891)

7 Maria Immakulata (1878–1968) ∞ Robert v. Württemberg

8 Rainer Salvator (1880–1889)

9 Henriette Maria Immakulata (1884–1886)

10 Ferdinand Salvator (1888–1891)

11
Maria Luisa Annunziata
(1845–1917)
∞ Karl II. Fürst v. Isenburg-Birstein
(1838–1899)

1 Leopold

2 Antoniette

3 Marie, als Schwester Michaela in der Kongregation des Hl. Joseph

4 Franz Joseph

5 Karl, Ehrenritter der Malteser

6 Viktor, Dr. phil. h. c. der Universität Innsbruck

7 Alfons

8 Elisabeth

9 Adelheid, als Schwester Dolores in der Benediktinerinnenabtei St. Scholastika in Dourgne-Tarn

Personenregister

Benützte Bibliotheken und Archive

Österreichische Nationalbibliothek/Wien
Universitätsbibliothek/Wien
Wiener Stadt- und Landesbibliothek
Bayrische Staatsbibliothek/München
Universitätsbibliothek/München
Landesbibliothek Coburg/Schloß Ehrenburg
Biblioteca Bartolomé March/Palma de Mallorca
Biblioteca Publica/Palma de Mallorca

Haus-, Hof- und Staatsarchiv/Wien
Fürstlich Ysenburg- und Büdingsche Archiv- und Bibliotheksverwaltung/Büdingen, Birstein

Museo Municipal de La Cartuja de Valldemossa
Museo de Son Marroig/Deià

MALLORCA
ZEICHENERKLÄRUNG · LÉGENDE
Kirche, Kapelle
Kloster, Klosterruine
Schloß-Burg, Schloß-Burgruine
Mühle, Windmühle
Turm
Denkmal
Bergwerk
Höhle
Ruinenstätte
Bauwerk, Hotel
Sehenswürdigkeit
Flughafen
Llubi Sehenswertes Objekt
5 Entfernungen in km
Strand, Schwimmbad
Schiffahrtslinie
Fähre
Autobahn
Wichtige Hauptstraße
Hauptstraße
Nebenstraße, Fußweg
Straße gesperrt
© KARTO+GRAFIK
CABRERA
Palma
Valldemosa
Esporlas
Bunyola
Alaró
Sóller
Deiá
Andraitx
Calvia
Puigpunyent
Santa Maria
Consell
Binisalem
Lloseta
Selva
Sancellas
Algaida
Lluchmayor
El Arenal
Bahia Grande
Cabo Blanco
I. Dragonera
Sierra del Teix
Cabo de Sa Mola
Banco de Ibiza
I. del Toro
Cabo de Cala Figuera
Cabo de Regana
Cabo Enderrocat
I. Conejera
I. Rodona
Puerto de Andraitx
Santa Ponsa
Portals Vells
Cala Blava
Las Palmeras
Capocorp Vell
Punta Llovera
n. Barcelona
Marseille
n. Ibiza, Valencia
n. Málaga, Palma, Casablanca, Tanger, Alicante
n. Cabrera, Mahón, Ciudadela